ホロコーストとアメリカ

ユダヤ人組織の支援活動と政府の難民政策

丸山直起

みすず書房

ホロコーストとアメリカ　目次

ホロコーストとアメリカ——ユダヤ人組織の支援活動と政府の難民政策

序　章　ホロコーストへの道

一　ホロコーストとは何か

ホロコースト

ヨーロッパ大陸のユダヤ人六〇〇万人が犠牲となったホロコーストは、ナチス・ドイツがヨーロッパのユダヤ人に対しておこなった虐殺をさす。とくに、第二次世界大戦中のユダヤ人大量殺戮をいうことが多い。だが、それだけに限定すると、ホロコーストの本質を見失うおそれがある。ホロコーストの歴史家でヘブライ大学のイェフダ・バウエルは、ホロコーストそのものは第二次世界大戦中に起きたこととしながらも、その期間は一九三三年のナチ政権の誕生とともに始まり、戦後ユダヤ人の難民を収容するため中部ヨーロッパに設営されたキャンプが解体されてようやく終わる、と述べている(1)。すなわち、ユダヤ人が「解放の年(2)」と名づけた一九四九年まで続くのである。

ドイツではユダヤ人に対する差別、憎悪、迫害が社会のなかで正当化かつ構造化され、やがて国をあげての狂気に発展するが、ナチスはさらにヨーロッパのユダヤ人コミュニティおよび連綿と受け継がれてきた宗教・文化など、あらゆるユダヤ的なものを徹底的に破壊した。ホロコーストの間、六〇〇万のユダヤ人の生命が奪われただけではない。数千にのぼるユダヤ人のコミュニティが消滅し、一億冊以上のユダヤ人にかかわる書籍も失われた。こうしたユダヤ的なものすべての抹殺がホロコーストの本質にほかならなかった。

ホロコーストはギリシア語に由来し、犠牲の供物を焼いて神にささげるという意味がある。ヘブライ語ではもともと破滅、あるいは破局《カタストロフ》を意味するショアー（Shoah）という。

一九三九年九月に第二次世界大戦が勃発したときのヨーロッパ大陸のユダヤ人人口は、およそ八三〇万であった。そのうち、ホロコーストの犠牲になったユダヤ人の数は約六〇〇万、大陸全体のユダヤ人の三分の二以上にのぼる七二パーセント、全世界のユダヤ人人口の三分の一以上が失われた。なかでもアメリカについでユダヤ人人口が多かったポーランドでは、ユダヤ人の人口三三〇万のうち二八〇万、実に八五パーセントが犠牲となり、全土がユダヤ人の墓場と化した(3)。

ホロコーストは、世界の文明の発展に寄与してきたドイツに登場した、アドルフ・ヒトラーの徹底した反ユダヤ思想の帰結であることはいうまでもない。その根源はウィーン時代にさかのぼるといわれるヒトラーのユダヤ人に対する憎悪が、ユダヤ人の世界征服という荒唐無稽な陰謀論と一体となって彼らを迫害したうえ、最終的に抹殺する一大国家事業と化した。

ヒトラーによれば、ドイツが歩んできた不運な過去も、将来の行く手に立ちふさがることになる災厄も、その病因はユダヤ人にあるから、彼らはどんな犠牲を払ってでも排斥しなければドイツの未来はあり

表1　ホロコーストのユダヤ人犠牲者数

国　名[1]	ユダヤ人人口（1939年9月）	殺されたユダヤ人数[2]	犠牲者の割合（%）
ポーランド	3,300,000	2,800,000	85.0
ソ連・占領地	2,100,000	1,500,000	71.4
ルーマニア	850,000	425,000	50.0
ハンガリー	404,000	200,000	49.5
チェコスロヴァキア	315,000	260,000	82.5
フランス[3]	300,000	90,000	30.0
ドイツ	210,000	170,000	81.0
リトアニア	150,000	135,000	90.0
オランダ[3]	150,000	90,000	60.0
ラトヴィア	95,000	85,000	89.5
ベルギー[3]	90,000	40,000	44.4
ギリシャ	75,000	60,000	80.0
ユーゴスラヴィア	75,000	55,000	73.3
オーストリア	60,000	40,000	66.6
イタリア[3]	57,000	15,000	26.3
ブルガリア	50,000	7,000	14.0
その他[4]	20,000	6,000	30.0
合　計	8,301,000	5,978,000	72.0

註：1）第二次世界大戦前の国名。
2）生存者は必ずしも本国内にとどまっていたわけでない。
3）ドイツ，オーストリアの出身者を含む。
4）デンマーク，エストニア，ルクセンブルク，ノルウェー，ダンツィヒ。

出典：Leon Poliakov und Josef Wulf, *Das Dritte Reich und die Juden: Dokumente und Aufsätze*, Berlin: arani Verlags-GmbH, 1955, p. 229.

えない。ヒトラーはじめナチ指導者のユダヤ人問題に対する異常なまでの執着は驚くほどで、そのために膨大なエネルギーが費やされたのであった。ユダヤ人の出自を祖父母まで遡って調べあげるという執念もさることながら、本来なら前線の兵士に物資を補給しなければならない鉄道が、ヨーロッパ各地からのユダヤ人の輸送に用いられ、前線からの軍事的要請を無視して虐殺のために多大の労力が投入された。ヨーロッパ全土からユダヤ人を集めて収容所に移送する作業に要したコストと手間は、膨大な規模に達したはずである。

一九四三年以降、前線がつぎつぎと崩壊し、ドイツの敗色が濃厚となってからもなお、ユダヤ人の虐殺は止むことなく続けられた。戦争末期にナチスはハンガリーのユダヤ人をアウシュヴィッツに送ったが、それはロシア戦線で敗れ潰走するドイツ軍の速やかな退却を滞らせた。その一方で、ナチスは絶滅収容所の施設を破壊し、生存者を虐殺するなど証拠隠滅をはかっている。そこには戦争をどう有利に終わらせるかという現実的な目標よりも、ユダヤ人の抹殺というイデオロギー的・国家的なプロジェクトが優先されているとしか考えられない。

バウエルはホロコーストをジェノサイド（大量虐殺）の過激化した形態であるとみているが、この二つの用語を区別し、ジェノサイドは一部の殺戮、ホロコーストは全体の破壊として使い分けるよう提唱する[4]。

ナチズムの犠牲者はユダヤ人だけではない。障害者、同性愛者、共産主義者、反体制派、ポーランド人、ロシア人、ロマ人（ジプシー）なども犠牲になった。しかし、絶滅の対象となったのはユダヤ人だけである。ユダヤ人は「ひとり残らず」だった。それは彼らがユダヤ人であったからにほかならない。

ユダヤ人でなかったなら助かる道はいくらでもあったのだ。ドイツおよび占領地域では、ユダヤ人であればもはや助かる可能性はなかった。ポーランド人の政治犯やロシア人の捕虜のように「運悪く」処刑されたのではなかった。キリスト教世界には程度の差はあれ、ユダヤ人に対する憎悪・敵意が存在し、そのことがユダヤ人への暴力を誘発させたが、彼らの絶滅にまでおよんだのはナチス・ドイツだけである。

反ユダヤ主義の帰結

ホロコーストの根源にあるのは、ユダヤ人に対する憎悪、偏見、悪意などの反ユダヤ主義(antisemitism)である(5)。

反ユダヤ主義は海に漂う氷山にたとえられることがある。氷山の一角、つまり海面に露出している部分は全体の八分の一で、残りは海面下に隠れている。具体的な反ユダヤ的行為はほんの表面の一部にすぎず、その背後には大きな根強い反ユダヤ主義が潜んでおり、通常は現われることはないが、政治的・経済的な不満が高じると姿を現わす。

キリスト教会は長年にわたりキリストを十字架にかけただけでなく、神の子キリストとその教義をどうしても認めようとしないユダヤ人の存在を罪悪とみなし、ユダヤ人を憎悪・中傷し、差別、迫害してきた。紀元四世紀にローマ帝国がキリスト教を国教とし、キリスト教が広まると、それにともなって、反ユダヤ感情も拡散し、住民のあいだにキリスト教への改宗を拒むユダヤ人を異端視して、排斥する反ユダヤ主義が浸透していく。どうしてもキリスト教を受け入れようとせず、独得の宗教儀式、習俗、食習慣をかたくなに守り続ける人びとの存在は、逆に周囲の圧倒的多数のキリスト教徒を不安にする。キリスト教以外の信仰をもつ人びとは、自らの信仰を唯一絶対視している人びとからすれば、自分たちの信条体系の根本を揺るがしかねない危険な存在とみなされる。彼らはアウトサイダーであり、よそ者、異端者であった。したがって、自らの信仰の絶対的正当性を擁護する立場からも、異端の人びとを排除しなければならない。こうしてユダヤ人に対する嫌がらせ、迫害が執拗に繰り返されるのである。自然災害から伝染病の流行にいたるまで、説明のつかないあらゆる災厄や不幸な現象はユダヤ人のせいにされた。

このおぞましいキリスト教世界の反ユダヤ主義が公式にあらためられるのは、第一回ヴァチカン公会議（一八六九～七〇年まで開催）から実に一世紀が経過してからであった。一九六二年から一九六五年まで開催された第二回ヴァチカン公会議で発表された宣言のなかで、教皇庁は反ユダヤ主義を非難し、いわゆるキリスト殺しに関して、その責任を当時のすべてのユダヤ人および現代のユダヤ人に負わせてはならないと述べ、ユダヤ人を長年にわたって苦しめてきた非を認めた(6)。

近代にいたって教会の権威が衰退し、ユダヤ人に対する社会の締めつけが緩み、ユダヤ人の解放が進む。それまで疎外されてきたユダヤ人が社会的に統合され、社会の一員として参加するようになると、異教徒ゆえの宗教上の差異が目立ち、異端者、よそ者と忌み嫌われ、やがて一般キリスト教徒のあいだに不安を醸成することにつながる。市民のあいだでは、これまで蔑んできた劣等の人びとが自分たちと対等になったことで、かえって憎悪が強まっていく。

さらに、宗教的反ユダヤ主義は、近代のナショナリズム覚醒の時代に民族的要素で補強される。それまで反ユダヤ主義は宗教的文脈で語られていたものに、民族的・人種的な要素が加わるのである。さまざまな民族統一運動が起こり、国民国家システムが全盛となると、国民のあいだに「国家なき民族」「国をもたない人びと」への蔑視が広がっていく。

一九世紀以降、過激思想が広まると、体制側は体制転覆をめざす革命運動の背後にユダヤ人の影を認め、戦争の敗北や経済環境の悪化とあいまって政治的反ユダヤ主義を生み出し、さらにナチズムの時代には人種的・生物学的な優生思想が強調される。一九世紀末フランスで発生したドレフュス事件の背景には、フランス国内を騒然とさせたパナマ運河会社の破産とユダヤ人の関与が深い影を落としており[7]、ヒトラー政権の登場も、第一次世界大戦の屈辱的敗北とその後の破滅的経済状態、それに政治的・社会的な不安が影響している。経済不況が惹起する社会不安が、国内の少数者としてのユダヤ人をスケープゴートにする。問題の本質が信仰にあるのであれば、キリスト教徒に改宗すればすむことが、人種が問題とされれば、ユダヤ人にはもはや逃れる方法はなくなる。

ドイツの反ユダヤ主義

ナチスの反ユダヤ主義は、長年にわたりキリスト教会が広めてきた反ユダヤの教えの延長線上にあった。『ヨーロッパ・ユダヤ人の絶滅』の著者ラウル・ヒルバーグの言葉を借りれば、ナチスはキリスト教会の反ユダヤ主義を引き継ぎ、「完成させた[8]」。ホロコーストの間、教会がナチズムに強く反対しなかった理由もこの点にある。

ドイツでは、一六世紀、宗教改革の旗手であったマルティン・ルターが反ユダヤ主義を主唱した。最初のころ、ルターはユダヤ人に対して寛容であったし、ユダヤ人もまた宗教改革によって迫害から解放されるのではないかと期待したが、やがて、どうしてもキリスト教を受容しようとしないユダヤ人に対するルターの反感はかえって強まった。ルターは一五四二年に『ユダヤ人とその虚偽に抗して』と題する告発書を世に問い、ユダヤ人の祈りの場であるシナゴーグを焼き払うこと、彼らの書物を押収すること、彼らの儀式にのっとった神への祈禱を禁じることなどの政策を提唱し、ユダヤ人にありとあらゆる冒瀆の言葉を投げつけた(9)。その後ルターの激越な反ユダヤ主義は、強烈なナショナリズムに染められながらドイツ社会に浸透していく。

　ドイツ国内のユダヤ人人口は全国民のわずか一パーセントにも満たなかったが、大都市では突出して目立った。首都ベルリンには、ヒトラー登場前にドイツの全ユダヤ人の三分の一にあたる約一七万人が居住していた。近代の人権思想があまねく普及し、ユダヤ人の解放が進み、多くのユダヤ人はドイツ社会にとけ込み、第一次世界大戦の折には当時のユダヤ人人口六一万五〇〇〇のうち実に一〇万が、兵士として祖国ドイツのために戦った(10)。

　しかし、ドイツ国内ではむしろユダヤ人への妬み、反感がつのり、国内の政治勢力の多くはこうした国民感情を反映して、反ユダヤ主義のスローガンが政治的武器としてこの上なく効果的であることに気づき、競って現状に不満をもつ人びとの人心を掌握するための方法として用いた。第一次世界大戦後のワイマール共和国で、平等の権利を手に入れたユダヤ人に対する反感が敗戦に打ちひしがれたドイツ国民のあいだに広がっていた。戦後のヴェルサイユ講和条約のもとで、ドイツは領土の割譲、軍備制限、巨額の賠償など講和の過酷な条件を要求され、国民は負担にあえぎ屈辱に耐えなければならなかった。

あの偉大なドイツがなぜ敗北したのか。国民は自分たちの不遇を呪い、敗戦の責任と不満の矛先をユダヤ人や共産主義者に向けた。ワイマール体制のもとでの民主主義に致命的な打撃を与えることになる一九二九年の世界大恐慌は、ドイツ国民の不満を反ユダヤ感情に転嫁させる。

ナチスは、こうした国民のあいだに蔓延する不満や絶望感を巧みに利用した。ナチズムのもとではユダヤ人は人種的・生物学的な文脈でとらえられ、ユダヤ人が国家にとって危険なのはその原因が血や遺伝子にあるのだから、教育や指導で変えることは不可能であるとされた。つまり、その存在自体が害毒とみなされたのだ。この反ユダヤ主義が政治的妄想——ユダヤ人による世界征服の野望や革命——と結びついたところに、ナチスのホロコーストの特徴がある。こうしてヒトラーの激しいユダヤ人憎悪は、ホロコーストの全期間を通して国をあげての行動の指針となった。

ナチ政権誕生と反ユダヤ政策

一九三三年一月三〇日、ヒトラーが首相に就任すると同時に反ユダヤ政策もスタートする。当時、ドイツ国内のユダヤ人人口は約五六万を数えた。一九三三年四月一日、ドイツ全土でユダヤ人経営の商店などに対するボイコットが実施された。その数日前の三月二七日には、ニューヨークのマディソンスクエア・ガーデンで開催されたナチスの反ユダヤ政策に反対する集会において、ドイツがユダヤ・ボイコットを中止しなければ、ドイツ製品の不買運動をおこなうと警告されていた。また、四月七日、職業官吏再建法が成立し、非アーリア人の公務員は解雇され、ドイツ官僚機構のナチ化が進行するのにともない、ユダヤ人は公職から追われることになる。四月二五日、ドイツ国内の学校・大学でユダヤ人など外国人学生の割合を制限する政策が実施され、大学では八〇〇人にのぼる教授、講師がポストを失った。そして五月、悪名高き焚書がおこなわれた。ユダヤ人によって書かれた本が、ただそれだけの理由で図書館や書店から撤去され、燃やされた。

反ユダヤ法がつぎつぎと公布され、ユダヤ人は文化・芸術・学術活動、新聞界からも排除された。こうした措置は、ドイツ国民の日ごろのうっぷんを晴らすだけでなく、彼らにユダヤ人が追放されたあとに空席となったポストが転がりこんできたから、大いに歓迎された。一九三三年から一九三七年までの四年間に、ドイツでは実に一三五にのぼる反ユダヤ法が制定されたといわれる(11)。

こうして、早くも一九三三年末までに約三万七〇〇〇人のユダヤ人がドイツを退去したが、多くのユダヤ市民は国内にとどまり、出国することまでは真剣に考えようとしなかった。ユダヤ人たちはナチ政権も長続きすることはなく、しばらくのあいだ耐えていれば嵐は過ぎ去るだろうと楽観的に考えていた。彼らが事態の異常さに気づき、国を離れたい気持ちは持っていたとしても、長年住み慣れた土地への愛着を断ち切り、仕事や地位を棄てることに抵抗があった。これらのユダヤ人はドイツ社会に同化していた。一九一五年にクロロフィル（葉緑素）の研究でノーベル化学賞を受賞したユダヤ人のリヒャルト・ヴィルシュテッターは、一九二四年に教鞭をとるミュンヘン大学の人事が反ユダヤ的理由で否決されたことに抗議し辞職したが、ナチ政権成立後もなおドイツにとどまり続けた。彼がドイツを去ってスイスに逃れるのは、ようやく一九三九年になってからである。

ナチスは、政権が成立し、公然とした反ユダヤ政策を開始してから、いきなりユダヤ人をガス室に連行し抹殺したのではない。バウエルによれば、ナチスの一九四〇年までのユダヤ政策はつぎの三つの段階に分けて実施された。
一、ユダヤ人を国外に移住させること（一九三八年まで）
二、ユダヤ人を追放すること（一九三八年から一九四〇年まで）
三、ユダヤ人のポーランド東部またはマダガスカル島への大量追放計画(12)

この段階では、まだ大量虐殺は予定されていない。非アーリア人の劣等人種であるユダヤ人をドイツ国外へ一掃すれば、国家・民族の純潔を守るというナチスの人種主義政策の本来の目的が達成され、「ユダヤ人なきドイツ」実現にいたるのだから、あえてユダヤ人を殺戮するまでもなかった後述するように、ナチスはユダヤ人のドイツ出国を促進するため財産の一部の移転も認めていたのである。。

最初は出国せざるをえないように仕向け、やがて強制追放に踏み切っていった。ナチスとしては経済的な困窮者や病人など厄介なユダヤ人を追い払い、その行く先々の国で現地住民のあいだに反ユダヤ感情が高まれば十分で、さらに、アメリカのユダヤ人の金持ちがそのための資金を提供してくれればなおさら都合がよかった。

ユダヤ人の追放はとくにドイツに敵対する国に対して向けられ、その目的は受け入れ国に反ユダヤ主義を拡散させることにあった。そうすれば、やがてこれらの国々はドイツのユダヤ政策に理解を示すことになろう。果たして、ユダヤ難民が押し寄せたドイツ周辺の国々では、困惑し、国境の警備を厳しくしたり、流入を阻止するための措置をとったりする国も出はじめていた。また、ナチスは、裕福なユダヤ人からは出国前に財産を搾り取れるだけ搾り取った。

その後、事態は振り子のように揺れ動きつつも、しだいに悪化の一途をたどっていく。

一九三五年九月、「公民法」および「ドイツ人の血と名誉の保護法」が成立し、公布された。この二つの人種法を称して、一般に「ニュルンベルク法」とよぶ。前者はドイツの市民権をアーリア人に限るとし、ユダヤ人から市民権を剝奪、後者の法ではドイツ人の血の純粋性を守る見地からユダヤ人とアーリア人との婚姻を禁止するだけでなく、性的関係も禁じた。[13] 純血主義はナチスの反ユダヤ主義の生物学的特徴を示す。一九三五年一〇月にユダヤ人医師が非ユダヤ人の患者に自分の血液を輸血したところ、人種の純血性を汚したとされ、この医師は強制収容所に送られたという。[14] 早々とドイツをあとにしたユダヤ人もいたが、ユダヤ人の一部には、ニュルンベルク法の制定によってむしろドイツのユダヤ人の地位が明確になり、安定するのではないかと期待する声もあった。実際に一九三五〜三六年にかけてユダヤ人に対する迫害は一時的に鎮静化するが、これは一九三六年にベルリン・オリンピック大会が開催されることになっており、ドイツ側が国際社会の批判を意識したためとみられる。[15] このためユダヤ人たちのあいだには、嵐が通り過ぎたのではないかという楽観的な空気が広がった。

一九三八年は、ヨーロッパのユダヤ人にとって運命の分かれ目となる年となった。

ナチス・ドイツは周到な準備のすえ、三月にオーストリアを併合し、九月にはミュンヘン会談において、チェコスロヴァキアのズデーテン地方の割譲を要求して英仏などに強引に認めさせた。この結果、オーストリアの一八万人、ズデーテンの二万七〇〇〇人のユダヤ人がナチス・ドイツの支配下に入り、彼らもドイツ国内のユダヤ人と同様の運命をたどることになる。わずか六カ月間でドイツの支配するユダヤ人人口は五五万に膨れ上がり、ナチ政権発足当時の数を回復してしまった。皮肉にも、ドイツが支配地域を拡大すればするほど、多数のユダヤ人を抱え込むことになった。

そして一一月、「クリスタルナハト（水晶の夜）」の惨劇がドイツ、オーストリアのユダヤ人社会を襲う。一〇月末、ドイツ在住のポーランド系ユダヤ人一万七〇〇〇人がポーランドに追放されたことが原因で、パリのドイツ大使館の外交官がポーランド系ユダヤ人の青年に銃撃され死亡する事件が発生し、これがきっかけとなりユダヤ人への暴力がオーストリアを含むドイツ全土で荒れ狂った。一一月九日から一〇日の二日間におよぶ暴動でユダヤ人九〇人以上が殺害され、三万人以上が逮捕され収容所に送られた。さらに、七五〇〇のユダヤ人の商店が略奪にあい、二〇〇以上にのぼるシナゴーグ（ユダヤ教会堂）が破壊された。シナゴーグのステンドグラスが路上に散乱し、街灯の光で輝いた。

この事件を機に、それまで出国するかどうか決めあぐねていたユダヤ人の多くがドイツを脱出する。バウエルによれば、ドイツを出国したユダヤ人の数は、一九三三年三万七〇〇〇人、三四年二万三〇〇〇人、三五年二万一〇〇〇人、三六年二万五〇〇〇人、三七年二万三〇〇〇人であったものが、三八年には四万七四〇〇人と倍増し、三九年には六万八〇〇〇人にのぼり[16]、オーストリアを含めると、この二国から上記期間に脱出したユダヤ人は合計三六万人に達した。ドイツ人のなかにも、もちろんナチズムを嫌って国外へ脱出したいと考える人びとがおり、移住を望む人びととの一〇パーセント以上は非ユダヤ人だったという[17]。彼らのドイツ出国を支援する組織はクエーカー系のアメリカ・フレンズ奉仕団（ＡＦＳＣ）など少数に限られ、ユダヤ人団体もユダヤ人以外の人びとに救援の手を差しのべた。

二　最終解決へ

独ソ開戦

ユダヤ人に対する最終解決、つまり絶滅策はナチス・ドイツの反ユダヤ主義の行きつく究極の到達点であったが、同時にナチ政権が直面した国内外の多くの要因や状況に影響された。

最終解決が始まるのは、一九四一年六月の独ソ戦争以降のことである。すでに支配下に置いた多くのユダヤ人に加えて、対ソ連戦争で新しくドイツ軍の占領した地域に抱え込むことになった膨大な数のユダヤ人が、経済的にドイツの重荷となってのしかかる。戦争は長期化しドイツ人のために食糧を確保しなければならず、そのため占領地域の人びとのことは放置され、その結果、占領地の食糧不足、飢餓状態は深刻になった。連合国はドイツへの海上補給ルートを封鎖し、空襲は都市に甚大な被害をもたらしていた。同時に、占領地域のユダヤ人の存在は軍事的にも軍の作戦の足手まといになり、さらにチフスなど伝染病の蔓延が心配された。

一九四〇年七月に開始される対英戦争が手詰まりとなり、対ソ戦争がソ連軍の予想外の抵抗にあって長期化の様相を呈し、さらに占領地域ではパルチザンの活動がドイツ軍の背後を脅かすと、ドイツでは共産主義への恐怖と憎悪が増幅していく。ユダヤ人の東方追放、仏領マダガスカル島への大量移送計画も不可能となった。そして、ドイツ本国や併合した地域からユダヤ人など非アーリア系住民を一掃したあとに、ポーランドやバルト諸国などからドイツ系住民を移住させて建設する「大ドイツ帝国」の構想も水泡に帰す。まず、ソ連およびポーランドのユダヤ人が殺戮の対象となった。ナチ親衛隊（SS）保安部と保安警察を中心とする混成の行動部隊（アインザッツグルッペン）が国防軍部隊を追うようにして占領した東部の地域に入り、つぎつぎとユダヤ人をはじめ共産主義者やソ連軍兵士の捕虜などの虐殺、処刑を開始した。しかも、ウクライナやバルト諸国などの住民のあいだに反ユダヤ感情が根強く認められる地域では、現地住民がSSの部隊に協力しユダヤ人殺戮に加わった(18)。

ロシアや東欧のポグロム（主にユダヤ人に対する集団的な暴力）と異なり、ユダヤ人の絶滅策を計画し、実行にかかわったのは、いずれも優れた才能に恵まれたナチ・エリートたちであり、ドイツの官僚機構であった。国内の優秀な頭脳が動員され、彼らはいかにしてユダヤ人を効率よく大量に始末できるかに能力を発揮した。

アメリカの参戦

一九四一年一二月、日米間に戦争が勃発すると、最終解決は新たな段階に入った。ドイツはイタリアとともにアメリカに宣戦し、ヨーロッパの戦争が文字どおり世界大戦に発展した。軍事的観点からすれば、対英戦争の早期決着が遠のき、ソ連戦線でも赤軍の必死の抗戦で行き詰まったドイツは、アメリカの参戦によって腹背に最強の敵を受けただけでなく、大量の軍事力を対米戦争のために割かざるをえなくなり、戦略上きわめて苦しい局面に遭遇したに違いなかった。しかし、ドイツは、日本の対米開戦の前に、すでにイギリスなどに対する武器貸与と英船団の護衛を開始し、イギリス支援を明確にしていたアメリカとの戦争の決意を固めていた。独米関係は双方海軍どうしの小規模な戦闘があいついでおり、両国の開戦は不可避であると、ドイツ側は判断していた。[19]

しかも、ヒトラーの反ユダヤ主義の視点に立てば、戦争の世界大戦化は彼にとっては「ボリシェヴィズム＝ユダヤ、国際金融資本＝ユダヤ」の打倒をめざす大義名分を与えられ、イデオロギー的にはむしろ正当化されることになった。[20] ヒトラーによれば、資本主義も共産主義もユダヤ的であった。[21] 戦争はヒトラーの野望である大ドイツ帝国と東方の生存圏の実現の前に立ちふさがる、まさしく国際ユダヤ勢力との存亡をかけた戦いであり、負けるわけにいかない。かくして全面的なユダヤ人絶滅策に突き進むことになる。

一九四二年一月二〇日、国家保安本部長官のラインハルト・ハイドリヒは、党および中央官庁の代表を招集してヴァンゼー会議を開催した。この会議は、一九四一年七月三一日のヘルマン・ゲーリング四カ年計画庁全権がハイドリヒにあてた、ユダヤ人問題の最終解決実施の準備をするよう求めた命令書にもとづいて予定されていた。アメリカの参戦によって開催が延期されていたが、その目的は、ユダヤ人問題の最終解決に向けて各省庁の役割を調整し協力を取りつけることにあった。ユダヤ人の大量殺戮を体系的かつ円滑に実施するためには、ドイツ関係各機関の協力のもとにあらゆる資源を動員することが不可欠だったからにほかならない。

ヴァンゼー会議においてハイドリヒは、それまでのユダヤ人の出国を中心とする反ユダヤ政策を総括し、その一方で、これにともなう財政的困難、輸送手段不足などの問題を指摘したといわれる。[22] また、ハイドリヒは、この最終解決がすでにドイツの支配下に入ったユダヤ人にとどまらず、全ヨーロッパの

ユダヤ人を対象とすると語ったといわれる。(23)

国際社会の対応

ホロコーストで忘れてはならないのは、多くの国家および国民が、ヨーロッパのユダヤ人社会が絶滅の淵に立たされていても、何ら有効な援助の手を差しのべなかったことである。ユダヤ人たちの境遇に同情しない国はなかったし、個人で自分の身を危険にさらしながらユダヤ人をかくまった市民も、デンマークのようにドイツの要求に抵抗しユダヤ人の逃亡を手助けした国も、なかったわけではない。また、国際赤十字や、クエーカー教徒の団体であるアメリカ・フレンズ奉仕団は、ユダヤ難民の援助に積極的にかかわったことで知られる。けれども、実際に自国の門戸を開放してまでユダヤ人を救おうとした国はほとんどなかった。

一九二〇年代にすでに移民の入国を厳しく制限してきたアメリカは、その移民法を改定してより多くの難民を受け入れようとはしなかった。イギリスはアラブ人の反対を理由に、委任統治するパレスチナをユダヤ難民のために広く開放することを拒み続けた。もしこの両国だけでも閉鎖的な移民政策を変えていれば、明らかに多くの人命が救われるはずだった。

米英両国だけではない。難民が殺到したドイツの隣国は、いずれも国境を閉鎖するか、警備を強めるかして難民の流入を阻んだ。要するに、どの国も建て前はドイツの反ユダヤ政策を非難し、その犠牲者に同情しながら、本心はユダヤ人を引き受ける気はなかった。このことが、犠牲者数六〇〇万という途方もない数字に現われている。ユダヤ人に対する偏見や反感が潜在的に認められる社会にあっては、ユダヤ人を救済しようという自発的な試みは低調であったといえよう。ユダヤ人の大量虐殺が進行しているという情報が届いているにもかかわらず、アメリカはじめ多くの国はそれを阻むための具体的行動をとろうとしなかった。

シオニスト運動[24]を指導し、のちにイスラエルの初代大統領になるハイム・ワイツマンは、「世界は二種類の国家に分かれている。ひとつはユダヤ人を追放する国で、もうひとつはユダヤ人を受け入れようとしない国だ」と語った[25]、と伝えられている。

ホロコーストについては、これを実行したナチス・ドイツが厳しく断罪されるのは当然である。だが、ヨーロッパ各地で絶望に打ちひしがれたユダヤ人の悲鳴や祈りの声に耳を傾けようとせず、またまったく関心をもたなかった政府、国民、つまり傍観者たちもまた同様に、何らかの罪の意識から逃れられないであろう。いわんやナチス・ドイツのユダヤ人絶滅策が進行していた時期に、ドイツの同盟国だった日本もまた、ホロコーストに無関係であったとはいえまい。

三　本書の視点

ホロコーストに関する研究書は、日本語で読めるものだけでも相当な数にのぼる[26]。多くは、この二〇世紀最大の悲劇がなぜ起きたのか、その疑問をナチス・ドイツの政治体制、あるいは被害者側を描くユダヤ史の点から解明しようとする研究である。なぜドイツでこのような狂気が生まれ、ヨーロッパ全土に拡大したのであろうか。また、その対象がなぜユダヤ人だったのだろうか。ユダヤ人に対する暴力的憎悪・迫害は、もっぱらロシアや東欧など当時の後進地域の貧しく無知な民衆のあいだに発生した現象であったが、ホロコーストは先進工業国で、豊かな芸術、文化を育んできた、およそ残虐性とは無縁と考えられた国が起こしたものである。ヒトラーとナチ党はわずか一二年で、ヨーロッパ大陸のユダヤ人のコミュニティを破壊し尽くしただけでなく、自国民も犠牲にし、ヨーロッパ大陸に殺戮と破壊の爪痕を残した。

本書は、こうした加害者および犠牲者の立場からではなく、第三者、とくに世界最大のユダヤ人人口を擁していたアメリカに焦点をあて、政府がこの悲劇にどう対応し、また在米ユダヤ人社会が同胞の危機にどのように向き合ったのかという視点から、ホロコーストについて論述する。

本書のテーマのひとつは、ホロコーストの時代に、その気になれば多くのユダヤ人を救うことができたはずのアメリカ政府がなぜ救出できなかったのかについてである。もちろん、ヨーロッパのユダヤ人の救助をすべてアメリカ一国だけに負担させるというのも、あまりにも酷であるという批判があるだろう。しかし、ナチス・ドイツがその恐るべき軍事力でつぎつぎと近隣諸国を侵略し、支配地域が拡大すると、残された希望は、最大のユダヤ人人口を抱え、多くの政治亡命者や難民に門戸を開放してきた歴史をもつアメリカしかなかった。

けれども、アメリカも簡単には重い腰を上げない。アメリカの厳しい法制度が難民の入国を阻んでいたし、国民のあいだには反ユダヤ主義の動きもあった。しかもアメリカが第二次世界大戦に参戦すると、戦争に勝利することがすべてに優先された。実際にアメリカ政府がヨーロッパのユダヤ人を救助するには、多くの厚い壁が立ちはだかっていた。

国際社会がユダヤ人の運命に関心をもたない以上、ユダヤ人が自分たちで同胞を救い出さなければならなかった。ユダヤ人の運命は自分たちで切り拓いていくしかなかった。それは、一方で重い腰を上げないアメリカ政府を説き伏せ、他方で同胞を救済するという困難な道であった。しかし、長い迫害の歴史を体験してきたユダヤ人には、そのためのネットワーク、組織、それに人材が備わっていた。一九世紀以来、世界各地でこうしたユダヤ人の団体がつぎつぎと誕生した。とりわけ自らも迫害を逃れて移住してきたアメリカのユダヤ人のコミュニティは、苦悩の声をあげるヨーロッパのユダヤ人の救援に熱心に取り組んだ。そのひとつ、第一次世界大戦中に創設されたアメリカ・ユダヤ人合同配分委員会（ＡＪＤＣ、一般に「ジョイント」の名で知られる）は、組織、資金、活動の規模のいずれをとっても、ユダヤ世界最大の難民支援団体であった。この組織の強みは、活動を支える多くの優秀なスタッフに恵まれていたことにある。

ユダヤ民族がその歴史のなかで最大の危機を迎える一九三〇年代後半、ジョイントに所属していたひとりのユダヤ人の女性ソーシャルワーカーが同胞を救うべく苦難に立ち向かう。その半生をナチスの迫害を逃れたユダヤ難民の救済活動にささげたローラ・マーゴリスに焦点をあて、アメリカのユダヤ人団体およびスタッフが同胞の悲劇にどう向き合ったかについて論述するのが、本書のもうひとつのテーマである。

第1章　難民はアメリカをめざす

一　アメリカの移民問題

移民社会

アメリカはその歴史をひもとけば明らかなように、背景の異なる移民や難民の絶えざる流入によって建設され、発展してきた。人びとは宗教的迫害を逃れ、政治的自由を求め、あるいは経済的チャンスをつかもうとして新大陸に渡った。

初期には、上陸すると、難民もそれ以外の一般の移民も区別されることなく、同じようにアメリカ人として新たな生活を始めることができた。外国人の帰化について初めて規定した一七九〇年の連邦帰化法によれば、白人の移民で、二年間居住すればアメリカの市民権が与えられた(1)。その後、この期間は五年に延長され、フランス革命など海外からの影響に直面すると、一七九八年に二年間の時限立法として四つの法律からなる一連の外国人法が制定された。そのひとつの帰化法では帰化に必要な期間を一四年と定め、また外国人友邦法はアメリカの平和と安全に危険であるとみなされる外国人の国外追放を規定したが、一九世紀末まで特別に厳しい規制はなかった。(2)

アメリカはヨーロッパの迫害された人びとの避難所であるとともに、ヨーロッパ人を同化させてアメリカ人につくりかえる「メルティング・ポット」であることに、市民は何の疑いももたなかった。外国人の移民は、経済的に発展するアメリカには貴重な労働力となった。しかも、まだ激しいナショナリズムも発生しておらず、国を分裂させるような勢力とは考えられていなかった。(3) 宗教的迫害から逃れて一六二〇年にメイフラワー号で上陸したピルグリムに象徴されるように、難民はアメリカ建国のシンボルであり、アメリカの伝統・理念をつくりあげるのに一役かってきたといえよう。実際に、革命、戦乱、不況などヨーロッパの政治経済状況が変化するたびに多くの難民が生み出され、アメリカに貴重な人材を供給した。(4)

人類の歴史は、いわば人間移動の歴史である。古代から人びとは経済条件の悪化、天変地異、差別・迫害などが原因で移動を繰り返してきた。しかし、こんにち注目されているような難民や移民の問題は、近代国民国家成立のプロセスと密接に関連している。

近代以後のヨーロッパにみられる難民問題の発生の起源を一五世紀末に求める社会学者のクリスティーナ・ボズウェルは、国民国家の成立と、それにともなう国民の帰属意識（national identity）の形成が難民問題を生み出したと述べている。(5) すなわち、国民の国家への帰属意識の形成・強化、国への忠誠を求めるナショナリズムは、行政や教育などの中央集権化をはかりながら必然的に特定の民族と言語の一体化を強制し、こうした国民の基準――当該国家の構成員となりうるか否か――に合致しない人びとを難民として流出させるというのである。しかも、国家統一のためには国民の支持が不可欠となったから、国家は民主化を進め、その結果、その国の市民であることが何よりも重要な意味をもつようになる。国家は安全保障だけでなく、市民的・政治的な権利、社会的厚生の保護者となることに加え、民主主義国の市民に普遍的に付与された平等権、つまり、その国家に所属する限り、市民は等しく扱われることを保証する。したがって、市民の側には、限られた自国の資源を非市民と共有することに抵抗する傾向や、市民となって当該国家の国民として恩恵にあずかることの利益を非市民にも拡大することに抗う傾向が生じる。(6)

移民（immigrant）とはある国家が国民としての適格性を認定した外国人のことであり、外国から渡来する人びとを移民として扱うかどうかは国家の法制度に属する事柄、つまり国の主権に関する問題である。とはいえ、一国の移民制度がどのような性格のものになるかは対外的な影響を与えずにはおかない。

多くの地域からさまざまな移民が流入すると、アメリカ国内でしだいに移民にかかわる法制度が整備され、さまざまな規制が課せられるようになる。一八八二年に移民法が成立するが、この法は何度か修正され、犯罪者、精神異常・薄弱者、生活保護など公共の世話になる恐れのある人びと（likely to become a public charge ＝ＬＰＣ条項として知られる）の入国を禁止するなど、その後の移民制度の改革にいたる最初のステップであった。最初のころの移民政策は基本的に各州にゆだねられていたが、一八七五年に最高裁判所が移民にかかわる州の規定を違憲と判断して以後、連邦政府が直接移民の規制に乗り出した。一八八二年の移民法ですべての移民事項は連邦政府の所管と定められ、一八九二年、ニューヨークのエリス島に入国のための手続きをおこなう事務所が開設され、さらに一九一〇年、西海岸のサンフランシスコのエンジェル島にも入国管理業務の窓口が設置された(7)。

つぎからつぎへと新世界をめざしてやってくる新たな移民の才能が国の活力を生み出し、アメリカを世界最大の国家の地位に押し上げた。アメリカの発展はまさに移民の不断の流入の賜物であった。だからこそ、建国当時の指導者たちは、アメリカの独立宣言に移民についての一項を特記したのである。国づくりの途上で深刻な労働力不足にあえいでいたアメリカは、海外から多くの移民を吸収していかなければならなかった。建国初期にアメリカの主だった州は使節をヨーロッパに派遣し、派遣先の国民にアメリカ移住を呼びかけるための広報活動を展開するほどであった。アメリカはこうした涙ぐましい努力を尽くす一方で、移民の規模や質を規制するようになり、移民政策は国家と社会のありようを決定することになって、移民をめぐる深刻な政治的対立が頻繁に発生する。

移民をめぐる対立

一般的に移民をめぐっては、経済的、政治・外交的、社会的、文化的な側面からつぎのような問題点が指摘される。

経済的側面からみると、移民は労働力の供給源であると同時に、商品やサービスの消費者でもあり、彼らのもたらす経済的効果の面から歓迎されることはいうまでもない。とはいえ、その反面、移民は低賃金労働をいとわない不当な競争相手とみなされ、その国の国民から反感をかうことになる。すでに享受している経済的地位や生活が、新たな参入者のため脅かされかねないとの不安が多くの国民をとらえる。また、安い賃金でも不満ひとつこぼさない未熟練移民の流入は、労働組合の組織化に影響しかねない。労働組合の加入率は一八九六年に非農業部門で四パーセント、一九一〇年になってもわずか九パーセントにすぎなかった。[8]労働組合が移民の流入に批判的なのもこうした点に求められる。

政治・外交的、社会的、文化的な視点に立ってみると、移民は当然のことながら移住先の国家の生活様式、価値観などに影響を与えずにはおかない。新移民が新しい文化を移植し、停滞していた社会を活性化するメリットはもちろん存在する。しかし、彼らがその国の支配的文化に同化しなければ、国民が移民に注ぐ視線はかえって険しくなるだろう。とくに、単純労働のため移住した人びとは、その国の支配的文化を受容する意欲に欠けるとみなされる。その結果、国民のあいだには自分たちと異なる新たな移民の流入が既存の社会の文化、伝統、規範を脅かすのではないかとの警戒心が生まれ、移民の制限を求める世論を後押しするとともに、移民や外国人に対する偏見の増大につながっていく。

こうした問題については、それぞれの立場から容易に国内の政治問題と化し、移住先の国家の政局を揺るがすだけでなく、移民の出身国との関係で外交・国際問題に発展する要素もはらんでいる。

移民の増加とともに、外国人の入国を禁止あるいは制限するか、それとも自由に認めるかをめぐって、対立や抗争が生じる。国民保護・移民規制主義者（nativist）と経済優先主義者（capitalist）、規制支持者（rejectionist / restrictionist）と移民に対する権利の拡大主義者（expansionist）などが、移民の受け入れをめぐって対立するのである。[9]要するに、すでに定着した国民の権利を保護するため移民に対して規制を唱えるグループと、海外から新たな人びとを移入して経済の成長や、社会の発展をはかろうとする立場の対立である。さらに、前者の立場は国家・社会の同質性を重視するのに対し、後者の立場には多様性やヒューマニズム、それに外交上の配慮を主張する人びとが連なる。しかし、経済優先主義者といえども、移民が一時に無制限に流入することになれば社会的混乱を招くから、ある程度の規制の必要を認めざるをえない。

こうして、移民をめぐっては、自由に認めるべきとする派と規制を強化すべきであるという派のあいだで、深刻な対立やせめぎ合いが発生することになる。移民を規制する立法をめぐって激しい対立が展開されるのである。国家は一方で移民の必要性に迫られながら、他方で移民を規制するので、国の移民政策は矛盾に満ちたものになりかねない。そのため、移民の峻別化、差別化が生じることになる。実際にアメリカは伝統的にヨーロッパ、とくに西欧と北欧の移民は歓迎するが、能力的には彼らよりも劣るとみなされたアジア、東欧、南欧の移民には露骨な差別措置を講じてきた。

二　制限的移民法の成立

移民排斥の歴史

移民社会では、最初の移民はゼロからの出発であるため大変な苦労を強いられるが、その見返りとして、社会の重要な地位を独占的あるいは優先的に与えられる。そして、彼らをつぎに流入する移民が追うという展開である。こうしてアメリカではワスプ（ＷＡＳＰ）を頂点とする一種の階層構造が成立し、その結果、移民社会はやがて排他的な方策を求めていく。つまり、既存の集団が自分たちの特権や既得権を擁護するために新参の人びとを差別するか、厳しい制約を課して新たな移民の入国を制限するか、ということになる。

アメリカの多くの排他的な移民法は、一方で新しい移民を吸収することによって労働力不足を解消し、移民社会のダイナミズムを維持することを狙いつつ、他方で移民を選別し、いわゆる「公共的保護を必要とするような（ＬＰＣ）」移民や異質な人びとの流入を阻む目的で制定されたものであった。アメリカ移住後、経済的困難のため公共団体から生活保護を受けたり、アメリカの伝統的価値観を共有できなかったりするような移民は好ましくないとされた。一九二九年に就任したハーバート・フーヴァー大統領は選挙運動で移民の規制を訴えていた。就任後、大統領は一八八二年に導入されたＬＰＣ条項の見直しと厳格な適用を命じた。具体的には、単に扶養能力を欠く移民の排除にとどまらず、海外の領事に対し十分な資産を所持しているか、アメリカ国内に必要であれば当該移民を扶養する用意と能力があることを証明する宣誓供述書（affidavit）を提出するスポンサーがいるかを、要求できるようにした(10)。

このためアメリカへの移住を希望する人びとの多くは、移民と親密な関係にあり財政的負担が可能なアメリカに住む市民から、身許を保証する誓約書を入手しなければならなかった。また、国家の安全に危険とみなされる分子の入国を阻止することが優先されたが、それだけにとどまらず、宗教や人種などにもとづく差別、それに失業問題のような国内の経済動向が移民法に反映され、生活保護を必要とするような移民や犯罪者、浮浪者など好ましからざる人物が排除された。ヨーロッパ諸国は、自分たちの手に余るこれらの好ましからざる人物を体よくアメリカに放逐していた。

アメリカ移民の「第一次大波」として知られる一八八〇〜一九二四年間に移民数は約二六〇〇万人

（このうち一九〇一〜一〇年の一〇年間にアメリカに移住した人びとは九〇〇万にのぼっている）に達したが、この期間に移住した移民には、それまでの移民の出身者とは異なる顕著な特徴が認められた[11]。一八八〇年までは主に北欧、アイルランド、イギリス、ドイツ、フランス、オランダ、スイスなど西欧からの移民が中心であったが、一八八〇年から一九二〇年にかけてはイタリア、ギリシア、ロシア、ポーランドなど、南欧・東欧の出身者が移民の圧倒的多数を占めるようになった。彼らのほとんどは、一八八〇年以前の移民とは異なってカトリック、ギリシア正教徒、ユダヤ教徒であり、そのなかには多数の未熟練労働者が含まれていた。これらの人びとは一般に貧しい国々からの移民で、不平ひとつこぼさずに寝る間も惜しんで働いたから、しだいに経済力をつけ、すでに落ち着いていた国民の生活や地位を脅かすようになった。従来の移民とまったく背景の異なるこれらの人びとに対して、一般国民のあいだからは国民統合と社会的同質性が求められ、「一〇〇パーセント完璧なアメリカ主義」が強調される。この視点に立てば、カトリック、黒人、日本人などと並んでユダヤ人もまた社会的に排斥される存在となる。

　二〇世紀に入りあいついで制定される移民法は、こうした東欧や南欧などの移民を制限することによって、事実上カトリック、ユダヤ人などを差別した。とくに、プロテスタント側は、植民地時代のフランス、一九世紀末のスペインとの戦争当時、カトリックを敵視し、アイルランド、ドイツ、スペインなどから来たカトリック教徒の移民に反感を抱いていた。また国内のカトリック教徒に対しても、これらの国に協力する「第五列」とみており、しかもカトリック教徒はローマ教皇の支配のもとにあるから、教皇の支配が浸透し、アメリカの価値観、体制に脅威となるだろうと警戒した。この反カトリック感情は、南北戦争までアメリカ人の移民排斥の動きを形成する最大の要素であったといわれる。[12] ユダヤ人はまだ少数で、排斥の対象にはならなかった。

そのうえ、一八八二年の中国人移民排斥法にみられるように、中国人や日本人の移民を厳しく制限する差別的措置が講じられた。一八四〇年代末にカリフォルニアで金鉱が発見され、さらに大陸を横断する鉄道建設が始まると、アメリカ西海岸の鉱山会社と鉄道会社は安い労働力としての中国人に目をつけ、一八五〇年ごろから中国人男性を多数移入した。最初のころはたしかに、カリフォルニアの住民は中国人労働者を歓迎した。しかし、一八六〇年代末になってゴールドラッシュは下火になり、大陸横断のユニオン・パシフィック鉄道が完成しフロンティアが消滅に向かうと、住民のあいだには、それでもなお流入を続ける中国人など海外からの移民に対する不安と反感が増大する。カリフォルニア州の中国人人口は、不況を迎えた一八七〇年代までに州人口の一割、労働人口の四分の一を占めるにいたった。[13]

自分たち以外の市民とは交わらない中国人は、一般のアメリカ人の目には異様な習慣をもつ、不健全な人びとに映り、アメリカ社会に同化できないと判断された。このことが、中国人労働者を排除し、彼らの入国を一〇年間停止するという、一八八二年の中国人移民排斥法成立の原因となった。[14] この法律はアメリカ移民史上、特定の民族に対する最初の差別法であり、その後更新を重ねたが、第二次世界大戦中の一九四三年にいたってようやく議会は同法を廃止することにした。日本と戦争をしている同盟国の国民を、排斥するわけにいかなかった。

一九二〇年代の制限的移民法

議会の移民規制支持派の議員は中国人移民排斥法が成立したことによって、移民規制の根拠に出身国を加えることに成功した。

中国人を締め出したあと、アメリカ人の差別や反感の対象は、つぎに急増した日本人移民に向かった。ハワイなどからアメリカ本土西海岸へ渡航する日本人移民の数が増加した。アメリカ本土の日本人移民は一八九〇年に二〇〇〇人に達し、このうちの半数以上がカリフォルニア州に居住していた。日本人移民の数は一九〇〇年までに二万五〇〇〇人にのぼり、カリフォルニア州には一万人が定住していた。その多くがハワイから再移住した日本人移民であった[15]。中国人と同様、日本人もまた額に汗して働き、やがて農業、小売業などで成功する者が続出した。しかも日露戦争に勝利し、アジア・太平洋地域でいまやアメリカの最大のライバルとなった日本の台頭に国民のあいだから警戒心が増大し、その矛先はいまや日本人移民に向けられていた。

カリフォルニア州を中心に排日の気運が高まるなか、一九〇六年一〇月にサンフランシスコ市教育委員会は、日本人や韓国人などの学童を公立学校から少数民族のための特別学校へ移す措置をとった。その半年前、サンフランシスコ大地震が発生し、校舎など建物に被害があり、教育に支障が生じたというのが、この決定の表向きの理由であった。日露戦争の勝利で意気盛んな日本政府がこの措置を侮辱ととらえ抗議したため、外交問題に発展した。しかし、日米間の紛争を望まないアメリカ政府は介入し、最終的に学童の復校を認めさせるのと交換に、当時連邦議会で審議中の改正移民法にハワイなどからアメリカ本土への日本人移民の渡航を禁止する条項を入れた。さらに、政府は日本側と移民制限に関する条約を締結するという条件で、なんとか解決にこぎつけた。日米両政府は一九〇七年から一九〇八年にかけて、この問題をめぐって交渉し紳士協約を交わした。このなかで日本政府は、再渡航者および近親者などを除いて、日本人労働者のアメリカ渡航を自主的に禁止する措置をとることとした。

けれども、日本人移民は減少するどころか増加した。この紳士協約によって日本人労働者の移民は阻止されたものの、新たな問題が排日論者に攻撃材料を提供した。というのも、単身でアメリカに移住した日本人男性が写真や履歴を取り交わすだけで結婚し、本国から妻を呼び寄せる写真花嫁が増加したことで、日本人移民をさらに排斥しようとする動きに拍車がかかった。「写真結婚」は規制の対象外であった。排日の動きが激しくなると、日本政府は一九二〇年、ついに写真花嫁に対する旅券の発行を停止した(16)。日露戦争の勝利で日本の大国化への不安をかき立てられたアメリカ国民のあいだには、しだいに反日感情が広がり、二度にわたる、いわゆる排日土地法の成立で反日の気運はさらに高まった。そのうえ、紳士協約によって完全に締め出すことができなかった日本人移民は、後述する一九二四年の移民法でアメリカ入国の門戸を閉ざされることになる。

移民規制派の攻勢はなおも続く。規制派は、一九世紀末以来たびたび主張してきた識字力テスト(literacy test)を新移民に課すよう要求した。たとえば、アメリカ労働総同盟(AFL)は、早くも一八九七年に識字力テストの導入に賛成していた。一九〇五年ごろ、サミュエル・ゴンパーズ会長は経営者側からの反労組キャンペーンによる組織率の低下と移民の増加に直面し、ヨーロッパ移民の選択的制限を主張していたが、識字力テストは彼の目的にかなっていた(17)。ゴンパーズ自身イギリスからのユダヤ系移民だったが、AFL傘下のユダヤ系労組のなかには、たとえばユダヤ婦人服労働者組合のように逆に新しい移民と連帯しようとする動きもあった。[18]
実際に中国人、契約労働者、アナーキストなどの入国を阻止したものの、大量にやってくる東欧・南欧の読み書きに苦労する人びとを拒む方法はなかった。このため、歴代大統領がたびたび拒否したにもかかわらず一九一七年に成立した移民法は、一六歳以上の移民に識字力のテストを要求したほか、肉体的・精神的な疾患のある者、政治的危険分子、生活保護を要する移民、およびアジアからのほとんどの移民の排除を求めた。[19]アメリカ入国で問われることになったのは移民の資質であり、その数については何の規制も講じられていなかった。

第一次世界大戦中の一九一五年、南部のジョージア州で反移民、反カトリック、反黒人を標榜するク・クラクス・クラン（ＫＫＫ）が誕生した。一九一七年四月、アメリカが世界大戦に参戦すると、国内は愛国ムード一色に染まり、移民など外国人への反感が高揚した。大戦後、アメリカ国内の景気回復を反映したこともあって、戦争のため中断していた移民が増加した。兵士も復員し、いきおい労働力が過剰になる。もはや識字力のテストだけでは移民の規制は十分でなかった。一九二一年に入国した移民八〇万人のうち、識字力テストではねられたのはわずか一五〇〇人にすぎなかったといわれる。[20]そのうえ、ロシア革命後に共産主義や過激思想が国内に浸透することへの恐怖が、アメリカ国民の情緒を不安定にした。

アメリカ国内には、終戦とともに保守主義や孤立主義の空気が漂った。ヨーロッパ戦線に送られた多くの兵士は、ヨーロッパのもめ事を処理しようとして多くの仲間を失った、もうヨーロッパの問題にかかわりあいになるのはご免だと、不満をもらしていた。しかも一九二〇年夏にアメリカ経済は失速を始め、一九二一年の失業率は労働人口の一二パーセントに達した。さらに戦争中に愛国心が鼓舞され、「一〇〇パーセント完璧なアメリカ主義」が強調されたことの余波を受けて、多くのアメリカ人は移民、ことに東欧出身者の増加に不安を感じていた。

緊急割当移民法

一九二一年五月、緊急割当移民法（Emergency Quota Act of 1921）が議会で成立し、同年七月一日に発効した。最初この法案は上下両院で採択されたものの、ウッドロー・ウィルソン大統領が拒否権を行使して葬った。だが、一九二〇年の大統領選挙で移民の制限を綱領に掲げる共和党のウォレン・ハーディング候補が当選したことから、共和党は勢いづき、長期的な移民政策が確定されるまで移民の流れを抑える暫定措置であるとして訴え、両院で可決した法案である。したがって、この法は一年限りの時限立法だったが、その後二年間延長され、一九二四年六月三〇日まで効力を有した。これは国勢調査にもとづいて年間の移民数を国別に割り当てるもので、一九二四年の移民法につながる法律で、初めて移民の数的制限を課した。つまり、ある国への年間移民割当は、一九一〇年の国勢調査の結果にもとづいて海外で生まれた居住者の人口をその出生国別に分類し、国別割当をその各人口の三パーセントとするクオータ制を採用し、全体の年間割当数の上限を三五万七〇〇〇人とした。

こうして、ヨーロッパ人移民について出身国を理由にその数を割り当てる移民法が成立した。それまでの移民制限が個人の資質を問題にしていたのに対し、割当という法制度のもとでは個人的な資質や差異は無視され、すべての人びとは人種、国籍などの集団的資質で扱われ、その一般化された基準が移民を選別する際の根拠とされることになる。(21) このクオータ制については人種差別でありアメリカの理念に反するとの批判はあったが、その批判もアメリカ第一主義という保守派および国内雇用動向を重視する労働組合の反論の前にかき消された。この結果、一九二一～二二年度にヨーロッパからアメリカに入国した移民の数は三一万人となり、一九一三年の四分の一に減少した。

しかし、この法で定めた東欧・南欧のクオータは充足されたものの、北欧・西欧のクオータは満たすにいたらなかった。要するに、北欧・西欧の移民数を上回る数の移民が東欧・南欧から押し寄せるという、議会がまったく想定していなかった事態が出現したのである。基準年の一九一〇年は東欧・南欧からの大量移民の最終年であったため、恒久的移民立法の必要が叫ばれ、緊急割当移民法の失効時期が近づくにつれて、議会では失効後の移民問題への対応をめぐって多くの法案が提出、審議された。

こうして成立したのが一九二四年移民法（Immigration Act of 1924）であり、この法案の提出議員の名をとって「ジョンソン＝リード法（"Johnson-Reed Act"）」と呼称される。

一九二四年移民法

一九二四年移民法は、その一一条a項で外国生まれの居住者の出身国別割当算定の基礎となる国勢調査を一八九〇年、つまり東欧・南欧からの移民の大量移住が開始する前とし、国別割当を人口の三パーセントから二パーセントに引き下げることにした。その結果、一九二一年移民法では三五万七〇〇〇人だった年間移民割当数の上限が、一六万五〇〇〇人に削減されることになった。

しかし、アメリカ本土居住のアメリカ人の多くは北欧や西欧出身であったため、同規定の算定基準について外国生まれの者に限定せず、すべてのアメリカ人を対象とすべきであるとの反対意見が沸き起こった。このため同法には一一条b項で、この基準を三年後に見直すものとされ、新たな割当は上限を一五万人とし、一九二〇年におけるアメリカ本土居住者の出身国を基準に算定する、と規定されていた。これが一九六五年の新移民法の成立（一九六八年発効）によって廃止されるまで続いた出身国別割当制度（National Origins Quota）で、一一条a項の規定はこの制度が一九二七年に発効するまでの暫定措置とされたのである。[22] そして、アメリカ入国を希望する移民は海外のアメリカ領事館にヴィザを申請し、審査を受けることになった。

出身国別割当を算定するための特別の委員会が設置された。しかし、実際にアメリカ人の出身国別の数字を割り出す作業は困難をきわめ、また議会では出身国別割当制度をめぐる論戦が繰り広げられた。ヨーロッパ諸国からの移民をどう振り分けるかが最大の焦点となり、できるだけ多くのクオータを自分の出身国の移民に割り当てたいとの国民一般の心理が、さまざまな政治的思惑とともに作業を複雑にした。委員会の報告ごとに割当の数字が変動し、正確さに疑問が投げられたが、同制度は国論を二分したあげく、ようやく一九二九年七月一日から実施されることになった。最終的に、年間移民の上限は一五万四〇〇〇人となった。

その直後、フーヴァー大統領は国務省に対して法の厳格な執行を求めた。折からの世界大不況は深刻化し、失業率が上昇し、外国生まれの労働者は当然ながら歓迎されなかった。不況にある国は移民には魅力あるものと思われないから、実際に一九二九年の国内失業率三・二パーセントのとき二七万九六八〇人であった移民数は、翌一九三〇年、失業率が八・七パーセントに急上昇したときには二四万一七〇〇人になった。さらに、失業率が一五・九パーセントに達した一九三一年と、二三・六パーセントに上昇した一九三二年の移民数は、それぞれ九万七一三九人、三万五五七六人となった[23]。

出身国別割当制度のもとで優遇されたのは西欧出身者であった。一九二二年、一九二五年、一九三〇年の割当を国別でみると、イギリスが各七万七三四二人、三万四〇〇七人、六万五七二一人、ドイツが六万七六〇七人、五万一二二七人、二万七三七〇人へ、イタリアは四万二〇五七人、三八四五人、八〇二二人、ポーランドは三万九七七人、五九八二人、六五二四人、ロシア・ソ連は二万四四〇五人、二二四八人、二七八四人となった[24]。東欧・南欧からの移民数が明らかに激減している。

同じヨーロッパからの移民でも、基本的に東欧・南欧出身者は西欧からの移民より能力的に劣っており、経済力もないという前提にもとづいており、この割当制度には前述した第一次世界大戦後のアメリカ人の心情心理が色濃く反映していた。しかも、東欧・南欧の出身者はカトリック、ギリシア正教徒など同じキリスト教徒でもプロテスタントが好まない人びとであり、そのほか東欧出身の移民のなかにはユダヤ人も多数含まれていた。ユダヤ人の移民に関しても、一九二四〜三一年間にアメリカに移住した者はわずか七万三〇〇〇人で、一九〇七〜一四年間の六五万六〇〇〇人と比べると、移民法の効果は明らかである[25]。

また、一九二四年移民法のもとで、日本人などアジア人は「市民となる資格を有しない外国人（aliens ineligible to citizenship）」とされ、完全に締め出されることになった[26]。この条項は一九二〇年代における反日的なナショナリズムと人種主義意識を反映するものであり、一九二四年移民法は日本では排日移民法として知られ、その後の日米関係に重大な影響を及ぼす[27]。

ところで、国民のあいだに混乱と分裂をもたらした同法案に対してこの法案が成立することで、日米関係の行く末を懸念する声が意外にもユダヤ人団体からあがったことはきわめて興味深い。法案が五月一五日に議会を通過したあと、国勢調査にもとづく移民割当が東欧・南欧移民に厳しいとして、東欧のユダヤ人移民の側に立つユダヤ人団体は、法案の不公正を糾弾し、ジョン・カルヴィン・クーリッジ大統領に対し反対理由を記した請願書を提出して、大統領の拒否権行使に期待をつないだ。しかし、大統領は法案に署名し、同法は一九二四年五月二六日に成立する。

この請願書の冒頭、ユダヤ人団体は一九二四年移民法の基底に一貫して流れている人種的偏見の具体的実例として、日本を引き合いに出した。そして、同移民法はかつて日本と合意した「紳士協約」を帳消しにし、移民割当の特権から日本人すべてを締め出すことを企図するもので、日本を深く侮辱することになろうと非難している[28]。

しかし、皮肉なことに一九二二〜二四年間に、この移民法のもとでアメリカがもっとも期待したイギリス、デンマークからの移民はクオータを半分も満たすにはいたらず、ノルウェー、スウェーデンの移民はさらに少なかった[29]。反対に、東欧と南欧からアメリカ入国を希望する申請者の数はクオータを大幅に超えていたが、この制度の実施により実際の移民数は減少した。そして一九二九年以降、東欧・南欧諸国に割り当てられたクオータは全体のわずか一五パーセントで、残りの八五パーセントは北欧・西欧などに割り当てられた。けれども、実際にアメリカに移住した移民は米移民法で割り当てられた数よりはるかに少なかった。一九三三〜四三年間にクオータの一二四万四八五八人分が充足されないまま残されたといわれ、しかも、そのうちの三四万一五六七人分はドイツおよびドイツの占領国に割り当てられ

たものであった。(30)

移民法と西半球

その一方、これらの移民法は重要な例外規定を設けた。カナダ、メキシコ、キューバ、ハイチ、ドミニカなど西半球からの移民に対しては、識字力テストやＬＰＣ要件などの制約はあるものの、クオータによる制限措置が講じられていなかった。

議会には、これらの移民にもクオータを適用すべきであるとの声が強かった。だが、第一に、アメリカ南西部の農業者からの安いメキシコなどの労働力に対する根強い要望を無視できなかったことに加え、第二に、ラテンアメリカ諸国との善隣外交を掲げる国務省が近隣諸国と良好な関係を維持することなどを重視し、その結果、議会の動きは封じられ、西半球からの移民はクオータ制の適用外とされた。(31)

一九二一年の暫定的な緊急移民法によれば、西半球の独立国に一年間継続して居住した人びとに対してはクオータ外で移民を認め、一九二二年にこの年限は五年に延長された。東欧・南欧諸国の移民はこの規定を利用することによって、つまり西半球の国に五年居住すれば、クオータを回避してアメリカ入国の道が開けることに気がついた。しかし、一九二四年の移民法のもとでは、クオータ外の移民はカナダ、メキシコ、キューバなどで出生した移民に限られることになってそれまでの抜け道がふさがれ、東欧・南欧からの移民を閉め出すことになる。(32)ヨーロッパからの移民はたしかに減少したものの、反対にメキシコなどの移民が増加したため、アメリカ国内でこれらの地域の移民にも規制を求める声が高まり、一九二九年一月、国務省はメキシコ駐在のアメリカ領事に対し、ＬＰＣ条項の適用を厳格にするなど入国を制限する指示を与えた。この結果、メキシコ人のアメリカ入国者数は、一九二九年の四万一五四人から翌会計年度の一万二七〇三人に激減した(33)。

一九二四年の移民法(一九二九年七月一日に完全実施)は、自由と機会の均等、それに多様性というアメリカの良き伝統を犠牲にした。移民の集団的資質を受け入れの基準としたクオータ制のもとで、大西洋を越えてアメリカに渡ったヨーロッパ人は、その環境と民主主義制度によって再生されるという伝統的信念を人種的理論によって拒否された。要するに、個人主義原理が否定され、特定の国、人種に属することで、すべて一般化されたステレオタイプで扱われることになったのである。同法は、一九六五年の修正移民法のもとで出身国別割当制度が廃止されるまで(ただし発効は一九六八年七月一日)、四〇年間の長きにわたってアメリカへの移民を制限することになった。

三　ユダヤ難民とアメリカ

ユダヤ人のアメリカ移住の波

迫害に苦しむ多くの人びとを広く受け入れたアメリカは、ユダヤ人の入国にも門戸を開いた。実際に宗教上の差別・迫害から逃れようとする多くのユダヤ人に、アメリカは唯一のびのびと自由に呼吸する大地を提供した。ヨーロッパのユダヤ人は周囲を必ずしも好意的でない隣人に囲まれ、封建的・身分制的な体制のなかで緊張にさらされながら、ひっそりと肩を寄せ合うようにして集団の絆を大切に育んで、自分たちのコミュニティに閉じこもって生きてきた。しかし、アメリカ大陸では周囲との緊張関係もなく、したがって集団としての強い絆も必要なかった。アメリカに移住したユダヤ人はアメリカの社会、文化、価値観への同化とユダヤ人としてのアイデンティティの維持というディレンマに直面するが、個人主義の国で彼らは自由に才能を開花させ、さまざまな分野で社会的進出を果たしていく。

ユダヤ人のアメリカ大陸渡来の歴史はきわめて古く、アメリカ大陸に到達したクリストファ・コロンブスの一行にマラーノ（Marano）とよばれるユダヤ人が従っていたとする記録がある。マラーノとはスペイン語で「豚」を意味し、迫害を逃れるためにカトリックに改宗したユダヤ人をさす。奇しくもスペインでユダヤ人の追放令が発布されるのと、コロンブスの航海が一四九二年であったことなどから、コロンブス本人をユダヤ人とする説もないわけではないが、最初にアメリカに定住したのは、一六五四年にブラジルからニューアムステルダム（現在のニューヨーク）に渡ったユダヤ人たちだといわれる(34)。

一六世紀にブラジルがポルトガルの植民地になると、ユダヤ人たちもまたポルトガルから移住した。その後、オランダの西インド会社がブラジルに進出し、最大の港町レシフェからポルトガル勢力を一掃した。レシフェではオランダの庇護のもとにユダヤ人社会が発展したが、ポルトガルがふたたびこの地を奪うと、ユダヤ人たちはニューアムステルダムに逃れた。したがって、最初にアメリカのユダヤ人社会を築いた人びとは、セファルディ（Sephardi. 複数形は Sephardim。ヘブライ語でスペインの意味）とよばれるイベリア半島・地中海系のユダヤ人であった。

独立戦争のころまでにアメリカのユダヤ人の数は二五〇〇人ほどに達し、ほとんどがニューヨーク、フィラデルフィア、ジョージア州サバンナなど東海岸を中心に居住していた。以来、ヨーロッパでユダヤ人をとりまく政治的・経済的な環境が悪化するたびに、ユダヤ人たちは自由な大地をめざして海を渡った。

一八二〇年ごろまでのユダヤ移民の多数はセファルディであったが、それ以後アメリカに移住したユダヤ人には二つの大きな波がみられた。最初の波は一八二〇年から一八八〇年までで、中欧・東欧、主にドイツから多くのユダヤ人が新大陸の土を踏んだ。彼らはいわゆるアシュケナジィ（Ashkenazi. 複数形はAshkenazim。もとはドイツを意味する）で、比較的リベラルなドイツの移民であった。彼らのなかからユダヤ教の改革派の流れが広まり、セファルディや東欧系の人びとのユダヤ教正統派と、その後アメリカで東欧系移民の子弟のあいだで誕生し、正統派と改革派の中間に位置する保守派とともにアメリカのユダヤ教の三潮流を形成していく。(35)

ユダヤ人がドイツを離れてアメリカをめざすにいたる原因は、一九世紀にヨーロッパにあらわれた政治状況と深く結びついている。フランス革命後にゲットーから解放されることになって、ユダヤ人の社会的地位は著しく改善したが、それも長続きせず、彼らはヨーロッパを覆ったナショナリズムの嵐のなかでふたたび試練に立たされることになった。ナポレオンの軍勢に蹂躙されたドイツの各地では、フランスを支持したとしてユダヤ人に対する反感が高まった。とくにババリア王国ではユダヤ人の職業を厳しく制限し、財産の売却を禁止する法律があいついで制定されるなど、反ユダヤ感情がいちだんと強まっていく。ユダヤ人の若者はこうした閉塞状況から逃れるため、むしろ海外に生活と活動の場を求めたのであった。アメリカに移住したユダヤ人の多くは行商人から身を起こし、しだいにアメリカの小売業界に押しも押されもせぬ地位を築き上げていく。(36)

その後、さらに多くのユダヤ移民がドイツから押し寄せた。彼らは急速に社会のなかで頭角を現わし、それまでアメリカの伝統的な階層が占めていた分野、たとえば社交クラブやニューヨーク近郊の会員制保養地などに殺到し、これを嫌う伝統的な階層とのあいだに摩擦が発生する。

ロシア・東欧からの移民

一八八〇年以降になると、移民の出身地はドイツに代わって、ロシア、東欧、それに南欧のイタリア、ギリシア出身者が増えていく。宗教的にみると、カトリックとユダヤ教徒が多数を占めた。これらの地域からの移民は大家族で、しかも出生率が高かったから、一般のアメリカ人には脅威と映り、人種的優劣を問う議論が活発となって、前述した一九二〇年代の制限的移民法の制定に影響を与えた。

一八八〇年の世界のユダヤ人人口はおよそ七七〇万で、このうちロシア、東欧地域には六〇〇万のユダヤ人が暮らしていた。ロシア帝国は領土を拡大するにつれ、これらの地域のユダヤ人社会を抱え込むことになる。ロシア帝国領内のユダヤ人は、イーディッシュ語作家のショーレム・アレイヘム（ソロモン・ラビノヴィッツのペンネーム）原作のミュージカル『屋根の上のヴァイオリン弾き』で描かれている寒村のユダヤ人一家のように、貧困に打ちひしがれ、ポグロムに脅えながらひっそりと生活していた。

そのようなロシア帝国領からユダヤ人の移動が開始するのは一八四〇年代である。寒村を離れ領内のワルシャワなど大都市に、さらに非合法であったが、モスクワ、サンクトペテルブルク、プラハ、ブダペストなどに向かう者も続出した。やがて一八七〇年代に入ると、さらなる貧困と迫害から逃れるため、アメリカや西ヨーロッパをめざす移民の流れが始まる。一八八〇年から一九二〇年までの四〇年間に、ロシア、ポーランドなど東欧のユダヤ人が二〇〇万人以上もアメリカに上陸した。つまり、ロシア、東欧ユダヤ人人口の実に三分の一がアメリカに移動したのである。しかも、このうち七三パーセント以上がロシア帝国領からアメリカに渡ったユダヤ人で占められていた。

二〇世紀に入ると、アメリカをめざして移住するロシアのユダヤ人の数はさらに増加した。その原因はもっぱらロシアの国内事情によるものであった。一九〇三年のイースターの際にベッサラビア（現在のモルドバ）のキシネフでユダヤ人に対するポグロムが発生し、四七人のユダヤ人が犠牲となった。さらに、一九〇四年の日露戦争や、翌年一月、帝都ペテルブルクで皇帝に請願を求める群集に軍が発砲し

表2　アメリカ入国を認められたユダヤ人移民数（1908〜1938年6月末）

年	ユダヤ移民数（人）	移民全体に占めるユダヤ人移民の割合（%）
1908–1914	656,397	9.78
1915	26,497	8.1
1916	15,108	5.1
1917	17,342	5.8
1918	3,627	3.28
1919	3,055	2.6
1920	14,292	3.3
1921	119,036	14.7
1922	53,524	17.3
1923	49,719	9.5
1924	49,989	7.07
1925	10,292	3.5
1926	10,267	3.3
1927	11,483	3.4
1928	11,639	3.8
1929	12,479	4.46
1930	11,526	4.77
1931	5,694	5.86
1932	2,755	7.74
1933	2,372	10.28
1934	4,134	14.03
1935	4,837	13.84
1936	6,252	17.21
1937	11,352	22.59
1938	19,736	29.07
合　計	1,133,402	8.86

出典：*American Jewish Year Book*, vol. 41, 1939–1940, Philadelphia: The Jewish Publication Society of America, 1941.

多数の人びとが死傷した「血の日曜日」などによって、ロシア国内は不穏な空気に包まれていた。これに深刻化した経済不況が追いうちをかけ、その結果、数十万にのぼるユダヤ人は海外移住を決断した。

こうしたロシア、東欧からの移民の波はアメリカのユダヤ人人口を一挙に押し上げることになり、一八八〇年に二八万（全米人口の〇・六パーセント）であったユダヤ人人口は、四五年後の一九二五年には四五〇万（同四パーセント）に増加した。[37]

最初のころ、ドイツ出身のユダヤ人とロシア、東欧のユダヤ人との関係は、必ずしも良好とはいえなかった。ドイツのユダヤ人は、ヘブライ語とドイツ語を混ぜ合わせたような東欧ユダヤ人社会に特有のイーディッシュ語を話す、ポーランドなど東欧出身者を文化水準が低いと嫌った。東欧の正統派ユダヤ教徒の服装や、かもし出す雰囲気がリベラルなドイツ出身のユダヤ人には、異様に映ったのであろう。しかもポーランドなどの新移民は、それまでドイツ移民が占めていた仕事をつぎつぎと奪っていった。彼らはどんなに低賃金でも嫌な顔ひとつせずに働いたから、雇主はドイツの移民の代わりに新移民を雇ったのである。このためドイツ出身のユダヤ人のなかには、ロシア、東欧から移民がさらに流入すれば自分たちの地位が脅かされると、厳しい入国制限を主張する者も現われるほどであった。[38]

けれども、ロシア、東欧出身のユダヤ人はイーディッシュ文化をアメリカの地に開花させただけでなく、社会主義者からシオニスト、正統派ユダヤ教徒にいたる多彩な顔ぶれを反映してユダヤ人社会に新たな活力を注入し、さらに映画の都ハリウッドを築くなど、アメリカの社会と文化にも多大の足跡を残した。

反ユダヤ主義と移民法

アメリカの制限的移民法が成立するにいたった背景をさぐると、そこには明らかに特定の民族や宗教に対する偏見と差別が浮かび上がる。建国以来、アメリカは人権や民主主義の高い理想を掲げてきたが、すでにみてきたように、現実にはこうした理念とは裏腹に東欧・南欧、アジア、カトリック、ユダヤ教への差別意識が根深く、これらの人びとの移民を阻むためにさまざまな障壁をめぐらしてきた。

アメリカの歴史家デイヴィッド・ワイマンは、一九三〇年代末に国民が難民のアメリカ入国に反対するにいたった要因として、失業問題、国民保護・移民規制主義（nativism）、それに反ユダヤ主義の三点をあげている[39]。大恐慌のさなかの一九三三年のアメリカの失業率は二五パーセントにのぼり、四年後の一九三七年にいたっても、それは一五パーセントと依然高い水準にとどまっていた。したがって、一九三〇年代は経済の先行きが不透明で、外国の移民が来れば、自分たちの職が奪われるのではないかと国民は不安にかられていたのである。こうした不安は多くのアメリカ国民のあいだに外国人への反感と不満を醸成しており、国民は移民のもたらす異質な生活スタイル、文化をも拒絶した。移民排斥運動の本質は、移民の流入に対して自分たちの権利を擁護しようという動機であり、戦争中にはこれが愛国心や忠誠心に形を変え、外国人の入国を安全保障上の見地から拒否することにつながる。

ヨーロッパのキリスト教社会では、反ユダヤ主義は日常的に発生した。ユダヤ人たちは同化を拒み、自分たちの信仰をかたくなに守ったから、そのことが「キリスト殺し」の汚名とともに彼らを社会から疎外した。序章で述べたように、現地のキリスト教社会は、ペストの流行や経済環境の悪化など、何か事件が起これば原因をユダヤ人に転嫁し、その結果、迫害が発生する。

ヨーロッパほど激しくはなかったが、アメリカにも反ユダヤ主義は存在した。自由で、過去とのしがらみから解き放たれたアメリカで、なぜ反ユダヤ主義がはびこることになるのだろうか。

アメリカの伝統はいうまでもなくキリスト教にあり、そのキリスト教とはプロテスタントを意味した。そのプロテスタントからみれば、カトリックとともにユダヤ教徒は劣等であり、プロテスタントの国家にあっては「よそ者（outsider）」でしかなかった。『アメリカにおける反ユダヤ主義』の著者レオナルド・ディナースタインによれば、反ユダヤ主義はアメリカの文化的遺産の一部となっているが、もとはといえば初期の移民が旧世界から持ち込んだものであった。(40) キリスト教文明・価値観とともに差別意識までもが旧世界から新世界に移植され、プロテスタント、カトリックを問わず、キリスト教徒のあいだに「キリスト殺し」「守銭奴」などのネガティブなユダヤ・イメージがアメリカ社会に浸透していったといえる。

ユダヤ人は時間という観念のなかで生きてきた人びとである。いにしえの昔、つまりアブラハムの時代からユダヤ人は聖書の民として、また神から「選ばれた民」として過去の遺産を背負ってきた。これは彼らにとって逃れることのできない宿命であった。選民とは決して特権を意味するものではなく、過酷な試練と表裏一体のものであった。だから彼らは、少なくとも二〇世紀の半ばに故国イスラエルが再興されるまで、何ひとつ、いい思いをしたことはなかった。この選民であることこそ、彼らがキリスト教世界のなかで迫害を受ける原因のひとつであった。

第一次世界大戦後、アメリカ社会が保守化し、完璧なアメリカ人意識に染め上げられた一種のナショナリズムが刺激されて孤立主義の傾向を深めるにつれ、反ユダヤ感情はいちだんと強まることになった。

戦争のあとの移民の流入、ロシア革命による共産主義の浸透などが国民の不安と警戒心をかき立て、国務省はソ連などから難民を偽装するスパイの潜入に神経をとがらせた。東部の名門大学、とくにユダヤ人学生の多くが学んだハーヴァード、イェール、プリンストンでは彼らの入学を制限する動きが始まった。たとえば、ハーヴァード大学に一九二二年に入学したユダヤ人学生は二二パーセントであったものが、一九二八年には一〇パーセントに減少した(41)。

一方、南部州では白人の秘密結社ク・クラクス・クラン（KKK）が反ユダヤ主義をさかんに煽っていた。第一次世界大戦中の一九一五年、人種的偏見の強いジョージア州アトランタで発生したレオ・フランクのリンチ殺害事件は、全米のユダヤ人社会を震撼させた。フランクが働いていた工場で少女の他殺体が発見され、フランクが疑われた。裁判で弁護士はフランクを擁護し、彼がユダヤ人であるがゆえに偏見の犠牲になったのだと弁護したが、ユダヤ人の男性が一三歳の白人少女を惨殺したと非難する声は反ユダヤ感情を燃え上がらせるのに十分で、裁判の結果、死刑が確定する。しかし、フランクの無罪を確信したジョージア州知事が減刑し終身刑にしたことで市民が逆上、暴徒化して監房を襲い、収容されていたフランクを引きずり出して、木に吊るした。

また、フォード自動車社長のヘンリー・フォードは、地方紙『ディアボーン・インディペンデント』を買収して一九二〇年代に激烈な反ユダヤのキャンペーンを展開し、ユダヤ人支配の脅威という妄説を広めた。同紙は、最盛期には七〇万部の発行部数を誇った。フォードはこうした功績が評価され、一九三八年、七五歳の誕生日祝いにナチスから勲章を贈られたほどであった。フォードがなぜユダヤ人を憎んだのかは、アメリカの産業の伝統に照らしてみると興味深い。アメリカ人は常に、生産――農業、工業――に価値を置く。ラジオ、飛行機、自動車など「モノづくり」を尊ぶ人びとは、金融や投資などモノを製造しない非生産階級を軽蔑した。[42]フォードにしてみれば、生産活動にたずさわらない国際的な金融家はアメリカの富を生み出すのではなく、強奪するもので、彼はこうした業種に多かったユダヤ人を嫌ったのだった。あの発明家のトマス・エジソンもまた、ユダヤ人嫌いを主張する点ではフォードに勝るとも劣らなかった。

一九二七年に単独で大西洋の無着陸横断飛行に初めて成功し、一躍アメリカの英雄とはやされたチャールズ・リンドバーグは、アメリカが日本との戦争に入る三カ月前、ユダヤ人はアメリカをヨーロッパの戦争に引きずり込もうとしていると語ったが、この反ユダヤ発言に、ある世論調査の回答者の二二パーセントが賛同している。[43]リンドバーグはナチズムに傾倒し、一九三六年のベルリン・オリンピックの開会式に夫妻で賓客として招待され、一九三八年にはナチスから勲章を授与された。さらに一九四一年九月、アイオワ州デモインでおこなった講演で、リンドバーグは、ユダヤ人がこの国最大の危険であり、その拠り所は映画界、新聞、放送、政府における支配と影響力にあると語っている。[44]

戦時体制が社会を覆う時代におこなわれたユダヤ人の愛国心に関する世論調査でも、これを疑う回答者は全体の四分の一に達している。[45]移民の受け入れに関するアメリカ国民を対象とするこの種の世論調査で、ユダヤ人は敵国民を除くともっとも望ましくない移民であるというイメージが浮かび上がる。[46]

また、カトリックのチャールズ・コクラン神父は毎週の伝道放送において反ユダヤの説教に熱弁をふるっており、一九三八〜四四年間の世論調査によれば、アメリカ国民の約三三パーセントに反ユダヤの傾向が認められた。[47]反ユダヤ主義のキャンペーンは、アメリカ中西部の田舎町に住む人びとにもアピールした。これらの地域ではユダヤ人の人口は少なく、したがって住民がユダヤ人と接触することもほとんどなかったが、住民は東部のエスタブリッシュメントに反感をもっていたから、反ユダヤ主義が浸透する余地が存在した。

そのうえ、新たな移民が流入すれば自分たちの職が奪われるのではないか、といった国民の素朴な不安は、前述した一九二〇年代の移民法の原動力となった。このためユダヤ人社会の指導者は、アメリカの移民政策の緩和を求めて公然と運動すれば、かえって反ユダヤ感情を高め、ブーメランとなって跳ね返ってくるのではないかとおそれていた。それよりもむしろクオータ制の枠組みのなかで、たとえば外国人居住者の親類についてはケース・バイ・ケースでクオータの制限から免除させるとか、難民の子弟はクオータの除外とするとかの戦術に転換したものの、世論がいかなる移民にも圧倒的に反対であることを敏感に感じとった政府に効果はなかった。(48)

こうした根深い反ユダヤ意識が、ヨーロッパのユダヤ人に絶滅の危機が迫るなか、難民のアメリカ入国を阻む一因となった。

それでは、どうしてアメリカの反ユダヤ主義は、ヨーロッパのような大規模な反ユダヤ暴動に発展しなかったのであろうか。

それは、初期のユダヤ移民が多くの点でアメリカ人と価値観を共有していたからである。(49)信仰の自由はいうまでもなく、中央集権的権威に対する不信という点でも、ユダヤ人と一般のアメリカ人は対立することはなかった。さらに、倹約、独創性、合理性、企業家精神などのアメリカのビジネス社会の特性についても、新来のユダヤ人は違和感を覚えることなく社会に参入した。一九世紀にドイツから渡ったユダヤ人は、まったく新しい環境に順応する前にすでに知的・経済的な能力において他の移民はもとより、一般のアメリカ人より抜きんでていた。けれども、移民社会では、その後新たに流入した移民のため人口構成は変わり、社会の構造も大きく変容することが避けられない。一九世紀末以降アメリカに上陸するロシア、東欧出身のユダヤ人は最初差別に苦しんでも、やがて能力を発揮し、アメリカの文化発展に貴重な足跡を刻んでいく。

しかも、アメリカ大陸へ渡った清教徒（ピューリタン）たちは、自分たちのことを約束の地を求めるイスラエル人と同じように考えていた。彼らは、自分の子どもたちに旧約聖書からとったモーセとか、アブラハムといった名前をつけた。また、聖職者にはヘブライ語の知識が不可欠であったから、一六三六年にハーヴァード大学がプロテスタントの牧師を養成するため開設されたとき、ヘブライ語は必修科目であったし、一七〇一年創設のイェール大学は校章にヘブライ語文字を採用した。

四　ユダヤ系団体の救援活動

宗教的伝統と支援のネットワーク

多くの国の政府が国内の反外国人感情や経済状態などからユダヤ難民の受け入れに慎重であったのとは対照的に、民間の多くのユダヤ系団体は同胞に対する救援活動を積極的に展開した。もともとユダヤ世界には、同胞の困窮者に救いの手を差しのべる宗教的伝統とネットワークが確立していた。この相互扶助的なユダヤ人の結束力の固さはキリスト教徒もうらやむほどだった。実際に、ナチズムの支配を逃れたドイツのキリスト教徒が苦境に陥っていたにもかかわらず、世界のキリスト教会の指導者によるこれらの信徒に対する関心は驚くほど低かった(50)。

ユダヤ人の歴史とは差別と迫害の歴史にほかならなかった。そのため、早い時期からユダヤ系の組織が国を越えて世界各地で迫害に苦しむ同胞に手を差しのべた。とくに、ロシアや東欧のユダヤ人社会の状況は筆舌に尽くしがたいほど悲惨であった。ロシア、東欧のユダヤ人たちはユダヤ教の伝統を忠実に継承してきたが、西欧のユダヤ人にくらべて貧しく、周囲のキリスト教徒と交わることもなくひっそりと暮らしていた。しかし、頻発する政治的混乱や経済情勢の悪化は現地住民の反ユダヤ感情を刺激し、ユダヤ人たちをスケープゴートに、各地でポグロムを発生させた。こうして追い詰められたユダヤ人に残された道は海外、とくにアメリカへ移住することで、ユダヤ人が押し寄せたアメリカのユダヤ人人口は、一八八〇〜一九二四年間に二五万から四五〇万に増加した。

拡大する救援活動と組織化

一九世紀半ば以降、世界各地でヨーロッパのユダヤ人を救うための団体がつぎつぎと設立された。一八六〇年五月、ユダヤ人の人権を擁護し、戦災や飢饉などで苦しむ同胞を救援するとともに、後進地域のユダヤ人に教育・職業訓練などを提供するための世界イスラエル連盟（ＡＩＵ）が、パリで設立された。ＡＩＵは世界中のユダヤ人に開放され、会費を払えば誰でもメンバーになることができた。しかし、アメリカ、イギリスなどのユダヤ人社会では、パリに本部を置くＡＩＵと活動をめぐって不断に摩擦が発生した。ＡＩＵはユダヤ人の権利を広く訴えたことで貴重な貢献をしたといえるが、フランスの利益や関係を考慮するあまりユダヤ人のめざす祖国帰還の目標を犠牲にしていると批判された[51]。実際に、ＡＩＵは対独戦略上ロシアとの関係強化を重視するフランス政府の政策に同調し、ロシア国内のユダヤ人の窮状に目をつぶった。このためイギリスのユダヤ人は一八七一年にＡＩＵを離れ、イギリス・ユダヤ人協会（ＡＪＡ）をロンドンで創設した。

一九〇一年にはベルリンでドイツ・ユダヤ人支援協会（ＨＤＪ）が創設され、ニューヨークでも一八四三年、ユダヤ人の博愛団体として誕生したブネイ・ブリス（「契約の子ら」）に続き、一九〇六年にドイツ系ユダヤ人が中心となりアメリカ・ユダヤ人委員会（ＡＪＣ）が結成され、世界各地で迫害されるユダヤ人の救援活動を開始した。

すでに一八八九年、アメリカのユダヤ人団体は東欧から新たに移住したユダヤ人のため英語力、アメリカの法制度などを習得させ、彼らが身につけてきた東欧的雰囲気を一掃してアメリカ化を促進するためのプログラムを始めていた[52]。一九〇九年、ニューヨークで設立されたヘブライ避難民援助協会（ＨＩＡＳ）は、アメリカに移住したユダヤ人を支援する団体であった。一九二七年にはこのＨＩＡＳが中心となって、ヨーロッパからアメリカへ移住するユダヤ人の面倒をみるため、海外での活動を主に担う団体としてヒセム（ＨＩＣＥＭ）[53]が誕生した。

ＡＪＣがもっぱらニューヨークのアップタウンに住むドイツ出身の富裕層の組織であったのに対し、一九一八年に成立したアメリカ・ユダヤ人会議（ＡＪＣＯＮＧ）は、ユダヤ人組織内の民主化を唱道したダウンタウンの運動が母体となって東欧出身者を中心に創設された。最初、ＡＪＣＯＮＧは、第一次世界大戦後のパリ講和会議にユダヤ人の利益を代表するための組織として設立され、会議閉会後に解散するはずであったが、その方針を変え、アメリカ国内のシオニスト組織と協力するようになったため、シオニズムに批判的であったＡＪＣとは事あるごとに対立した。

こうした団体は活動のために巨額の資金を必要としたが、その資金のほとんどは少数の富裕な篤志家に依存することになった。やがてナチズムの脅威がヨーロッパを覆うようになると、これらの団体はいずれも多忙をきわめることになる。そしてヨーロッパのユダヤ人社会が壊滅の危機に瀕し、ユダヤ人に対する救援活動に赤信号が点滅すると、世界中のユダヤ人の注目がアメリカのユダヤ人社会に注がれることになった。

しかし、アメリカのユダヤ人社会は一枚岩ではなく、すでに述べたように、ドイツ、ロシア、東欧出身者のあいだには社会的背景、思想、経済面で越えがたい溝が存在した。ユダヤ人であるという理由だけで互いに相手に寛容となることはなかった。たとえば、ニューヨークの労働争議で、経営者も、労働組合の委員長も、そして裁判所の判事や弁護士も、すべてユダヤ人どうしということも珍しくなかった。

したがって、ユダヤ人といっても、すべて同胞の救済で足並みを揃えたわけではなかった。同胞の不幸な境遇に同情しないユダヤ人はさすがにいなかったが、多くのユダヤ人は、目立った救援活動は逆にほかのアメリカ国民の反感を招き、その結果、反ユダヤ主義が台頭するのではないかと心配し、かつ自国の移民政策に抵触しないようにと慎重だった。アメリカのシオニスト団体は、故国パレスチナをどう解放するかで頭のなかがいっぱいであった。正統派のユダヤ教団体は伝統に生きるヨーロッパのユダヤ人社会の消滅を嘆き、無関心な国際社会をのろった。

最初のころ、ナチズムに立ち向かったのはシオニスト寄りのアメリカ・ユダヤ人会議（ＡＪＣＯＮＧ）であり、反ナチスのデモや抗議集会などを組織し、ドイツ製品の不買を訴えた。これに対し、アメリカ・ユダヤ人委員会（ＡＪＣ）とブネイ・ブリスは、ドイツ製品のボイコットの効果を疑問視した。ボイコットはかえってドイツ国内のユダヤ人の立場を害するおそれがあり、さらにボイコットを唱道すれば国際的ユダヤ勢力の陰謀というナチスの主張を認めたことになるのではないか、と慎重であった。けれども、アメリカのユダヤ人の多くは、慎重なＡＪＣよりも強硬なＡＪＣＯＮＧの主張に耳を傾ける傾向があった。

こうしたなか、絶滅の危機に陥ったヨーロッパの同胞を救済するため支援の手を差しのべたのが、次章でとりあげるアメリカ・ユダヤ人合同配分委員会（ＡＪＪＤＣ、通称「ジョイント」）であった。

第2章　危機の時代とアメリカのユダヤ人

一　ジョイント

モーゲンソー大使の要請

アメリカ・ユダヤ人合同配分委員会（ＡＪＪＤＣ、通称「ジョイント」）の歴史は第一次世界大戦当時にさかのぼる[1]。

一九一四年六月二八日、大国と小国の利害がからみあい、民族主義運動が煮えたぎっていたバルカン半島のボスニアの都サラエボで、オーストリアの皇太子夫妻が暗殺されるという事件が起きた。暗殺を実行したのはパン・スラブ主義者のセルビア人青年で、オーストリアがボスニアを併合したことに反発したのである。この事件がきっかけとなって、一カ月後の七月二八日以降、オーストリアはセルビアに宣戦し、パン・スラブ主義の旗を掲げるロシアがセルビアを支持した。さらにドイツがオーストリア側に立ってロシアとフランスに宣戦布告し、イギリスも参戦して、わずか一週間たらずのあいだにヨーロッパのすべての大国を巻き込む戦争に拡大した。戦争はさらに日本、そしてアメリカも加わり、世界的規模の大戦に発展する。

大戦は、かねてからドイツの影響力が浸透していたオスマン帝国にも波及する。オスマン帝国は開戦直後の八月二日、ドイツとのあいだに同盟条約を締結したが、しばらくは参戦するかどうか決めかねていた。しかし、オスマン帝国はロシアの黒海艦隊を封じ込め、地中海のイギリスの権益を扼する戦略上要衝の位置を占めていたため、同国の参戦をめぐってドイツとイギリスのあいだで盛んに綱引きがおこなわれていた。そして、ついに一〇月末、ドイツの圧力の前にオスマン海軍の艦艇は黒海に侵入し、ロシアの軍艦を撃沈、さらにオデッサなどを攻撃するにいたる。この結果、ロシアがオスマン・トルコに宣戦を布告し、一一月一三日、オスマン帝国スルタン（スンナ派イスラム王朝の君主）は戦争宣言を発布、異教徒に対するジハード（聖戦）を呼びかけた。さらにその後、イスラム教の指導者もまた、すべてのイスラム教徒よ、起ちあがれ、そしてキリスト教徒の抑圧者を殺戮せよ、と檄をとばした。

戦争はすでにヨーロッパのユダヤ人社会に影響を与えていたが、オスマン帝国の参戦によって戦火が中東地域に波及することが決定的となった。実際、イギリスは中東における石油などの権益だけでなく、スエズ運河を経由してアジアへとつながる大英帝国の生命線を脅かされることになった。

さらに戦争は、当時オスマン帝国領であったパレスチナのユダヤ人社会に深刻な打撃を与えることが懸念された。一九一四年当時、パレスチナには世界のユダヤ人人口の〇・六パーセントにあたる八万五〇〇〇のユダヤ人が居住していた。ヨーロッパとパレスチナの交通は遮断され、ユダヤ人の農業入植者は農産物の販路を失っただけでなく、海外からの送金にも影響が生じ、経済的苦境に陥っていた。そのうえ、当時パレスチナに住むロシア出身のユダヤ人はオスマン当局から敵国市民とみなされていたため、いつ彼らの身の上に危害がおよんでもおかしくなかった。

オスマン帝国が参戦する少し前の一九一四年八月三一日、帝都イスタンブール駐在のアメリカ大使ヘンリー・モーゲンソーは、アメリカ・ユダヤ人社会の中心的人物であった弁護士のルイス・マーシャル、投資会社クーン・ローブ商会頭取のヤーコプ・シフに電報を打ち、パレスチナのユダヤ人を救うため五万ドルの緊急援助を要請した。(2) モーゲンソー大使はウッドロー・ウィルソン大統領のもとでトルコ大使に起用されたユダヤ教徒であり、その息子ヘンリー・モーゲンソー・ジュニアは、のちにフランクリン・ローズヴェルト政権の財務長官をつとめた。

図版1　ヘンリー・モーゲンソー大使

大使があえてアメリカのユダヤ人に援助を求めたのは、一八九五年にスルタン、アブデュル・ハミト二世治世下でトルコ国内のアルメニア人五万人が虐殺される事件が発生しており、同様の悲劇がパレスチナのユダヤ人の身にも降りかかるのではないかと憂慮したからであった。事実、大戦中の一九一五年にも、小アジア地方で一〇〇万人ともいわれるアルメニア人が敵国ロシアとの関係を疑われて惨殺され、この件でモーゲンソー大使はトルコ政府に激しく抗議しているほどである。(3)

開戦とともにアメリカの多くのユダヤ人団体は、戦争被災者の救援に積極的に協力した。アメリカ・ユダヤ人委員会（ＡＪＣ）は、一九〇三年、ロシア領ベッサラビアのキシネフで発生したポグロムの犠牲者のために集めた義捐金のなかから六〇万ドルを戦争救援金に回すことにした。[4] モーゲンソー大使の電報に接したＡＪＣは募金活動に奔走し、この結果、ＡＪＣが二万五〇〇〇ドル、シフとナタン・ストラウスのシオニスト暫定委員会が残りを半分ずつ負担することになり、とにかく五万ドルをかき集め、イスタンブールに送金した。[5]

ジョイントの誕生

ＡＪＣはアメリカ・ユダヤ人社会の一部を代表する組織にすぎず、ユダヤ人の救援に取り組んでいくためには広範な協力の枠組みづくりが急務であった。

その後、東欧のユダヤ人社会からも援助を求める要請があり、アメリカ国内の多くのユダヤ系団体は広く同胞支援のための募金活動を展開することになった。東欧出身のユダヤ教正統派は一九一四年一〇月五日、戦災ユダヤ人救済中央委員会（ＣＣＲＪＳ）を創設し、救援活動を開始した。ところが、正統派の活動では限界があり、そこで、効果的に募金活動を進めるためドイツ系ユダヤ人を中心とするＡＪＣは全米の四〇あまりのユダヤ系団体に呼びかけ、一九一四年一〇月二五日、ニューヨークで会議を開催した。

この会議で五名からなる委員会を設置し、マーシャルを会長とする新組織、アメリカ・ユダヤ人救済委員会（ＡＪＲＣ）をつくり、広く募金を集めるため一〇〇名の呼びかけ人を選定することになった。

ボストンの弁護士で熱烈なシオニスト、そしてユダヤ人初の最高裁判所裁判官となるルイス・ブランダイス、AJC創立者のひとりで、セオドア・ローズヴェルト政権初のユダヤ人閣僚として商務・労働長官に起用されたオスカー・ストラウス、社会主義者で反シオニスト、連邦議会議員のメイヤー・ロンドンら五人委員会のメンバーをみると、そこには当時のアメリカ・ユダヤ人社会を代表する多彩な顔ぶれが結集している。資本家から社会主義者、シオニストから反シオニストまで、アメリカ国内のさまざまな階層を代表するユダヤ人が同胞の救援という共通目標で、思想および政治的見解などあらゆる対立を超克して結束したのである(6)。AJRCの会長にはマーシャル弁護士が就任し、銀行家でシフのひとり娘と結婚し、慈善事業に熱心に取り組んでいたフェリックス・ヴァールブルクが会計の責任者となった。最初の活動資金の一〇万ドルはAJCが捻出した。

AJRCの役割は、州、地方など全国で募金に応じてくれそうな人物のリストを作成し、新聞広告や文書を通じて募金を依頼することであった。しかし、ユダヤ教正統派のCCRJSは協力するものの、募金については独自に活動することになったため、一一月二七日、二つの委員会はそれぞれ個別に集めた資金を合同で配分することで合意し、そのための組織を立ち上げることになった。こうしてヴァールブルクを理事長に設立されたのが合同配分委員会(JDC)であった。

さらに一九一五年八月、三つめの協力団体である、イーディッシュ語を話す東欧系ユダヤ人労働者を主体とする社会主義系労働組合の救援組織、人民救済委員会(PRC)がメイヤー・ロンドンを委員長に創設された。そして、CCRJS、AJRC、それにPRCの三つの募金団体が協力し、それぞれが正統派のユダヤ教徒、リベラルなドイツ系富裕層、それに主に東欧出身の労働者階級から集めた資金を合同配分委員会（ＪＤＣ）が配分する役割を担うことになった。

かくして、アメリカ・ユダヤ人合同配分委員会（ＡＪＪＤＣ）が発足した。当時のあらゆるアメリカのユダヤ人を代表するグループが結束し、同胞の救済にあたる体制が誕生したのである。それは、一般には「ジョイント」の名前で親しまれている。第一次世界大戦開戦以来、三〇〇万人のユダヤ人が募金に応じ、ひとりあたりの募金額は六ドル以上で、カタログ販売のシアーズ・ローバック商会会長のジュリアス・ローゼンウォルドは一〇〇万ドルを寄付、ヤーコプ・シフ、フェリックス・ヴァールブルクらも同額を寄付したといわれる。(7)

ジョイントは、理事長の下に最高決定機関として毎月一回会合し資金の配分に責任をもつ執行委員会（Executive Committee）、日常の業務を処理するための行政委員会（Administrative Committee）を置き、さらに財務、文化活動などの各種委員会が設けられたほか、年一回会合する理事会（Board of Directors）を設置した。ジョイントの主な任務は、三つの募金団体が集めた金を直接難民に渡すのではなく、ヨーロッパの現場で活動する団体に送金して難民を支援することにあった。そのため、海外にジョイントの支部が置かれ、その報告にもとづき、ジョイントの小委員会が二五名からなる執行委員会に勧告し、資金の割当については投票で決定された。(8) 第一次世界大戦後、ニューヨークのジョイント本部は再編され、難民、経済復興、文化・宗教問題、孤児、医療・衛生の五委員会を設置した。

ジョイントの基本的方針はつぎのとおりとされた。

一、政治団体でないこと。政治と無関係というわけでなく、ユダヤ人、非ユダヤ人を問わず政治論争に巻き込まれてはならないということ。ユダヤ人の党派すべてに対して公平であること。

二、援助はあくまでもユダヤ人に自立を促すためのもの。

三、ユダヤ人は自分の生まれた国あるいは選んだ国に居住する権利があること。したがってロシアのユダヤ人問題はロシアで解決されるべきである。(だが、この方針は一九三〇年代に破綻する)

四、ジョイントは援助がどう活用されているかを綿密に監督する権利を有する。また、ジョイントの実際の活動については常に現地の団体を介しておこなわれる。(9)

海外のユダヤ人救済に積極的にかかわった人びとのなかには、ドイツ系のユダヤ人が多かった。彼らの多くは一九世紀はじめにドイツから移住し、リベラルな環境のなかで育ち、教育程度も高く、人道問題に深い関心をもっており、貧しい者への同情と責任感に満ちあふれていた。しかも、こうした慈善事業に中心となって活躍した人びとは、モーゲンソー大使のアピールに呼応したことでも明らかなように、いずれもビジネスの世界で成功をおさめていた。そのためジョイントは、彼らの個人的人脈や家族の絆を通じて救援活動のネットワークを拡大することができた。たとえば、日露戦争のときに、その激しい反ロシア感情ゆえに日本の戦債募集に協力し、戦後旭日重光章の叙勲に輝いたヤーコプ・シフはアメリカ・ユダヤ人委員会でも中心的役割を果たしたが、彼の顔の広さはヴァールブルク家、ストラウス家、グッゲンハイム家などの名門のユダヤ系財閥を同胞の救済活動にかかわらせるのに役立った。(10)

第一次世界大戦後のジョイントの救援活動

第一次世界大戦はアメリカが世界大国の地位にのぼりつめる契機となるが、同時にアメリカのユダヤ人もまたユダヤ世界のなかで指導力を発揮することになり、ジョイントはそれまでのヨーロッパのユダヤ人組織に代わり、ヨーロッパ各地で援助を待つ同胞に支援の手を差しのべる組織に成長する。第一次世界大戦の戦場となった地域のユダヤ人社会はどこも同胞の救援どころではなくなったが、この主役の交代は以後変わることはなかった。アメリカが一九一七年に参戦する前から、すでにジョイントはポーランドやバルカン地域で救援活動に着手していた。当時はドイツもジョイントに対して協力的だったが、四月にアメリカが参戦すると、ジョイントは中立国のオランダを拠点に戦闘地域のユダヤ人を救助したのである。[11]

ジョイントは海外の現場で活動する国際赤十字などを通じて難民を支援していたが、実際に活動を開始してみると、資金を集めるよりもそれを支出するほうが難しいことが明らかとなった。大戦中、多くのユダヤ人が募金に協力したため、一九一九年初めには一五〇万ドルの資金が余分に手もとに残ったという。[12] ジョイントは集めた資金を直接管理しなければならなくなった。国際赤十字を通じて飢えている人びとに食事などを提供することはできても、難民たちを自活させるのははるかに至難である。要するに、ジョイントは自らスタッフを雇い、現地に派遣するほうが効率的となった。

やがて多くのボランティアが、スタッフとしてジョイントの活動に参加する。最初は著名な弁護士、教師などがボランティアに加わったが、そのうちソーシャルワークを専門とする専任のスタッフが仕事を担うようになり、アメリカ国内のユダヤ系団体のなかで海外の任務を担当できる経験豊かなスタッフを頼みとするようになっていく。[13] デスクワークよりもフィールドワークに、ジョイントの活動の重点が置かれることになったのである。

ジョイントは第一次世界大戦中、ユダヤ難民のために一六〇〇万ドルを集め、一五〇〇万ドル近くを支出したが、大戦後も、ヨーロッパ各地では政治的・経済的・社会的な混乱が続き、休む間もなく同胞救済のため奮闘しなければならなかった。

帝国の崩壊とともに新たな独立国家が誕生し、ヨーロッパの地図はすっかり塗り替えられ、新しいナショナリズムが興った。こうした国々の指導者は国民のあいだにナショナリズムを盛んに鼓吹し、その矛先は国内の少数民族に向けられ、ユダヤ人に対するポグロムが各地で発生した。ロシア革命後に混乱と社会不安が続き、飢餓や経済的環境の悪化が反ユダヤ暴動に拍車をかけた。多くのユダヤ人は住居、生活の糧を失い、海外に避難先を求め、とくにアメリカ移住を望んだ。けれども、アメリカはすでに述べたように、一九二〇年代の移民法でこれらの地域からのユダヤ人の入国を厳しく制限することになる。

ジョイントは東欧のユダヤ人社会の再建を助け、医療援助、職業訓練、給食の提供などの支援につとめ、肉親を失った二〇万人以上にのぼる東欧の子どもたちのために孤児院や保育施設を設立した。[14]

アグロ＝ジョイント

一方、革命後のソ連の国内は混乱と内乱が続き、経済的疲弊が高じたうえ、一九二〇年四月、独立したばかりのポーランドの軍隊がソ連領に侵入すると、ソ連国内のユダヤ人は恐慌状態に陥った。一九二二年半ば、ジョイントはソ連国内に活動の足がかりとなる人物を確保した。アメリカ救援機関（AR

A）のジョイント代表として就任したロシア生まれのアメリカ人農学者、ジョセフ・ローゼンである。

ジョイントはソ連国内のユダヤ人をどう苦境から救うかという緊急の課題に直面したから、ローゼンの協力で、解決策のひとつとして農業定住化事業計画（「アグロ＝ジョイント」Agro-Joint）の実現をめざすことになる。つまり、ソ連国内に農業のコロニーをつくり、そこにソ連のユダヤ人を入植させようというプランである。実際に多くのユダヤ人を吸収するには、農業方式のコロニーしか考えられなかった。ロシア帝政時代ユダヤ人は土地の私有を禁止されたため、農業はユダヤ人に無縁であった。しかし、共産主義体制のもとで土地は国有化され、農業はユダヤ人にも開放されることになった。

この事業は外貨が欲しいソ連政府の同意と協力のもとにジョイントが進め、クリミアとウクライナで農業コロニーを建設、ユダヤ人の入植と農業指導を促進した。ジョイントはこのために二五万人のユダヤ人に農耕の仕方を指導し、トラクターなど農機具を提供した。一九二八年にはウクライナに一一二カ所、クリミアに一〇五カ所のアグロ＝ジョイントのコロニーが存在していた。とくにクリミアではシオニスト系のコロニーが多数つくられ、シオニストの視点からすればクリミアはパレスチナへの中継地であった。(15) しかし、現地ではユダヤ人の流入に脅威を感じた住民のあいだに反ユダヤ感情が増大し、また一九二九年にソ連の第一次五カ年計画が開始し、工業化が推進されると、コロニーから離脱するユダヤ人が増加する。

さらに一九二八年以降、ソ連政府はモスクワから八〇〇〇キロも離れた、シベリア東部アムール川北岸の満州に近いビロビジャンにユダヤ人自治区を設立する計画を明らかにし、建設を開始した。ほぼベルギーと同じくらいの面積をもつ自治区の公用語にはロシア語と並んでイーディッシュ語が予定され、実際にイーディッシュ語の新聞も発刊された。

ソ連側の狙いは、パレスチナのみをユダヤ人の故国とみるシオニストの主張に代わるユダヤ人の自治区を建設し、アメリカや西欧諸国の心証を良くし、これらの諸国との関係を改善して、アグロ＝ジョイントと同様にアメリカ資本の導入を企図したものと考えられている[16]。同時に、国内のほかの少数民族のようにユダヤ人独自のイーディッシュ文化の地域を設けるとともに、もちろん、資源の豊富な、この地域を開発し、人口を増やして将来の日本の脅威に備えようと計画したのだった。要するに、ソ連製のユダヤ人地区を設立し、ソ連のユダヤ人の行き先はパレスチナでなく、この地であることを強調したのである。

ジョイントはこの計画への参加を求められるが、ローゼンらは慎重だった。この計画が進展すると、ようやく明るい曙光が射してきたウクライナとクリミアの計画が破綻に直面し、ジョイントは撤退せざるをえなくなる。そのうえ、厳冬には気温が零下四〇度にも低下するビロビジャンの気候や日本との地理的近さも気がかりであった。けれどもヒトラー登場以後のヨーロッパ情勢を考えると、ドイツ、それに経済的状態の悪化で高まる反ユダヤ暴動から逃れるポーランドの難民を吸収する必要から、ジョイントはソ連側とビロビジャン計画について交渉することになる[17]。

ビロビジャンには、ソ連西部のあらゆる地域からユダヤ人、非ユダヤ人を問わず移住してきた。一九三〇年代はじめ、アルゼンチン、ドイツ、リトアニアなどからユダヤ人五五〇〇人ほどがビロビジャンに入植し、アメリカからも社会主義思想に心酔するユダヤ人たちが理想を求めてやってきた[18]。

一九三四年五月、ビロビジャンはユダヤ人自治区に正式に昇格するが、ユダヤ人の人口はソ連側が期待したほど増加しなかった。実際に、ヨシフ・スターリンがユダヤ人の大量移住を認める可能性は少ないと考えられたし、一九三六年以後に猛威をふるうスターリンの大粛清の矛先はユダヤ人の共産党幹部にも向けられ、こうした情勢下でビロビジャンに多数のユダヤ人が入植するとは考えられなかった。事実、ソ連側交渉担当者の多くが折からのスターリンの粛清で失脚し、計画の前途は悲観視され、それとともにユダヤ人側の熱意も冷めていき、ついには一九三六年にいたってユダヤ人のビロビジャン移住計画はほぼ破綻した。一九三七年のビロビジャン全人口一〇万のうち、ユダヤ人の占めるのはわずか四分の一以下とみられた[19]。そして、一九三九年八月の独ソ不可侵条約の締結は、この計画に対するアメリカのユダヤ人の支持に終止符を打つことになった。

一方、アグロ＝ジョイントの事業は、開始された一九二四年からスターリンの恐怖政治のもとで活動を終える一九三八年までの間に一六〇〇万ドルを費やし、およそ五〜六万人がビロビジャンのコロニーに定着したといわれる[20]。

ところで、ジョイントが組織および活動の両面で発展すると、それまでの暫定的性格の組織ではなく長期的視野にもとづく活動が求められた。平和が回復したとはいえ、ヨーロッパのユダヤ人社会は経済的に厳しく、まだ楽観できるような状態ではなかった。一九二七年、ジョイントでは常設的な機関とする決定がなされ、一九二九年五月、ルイス・マーシャルのもとに一八名からなる再編委員会が設置され、報告書が提出されて、一九三一年三月一七日、アメリカ・ユダヤ人合同配分委員会の名称でニューヨーク州に法人登録された[21]。

当時、世界大恐慌はジョイントの財政を支える寄付金と募金収入の減少をもたらし、一時はジョイントの解散も話題にのぼるほどであったが、ヨーロッパのユダヤ人社会の危機的状況はジョイントの必要性を再認識させ、その結果、恒久的組織として存続することになった。[22]

二　ナチ政権の登場とアメリカのユダヤ人

アメリカ・ユダヤ人社会内の協力と対立

アメリカのユダヤ人社会は一枚岩ではない。もともとの文化的・社会的な背景が異なるからさまざまな考え方があるのは当然だが、ヨーロッパのユダヤ人に危機が迫りくるなかで結束を求められている事態にいたってもなお、ユダヤ人のあいだの対立が解消されることはなかった。ドイツ系と東欧系、ユダヤ教の正統派とリベラルな改革派、シオニストと非・反シオニスト。こうした立場の違いは事あるごとに表面化し、ユダヤ人社会の結束を乱し、統一の方針を打ち出すことができない原因となった。たとえば、在米最大のユダヤ人コミュニティのあるニューヨークの「アップタウン」はドイツ系の同化したユダヤ教改革派のリベラルなユダヤ人の集中する地域で、ユダヤ人という民族性の意識は希薄で、したがってシオニズムに対しても批判的であった。一方、「ダウンタウン」はむしろロシア、東欧系の移民が多く、ナチズムの時代にこれらのユダヤ人はユダヤ教徒としての単なる同胞でなく、血のつながりで結ばれた同族という意識をもち、シオニズムに共鳴する者も少なくなかった。また、社会主義思想に傾倒するユダヤ人も「ダウンタウン」には少なからず認められた。

図版 2　ニューヨークのマディソンスクエア・ガーデン前で反ナチ抗議デモに参加したユダヤ人たち（1933 年 5 月 10 日）［アメリカ・ホロコースト記念館所蔵］

ナチズムに対しても、アメリカのユダヤ人組織は必ずしも足並みが揃っていたわけではなかった。ニューヨークの「アップタウン」を基盤とするアメリカ・ユダヤ人委員会（AJC）は、ヒトラーの登場をそれほど深刻に懸念していなかったが、逆にナチズムの危険性を本能的に感じ取っていた「ダウンタウン」のアメリカ・ユダヤ人会議（AJCONG）は、ナチズムがはらむ反ユダヤ主義との対決姿勢を鮮明にした。

AJCは、前述したようにジョイントとの関係が深かった。一九三一年当時、ジョイントの理事の四二名中、二七名はAJCの役員にも名を連ね、このうち一七名はジョイントの執行委員会のメンバーでもあった(23)。財政的に恵まれたAJCとくらべ、AJCONGは財政基盤が弱く、組織力も十分ではなかった。

ＡＪＣＯＮＧは、一九三四年三月にニューヨークのマディソンスクエア・ガーデンに数千人を集めた反ヒトラーの集会を開催したのをはじめ、一九三六年二月には自分たちのボイコット委員会とユダヤ労働委員会（ＪＬＣ）[24]のボイコット委員会を一本化し、合同ボイコット協議会（ＪＢＣ）を立ち上げるなど、反ナチ運動の先頭に立った。一方のＡＪＣは、こうした動きが目立つと、アメリカ国内の反ユダヤ主義を刺激しかねないと批判的であった。

結束の試み

ヨーロッパのユダヤ人に危機が迫りつつあるときにユダヤ人どうしがいがみ合っている状況を解消し、結束させるための試みがなされた。

まず、一九三三年一月、ブネイ・ブリスはドイツのユダヤ人のための統一行動を、ＡＪＣ、ＡＪＣＯＮＧの双方に呼びかけ、合同協議会（ＪＣＣ）を設立した。最初のころ、ＪＣＣはヴィザ発給方法の簡素化などで国務省と労働省に圧力をかけるなどして、順調に滑り出したかに思われた。しかし、ＡＪＣはＡＪＣＯＮＧが主導する大衆集会やデモなどの手段を嫌い、両者間に路線をめぐる緊張関係が生じ、ＡＪＣはＪＣＣへの支援を撤回することになる。そのうえ、ＡＪＣは改革派のラビでシオニスト、そしてＡＪＣＯＮＧの創設者でもあるスティーブン・ワイズが世界ユダヤ人会議（ＷＪＣ）[25]の設立を企図していることに、既存のユダヤ人組織に代わってシオニストがヘゲモニーを握ろうとするための体制づくりではないかと警戒していた。[26]

こうして一九三六年末までにＪＣＣは内部に対立を抱えていたが、ＡＪＣＯＮＧが国際連盟に対し一九三六年に結成されたＷＪＣを介してドイツの反ユダヤ主義への非難を訴えようとしたのを機に対立は頂点に達し、ついにＡＪＣがＪＣＣを脱退するにいたった。その後、ＡＪＣ、ＡＪＣＯＮＧ双方とも新たなメンバーを加え、大同団結の試みがなされた。しかし、内部の対立を回避できず、いずれの試みも失敗に終わる。

けれども、ヨーロッパのユダヤ人社会の存立が危機的状況を迎えるにおよんで、ついに、その救出に合同で対応する必要に迫られ、主な団体が参加して主要組織間の不一致を解消するために大戦中の一九四三年三月に設立されたのが、「ヨーロッパのユダヤ人問題に関する合同緊急委員会」（ＪＥＣ）である。ジョイントもオブザーバーとして参加した。だがこの組織もまた、深刻な対立の溝を埋めることはできなかった。

アメリカのユダヤ人社会はヨーロッパの同胞の危機に直面し、大同団結の緊急性は認めながらも内部の見解の相違、対立を克服できなかった。それは何よりも、全米のユダヤ人組織をまとめあげるだけの強力なリーダーシップをもった組織が不在であることを証明するものであった。

ＡＪＣはローズヴェルト政権と親密な関係を維持したが、その政策への影響は限られていた。ＡＪＣは政府の政策に不満や失望を隠さなかったが、大統領の政治的に苦しい立場をおもんばかって、大統領や国務長官を公然と批判することはなかった。こうした消極的とみられるＡＪＣの姿勢は、ヨーロッパの同胞を救援できないユダヤ人社会の指導者に対する一般のユダヤ人の厳しい批判にさらされる。一方、デモや政治集会に訴えるＡＪＣＯＮＧに異を唱えるＡＪＣは、アメリカ全体が結束を求められている時代に政府を批判すれば反愛国的行為とみなされ、国内の反ユダヤ感情を高めることになるだろうと確信していた。政権批判をためらう点では、ローズヴェルト大統領のユダヤ問題に関するアドバイザーでもあった、ワイズ世界ユダヤ人会議理事長もまた同様だった。ワイズは大統領と面会しても、ユダヤ政策を強く批判したり、反対したりすることはなかった。

こうしたなか、東欧出身のユダヤ人のあいだで急速に台頭してきたのがシオニストの、とくに急進派の組織であった。

シオニスト運動の分裂と発展

ヨーロッパのユダヤ人社会が存亡の危機に立たされると、世界のシオニスト運動においてもアメリカ・ユダヤ人社会への期待が増大する。それでは、アメリカのユダヤ人社会においてシオニズムはどのように評価されてきたのか。

アメリカのシオニスト運動はユダヤ人のアメリカ移住とともに発展してきた。ヨーロッパの迫害を逃れて新大陸に渡った多くのユダヤ人からみれば、アメリカはまさしくエルサレムそのものであった。ヨーロッパのような目立った差別・迫害はなく、封建的な階級制度も存在しなかった。能力さえあれば、政治的・経済的・社会的に進出することに何の障害もなかった。反ユダヤ主義は認められたが、その規模はヨーロッパとは比べものにならなかった。

一九世紀末に東欧から移住してきた人びとは、シオニズムをアメリカに広める先駆者となった。荒野を開墾し理想のコミュニティを建設するというシオニズムの理想は、広大なアメリカの大地にもふさわしく思われたのである。東欧のユダヤ移民とともに、当時ロシア、東欧のユダヤ人社会に広がっていたヒバット・ツィヨン（「シオンへの愛」）運動が、アメリカの大都市に浸透していく[27]。

一八九八年二月、ニューヨークで活動していた二つの団体、大ニューヨーク地域のシオニスト協会連合と北米合衆国シオニスト協会連盟が合体して、「大ニューヨークおよび近郊シオニスト連合」になり、さらに一八九八年七月、全国組織としてアメリカ・シオニスト連合（ＦＡＺ）に発展した。現在のアメリカ・シオニスト機構（ＺＯＡ、一九一八年再編）の前身である。一八九七年、スイスのバーゼルで開催された第一回シオニスト会議で採択された、シオニズムの目的を定めたバーゼル綱領と同会議で設立が決まった世界シオニスト機構（ＷＺＯ）は、当時の三つのシオニスト運動の潮流、つまり政治的シオニズム、文化的シオニズム、実践的シオニズム、を取り込んでいた[28]。ＦＡＺもまた、こうしたシオニズムの流れを反映した組織であった。

しかし、アメリカのユダヤ人社会のなかでシオニスト運動への風あたりは最初から強かった。アメリカを虐げられた者の理想の大地と信じている人びとにとって、パレスチナへの移住・入植を奨励することは理解できなかったばかりでなく、アメリカへの忠誠を疑われかねないと、反ユダヤ主義の到来を憂慮した。ドイツ生まれのユダヤ人銀行家でジョイントの創立者のひとりでもあるヤーコプ・シフは、「ユダヤ人の約束の地はアメリカであって、パレスチナではない」と語っていた[29]。アメリカのユダヤ人が、この国で単なる一時的滞在者であって最終の目的と願いはパレスチナに帰還し、ユダヤ人の国を建設することであると明言すれば、反ユダヤ主義者からの攻撃にさらされ、アメリカのユダヤ市民の享受する権利を制限すべしとする勢いに火を注ぎ、あげくの果てにユダヤ人を追い出せということになりかねないというのである。

一方、世界シオニスト機構も、その目標や方針をめぐって論争や対立が絶えなかった。執行部の方針に不満をもつグループは脱退し、新たな組織を創設した。たとえば、一九〇三年の第六回シオニスト会議で提案され、シオニスト運動を二分するほどの大論争が展開した、いわゆるウガンダ案をみてみよう。これは、東アフリカの英領植民地にユダヤ人の入植地を建設するというテオドール・ヘルツルの提案だが、会議を混乱に陥れ、現地で調査を実施するという形で、かろうじてヘルツルの面子は保たれた。しかし、ロシアの代表は、ユダヤ人の祖国はあくまでもパレスチナ、と叫び、席を蹴って会場を退出した。

ヘルツルは、もとよりパレスチナの選択をあきらめたわけでなかった。オスマン・トルコやドイツに対する外交が失敗に終わったあと、イギリス政府が東アフリカの一部を提供するという案を会議に提出したものであった。当時、ロシア領のベッサラビアのキシネフでポグロムが発生し、ユダヤ人に多数の犠牲者が出ており、ユダヤ人のために安住できる土地を探すことが緊急の課題であった。しかし、一九〇四年七月のヘルツルの突然の死後、東アフリカ調査の報告が一九〇五年の第七回シオニスト会議に提出され、東アフリカがユダヤ人の入植に適さないとの結論を受けて、会議は最終的にウガンダ案を拒否した。この結果をみて、あくまでもウガンダ案に固執するイスラエル・ザングヴィル[30]のグループは世界シオニスト機構（WZO）を脱退し、新たにユダヤ領土機構を結成した。

また、WZOのなかでイギリスのパレスチナ政策に反対し、イギリスにひたすら迎合するシオニスト主流派に対抗してウラジーミル（ゼエヴ）・ジャボティンスキー[31]ら右派はシオニズム修正主義を唱え、一九二五年には世界シオニスト修正主義者連合を創設した。右派は、一九三一年の第一七回シオニスト大会において、シオニズムの目標をパレスチナにユダヤ人国家を樹立することと明白に定めるよう求め

た提案が拒否されたことが原因で、一九三五年にＷＺＯと袂を分かち、新シオニスト機構を設立した。(32)

アメリカ国内に目を転じると、多くのユダヤ人のシオニストに対する批判は、彼らがパレスチナに執着するあまり、それ以外の選択に関心を示さなかったことにある。イギリスが厳しくユダヤ人の入国を制限するパレスチナの門戸をこじ開けるためなら、シオニストたちはどんなことでもした。大戦中でありながらアメリカ政府にイギリスへ圧力をかけるよう要請し、アメリカ政府だけでなくユダヤ人社会の指導者を激怒させた。またユダヤ移民の増加がアラブ人の反感を招き、その結果、イギリスのパレスチナ政策に悪影響を与えかねないとの批判をよそに、ナチス・ドイツとユダヤ人のパレスチナ移送を取り決めることもいとわなかった。こうした英米諸国の神経を逆なでするような急進的な姿勢は、非シオニストのユダヤ人には受け入れがたかった。

けれどもヨーロッパのユダヤ人を取り巻く環境が日増しに悪化の一途をたどり、有効な救済手段が見つからない事態に、シオニストの主張はユダヤ人社会のなかでしだいに見直され、支持され、浸透していく。

ヨーロッパのユダヤ人のアメリカ入国が厳しく制限される一方、この地域のユダヤ人社会に危機が迫る状況は、パレスチナ移住を熱く語るシオニストの立場こそ、危機を打開しうる唯一の解決策とアメリカの多くのユダヤ人から支持された。アメリカのユダヤ人の最大の慈善団体であるブネイ・ブリスは、一九三五年まではシオニズムに中立の立場をとっていたが、ヨーロッパ同胞の窮状が伝えられると、以後はしだいにシオニズムを支持するようになる。また、それまでシオニズムに批判的であったＡＪＣも、シオニストが唱える文化や社会福祉などのプログラムに同調するようになり、ユダヤ人の国家の問題を除いてシオニストの主張するプログラムの多くを受け入れるようになっていく。[33]

一方、ヨーロッパ情勢が戦雲急を告げると、世界シオニスト機構は同様の役割を果たしうる団体を米国内に設立する必要に迫られた。こうして設立されたのが、シオニスト問題緊急委員会（ECZA）で、第二次世界大戦勃発直後の一九三九年九月一〇日、最初の会合をニューヨークで開催した。委員にはスティーブン・ワイズ、アッバ・ヒレル・シルヴァーら米シオニスト組織の中心人物が顔を揃えた。この委員会の目的は、アメリカの各シオニスト団体の調整機関としてシオニズムがめざす諸目標について世論を喚起し、動員することであった。

その後、アメリカが参戦するにおよんで、ECZAはアメリカ・シオニスト問題緊急委員会（AECZA）と改称、さらに国内での活動をいっそう強化するため、一九四三年、アメリカ・シオニスト緊急協議会（AZEC）に再編されて活動することになった。AZECはいわばアメリカのシオニスト運動における政治的圧力団体であり、ホワイトハウスやアメリカ連邦議会議員への訴えや抗議のキャンペーンは、ほかの組織の追随を許さないほど見事で、数時間内に一万本もの電報をホワイトハウス、議会に送りつけるほどの組織動員力を誇った。[34] さらに彼らは、キリスト教の牧師からもシオニズムへの支持を獲得するのに成功をおさめていた。シオニストの単純明快な論理はたしかに多くの支持者を増やすのに役立ったが、それでも批判勢力は依然として彼らの前に立ちはだかっていた。

まず、国民を総動員して戦争にのぞむ国家の非常事態時に、パレスチナ入植の訴えは明らかに非愛国的行為であると批判された。さらに、シオニストはヨーロッパのユダヤ人の救済に自分たちの基準で対応し、ユダヤ難民を受け入れる当然の地はパレスチナをおいてほかにないとの主張は、イギリス政府に対してそのパレスチナ政策の撤回を求めることにエネルギーを費やすことになり、その結果、ともにドイツと戦うイギリスと衝突することになる。しかも、貴重な資金をパレスチナ以外のドミニカなどへのユダヤ人の入植に流用することに反対するシオニストの主張は、ヨーロッパのユダヤ人の脱出をパレスチナの入植よりも最優先すべきであると考える人びとを憤慨させた。

とくに右派シオニストのリーダー、ピーター・バーグソン[35]はユダヤ人独自の軍隊の創設を訴えたため、ワイズらシオニストの主流派は困惑した。時あたかもエルヴィン・ロンメル将軍率いるドイツ機甲化部隊を中心とする独伊枢軸軍が北アフリカを席捲し、カイロめざして進撃しており、右派の主張するユダヤ軍構想には一定の説得力があった。実際にパレスチナのユダヤ人社会は防衛のために、すでにユダヤ人たちを動員していた。大戦勃発後の一九三九年一〇月、イギリスはパレスチナ防衛のためにユダヤ人志願兵のパレスチナ・イギリス軍への徴用を始めていたのである。しかし、イギリスは、アラブ人の感情に配慮して義勇兵の受け入れは認めるとしながらも、独立のユダヤ軍の創設には反対した[36]。

このユダヤ人部隊構想は在米ユダヤ人のあいだに亀裂を持ち込むことになったが、もうひとつ、ユダヤ人社会の対立の原因になったのは、ユダヤ人の国家をめぐる論争であった。ユダヤ人部隊と国家の二つの構想は不可分の関係にあった。

ユダヤ人国家構想

この背景にはユダヤ人たちを覆う絶望的状況が存在する。ヨーロッパのユダヤ人の窮状に国際社会が冷淡であったことも影響しているが、ユダヤ人が絶滅の地獄から救出されてもなお安全でない状況がユダヤ人たちをさらに絶望の淵に追い込み、彼らの思想と行動をいちだんと過激にした。

一九四〇年一一月、ユダヤ難民を乗せたパトリア号のパレスチナ入港をイギリス当局が拒絶し、その後沈没し、乗っていた二〇〇名が死亡した。この悲劇をきっかけにしてシオニストのあいだにユダヤ人国家の樹立を求める声が高まる。さらに一九四二年二月、ブルガリアの船ストルーマ号がルーマニアを出港、パレスチナへ向かう途中、トルコで故障した。トルコ当局は乗客の上陸を拒否し、イギリス政府もまた難民のパレスチナ入国を拒んだため、一〇週間もイスタンブールで係留されたのち、トルコ当局が船を黒海まで牽引、解放したところ沈没した。乗船していた難民七六九名のうち、生存者わずか二名という惨事に見舞われた。

しかも、そのパレスチナにおいてイギリス政府が描いていた国家構想は、一九三九年の白書に明示されたようにアラブ国を建設することにあり、ユダヤ人はこの国家のなかでは少数派に甘んじるしかなかった。

まず、動いたのはパレスチナのユダヤ機関執行部のダヴィド・ベン゠グリオン議長であった。ワイツマンら世界シオニスト機構（WZO）主流派の穏健な親英路線では国家構想が進展しないことに業を煮やしたベン゠グリオンは、アメリカのシオニストに働きかけることを狙った。だが、消滅の危機にあるヨーロッパのユダヤ人と異なり、アメリカのシオニストには危機感が乏しい。一九四〇年秋に渡米したベン゠グリオンは、一二月、ニューヨークでシオニストの集会に出席し、ワイツマンの消極的路線からの脱却を求めたうえで、ユダヤ人国家構想を提案した。この提案は、それまでのシオニスト運動の方針を揺るがす提案であったが、出席したシオニストたちはこれに応じた。しかし、これをシオニスト機構の新たな方針とするにはシオニスト会議を開催し承認を得る必要があるが、戦時下では会議を招集するどころではない。実際に、一八九七年にスイスのバーゼルでその第一回が開催されたシオニスト会議は、一九三九年八月、ジュネーヴ開催の第二一回会議を最後に休止せざるをえなくなった。これが再開されるのは、戦後の一九四六年になってバーゼルに招集された第二二回シオニスト会議からである。

そこで、ベン＝グリオンはアメリカのユダヤ人社会に会議開催を要請し、その結果、アメリカ・シオニスト問題緊急委員会が米内外のシオニストに呼びかけ、一九四二年五月九日から一一日にかけて、ニューヨークのビルトモア・ホテルで臨時のシオニスト会議が招集される。六〇〇名が参加したこの会議は、パレスチナに「ユダヤ人国家（Jewish Commonwealth）」を建設するという決議（Biltmore Program）を採択した。これは戦後をにらんで、それまでの「民族郷土（National home）」に代わって、シオニストが初めて国家の樹立を求めていく方針を正式に表明したものであった。この綱領の改訂はその後、世界シオニスト機構（ＷＺＯ）で承認され、その正式綱領となる。

この歴史的会議には、アメリカ・シオニスト機構（ＺＯＡ）をはじめ全米のシオニスト組織が一堂に会したほか、海外からもベン＝グリオンのほか、ＷＺＯ理事長のワイツマン（のちのイスラエル初代大統領）らシオニスト運動の指導者が参加した。

「ユダヤ人国家」が公式にシオニスト運動の目標に掲げられたことは、国家の建設を希求し、そのためには力の行使も辞さないと主張してきた、ベン＝グリオンの勝利であった。ビルトモア綱領の採択は、シオニスト運動の政策方針をめぐって指導権を争ってきた親英派のワイツマンに対して、ベン＝グリオンの立場をいちだんと強化したのだった。そして国家の建設にかかわる一切の権限は、パレスチナのユダヤ機関にゆだねられることになる。

また同時に、国家樹立をめぐるアメリカ・シオニスト運動内の反対派・慎重派に対するアッバ・ヒレル・シルヴァー[37]に代表される急進派の勝利でもあった。

ユダヤ人国家の問題は反シオニストだけでなく、多くのユダヤ人のあいだにも混乱を招いていた。国家の問題はユダヤ人社会を分裂させせると警告したものの、無視されたワイズら穏健な主流派とシオニスト急進派との溝を深め、ヨーロッパのユダヤ人の救済にたずさわる団体は活動にマイナスにならないかと懸念した。シオニスト穏健派は、ビルトモア会議までは国家の問題に関してアメリカ政府との関係、それに大戦下のパレスチナにおけるユダヤ人、アラブ人、イギリス委任統治政府の微妙な関係に配慮して発言を控えてきた。しかしヨーロッパから届けられる悲痛なニュースに接し、ローズヴェルト大統領との親密な関係のためアメリカ政府に遠慮して物もいえぬシオニストの主流を含むユダヤ人社会の指導者に、一般のユダヤ人のあいだからも不満の声があふれた。こうした声に押されるように、シオニスト急進派の発言力や影響力はユダヤ人のあいだに急速に浸透し拡大していく。

一方、アメリカ政府、とくに国務省はこうした動きに不快感を隠さなかった。戦局は当時、連合軍の北アフリカ上陸作戦など枢軸側に対する反攻が続いており、米英両国の提携がもっとも必要とされるこの微妙な戦時に、同盟国のイギリスの政策を批判するなどもってのほかであった。

ビルトモア以後

しかし、ビルトモアにおいてユダヤ人国家の樹立がシオニスト運動の方針と決まったことで意気高揚するシオニストは、外交攻勢をさらに加速させる。アメリカ政府、とりわけビルトモア会議に反発する国務省に対して新しい方針への理解を求めていくには、シオニストだけでなく、アメリカ・ユダヤ人委員会（ＡＪＣ）を含む非シオニストの支持を動員する必要があることは明白だった。したがって、全米ユダヤ人の総意を結集するための準備が周到に進められ、一九四三年一月に主要なユダヤ人組織の代表を集めた会議を開催し、八月に全米のユダヤ人大会を開催する運びとなる。

こうして、一九四三年八月二九日、ニューヨークのウォードロフアストリア・ホテルに約五〇〇名の各組織の代表および地方などから選出された代表を招集して、アメリカ・ユダヤ人代表者会議（ＡＣ）大会が開催された。

会議に先立ち、ＡＪＣ側とシオニストのあいだで、パレスチナにユダヤ人国家の建設を求める、ビルトモア綱領のような対立を助長する決議を回避することで、事前に合意が成立していた。ところが、会議の三日目、発言者の予定になかったシオニスト急進派のアッバ・ヒレル・シルヴァーが突然演壇に歩み寄り、ユダヤ人国家の決議を求める電撃的演説を始めた。演説が終わると、会場の出席者は総立ちとなり、シオニスト運動歌で、のちにイスラエルの国歌となる「ハティクヴァ（希望）」を合唱したのである。決議は圧倒的多数で採択される。ＡＪＣはこの投票に拘束されないと注意を喚起したが、無視されたため、最終的に代表者会議（ＡＣ）から脱退する。[38]

ヘブライ大学学長でアラブ人との共存を唱えるユーダ・マグネスが、ユダヤ人国家の決議はアラブ人に対する宣戦布告であると警告していたにもかかわらず[39]、会議での圧倒的支持を背景に、シオニスト急進派は目標実現に向けて具体的行動を開始した。

けれども、ユダヤ人国家の実現のためには、まず何よりもユダヤ人の移民を制限したイギリス政府の白書の撤回を求めなければならなかった。しかし、イギリス政府がその撤回に応じる可能性はなく、アメリカ政府もまた戦争のさなかにイギリスの中東政策の変更を迫る気はなかった。

ユダヤ人どうしの深刻な対立を前に、ローズヴェルト大統領は代替案としてユダヤ人国家の問題を戦争が終結するまで凍結しようと考え、そしてこの意向にそって出されたのが、一九四三年六月の英米宣言（Anglo-American Declaration）であった。英米両国は、これ以上シオニストの圧力が続くようなら戦争の遂行に重大な支障をきたすと、シオニストに対して警告した(40)。要するに、戦争中にシオニストが自分たちの目的のために連合国の政策に容喙するのはもってのほかだ、というのである。しかし、シオニストはもはや既定の方針を変えようとしなかった。

一九四四年は大統領選挙の年であった。四選をめざすローズヴェルトはユダヤ票を無視するわけにはいかなかったが、ユダヤ人の支持については絶対的な自信をもっていたから、シオニスト側の圧力を気にとめていなかった。シオニストは戦術目標をむしろ議会に定め、ロビー活動に精力を集中した。その結果、上院・下院において、自由で民主的なユダヤ人国家実現に向け、ユダヤ人のパレスチナ移住を促進するための努力を政府に求めた決議案が上程された。議会では、シオニストに対する強い支持が寄せられた。

ところが、一九四四年二月に公聴会が始まると、ユダヤ人社会の亀裂がまたもや露呈する。依然としてシオニストに批判的なアメリカ・ユダヤ人委員会（ＡＪＣ）が、連合軍によるパレスチナの管理を求めたのである。最終的に右の決議案を葬ることになったのは、ユダヤ人社会の分裂よりもアメリカの国益だった。アメリカ陸軍のヘンリー・スティムソン長官やジョージ・マーシャル参謀総長は、決議案が戦争遂行に不利益となると警告し、さらに石油会社はアラブ諸国との関係の重要性を指摘していた(41)。

一九四四年三月九日、ローズヴェルト大統領はアメリカのシオニスト運動をそれぞれ代表する、スティーブン・ワイズと急進派のアッバ・ヒレル・シルヴァーと会見した。会見後に発表されたプレス・リリースでは、アメリカ政府はイギリス政府の白書を支持することはないと約束しながら、さらに、適切なときにユダヤとアラブ双方の指導者はパレスチナの問題について相談を受けることになる、と述べていた。要するに、ユダヤ人国家の件にはまったくふれられておらず、その内容はシオニストを落胆させせた。

だがこのあと、シオニストたちは反撃を開始する。大統領選挙キャンペーンの民主党大会でワイズは友人ローズヴェルトのために演説し、ユダヤ人国家支持を党選挙綱領に盛り込ませるのに成功し、ワイズの宿敵シルヴァーもまた、シカゴの共和党大会で同様の支持を綱領に明記させた(42)。

ローズヴェルトへのユダヤ人の支持は圧倒的だったが、大統領は国益とともに国内世論を無視するわけにいかなかった。国民は、特定のエスニック集団がアメリカの外交政策を左右することは許さなかった。一九四二〜四四年間に、ユダヤ人は過大な力と富を有すると考える世論調査の回答者は五二パーセントから六五パーセントに増加し、エスニック集団の好感度を示すリストのなかでユダヤ人は最下位か、その次に評価された(43)。ユダヤ人のアメリカへの忠誠を一般国民に知らせるため、ユダヤ福祉委員会は戦争記録局を設け、戦時中のユダヤ人の国家への忠誠度や奉仕の状況について国民に伝えた。それによると、終戦までに五五万人のユダヤ人が兵役につき、四万人の犠牲が出たという(44)。

ジョイントの対応

アメリカのユダヤ人社会が事あるごとに対立していたとしても、ヨーロッパで消滅の危機にあるユダヤ人に救いの手を差しのべる活動のなかにそれを持ち込むわけにはいかない。

ヒトラーがドイツ首相に就任した一九三三年以降のジョイントの活動は、つぎの三つの分野への対応に追われた。すなわち、ドイツ、オーストリア、チェコスロヴァキアからの難民の脱出、中欧におけるユダヤ人コミュニティの維持、そして東欧において悪化する経済・社会状況への対応である(45)。ナチスの反ユダヤ政策がしだいにエスカレートすると、これらにどう対応すべきかをめぐってジョイントの執行部は割れた。

ジョイントは、原則として政治的問題に立ち入ることはしない。全体主義が世界的に台頭する時代に、ジョイントは政治的活動から距離を置いた。抗議行動などはほかの組織にまかせ、あくまでも難民の救済に徹していた(46)。ドイツにいるユダヤ人の出国を積極的に支援すべきか、それともドイツにとどまるよう説得すべきかについても、ジョイント内ではさまざまな意見が表明された。ルイス・マーシャルの息子で弁護士のジェームズ・マーシャルは、ユダヤ人のドイツ出国は逆にユダヤ人を追放しようとしているヒトラーに屈することになると主張して、出国に反対した。さらに、ドイツ国内に踏みとどまり、アメリカでおこなったように対等で忠実な市民となるよう努力すべきである、との見解もあった。これに対して、ジョイントのヨーロッパ支部長バーナード・カーンは、一九三四年一月の執行委員会の席上、「反ユダヤ主義はいずれ鎮静化するような一過性のものでなくドイツ国家の基本路線である。それはユダヤ人を排除することにあるのだから、将来緩和されるものではない」との所見を示し、ヴァールブルク理事長をはじめ執行部の多くのメンバーはこの意見に賛同していた[47]。

ジョイントは基本的には、移民が受け入れられる余地がある限り、ユダヤ人をドイツから出国させるべきであるという立場をとっていた。だが、現実にユダヤ人の行き先の入国ヴィザの取得が困難である以上、毎年一万五〇〇〇から二万人が出国を希望したとして、その半数以上は、少なくとも一〇年くらいはドイツにとどまってもらわねばならなかった[48]。

しかし、ナチス・ドイツの反ユダヤ主義は、これまでにユダヤ人が経験したことのないほど組織的かつ徹底していたから、既存の組織では新たな事態に十分対応できないことは明らかだった。さらに、これまでみてきたとおり、アメリカのユダヤ人社会はヨーロッパの同胞の危機に直面してもなお、団結するのではなく、各組織がバラバラに対応していた。こうした組織をまとめることができるのは、ジョイントをおいてほかに見あたらなかった。アメリカのユダヤ人社会の結束を阻んできたシオニズムとかユダヤ教へのこだわりよりも、まず緊急かつ重要なのは同胞を救うことであった。

このため、ジョイントが中心となってユダヤ人以外の団体にも呼びかけ、一九三四年一〇月、二〇ほどの各宗教組織、芸術、学術団体が参加した全国ドイツ難民援助調整委員会（ＮＣＣ）が設立された。ドイツ難民の多くはユダヤ人だったので、ＮＣＣの参加団体の半数がユダヤ系で占められた。名誉委員長には国際連盟のドイツ難民高等弁務官をつとめていたジェームズ・マクドナルドが就任、委員長にはコロンビア大学の法律学教授ジョセフ・チェンバレン、ジョイントのセシリア・ラゾフスキーが執行部の部長として参加した。ＮＣＣは各団体の統一組織として、ドイツからの移民のアメリカ定住を支援するとともに、連邦政府と難民問題にかかわる諸問題を協議するのが、主たる目的であった。

NCCはアメリカ国内の多くの団体と協力し、各地に地方委員会を立ち上げるなどして、アメリカ移住を希望する難民に対し誓約書の発行から具体的な雇用、社会的・文化的な活動など、さまざまなサービスを全米に網の目のように張り巡らした。たとえば、NCCが活動資金の一部あるいは全額を助成した「亡命外国人学者緊急支援委員会」は、ドイツを逃れた優秀な学者にアメリカなどの大学のポストを斡旋し、「亡命外国人医師緊急支援委員会」もまた医学の分野ですぐれた業績のある医師にポストを紹介した。さらに、ジュネーヴに本部を置く「国際学生奉仕会」のアメリカ支部は、ユダヤ系団体と協力し、ドイツのユダヤ人学生の招聘、奨学金支給などを手配した。こうして、短期間にアメリカは当時のドイツの著名な科学者や音楽家など――しかもその多くはユダヤ人だった――を数多く自国に亡命させるのに成功し、これらの人びとはアメリカ社会に新たな活力を生み出していった。

また、NCCと提携関係にある「ドイツ・ユダヤ人児童援助会」という団体は、一九三四年にドイツのユダヤ人児童をアメリカに入国させる許可を政府から取得し、三九七人の児童が、自活できるまでという約束で三〇州の七九市の個人家庭に引き取られることになったという(49)。そして、このNCCの活動資金の大口提供者としてジョイントが登場する。

その後、一九三九年五月、ナチスの迫害を逃れるヨーロッパの難民問題に多角的に取り組んでいくため、NCCは新たにジョイントの一部ともいうべき全国難民奉仕会（NRS）として再編された。NCCが解散し、新組織NRSに統合されるにいたった原因は、HIASとの不和によるものとされる。もともとさまざまな支援組織の調整機関として設立されたNCCがしだいに実務活動を重視するようになり、長年難民救済にかかわってきた先輩格のHIASの活動と重なることが多くなったことに、HIA

Sが不満をもったからだといわれる(50)。

NRSはアメリカ国内最大の民間の難民救済機関として、すでにNCCが科学者、医師、作家、芸術家などの難民に対しておこなっていた支援を引き継ぎ、さらにヨーロッパから避難してきたユダヤ難民の受け入れと定住を促進するため、国内各地のユダヤ人社会との協力関係を密接にしていた。

戦後の一九四六年七月、NRSは全国ユダヤ婦人協議会の対海外出生者奉仕部と合併し、「新アメリカ人のための奉仕連合（USNA）」が設立されたのにともない解散した。USNAはユダヤ移民全体のプログラムを策定した。とくにUSNAには、移民がアメリカに移住する際に重要な条件のひとつとして要求された団体による宣誓供述書（cooperate affidavit）を交付することが、一九四五年に政府から認められており、こうして彼らの入国を援助した(51)。難民の引き受けを申請しようとする団体は、この誓約書によって難民が生活保護に頼るなどして財政的負担が必要になることも、公共の利益を害するおそれもないことを保証した。

ドイツ・ユダヤ人の救出

ドイツ国内のユダヤ人のあいだでも、ナチスの反ユダヤ主義への対応をめぐっては意見が割れた。リベラルな人びとは、ナチ体制のもとで対等な地位を確保して生き残りをはかる道を模索しており、ドイツ出国には消極的であった。土地や財産を有する富裕層はもとより、比較的恵まれた人びとも、特殊な技能でもなければドイツの外に自分たちを引き受ける国はないだろうと思っていたから、このままドイツにとどまりたいと考えていた。これに対して独自の民族であることに固執するシオニストは、ユダヤ人青年のドイツ出国を一刻も早く促し、ヨーロッパのどこかで研修・訓練を受けさせたのち、パレスチナに送り込もうとしていた。シオニストはリベラル派に比べてナチズムの危険性を早くから見抜いていたし、ナチスの反ユダヤ政策にはるかに激しく反対していた。ところが、ナチスは、むしろドイツのユダヤ人問題を解決する方法のひとつとして、パレスチナ移住を主張するシオニストの立場を支持していた。この両者の奇妙な利害の一致が、次章で述べるハアヴァラ協定に結実することになる[52]。世界シオニスト機構（WZO）の行政部門であるユダヤ機関（JA）は、ドイツとの合意によってユダヤ人とその個人資産が救われ、ひいてはパレスチナの発展に寄与するであろうと考えてナチスとの交渉に積極的だったのに対し、ジョイントの立場は微妙であった。

ジョイントはシオニストと異なり、パレスチナだけがユダヤ人の唯一受け入れ可能な土地であるとは考えなかった。パレスチナはあくまでも難民の避難先のひとつにすぎなかった。また、ジョイントの指導層は、パレスチナの故国再建という将来のプログラムのために現在を犠牲にすべきではないと考えていたし、幹部のなかには、シオニズムは反ユダヤ主義者にユダヤ人を国外に追放するための口実を与えると指摘する者もあった[53]。これに対して、シオニストはジョイントを、展望もなく、慈善活動にだけ目を奪われていると非難していた[54]。けれども、

表3　ユダヤ人のパレスチナ移住者数

（単位：人）

年	移住者数	ドイツからのユダヤ移民数
1933	27,289	6,803
1934	36,619	8,497
1935	55,407	7,447
1936	26,976	7,896
1937	9,441	3,280
1938	11,222	6,138*

註：＊6,138名はオーストリアから直接移住したユダヤ人1,626名を含む。

出典：Sir John Hope Simpson, *Refugees: A Review of the Situation since September 1939*, London: The Royal Institute of International Affairs, 1939, p. 83 より作成。

ジョイントはユダヤ難民がパレスチナに入植し、その文化的発展に貢献することの必要性については認めていた。そうした観点からジョイントは、個人資産のドイツからの持ち出しが許され、ユダヤ人のドイツ出国の状況改善につながるとみるユダヤ機関と認識が一致し、ナチスとシオニストとのあいだで合意されたハアヴァラ協定にも関心を示した。(55)

ジョイントはヒトラー政権発足直後に四万ドルをドイツに送金し、さらに二五万四〇〇〇ドルを集めて送った。(56) しかし、ドルの送金は結果的に外貨がドイツ国内に蓄財され、ナチ体制を潤すおそれがある。このためアメリカのユダヤ人としては、ドイツの外貨を増やさないで同胞を救うにはどうしたらよいかという、困難な問題を克服しなければならなかった。

ひとつのアイディアは、一九三三年一二月に執行部が考案した教育のための資金の移転プラン（educational transfer plan）であった。(57) これは、裕福な家庭の親が子弟を海外留学させ、その費用を通常よりも高いレートのドイツマルクで、ユダヤ人の福祉、教育、移住などの活動をドイツ国内でおこなっていたユダヤ系団体に支払う。そのあと、ジョイントは、これら子弟にかかるすべての経費をドイツ国外において交換可能な通貨で払う、というものだった。ドイツ側もこの方法に同意していた。この方法は時間がかかったが、一九三五年以降、ジョイントのドイツへのドルの直接送金は停止した。

ところで、一九三八年一一月のクリスタルナハトの暴動後、ゲーリングは破壊された建物などの被害額の一〇億マルクの弁償をユダヤ人社会に求めた。それにともない、アメリカのユダヤ人社会は、募金活動の一本化と救援組織相互の役割分担を明確化し、ドイツ国内のユダヤ人の救援を効率的に展開できるようにするため、一九三九年一月一〇日、統一ユダヤ・アピール（ＵＪＡ）を創設した。

この組織には、海外での救済活動を展開するジョイントと統一パレスチナ・アピール（UPA）[58]、アメリカ国内の救済活動を担当する全国難民奉仕会（NRS）が参加して、募金活動をUJAのもとに統合することに合意し、さらに各組織の役割分担を明確にした。この背景には資金援助をめぐるジョイントとUPAの対立があった。すなわち、ジョイントはパレスチナのユダヤ人社会への援助を重視するUPAと、限られた資金をめぐって競合しており、これを憂慮した募金団体が双方に圧力をかけ、両者は不本意ながら妥協し、UJAの創設に同意したのである。ジョイントは海外の救済活動、UPAはパレスチナのユダヤ人社会の援助に専念し、NRSはアメリカに入国した難民のケアをもっぱら担当することになった。UJAの設立によってアメリカのユダヤ人社会における統一した募金活動が可能となり、設立最初の年にUJAは一六〇〇万ドル以上を集めたが、これは三組織が個別に集めた場合の合計額を上回るものだった[59]。

ユダヤ人の脱出

ドイツ、オーストリア、それに新たにドイツ領に組み入れられたズデーテン地方から脱出しようとするユダヤ人たちは、第二次世界大戦が勃発するまでは、通常、ドイツのハンブルクか、もしくはヨーロッパを横断してイタリアのトリエステやヴェネツィア、フランスのマルセイユ、ポルトガルのリスボンなどに向かい、海路アメリカなどの避難先をめざした。

しかし、ユダヤ人のあいだで渡航先としていちばん人気が高いアメリカは、出身国別割当移民法のもとで二万七〇〇〇人のドイツ枠を設けていたにすぎなかった。このドイツ移民枠のうち、ユダヤ人にどのくらいの数が割り当てられるかについての決定は、ドイツ駐在のアメリカ領事の裁量にかかっていた。アメリカ移住を申請し認められた者は番号をもらい、その年のクオータの範囲内で自分の番号がくるまで待機しなければならなかった。一九三三年から一九三八年末まで（一九三八年三月以降はオーストリアを含む）、ドイツからアメリカに移住した人びとの数は六万三四八五人にのぼったが、このうちの八五パーセントをユダヤ人とすると、ユダヤ移民は五万四〇〇〇人だった。[60] いったんはドイツを出国したが、滞在先に不満があってふたたびドイツに舞い戻るケースもあり、一九三八年初めにドイツに残るユダヤ人は三八万人を数えた。同年中に二万八三一六人がアメリカに移住し、このうちユダヤ人と申告した移民は二万三七七五人にのぼった。[61] 移民枠がきわめて小さいだけではなかった。国務省は当時、ドイツから移民を装って潜入するスパイや工作員に神経をとがらせていたから、移住の手続きは厳しく、時間もかかった。

ドイツを出国しようと考えていたのは、ユダヤ人だけではなかった。ナチズムに反対する多くのキリスト教徒もドイツから逃げ出そうとしていた。アメリカ移住を希望するドイツ人の一〇パーセントはこうした非ユダヤ人であったが、彼らの出国を組織的に支援する団体は少なく、一九二〇年代の初めころからジョイントとのあいだに緊密な協力関係を築いてきた、クエーカー教徒のアメリカ・フレンズ奉仕団（ＡＦＳＣ）などごく少数にとどまった。[62]

クリスタルナハトの暴動以後、ドイツやオーストリアのユダヤ人たちは必死になって国外の脱出先を捜し求めた。しかし、肝心のアメリカの移民政策が象徴しているように、国際社会はユダヤ人の運命に冷淡であった。

それまでユダヤ人の流入に比較的寛大だったヨーロッパ諸国の空気も、微妙に変化した。多くの難民が向かったのは、まずドイツの隣国フランスであった。周囲をドイツ、イタリア、それに内戦後のスペインのファシズム体制の国に接するフランスは、これらの諸国から逃れる難民が向かう格好の避難地となった。一九三六年七月、社会党のレオン・ブルム率いる人民戦線内閣が成立すると、ユダヤ難民に同情的なブルム政権下のフランスに避難するユダヤ人が増加した。ブルムはフランス最初の社会党の、しかもユダヤ人の首相だった。多くのユダヤ難民が流入する前にすでに、ロシア革命からの避難民七万一五〇〇〇人、第一次世界大戦時にオスマン・トルコを逃れたアルメニア難民六万三〇〇〇人、それにスペイン内戦で避難を余儀なくされたスペイン難民約三五万人など、多くの難民がフランス国内にひしめいていた。[63]そこに大ドイツから四万人の難民が押し寄せていたが、実際にはこれ以上の数の不法入国者が滞在するものと推定された。

難民の増加に対してフランス国内の右派勢力は、外国人のなかでもとくにユダヤ人に対する激しい攻撃を展開した。パリでは現地の多くのユダヤ人団体をはじめアメリカのユダヤ人団体も加わり、これらの難民に対する支援活動や、第三国への移住の手配などを始めていた。しかし一九三八年、ブルム政権が倒れると、そのあとの政権は、すでに国内に滞在する難民を追放することはしなかったものの、国境の監視を厳しくし、収容所を建設するなどして、難民対策を強化していく。

オランダは一九三三年一月から一九三八年一二月までの間に二万五〇〇〇人の難民を受け入れたが、このうち第三国へ出国したのはわずか八〇〇〇人ほどだったといわれる。[64]オランダ国民はクリスタルナハトの惨劇にショックを受け、政府に難民に対する制限措置を緩和するよう求めるなど、ユダヤ人に同情的であった。けれども、首相は、ドイツとの国境を開放すれば二〇万の難民が殺到するであろうとの見通しを語っており、その受け入れには消極的だった。オランダは国境方面の警備を強化し国境閉鎖を決定したが、それでもオランダに入国するユダヤ人はむしろ増加し、そのうちのかなりの数が非合法に入国した難民で占められた(65)。

スイスはアンシュルス（独墺併合）後、ドイツとオーストリアのユダヤ人の難民に対して入国制限を強め、一九三八年八月には国境を閉鎖した。ドイツの圧倒的な軍事力の脅威を実感するスイスは、その隣国を刺激しないように気をつかっていた。イタリア、ポーランド、ルーマニアも反ユダヤ法を制定した。ハンガリーは、五〇万のユダヤ人の隔離政策に着手するとともに反ユダヤ法を公布した。ユダヤ人をとりまく国際環境はいちだんと厳しくなっていく。

ヨーロッパの情勢が破局に向かって突き進むなか、各地のユダヤ人社会からは救援を求める悲鳴がニューヨークのジョイント本部に届いた。対応を迫られたジョイントは、海外の活動を強化するため現地にスタッフを派遣しなければならなくなった。

そのひとり、ローラ・マーゴリスは非情な国際政治の渦中に巻き込まれながらも、同胞の救援活動にその半生をささげることになる。

ヒューマニズムがほとんど死語になりかかり、各国の偽善的態度が浮き彫りにされるなか、難民に避難先を提供した土地もあった。

そのひとつ、中国の上海は一八四〇年のアヘン戦争のあと、イギリスと清国のあいだに締結された南京条約によって列強に開放され、その結果、外国人の居留地である租界が設置された。中国の主権が大幅に制限された租界に立ち入るには、ヴィザの取得など面倒な手続きは不要だった。そして一九三七年に日中戦争が勃発すると、上海の政府の入国管理業務は事実上機能を停止した。そのためナチ政権の成立以来、上海に少しずつ到着しはじめていたドイツやオーストリアなどの難民の数は、一九三八年以後に一挙に増加し、一九三九年五月初めには八二〇〇人のユダヤ難民が上海およびその周辺に滞在していた。[66]

三　マーゴリス家の人びと

マーゴリスの家系

マーゴリス家は高名なユダヤ教のラビ（ユダヤ教律法学者）を輩出したポーランドの旧家であった。ヨーロッパの国々のなかで、ポーランドほど悲運に泣き続けた国はないだろう。この国が世界地図から消える事態も一再ならず生じている。ポーランドの最大の不運はロシアとドイツという大国に挟まれた、その地理的な宿命によるものだった。九世紀に成立したポーランド王国は、一時はリトアニアと合体し中欧・東欧に広大な大国を築いたが、しだいに貴族どうしの対立のため衰微し、一八世紀に入ると隣国のロシア、プロイセンにオーストリアも加わって領土は掠め取られ、一七九五年に王国は滅亡する。第一次世界大戦後にいったんは独立を回復するものの、一九三九年九月、第二次世界大戦が勃発したためドイツとソ連によって分割占領されるという不幸な歴史をたどった。

一四世紀末にリトアニアと合体して成立したポーランド゠リトアニア連合王国のユダヤ人人口は、一八世紀半ばには七五万（うちポーランド地域には五五万）を数えた。ポーランドのユダヤ人はユダヤ教学の発展に貢献したが、同時に商業活動の分野でも才覚を発揮した。

しかしポーランドでも、一九二〇年代にはたびたび反ユダヤ主義が猛威をふるった。ポーランドの反ユダヤ主義は、伝統的にカトリック教会に根強く認められていたが、そのほか、ファシズムの感化を受けたナショナリズムとたびかさなる経済的危機に、その原因を求めることができた。[67] その結果、ナチ体制にならって反ユダヤ的な法律も制定されていた。バウエルによれば、ポーランドの政府はユダヤ人に敵対的、また国民は反ユダヤ的で、そのためユダヤ人は、国内に政治的にも経済的にも拠り所はなかった。したがって、彼らに対する支援は主として海外から寄せられ、ジョイントは一九三八年に一二四万五三〇〇ドルを援助したが、これはジョイント全体の援助額の実に三二・七パーセントを占めた。[68]

ネイル・ローゼンシュタインの著書『マーゴリス家の人びと』によると、ローラ・マーゴリスの父方の祖父レイブ・マーゴリスは、ロシア領ポーランド北部のプシェロシュリでラビをつとめていた。[69] レイブは一八六七年に結婚し、一八七二年にひとり息子のヒルシュを授かった。ローラの父である。

スヴァウキ

ローラ・マーゴリスの祖父母と父の出身地プシェロシュリは、このあたりの中心都市スヴァウキの北西二〇キロメートルに位置している。豊かな森林が広がり、ところどころに湖沼が点在する、のどかな田園地帯だった。

スヴァウキはこの地方最大の都市であるだけでなく、交通の要衝でもあった。ワルシャワとロシアの都サンクトペテルブルクを結ぶ主要街道がこの地を経由していた。またプロイセン、リトアニア、それにベラルーシにも近く、そのため、一四世紀末まではリトアニア大公国領となり、その後ポーランドの一部となった。一七九五年、ポーランド王国の滅亡にいたった第三次ポーランド分割のときにはプロイセン領となり、一八〇七年にナポレオンがプロイセンを破った際にポーランドに復帰するも、ナポレオン敗北後の一八一五年にロシア帝国に併合されるという複雑な運命をたどる。スヴァウキは、民族的にも多数を占めるリトアニア人のほか、ロシア人、ポーランド人、ドイツ人、ユダヤ人が混住しており、いわばヨーロッパの国際政治の縮図のような土地であった。

ヒルシュが生まれた当時のスヴァウキのユダヤ人人口は七〇〇〇を超え、全人口の四〇パーセントを占めるほどであった。ユダヤ人はこの地域の経済分野で重要な地位を占めていた。スヴァウキにはユダヤ人経営の病院や宗教学校など教育施設が充実しており、この地域一帯の文化の中心だった。しかし、ロシア帝国内の反ユダヤ主義はこの辺境の地にも容赦なく押し寄せ、飢餓が蔓延したこともあって、多くのユダヤ人がアメリカ、南米、南アフリカなどに移住していった。

また、スヴァウキには父祖の地パレスチナに国を再建しようとする、シオニズムに共鳴するさまざまなグループが活動していた。すでに述べたように、一八八〇年代初めにパレスチナにユダヤ人の入植を促進するため結成されたヒバット・ツィヨンは、この地方でも多くのユダヤ青年を組織することに成功していた。

ヒルシュ・マーゴリスは、少年時代を生まれ故郷の村プシェロシュユリで過ごし、スヴァウキで高等教育を終えた。彼はこの世代の多くのユダヤ人の若者と同じように、早くからシオニズムに目覚め、農業を学んでパレスチナへ移住し、祖国再興のために役立ちたいと願っていた。パレスチナで土地を手に入れ、その土地を額に汗して開墾し、砂漠を緑の沃野に変えるという初期のシオニズムの理想をかなえるためには、農業を専攻することこそがその第一歩だと信じた。しかし、当時ロシア全土で吹き荒れていた反ユダヤの迫害や暴動のため、ロシアの大学に進学し農業を勉強する夢を断念する。やむをえず、ヒルシュは一八九二年、二〇歳のときにパレスチナに行き、二年間を過ごした。パレスチナでの体験が、いったんはあきらめかけた農業をきちんと学ぼうという夢を再燃させた。

ローラは、父がパレスチナで沼沢を干拓するのにどれほど骨折ったかを、そのパレスチナの再興にかける夢とともに語って聞かせてくれたのを覚えている(70)。

帰国したヒルシュはドイツのベルリンへ行き、そこで農業学の分野で当時もっとも著名だったオットー・ヴァールブルクのもとを訪れた。ヴァールブルクはドイツの名門ヴァールブルク家に生まれ、植物学を学んで、ボン大学やベルリン大学で教鞭をとっていた。シオニストとしても知られており、パレスチナの復興に情熱を燃やしていたが、のちに世界シオニスト機構（ＷＺＯ）の理事長就任を要請されるも辞退し、その代わり執行部の議長職を一九二〇年まで続けた。一九二一年、ヘブライ大学が開校したとき植物学科長就任を懇請されたが、それも断って、ドイツに住み続けながら、毎年のようにパレスチナを訪れていた。

最盛期にはアジアからヨーロッパ、さらに北アフリカにまたがる広大な地域に覇権を確立したオスマン帝国は、イスラムの大帝国でありながら、ユダヤ教徒やキリスト教徒を寛大に扱ったことで知られている。

一四五三年にビザンツ帝国からコンスタンティノープルを奪い、ここをオスマン帝国の都と定めたメフメト二世は、帝都の人口を増やすため各州知事に命じて、イスラム教徒だけでなく、ユダヤ教徒、キリスト教徒を帝国各地からイスタンブール（征服後、コンスタンティノープルに代わって呼称された）に集めさせた。

ユダヤ人たちはビザンツ時代には認められなかったシナゴーグを建立し、商業活動を許され、家や土地の購入も許可された。こうした異教徒に対するオスマン帝国の寛容さが知れわたると、ヨーロッパ各地からユダヤ人が集まってくる。一五世紀末にスペインで非キリスト教徒に対する迫害が激化し、ユダヤ人の追放令が出されると、スペイン、ついでポルトガルを逃れた多くのユダヤ人がオスマン帝国に避難を求めていくのも当然だった。オスマン帝国のスルタンはこれらのユダヤ人たちが帝国の発展に役立つであろうとみて歓迎した。ユダヤ人たちは、キリスト教世界と異なり、オスマン帝国内では人頭税（ジズヤ）を支払う限り、生命の安全と財産は少なくとも保証された。

オスマン帝国のなかで差別や迫害がまったく存在しなかったわけではないが、ユダヤ人たちは厚く保護された。ヨーロッパ諸国のユダヤ人たちは壁で囲まれたゲットーと呼ばれる地区に押し込まれたが、オスマン帝国内のユダヤ人地区は外界と隔離されることはなかった。のちに帝国の版図に組み込まれたアラブ地域のユダヤ人の境遇も、帝国内のほかの地域とまったく変わりなかった。

ユダヤ人たちは二級の地位に甘んじることもなく、その能力を十二分に発揮した。スルタンの宮廷や地方州の知事のもとで医者や外交官に出世する者が続出し、銀行家として知事に招かれ、財政の建て直しに辣腕を振るう者も現われた。たとえば、一六世紀オスマン帝国の政治家としてパレスチナのユダヤ人社会のために大いに尽くしたヨセフ・ナスィーや、エジプトで通貨発行行政を担ったアブラハム・カストロなどは、成功したユダヤ人としてオスマン帝国の歴史のなかに輝かしい名を刻まれた。スルタンがユダヤ人を積極的に登用したのは、彼らがヨーロッパの多くの言語に秀でていたからである。だがそれと同時に、バスラ、アレキサンドリア、ダマスカス、カイロなどイスラム世界の主要都市の商圏で成功したユダヤ商人たちは独特の家族的ネットワークで結ばれており、スルタンがこうしたユダヤ人の人脈を重視したのも一因であった。

しかし、帝国の膨張とともにスルタンの支配は末端まで行きとどかなくなり、それを支える財政は逼迫し、肥大化した官僚機構では腐敗が横行していた。しだいに帝国の統治は弛緩していく。そしてオスマン帝国の版図が伸びきったところに、一八世紀以降、西洋列強の浸透が始まった。

ナショナリズムが高揚する一九世紀になると、帝国内の諸民族のあいだに民族意識が高まり、つぎつぎと独立の気運を醸成するにいたる。こうしてオスマン帝国は内外に困難な問題を抱え、帝国の黄昏が深まっていく。

ヨーロッパのキリスト教世界では、ユダヤ人に対する儀式殺人の中傷が暴力に発展した。儀式殺人とは、要するにユダヤ人がキリスト教徒を殺害し、その血を過越祭に食べるマッツァ（種なしのパン）に混入しているなどの、根拠のない噂である。反ユダヤ主義とはほとんど無縁だったオスマン帝国で、こうした事件が起こることは稀であった。だが、一九世紀に入ると、ダマスカス、カイロ、パレスチナのガザにおいて、こうした中傷を信じた人びとのあいだでユダヤ人に対する暴力が頻発した。

一九世紀末の一八九七年、オスマン帝国内のユダヤ人人口は二一万五〇〇〇にのぼった。当時、オスマン帝国の総人口が一九〇〇万だったから、ユダヤ人は一パーセント強を占めるにすぎなかった。イスタンブール地区には四万五〇〇〇人ほどのユダヤ人が住んでいた。[71]

一九世紀末から二〇世紀にかけては、ロシアで荒れ狂った反ユダヤのポグロムを逃れて、ユダヤ人の難民がオスマン帝国に多数渡来した。また、父祖の地パレスチナをめざす人びとが帝国に集まった。ところが、パレスチナへのユダヤ人の入植には現地のアラブ住民が強く反対していた。

ユダヤ人のオスマン帝国への流入はその後も絶えることなく続き、一九〇八年に帝国のユダヤ人人口は二五万六〇〇〇に達した。一九世紀にイスタンブールのユダヤ人の多くはカトリックやプロテスタントのキリスト教系学校に通い、欧米の教育を受けた。授業料も教科書も無償であり、教育の質も高かったから、多くのユダヤ人の子弟がキリスト教系学校で勉学に励んだ。[72]

イスタンブール

ベルリン大学のヴァールブルクのもとで耕種学を修めたヒルシュはパレスチナ行きを決意するが、ヴァールブルクはパレスチナよりはむしろトルコへ行き、ユダヤ人のパレスチナ移住を手伝うようヒルシュに勧めた。ヴァールブルクによれば、イスタンブールには数百人のユダヤ難民が足止めされており、彼らはオスマン・トルコ政府からパレスチナ移住の許可がおりないため途方に暮れていた。ヴァールブルクは私財を投じて、アナトリアにこれらの難民を収容するためのコロニーを建設する計画を進めていた。そしてこのコロニーで、パレスチナ移住を希望する難民に十分な農業訓練をほどこしたうえで送り出そうと考えたのである。

実は、オスマン・トルコ政府がユダヤ人のパレスチナ入植に反対していることが、最大の障害となっていた。当時のシオニスト運動には、パレスチナにユダヤ人の国家を再建するという目標については一致していたが、そのための方法をめぐっては二つの大きな潮流が存在した。ひとつは、オスマン帝国の正式な許可を獲得してから父祖の地に堂々と入植し国家を建設しようとする、つまり政治的な「お墨付き」を獲得することを主眼とする政治的シオニズム。もうひとつは、これとは対照的に、最初に土地を手に入れ、小規模であっても入植活動を開始し既成の事実を積み重ねることで、やがて国家へと発展していく実践活動を重視する実践的シオニズムである。ヴァールブルクは後者の立場に立っていた。

一八九六年、ヴァールブルクの紹介状をたずさえてイスタンブールにやってきたヒルシュは、コロニー建設計画に参加しているサロモン・シュワルツを訪ねた。ローラの回想によると、シュワルツはオーストリア゠ハンガリー帝国のチェルノビッツ（現在のウクライナ領）出身のユダヤ人で、ウィーンにて医学を学んだあと、イスタンブールにおいてオスマン帝国スルタンのアブデュル・ハミト二世の侍医をつとめていた。同時に、イスタンブールのアシュケナジィ・コミュニティの指導者でもあった。ヒルシュはシュワルツとともにコロニーの建設を手伝った。

そんなヒルシュのもとに、一九〇一年、ポーランドの両親がアメリカへ移住するため立ち寄り、一九〇四年にアメリカへ向けて出発するまで滞在した。両親はオハイオ州デイトンの兄弟たちを頼って渡米し、アメリカで乾物屋を営んだ。

一方、イスタンブールのヒルシュはシュワルツ家をたびたび訪れるうちに、やがて娘のセシリアと知り合うようになった。ふたりは一九〇二年に結婚し、イスタンブールの市街から離れた農村地域に、貧しいながらも新居を構えた。長女のローラが誕生したのは、一九〇三年一〇月一九日である。セシリアが産気づいたとき、ヒルシュは妻を荷車にのせ、牛にひかせてイスタンブールの病院まで運ばねばならなかった。その四年後の一九〇七年七月、弟が生まれた。父のヒルシュは息子に、尊敬する恩師の名前をとってオットーと名付けた。

ヒルシュ・マーゴリスが民族構成の複雑な国際環境のなかで青年時代を過ごし、しだいにシオニズムに傾倒していった生き方は、その娘のローラにも引き継がれたのかもしれない。キリスト教文明とイスラム文明が遭遇し、多くの民族が集い、さらに異教徒に対して寛容なオスマン帝国の首都イスタンブール。そのきらびやかで、コスモポリタンな環境は、五歳までをこの地で過ごしたローラ・マーゴリスに国際感覚を自然に身につけさせ、生涯の天職とする難民救済活動を使命とする夢を確実にはぐくんだことであろう。

四　アメリカのマーゴリス

オハイオ州クリーヴランド

アナトリアのコロニーは順調に発展し、農産物など七五パーセントを自給できるほどになった。しかし、ヴァールブルクの私財だけを頼りにしていた難民定住化計画がやがて財政的に立ち行かなくなり、妻からも不満が洩れるようになる。ヒルシュはしだいにコロニーへの関心を喪失し、すでにアメリカに落ち着いていた父を訪ねて、一九〇七年に渡米した。ヒルシュの夢はパレスチナに入植することだったが、父をはじめ家族はアメリカにとどまるよう説得した。パレスチナはまだオスマン帝国の支配下にあり、しかも政府当局は、現地のアラブ人の反発を恐れるあまりユダヤ人のパレスチナ入植を厳しく禁じていた。父のレイブは、パレスチナの入植が果たして成功するのか危ぶんだ。このためヒルシュはそのままアメリカに滞在することにし、翌一九〇八年、イスタンブールに残してきた家族をデイトンに呼び寄せた。一家はオスマン帝国の支配が続く限りパレスチナに移住することはない、と決心した。

こうして、ローラ・マーゴリスは五歳のときに母と幼い弟とともに父の待つアメリカへ旅立った。ローラたちはニューヨークで下船すると、出迎えた父と一緒に汽車に揺られてオハイオ州デイトンに向かった。

オハイオ州にはすでに、一九世紀半ばごろ最初に移住したドイツ出身のユダヤ人に続いて、東欧のユダヤ人が多数定住していた。

ローラたちはデイトンに落ち着いたが、やがて父はデイトン北部のリマという町に移り、そこで乾物を扱う店を開いた。ローラはデイトンで幼稚園を終え、小学校はリマの学校に通った。当時、一九〇七年末から一九〇九年末までアメリカ全土は不況の底にあった。父ハーマン（アメリカに来てからヒルシュは自分の名前をアメリカ風に変えた）の仕事もうまくいかず、最終的に、一家はオハイオ州最大の都市クリーヴランドに引っ越すことになった。

五大湖のひとつ、エリー湖のほとりに位置するクリーヴランドは、水運に恵まれていただけでなく、東西を結ぶ鉄道の中継路にあたり、北東部の石炭、石油、鉄鉱石などの集積地として重要な役割を担った。クリーヴランドに定着した初期のユダヤ人は、行商人、小売商、食料品店、衣料品店、肉屋などの職業にたずさわったが、隣のペンシルヴァニア州で石油が発見されたこともあって、石油業に進出する者も少なくなかった。また服飾産業が盛んで、縫製工場が林立し、縫製工組合の労働争議が頻発していた。これらの工場では外国生まれの労働者が多く働いており、宗教、人種、民族の背景は多岐におよんでいたから、こうした違いを理由に差別するというような緊張した雰囲気ではなかった。一九一〇年ごろのクリーヴランド市のユダヤ人人口は五万程度であった。

第一次世界大戦が終わった一九一八年末、母方の祖父シュワルツの病が重くなったため、ローラの母は子どもたちを連れて祖父のいるイスタンブールに行った。ローラはここでドイツ系の学校に通い、一年滞在し、ふたたびクリーヴランドに戻った。

ローラ・マーゴリスは、この急速に発展する都会で多感な少女時代を送るが、近所に住む彼女の幼友達の母親がコミュニティの仕事にたずさわっていたことから、いつの日か、自分もこうした職業で身を立てようと夢を描くようになる。ローラは地元の高校を卒業したあと、オハイオ州立大学で一九二六年に学士号を取得し、さらにクリーヴランドのウエスタンリザーヴ大学の応用社会学部に入学して、ソーシャルワーカーになるための勉強を始めようと決心した。

ソーシャルワーカー

何がマーゴリスにソーシャルワーカーの道を歩ませたのだろうか。

筆者とのインタビューで彼女はこの点を問われると、「私は男に生まれたら海軍に入っていただろう。海軍の軍人になって世界を自分の目で見たかったから。女だったので世界各地で援助を待つ人びとの役に立つためにソーシャルワーカーの道を選びジョイントに加わった」と語っている。[73] マーゴリスには滞在先でその国の言語を習得する天賦の才能が備わっていた。英語以外に、トルコ語、ギリシア語、ドイツ語、フランス語、スペイン語が堪能で、イスラエル移住後はヘブライ語を修めた。だが、もうひとつ、マーゴリス家の親戚のひとりについてふれないわけにいかない。この人物の生き方が、彼女のその後の人生を決定したと思えるからである。

ハイム・マーゴリス゠カルヴァリスキーは、一八六八年、当時ロシア領ポーランドのスヴァウキ郡のカルヴァリア（現在はリトアニア領）に生まれ、農学者として高名な人物であった。彼はローラにとっては祖父の兄の息子にあたり、ヒルシュと同様に熱心なシオニストだった。若くしてヒバット・ツィヨン運動に参加し、フランスのモンペリエ大学で農業を学んだあと、一八九五年に開拓民としてパレスチナのヤッファに入植した。家族はヒルシュ・マーゴリスの父と同じように、アメリカのオハイオ州デイトンに移住したが、彼だけはシオニズムの理想を実現するためひとりパレスチナに渡ることを決心した。カルヴァリスキーは、テルアヴィヴ郊外のミクヴェ・イスラエル農学校で教鞭をとりながら、ガリラヤ地方でユダヤ移民の入植活動を支援し、ガリラヤ北部のクファル・ギラーディ、テル・ハイなどの入植地をつぎつぎと建設していく。

カルヴァリスキーはパレスチナの土地に一歩をしるした最初から、ユダヤ人とアラブ人の共存を真剣に模索していた。ユダヤ人のための入植活動を推進しながら、一方で常に現地のアラブ人との協力をどのように実現したらよいかに心を砕いた。イスラエルの地はユダヤとアラブ両民族の郷土であるというのが、彼の終生変わることのない信念だった。ユダヤ人が父祖の地で安心してシオニズムの諸目標に向かって前進していくためには、アラブ人との共存が不可欠であると当然に考えていたのである。ヨーロッパからパレスチナへやってきた多くのシオニストが自分たちの権利を主張するあまり、アラブ人の置かれた境遇にほとんど関心を払わなかったのとは対照的であった。

第一次世界大戦の跫音がこだまする一九一三年には、カルヴァリスキーは世界シオニスト機構（WZO）指導部のナフム・ソコロフと一緒にダマスカスやベイルートを訪れ、アラブ民族主義者たちと会談を重ねた。彼らはアラブ人にシオニズムの目的を熱心に説明し、誤解をとき、理解を求めるとともに、相互の和解をさぐった。当時、シリアのアラブ民族主義者たちはオスマン帝国の過酷な桎梏から解放されることを目標にかかげ闘争していたから、自分たちの大義に共感する人びとの来訪を歓迎した。

大戦後、パレスチナにはイギリスによる委任統治が始まり、ハーバート・サミュエルが最初の高等弁務官として着任すると、カルヴァリスキーは諮問会議の一員としてユダヤとアラブ双方の協力を構築するため奮闘することになった。一九二五年、彼はシオニストの社会経済学者アーサー・ルッピンや哲学者のゲルショム・ショーレムとともに、エルサレムで「ブリト・シャローム（「平和の盟約」）」を創設した。この団体の目標は、パレスチナの地に、ユダヤ人とアラブ人がまったく対等な形で共に参加できる国家の建設をめざすことにあった。すでに、パレスチナ各地ではアラブ人とユダヤ人の衝突が発生していた。こうした理念はのちの哲学者マルティン・ブーバーなどにも影響を与え、一九四二年のユダヤ、アラブ両民族の二民族単一国家を志向する「イフード（「連合」）」の結成にも発展するものであったが、双方の一般大衆に受け入れられるところとはならず、活動は伸び悩んだ。

余談だが、筆者は一九八二年にローラ・マーゴリスをテルアヴィヴのアパートに訪問したとき、居間にカルヴァリスキーの肖像写真が飾ってあるのを見つけ、その理由を聞いたことがある。彼女は「私の尊敬する偉大な親類だ」と答えてから、私がその名前を知っていることに満足そうな表情を浮かべて微笑んだ。日本人の研究者が、自分の敬愛する人物を知っていたことがよほど印象深かったのだろう。その後も会うたびに、彼女はこのときのことを思い出しては笑った。この人物のたどった人生が、彼女のその後の進路に常に影響を与え続けたことは間違いないであろう(74)。

クリーヴランドのマーゴリス

マーゴリスがソーシャルワーカーになるための勉強を始めたクリーヴランドは、移民が絶えず流入しており、しかも、そのなかに手厚い援助を必要とする人びとが多かった。このため一八五五年ごろには、すでにヘブライ博愛協会という名の慈善目的の団体が設立されていた。しかし、この団体は一八六六年以降活動を停止し、その一部であったユダヤ婦人博愛協会（ＪＬＢＳ）だけが、その後もほそぼそと存続した。やがて一八七五年にヘブライ救済協会（ＨＲＳ）が創設されたことによって、クリーヴランドのユダヤ人慈善活動は本格的に始動したといわれている。[75] 一八九七年には新たにクリーヴランドに到着した移民のあいだでユダヤ救済協会（ＪＲＳ）が設立され、一八九〇年代にユダヤ人の社会福祉活動は移民の増加にともない急速に拡大を続けた。そして、一九〇三年にユダヤ人の慈善団体のあいだで寄付を募り、集めた寄付金で教育、文化、芸術活動などを奨励するためのユダヤ慈善団体連合（ＦＪＣ）が創設された。

その後もクリーヴランドのユダヤ人人口は増加の一途をたどり、一九二〇年には八万に達し、総人口の一〇パーセントを占めるにいたった。こうして膨張したユダヤ人のコミュニティは、多様な背景をもつユダヤ人たちのさまざまな要求に耳を傾け、対応を迫られることになる。

一九二六年、ＦＪＣは人口の増加にともなって活動範囲が拡大したため、ユダヤ福祉連合（ＪＷＦ）と名前を改め、新たな状況に対処することになった。

ウエスタンリザーヴ大学を卒業したローラ・マーゴリスは、クリーヴランドのユダヤ人社会でソーシャルワーカーとしての第一歩を踏み出すことになった。彼女は、ユダヤ人女性の生活困窮者に救済の手を差しのべる組織を立ち上げようと考えており、そのためには最大の組織であるＪＷＦとの密接な協力関係が不可欠だった。というのも、ＪＷＦは救援活動をおこなうのに必要な資金を集めてくれたからである。彼女は、ＪＷＦの社会福祉の一部門であるユダヤ社会奉仕局（ＪＳＳＢ）とユダヤ人女性の組織であるユダヤ婦人協議会（ＣＪＷ）と一緒になって、ユダヤ婦人友愛会（ＪＢＳＡ）を設立した。

当時のクリーヴランドは大恐慌の余波を引きずっており、フランクリン・ローズヴェルト大統領のニューディール政策がようやく始動するかどうか、という時期だった。このため失業者に対する公的扶助はまだ十分に手当てされていないだけでなく、公的な援助の手が届かない地域が各地に存在した。そのなかのひとつが、クリーヴランドの南にあるクヤホガ郡であった。

この地域では、連邦や郡からの公的扶助が到着するまでのあいだ、民間の慈善団体が救済活動を肩代わりしなければならなかった。一九三三年初め、ニューディールによる失業対策が本格化する前に、ＪＳＳＢがユダヤ人の失業者に対して配分した援助金をめぐって、オハイオ州の救援委員会からその額を削減するよう圧力がかかった。ユダヤ人の食料費予算が高すぎるというのがオハイオ州委員会の言い分であり、この種の贅沢をやめなければ、クヤホガ郡から州の援助資金を引き上げると脅したのである。このためＪＳＳＢは失業者に対する配分割当を減額せざるをえなかった。一九三三年三月初めには、ペサハ（過越祭）のためのマッツア（種なしのパン）が配給されないという流言がとびかったこともあって、ユダヤ人失業者がＪＳＳＢの事務所前で大騒ぎする事態に発展した。[76]

このエピソードは、公的援助に先がけてユダヤ人団体がユダヤ人の困窮者に対して支援するという活動の特質を明らかにしている。ユダヤ人側の同胞に対する手厚い保護や慈善などの活動ぶりは、州や市の同様の対策に刺激を与えることになり、ユダヤ人以外のほかの市民からも感謝された。

マーゴリスの仕事は、クヤホガ郡やポーランド移民が密集する地域のユダヤ人の少女たちが非行に走らないようにするため、指導にあたるボランティアを育成・訓練することだった。急激な都市化と移民の流入によって、どこの都市でも、外国生まれの両親とアメリカ生まれでアメリカ育ちの子とのあいだには深刻な世代間対立が表面化しており、こうした文化的背景・価値観の違いにもとづく社会的な問題の発生は、子どもたちの非行の一因とみなされていた。マーゴリスはこのような地域に入っていき、多くのボランティアを養成した。このときの体験をマーゴリスはつぎのように述懐している。

私の仕事は組織を立ち上げ、多くのボランティアを訓練することであった。こうして私は前へ進むことができる。これがこれまで私がやってきたことである。新しい状況に挑戦すると、それがうまくいくように障害を克服し、さらに前進したい気持ちが強くなる。(77)

クリーヴランドの仕事が軌道にのると、マーゴリスは何か新しい仕事にチャレンジしたくなった。ニューヨーク州バッファローにあるユダヤ福祉協会（ＪＷＳ）の仕事が舞い込んできたのは、そんなときであった。

ニューヨーク州バッファローのユダヤ人社会

クリーヴランドからエリー湖岸の北東約三〇〇キロメートルの距離にある、ナイアガラ瀑布をのぞむ町ニューヨーク州バッファローのユダヤ人社会は、初期にドイツ系ユダヤ人が入植し、そのあとに東欧出身のユダヤ人が定住するというパターンでは、ほかの都市とまったく変わらなかった。一般に、先に定住したドイツ系ユダヤ人は同化、つまりアメリカの文化を受容することが大切で、自分の出身地の文化に執着すべきではないと考えていたのに対し、ユダヤ文化を大切にするロシア・東欧出身の移民は同化に抵抗した[78]。

しかし、すでに定着していたドイツ系ユダヤ人があとから移住してきた東欧系ユダヤ人を見下すというようなギスギスした関係は、このバッファローではそれほど顕著でなかった。その理由は、東欧のユダヤ人たちは早くからこの地に移住し、南北戦争のころまでには定住化が進み、アメリカ社会への同化も進展していたために、感情的な対立などほかの地域で発生した緊張関係が存在しなかったからである。さらに人口数からみて、ドイツの出身者が東欧系を凌駕するほどの圧倒的多数を占めていなかった点も、ひとつの要因だった。しかもユダヤ人の友愛団体が十分に組織化されており、これらの組織が背景の異なるユダヤ人どうしの交流を積極的に進めていたことが、相互の協力関係を強化するのに役立ったといえよう。

一八四三年に全国的組織として設立されたブネイ・ブリスは、一八六六年にバッファローでも支部を開設した。この組織を嚆矢として、一九世紀後半にはユダヤ青年会（ＹＭＨＡ、一八八〇年創設）など多くの団体がユダヤ人社会の結束と協力を促進し、新たに到着した移民に対して広範な支援活動を展開していた。

バッファローの最大のユダヤ系福祉団体はユダヤ社会奉仕連合（ＪＦＳＳ）であった。この団体は、一九一九年、前身のバッファロー・ユダヤ慈善団体連合（ＦＪＣＢ）の活動の中心をたんなる慈善事業からもっと広範な福祉活動へと転換する目的で、それまで乱立していた同種の団体を一本化するため模様替えした組織である。ローラ・マーゴリスをスカウトしようとしていたのは、ＪＦＳＳの下部機関のひとつ、ユダヤ福祉協会（ＪＷＳ）だった。

最初、マーゴリスはバッファローの福祉協会の仕事を受けるべきかどうか迷った。ニューヨークで社会福祉基金の仕事をしていて事情に通じている友人たちに相談したところ、やめたほうがいいとの意見だった。理由は、専門的な知識のない数人の大口資金提供者が自分たちの仲間内で権力を握っており、組織とは名ばかりであるというもので、「若いから非常に苦労するよ」と親切に忠告してくれた。(79)だが、マーゴリスは先方から面接をしたいと連絡してきたので、せめて面接だけでも受けてみようと決めた。履歴書などの書類審査と面接の結果から、JFSS側はマーゴリスに満足したようだった。マーゴリスはこうして採用されることになり、バッファローへ行くことになった。一九三四年のことである。

バッファロー・ユダヤ人社会の福祉活動

バッファローに到着してみると、果たして友人たちの忠告が間違っていなかったことが判明した。要するに、バッファローのユダヤ系社会福祉団体を束ねているのがJFSSであり、金持ちが貧乏人を援助するというだけだが、この組織の最大の存在理由であった。組織の中心となっているのはひと握りのドイツ系の裕福なユダヤ人で、自分たちのプログラムを上意下達的に押しつける傾向にあった。そんな空気が全体に漂っており、民主的な手続きとは無縁の組織だった。

ユダヤ社会奉仕連合（JFSS）の下部機関で慈善事業の実働部隊というべき組織がユダヤ福祉協会（JWS）であった。その会長が辞任したため、あとを継いで協会を実質的に運営していく人物の候補として白羽の矢がたったのがローラ・マーゴリスだった。バッファローのユダヤ人社会の歴史について書いたアドラーとコナリーは、マーゴリスのJWS会長就任について、「不況の暗雲のなかからついに

図版3　ローラ・マーゴリス［アメリカ・ユダヤ人合同配分委員会提供］

光明がさしはじめた」と表現しているが、[80]これは決して誇張ではなく、バッファローのユダヤ人たちはマーゴリスへの期待感に胸を膨らませていた。

当時はまだ、大恐慌の余波がくすぶっていた。ユダヤ系の福祉、慈善団体はユダヤ人の困窮者を支援した。ところが、市当局はユダヤ人に対して、ユダヤ人自身の福祉組織から援助を受けているという理由で、市の福祉事業の扶助の対象から除外していた。

しかも、新たなユダヤ移民が東欧から到着し定住を始めるようになると、生活困窮者に対する救済の中身も性格も変わらざるをえない。ドイツ系ユダヤ人を中心とする旧世代が支配するＪＦＳＳは困窮者に対する慈善活動を重視していたが、救済の内容は、その枠だけではもはやとらえきれないほど複雑かつ多岐にわたっていた。新しい世代はもっと広範囲にわたる実際的な福祉活動を求めた。東欧系の若い世代にとくにこうした傾向が強く、彼らの団体は、社会福祉事業にはもっと専門的知識のある人びとが参加しなければＪＦＳＳと一緒にやっていくわけにはいかない、と反対した。[81]ＪＦＳＳは、こうした東欧系ユダヤ人の声に押されて理事会の投票方法の改善や組織の改編を含む改革のための作業に取り組み、一九三四年四月、理事会に報告書を提出した。最終的に、理事会はこの一部を採り入れ、東欧系ユダヤ人の改革を求める声に耳を傾けざるをえなかったのである。

改革のための闘争

ソーシャルワーカーとして初めてユダヤ福祉協会（ＪＷＳ）の会長に就任したマーゴリスは、気の休まる暇もないほど多忙な毎日を過ごした。仕事のほとんどはユダヤ社会奉仕連合（ＪＦＳＳ）との交渉にあてられた。ＪＷＳはＪＦＳＳの下部機関であるから、実際に活動するにあたってはＪＦＳＳに資金的な援助をすべて頼らなければならなかった。しかも、ＪＦＳＳの募金活動はきわめて原始的な方法に頼っていた。資金集めの単純な方法としては年中行事のＪＦＳＳ主催による舞踏会が催され、金がありそうな人物にしか招待状は発送されなかった。ＪＦＳＳの理事会はこうして組織や活動の支配を強化しようとしたが、実際には旧世代の権威は揺るぎはじめていた。

会長就任後にマーゴリスは、貧しい女性たちに援助する団体のひとつである「ナオミ救済クラブ」の女性たちを前に、仕事を求めてバッファローの街を彷徨する男性たちのために雇用を見つけることが緊急に必要である、と演説した。そして、ＪＷＳの現在計画中の雇用部門（Employment Service）に参加し、協力するよう要請した。この演説は効を奏し、ナオミ救済クラブは雇用部門のために金を集め、女性の力を結集してこの部門がうまく機能するよう協力していくことになった。[82]マーゴリスが就任してから実施された一九三五年度の募金キャンペーンは、目標額の九四パーセントを達成するほどで、一九二九年以来の最大の回復をとげた。[83]

マーゴリスは改革を支持する人びとの先頭に立った。しかし、理事会をはじめユダヤ人社会、それに

ＪＦＳＳやＪＷＳのスタッフの意識を変えるのは気の遠くなるような作業だった、とマーゴリスは回想する。[84]スタッフたちは上からの圧力に脅えており、おまけに専門的知識を身につけたスタッフは、ただひとりの多少の訓練を受けたことのある女性を除いては皆無だった。彼らは理事会から命じられた仕事を、ただ黙々とこなしていた。

就任して一年がたったとき、マーゴリスはＪＷＳはたんに金銭や救援物資の施しをするのではなく、医療や教育などさまざまなサービスを提供する組織であることを説いて、何人かのスタッフに納得させた。サービスの提供ということになると、企画から募金、実践活動など、あらゆる負担を背負いこまなければならない。マーゴリスがＪＷＳを引き継いだとき、信じがたいことに、ＪＷＳにはこうしたプログラムを独自に決定する機関が存在しなかった。ＪＦＳＳの理事会がすべての問題について決定していたから、必要なかったのである。そこで、マーゴリスは独立の委員会を創設するために、弁護士でユダヤ人社会にも地域社会にも顔がきくエドワード・カヴィノキーに委員長をお願いした。彼は了解し、マーゴリスは委員会を立ち上げた。この委員会にはＪＦＳＳのメンバーも参加したが、彼らは多数派ではなかった。

そのうちにバッファロー大学の社会福祉学部がＪＷＳの評判を聞きつけて、学生を研修のために派遣する機関として認知してくれた。

ナチスの台頭とともにドイツからアメリカに逃れるユダヤ難民が急増しており、これらの難民にどう対応するか、どう定住させるかという厄介な問題が、アメリカのユダヤ人社会において悩みの種になっていた。これは基本的に、ユダヤ人社会全体で対応しなければならない種類の問題だった。事実、難民を定住させる計画が作成され、すでに始動していた。各地のユダヤ人社会は一定数の難民を引き受けるよう要請されていたのである。しかし、ＪＦＳＳの執行部は、これらの難民を受け入れると金銭的な負担が増大するとして、彼らを自分たちのコミュニティに引き取るのに反対した。難民の受け入れには各ユダヤ人社会の同意が必要であったから、この問題は委員会で検討されることになり、マーゴリスらは同意を取りつけるため果敢な闘争を展開した。

マーゴリスはＪＦＳＳの旧世代との闘争にエネルギーのほとんどを使い果たした。彼らは、自分たちの既得権を奪われるような改革には断固として抵抗した。また、マーゴリスのやり方を快く思わない人びとはあらゆる問題に干渉してきた。ついに疲労困憊してマーゴリスは、一九三八年に入ると辞意を表明するにいたった。ＪＷＳの四年間にマーゴリスは、自ら「革命が進行中である」と語ったほど見事な実績をあげた。マーゴリスは、純粋に救済的な仕事は市や郡に引き受けてもらい、ＪＷＳはサービスを提供する機関に徹することにした。スタッフの多くはいまや専門的なソーシャルワーカーで固められ、彼らはＪＦＳＳの内部にもどんどん浸透していった。

マーゴリスの辞任は思わぬ展開をみせた。テンプル・エマニュエル・シナゴーグの保守派のラビ、モリス・アドラーのグループが改革の狼煙をあげ、執行部に対する反対運動を組織したのである。彼らは一向に改善しないＪＦＳＳ理事会の投票方法の見直しや、海外の救援資金割当の増額、ＪＦＳＳの社会福祉プログラムに全責任をもつソーシャルワーカーに対する自由裁量の付与、などを要求した。この反対行動は中途で挫折するものの、ＪＦＳＳの権威は大いに揺らいだ。

一九四〇年にＪＦＳＳ理事会側は最後のあがきともいうべき抵抗を試み、その方針を明らかにした。

理事会は下部機関の予算を精査し承認するが、各団体が許可なく独自におこなう募金活動を厳しく規制し、さらに各団体の勤務時間、給与、活動などを調査し勧告する。そして、下部機関は財務について月例報告を提出し、予算の枠外の支出については説明を求められるなど、理事会の統制を強化しようとした。しかし、太平洋戦争の勃発後、理事会の権威は低下の一途をたどった。マーゴリスの後任としてＪＷＳの会長に就任したのは、マーゴリスをよく知るカヴィノキーであった。彼は六年間もＪＷＳを切り盛りし、戦後はＪＦＳＳの会長をつとめた。

一方、会長職を退いたとはいえ、マーゴリスは難民の問題から解放されたわけではなく、相変わらず多忙な毎日を過ごしていた。しかし、やがて落ち着かなくなった。マーゴリスのいつもの癖がふたたび頭をもたげてきて、新たな目標に挑戦したくなったのである。

一九三八年一二月、マーゴリスの友人のひとりがニューヨークから戻ってきて、マーゴリスに、全国難民奉仕会（ＮＲＳ）がスペイン語のできるソーシャルワーカーでキューバへ行ってもいいという人物を探している、と話した。その当時、多数の難民がヨーロッパからキューバに到着し、アメリカ移住のため滞在していた。この友人の情報がマーゴリスの運命を決めることになった。

第3章　ドイツの反ユダヤ政策とアメリカ政府の対応

一　エヴィアン会議

ユダヤ難民問題とアメリカ政府の対応

一九三八年三月にドイツがオーストリアを併合すると、恐慌に陥ったオーストリアのユダヤ人一八万五〇〇〇人のあいだで脱出が始まった。オーストリアにおけるナチ党の反ユダヤ政策は過酷で、ドイツでは五年かけておこなったユダヤ人の迫害や財産没収を、わずか数カ月でなしとげたほどだったといわれる(1)。

難民が避難した周辺の国はいずれも対応に苦慮した。国際連盟は、一九三八年九月、それまで存続していたロシア、アルメニアの難民とドイツ難民に対応するための二つの難民の救済機関、すなわち、ナンセン委員会（一九二一年設立）とドイツからの難民のための高等弁務官（一九三三年一〇月、国際連盟理事会によって任命）の事務所を統合して、あらゆる難民の保護にあたる難民高等弁務官事務所を新設した。一九三九年一月一日、初代の高等弁務官にイギリス人のハーバート・エマーソンが就任した。しかし、予算は少ないうえ権限も明確でなく、最終的に第二次世界大戦の勃発とともに活動停止に追い込まれる。

一方、ユダヤ人の故国パレスチナでは、委任統治をおこなうイギリス政府がユダヤ人の移民を制限していた。一九二二年、パレスチナで最初の人口調査がおこなわれた。それによると、全体の人口は七五万二〇四八人で、このうちユダヤ人は八万三七九〇人、総人口の一一・四パーセントにすぎなかった。それが、一〇年後の一九三二年に、総人口一〇七万三八二七人中、ユダヤ人は一九万二一三七人、全体の一八パーセントに増加し、一五年後の一九三七年には総人口一四〇万一七九四人中、三九万五八三六人、二八・二四パーセントを占めるにいたった(2)。

ユダヤ移民の増加に不安を感じた現地パレスチナのアラブ住民のあいだに反対運動が高まり、双方の衝突も発生し、犠牲者が出ていた。しかもアラブ地域ではナチス・ドイツがアラブ住民のあいだに反英、反ユダヤ感情を煽っており、イギリス政府はこれに対抗する立場からも、ユダヤ移民には厳しい制限措置でのぞまざるをえなかった。一九三七年七月、イギリス政府は前年設置したピール委員会の現地調査にもとづくパレスチナ報告書を発表するとともに、同委員会の結論を受け入れるとした白書を公表した。これは、パレスチナをアラブ国とユダヤ国に分割し、エルサレムとその周辺および海岸への回廊はイギリス委任統治のもとに置くとする、戦後のイスラエル独立に道を開くことになる、いわゆるパレスチナの分割構想を打ち出したものであった。

しかし、右の白書は、アラブ側の反対、アラブ住民のあいつぐ反乱などで行き詰まったため翌年に撤回され、一九三九年、イギリス政府は新たな白書を提示した。その内容は、パレスチナに一〇年後に独立国家を樹立するが、ユダヤ人のパレスチナ移住を五年間に七万五〇〇〇人に限定し、しかも同地の経済的能力を勘案してユダヤ人の人口を全体の三分の一に抑え、五年後はアラブ人の同意がなければユダヤ人の移住を認めず、事実上アラブ人が多数を占める国家を建設するというものであった。そしてこの白書が、一九四八年の委任統治終了までイギリス政府の公式なパレスチナ政策となった。当然ながら、シオニストらユダヤ側はこれに激しく反発した。

ナチスの反ユダヤ政策に反発するアメリカのユダヤ人団体は、国務省に対しドイツ政府に抗議してその政策をやめさせるよう求めるとともに、全米の主要都市で抗議集会をあいついで主催した。また連邦議会でも、ドイツに抗議するよう要請する決議案や、ドイツと条約を締結しないよう求める決議案が上程された。しかしいずれも成果はなく、国務省は遺憾の意を表明するばかりで何ら具体的な手を打とうとしなかった。コーデル・ハル国務長官は、こうした決議はかえって事態の悪化を招くだけであり、ユダヤ人問題はあくまでもドイツの内政問題であるとの立場を変更することはなかった。ローズヴェルト大統領もユダヤ難民の立場に同情はしたものの、積極的に救援の手を差しのべる政治的冒険にあえて踏み切るつもりはなかった。

大統領は難民問題をもっぱら国務省にまかせ、ユダヤ人社会からの抗議を含め、この問題に関する世論の批判をかわそうとした。しかも政権内では、対ドイツ政策や難民問題をめぐってハル国務長官とモーゲンソー財務長官のあいだに対立が生じた。モーゲンソーはドイツからの輸入品に対する高額関税の適用を主張し、これに対して、自由貿易を唱える立場からユダヤ人のボイコット運動にも批判的なハル長官が反対したが、このときは財務長官が押し切った。政権内のこうした対立に加えて、アメリカ軍当局は中東地域の戦略的価値と石油利権の観点からアラブ人との関係をとくに重視しており、政権内部の足並みは乱れていた。

しかし、一九三八年以降、ローズヴェルト大統領の難民問題に対する姿勢に変化が現われはじめた。大統領は、ドイツのオーストリア併合以後、ドイツとオーストリアに割り当てられたクオータの完全実施を約束した。オーストリア枠（一四一三）をドイツのクオータ（二万五九五七）と統合して合計二万七三七〇とし、オーストリアの難民により多くのアメリカ入国の機会を与えることにした。しかし、会計年度が終わる一九三八年六月三〇日までにドイツのクオータの全枠は埋まらず、実際にアメリカ移住を認められたのは一万七八六八人であった。(3)

この大統領の決定は、ドイツのオーストリア併合を承認することになると批判された。さらに三月二三日、大統領はドイツ、オーストリアの難民問題を処理する組織を設立するための国際会議を開催するとして、二〇の北米・中米・南米諸国、九のヨーロッパ諸国に呼びかけた。

ローズヴェルトがそれまでの傍観者の態度をあらため難民問題の解決に意欲を示すようになったのは、もちろん、難民の悲惨な状況を知るにつけ心を動かされたからであろう。しかし当時、国内の雇用情勢は新たな低水準を記録し、議会内の移民規制派は国民の三分の一が衣服も住宅も食糧も不足していることを大統領が忘れている、と批判しているときであった。この状況のもとでは、大統領の決断は政治的リスクをともなった。とはいえ大統領は、難民のためにあえて既存の移民枠を大幅に改定することまでは考えなかった。ドイツとオーストリアの移民枠を統合したといっても、ドイツ枠を大幅に増やすならともかく、ただオーストリア枠を加算しただけの措置に不満がなかったわけではないが、それでも多くのユダヤ人団体は大統領の決定を歓迎した。

そして一一月のクリスタルナハトの惨劇後、大統領はドイツ駐在のヒュー・ウィルソン大使を本国に召還し、さらに、アメリカ国内に訪問ヴィザで滞在中のドイツ難民約一万五〇〇〇人に対して滞在の延長を許可することにした。クリスタルナハト直後に実施されたギャラップ世論調査によれば、回答者の九四パーセントがユダヤ人に対するドイツの行為を非難していた(4)。

大統領諮問委員会

ローズヴェルト大統領は予定されている国際会議に先立ち、四月一四日、主な宗教団体の代表をホワイトハウスに招き、ドイツとオーストリアからの難民の出国を容易にするため、新たに設立されることになる国際委員会に協力するよう要請した。

こうして設置されたのが「政治難民に関する大統領諮問委員会（PACPR）」で、政府、民間団体、それに新設予定の委員会と連携し、難民の避難先も含めて難民問題を処理するものと期待された。しかし、出席した一四名のうち、ユダヤ人はわずか三名にすぎなかった。モーゲンソー財務長官とバーナード・バルーク大統領顧問を除けば、民間からはアメリカ・ユダヤ人会議（AJCONG）議長のスティーブン・ワイズただひとりで、しかもシオニストのワイズがメンバーとなったことにアメリカ・ユダヤ人委員会（AJC）とジョイントの指導部は失望を隠さなかった(5)。

ローズヴェルトは出席したメンバーを前に、難民の移住・定住に要する費用は、政府の支出が議会の承認を必要とするので難しく、すべて民間の団体が負担しなければならないと説明した。五月一六日、国務省で開かれたＰＡＣＰＲの会合において、委員長には元国際連盟ドイツ難民高等弁務官のジェームズ・マクドナルドが就任した。ところが、実際に活動を始めると、事あるごとに官僚組織の厚い壁が立ちはだかり、とくに国務省にどう対処するかに神経をすり減らさなければならなかった。

エヴィアン会議の開催

ローズヴェルト大統領が呼びかけた国際会議の招待状は、ヨーロッパ、ラテンアメリカ諸国など三三カ国に発送された。

しかし、これを受け取った国はその対応に苦慮した。英仏両国は、ドイツの難民に関する国際連盟の難民高等弁務官が存在するにもかかわらず、会議を招集し新たな組織を立ち上げる必要があるのか、アメリカ政府の意図をはかりかねた。とくに、イギリスは出席すればユダヤ人のパレスチナ移住を強く求められるのではないかと逡巡したが、ハル国務長官からパレスチナ問題は議題にしないとの約束を取りつけたうえで出席に同意した。国務省は、パレスチナ問題は激しい感情的対立を引き起こし、エヴィアン会議の議論を混乱させることになりかねないとの極秘メモを、アメリカ代表団のために作成していた(6)。前述したように、当時パレスチナではユダヤ移民の増加に反対するアラブ住民のゼネストなどで混乱が続いており、イギリス政府は対応に苦労していたのである。出席すべきか躊躇していたドイツの隣国フランスは、難民の定住を押しつけられるのではないかと懸念し、会議に先立ち事前の調整を要求した。

イタリアは友邦ドイツの立場をおもんばかり、ナチ体制との共通性ゆえにドイツからの政治難民はファシスト国家にとっても敵対的であるからとの理由で、出席を拒否すると回答した。(7) ドイツは招かれなかった。しかし、会議が始まると、ドイツはラテンアメリカ諸国に対し、通商問題とからめてアメリカの提唱する構想を支持しないよう圧力をかけた。ラテンアメリカの多くの国は実際にドイツからの移民が多く、ドイツに気兼ねし、微妙な立場に置かれていた。ポルトガルは招かれなかった。その後、ポルトガルは自国のアフリカの植民地アンゴラを難民の定住先として検討することになるが、そうであれば、同国は招待されてしかるべきであった。ポーランドとルーマニアは招待状を要請したが、両国とも難民の受け入れ候補地ではないとの理由で参加は見送られた。しかし、両国からは代表が非公式に参加した。

会議を呼びかけたローズヴェルトの意図について、デイヴィッド・ワイマンはつぎの理由をあげる。(8) 第一に、人道上の理由。第二に、ドイツのオーストリア併合を認めないとの意思表示。第三が、孤立主義の世論を国際的野蛮行為への積極的反対に誘導すること。そして第四に、移民政策の緩和を求める国内のリベラル層からの圧力に対し機先を制してかわすこと。

もうひとつ追加すると、国際的にもアメリカに対し難民引き受けの圧力がかかることを予想し、先手を打つ狙いがあったといえるだろう。エヴィアン会議は国務省国務次官のサムナー・ウェルズが考えつき、大統領が承認したといわれる。(9) ウェルズの狙いは、ドイツの難民の行き先をアメリカ以外の国に向けるという国務省の意向を反映していた。したがって、エヴィアンで設立が予定されている国際委員会の主な目標は、当然のことながらアメリカ以外の土地に難民の定住先を見つけることにあった。

一九三八年七月六日から九日間、会議はレマン湖畔にあるフランスの保養地エヴィアンのホテル・ロワイヤルで開催された。会議には、ヨーロッパ、ラテンアメリカなどの二九カ国にカナダ、オーストラ

図版4　エヴィアン会議で演説するマイロン・テイラー米代表［アメリカ国立公文書館所蔵］

リア、ニュージーランドを加えた三二カ国の、いずれも海外植民地を保有するか、多数の移民を受け入れて発展してきた国の代表、三九の民間団体の代表（このうちユダヤ系団体は二〇）、ジャーナリストなど二〇〇人が参加し、難民問題を討議した(10)。

会議に参加したどの国も総論賛成、各論反対、あるいは建て前と本音を使い分ける姿勢を崩さなかった。つまり、難民の苦境には人道上同情しても、これらの気の毒な難民をすすんで引き受けようとする国はなかった。アメリカの求めに応じて参加したほとんどの国は最初から気乗りがしないようであった。アメリカですら同様で、差別的な移民法を改定し、多数のユダヤ難民に入国ヴィザを発給する気はまったくなかった。

会議が始まると、アメリカと他の参加国、とくに英仏両国のあいだの意見の違いが鮮明になった。英仏両国は新組織の権限をできるだけ抑えようとし、また、難民の受け入れが困難な自国の都合を主張してアメリカに責任の大半を押しつけようとしたのに対し、アメリカはヨーロッパ諸国を自国の構想に引き込もうとつとめた。アメリカとしては、これまでにどの国よりも多くの難民の入国を認めてきたという自負があり、これ以上の難民はほかの国にもっと引き受けてもらいたかったのである。英仏があくまでも国際連盟の既存の組織にこだわると、アメリカ政府は、既存の組織では能力を欠きドイツと交渉できないと反論した。

会議の焦点は、ドイツとの交渉をどう進め、難民の受け入れ先をどう確保するか、またその費用をどう捻出するかだったが、こうした議論が各国の利害とからんで少しも進展しなかった。定住先が定まらなければ、ドイツからのユダヤ人を出国させる交渉が進展するはずはなく、たとえ定住先が決まったとしても、その定住に要する費用をどうするか、難民がドイツからどのくらいの資産を持ち出せるかを含めて明らかにならなければ、難民の引き取りには応じかねるというのが、多くの国の正直な姿勢であった。受け入れ先について、アメリカ自身が難民を引き受ける用意がない以上、多くの海外植民地を抱える英仏両国や広大な土地を有するラテンアメリカ諸国に期待が集まった。

ラテンアメリカ

アメリカが難民受け入れ候補地としてもっとも頼りにしたのはラテンアメリカ諸国であった。実際に、各国が難民の受け入れを渋るなか、これらの国々は難民に比較的寛大で広く門戸を開放していた。多くのラテンアメリカ諸国は、国内の経済開発のために外国の援助、資本の投資、それに移民を必要としていた。農業労働者や熟練労働者はとくに歓迎された。ユダヤ難民が歓迎されたのも、彼らの多くが優秀な能力をもっていたからであり、さらにアメリカなどの富裕なユダヤ人から資金援助を期待する意図もあった。

そのうえ、アメリカはすでに述べた移民法のもとで、東半球、つまりヨーロッパからの移民には厳しい移民枠の割当制度を設けて制限していたが、西半球、つまり南北アメリカからの移民には特別の規制措置を講じていなかった。メキシコなどからの安い労働力が引き続き確保されたのも、カリフォルニアの農園主から強い要望があったからであり、彼らのいわばロビー活動の成果にほかならなかった。ヨーロッパからの移民がラテンアメリカに入国し、当該国の市民権を手に入れると、こんどはアメリカへの入国が可能となった。

ところが世界大恐慌のあと、一九三〇年代初期にはラテンアメリカのどの国も移民の入国を規制するようになっていた。一九三九年までに、ラテンアメリカのほとんどの国は農業者以外の移民を制限していた。[11] 一九三九年二月、アルゼンチン、ウルグアイ、パラグアイの三国は通商上の障壁を軽減するための会議で、移民を厳しく規制し、好ましからざる人びとを入国させないため協力することを約束した取り決めに署名した。[12] また、一九三八年以降、いくつかのラテンアメリカ諸国はユダヤ移民の割合を制限する措置を講じた。だが、こうした制限は、一九三八年にリマで開催されたアメリカ州会議において採択された、ラテンアメリカ諸国は国籍、信条、人種を理由に移民を制限してはならないとした勧告に反していた。[13] それでもクリスタルナハトの暴動以後、ユダヤ人のために避難地を見つけるのが急務になり、その結果、ラテンアメリカに向かう船舶が急増した。

一九三八年に、ナチス・ドイツからラテンアメリカに逃れた難民数は二万人に達したといわれる。[14] 入国が認められるかどうか不安を抱えながらも、難民はかすかな望みを抱いてまだ見ぬ国をめざした。一九三九年三月、イタリアとドイツの三隻の客船が九五人の難民をウルグアイに運んだ。難民の所持する観光ヴィザでは、ウルグアイ入国は認められなかった。しかし、一九二七年にヨーロッパからアメリカに移住するユダヤ人の面倒をみるため創設されたヒセム（ＨＩＣＥＭ）の努力が実を結んで、ウルグアイ政府当局は難民たちがチリに向かうという条件で上陸を許可した。[15] 五月にも、一五〇人のユダヤ人を乗せた客船三隻がウルグアイ経由でパラグアイに到着した。

もちろん密入国をはかる者はいたし、ヴィザを手に入れるため賄賂が横行することもあり、ヴィザや入国書類の偽造も盛んにおこなわれた。一九三九年五月には三〇〇〇人のユダヤ難民が、ヨーロッパで発行され、一通あたり一五〇〇ドルで売られた書類を持ってボリビアに入国した。ヨーロッパのボリビア領事館では難民たちにヴィザを高く売りつけて私腹をこやす腐敗が横行し、ヴィザを入手した難民はボリビアが地球上のどこにあるのかも知らないまま船上の客となった。しかし、こうした不正が発覚し、ふたりのボリビア領事が解雇され、ヴィザは無効となる悲劇も発生した。[16]

ドイツの船舶が十分な書類を所持しないユダヤ人を多数乗船させ、各地の港に上陸させようとしている点をアメリカ政府は重大視した。こうした移民が、最終的にアメリカをめざすケースが増加してきたのである。対策に苦慮した米英両政府はドイツ側と難民流出の規制をめぐって協議したが、ドイツ側の姿勢はユダヤ人の出国を妨害するつもりはないとけんもほろろだった。[17]

一方、現地で難民を待ち受けていたのは、必ずしも快適な環境ではなかった。ドイツ大使館は反ユダ

図版 5　「ドイツを追われ，本国にも帰れず，途方にくれるポーランド出身のユダヤ難民」［シドニー・ストローブによる諷刺画，『デイリー・エクスプレス』紙，1938 年 10 月 17 日］

ヤ主義をさかんに鼓吹し、現地住民のあいだに難民の流入は仕事を奪う「ユダヤの侵略」だと不安を煽っていた。また、多くの障害を乗り越えて無事上陸できたとしても、ラテンアメリカの多くの国は経済的に貧しく、新しい環境に順応する難民の苦労は並大抵ではなかった。

エヴィアン会議でアメリカは、ラテンアメリカ諸国に対し難民のために門戸を開放するよう強く迫った。自国は難民の受け入れを制限しながら他国に要求するアメリカの勝手さはその後もたびたび見受けられるが、ラテンアメリカ諸国はアメリカの門戸開放の要請には応じられないと反発した。こうしたなかで難民の受け入れに前向きだったのは、後述するドミニカだけであった。

最終的に、九日間にわたって開催されたエヴィアン会議では新しい委員会、政府間難民

図版 6　「ユダヤ人はいったい何処へ？」とエヴィアン会議の結果を諷刺する［シドニー・ストローブによる諷刺画，『デイリー・エクスプレス』紙，1938 年 7 月 30 日］

委員会（IGCR）の設立が決まった。IGCRの任務は、（一）ドイツ政府と交渉しドイツ、オーストリアから市民を円滑に出国させること、（二）これら難民の受け入れ先について可能性のある国と交渉すること、にあった。

エヴィアン会議を傍聴した多くのユダヤ系団体は、その成果が屋上屋を重ねるような委員会の創設しかなかったことに失望を隠さなかった。パレスチナは話題にものぼらず、ラテンアメリカもまた候補地になることもなく、結局ユダヤ人の受け入れ先は決まらないまま、徒労感と無力感だけが深まった。受け入れ先が定まらなければ、ユダヤ人のドイツ出国も困難となる。こうした難民に対する各国の消極的な姿勢をみて、ヒトラーは偽善的な国際社会を嘲笑し、ますます自国のユダヤ人政策に自信を深めた。

ジョイントは、エヴィアン会議の結果に必ずしも不満ではなかった。難民の問題に、アメリカをはじめ多くの国を関与させることができたのは大きな収獲のひとつであった[18]。一方、シオニストはこの会議の結果、無関心な国際社会にユダヤ人の運命をゆだねるのではなく、頼るはあくまでも自分たちしかないという主張が正しかったことが証明されたと強く訴えることで、同胞のあいだに支持を広げていく。

二　政府間難民委員会とドイツ側の交渉

交渉の開始

ＩＧＣＲは独立した常設委員会として活動の中心をロンドンに置き、委員長一名、副委員長四名が選出され、八月三日の第一回会議にはエヴィアンに集まった三二カ国中、二七カ国が参加した。しかし、多くの国は参加を渋るありさまで、派遣された代表も大半はエヴィアン会議についてほとんど知識もないまま出席していた[19]。要するに、ほとんどの国は自国の利害に直接関係なければ、難民問題に真剣に取り組もうとする姿勢を欠いていた。

この初会合でＩＧＣＲ委員長にイギリス人のウィンタートン卿が選出され、事務局長にアメリカ人の七〇歳になる弁護士で、ローズヴェルト大統領のグロートン校（マサチューセッツ州の全寮制私立校）同窓生のジョージ・ルーブレイが就任した。事務局長は実務を担当し、難民の出国をめぐってドイツ側と交渉し、難民の行き先の手配などあらゆる問題について既存の組織と協力し、処理する権限を与えられた。

ロンドンを舞台に、ルーブレイ事務局長とドイツ側代表の帝国銀行（ライヒスバンク）のヒャルマル・シャハト総裁とのあいだで、ドイツのユダヤ人の出国を促進するための交渉が開始する。シャハト総裁案がルーブレイに提示されたのは、一二月の会談のときである。このシャハト案の概要はつぎのようなものだった[20]。

まず、ドイツ側は三年間にわたり国内の一五歳から四五歳までのユダヤ人一五万人の出国を認め、そのあと家族など二五万人を出国させ、残り二〇万の四五歳以上の高齢者は国内にとどまるが、迫害を受けることはないと約束する。そして、その代償として、シャハト総裁が試算したドイツ国内のユダヤ人の所有する総資産六〇億マルクのうちの四分の一、一五億マルクで信託基金（トラスト・ファンド）を創設する。一方、ドイツ国外のユダヤ人は同額の資金を外貨で集める。信託基金の資金は、「国際的ユダヤ人」を代表する国際的法人が、国外で定住し生活するユダヤ人に融資するための資金を調達することになる債券発行の担保となる。ドイツを出国するユダヤ人はこの信託基金の資金から一万マルクを貸与され、国外での生活に活用する。このローンの利子と償還は国際的法人が信託基金に外貨で返済するものとし、その結果、ドイツの外貨量が増えることになる。

こうした方法を用いれば、経済的に余裕のないユダヤ人も資金を借りて海外に移住することが可能となる。また、出国するユダヤ人はこれまでより多くの身の回り品を持ち出すことができ、出国後の彼らの生活をある程度保証することにつながり、海外移住を容易にする利点がある。それまでは、出国するユダヤ人はほとんど無一物だったため、行き先での生活の見通しは立たず、したがってユダヤ人を引き受けようとする国を見つけることが困難だった。他方、ドイツは国内のユダヤ人を追放し、輸出の拡大や外貨収入の増大につなげることができる。

そもそも右の構想は、バウエルによると、オーストリアの経済官僚が最初ヘルマン・ゲーリング四カ年計画庁全権に示し、ゲーリングからシャハトに提示されたものとされる。しかしそれは、一九三八年秋に、ベルリンで米英両大使館側とドイツ側当局とのあいだにもたれた会談に影響されたと思われるルーブレイ事務局長が、一〇月末に提案した内容とほとんど同じであった。(21)

ハアヴァラ協定とシャハト案

ヒトラーも了承していたといわれるシャハト案は、ユダヤ人の出国を認めるのと交換にドイツの外貨収入を増やそうとした点で、かつてのハアヴァラ協定に酷似している。

一九三三年八月にドイツ側とシオニストのあいだに結ばれたハアヴァラ(ヘブライ語で移転の意味)協定は、パレスチナに移住するユダヤ移民は一〇〇〇ポンド相当額をドイツ銀行に預け、ドイツの輸出業者がパレスチナに商品を送り、その代金をドイツ銀行の当該移民の口座から回収する。一方、パレスチナで商品を購入した顧客は代金を特定の銀行に払い込み、その後パレスチナに移住したユダヤ移民が銀行から現地通貨で金を受け取る、という仕組みになっていた。

この方法によってドイツ製品のパレスチナへの輸出が増加する一方で、ユダヤ人は自分たちの財産の一部を確保しつつパレスチナに移住することができ、さらに、ドイツに残る親類や友人たちに生活費を送ることも可能になる。その意味では、ユダヤ側、ドイツ側の双方にメリットがあるものと期待された。

最初、イギリスにある、世界シオニスト機構（ＷＺＯ）の財政部門としての役割を担うアングロ＝パレスチナ銀行（現在、イスラエル最大の銀行であるバンク・レウミの前身）とドイツ経済省のあいだで合意され、のちにユダヤ機関（ＪＡ）[22]が代わってドイツ側と交渉した。ユダヤ機関は、この方法でユダヤ人を救出して資産を確保し、それがパレスチナに投資されれば、多くの困窮するユダヤ人をパレスチナに吸収できると積極的だった。

シオニストは、なぜ事もあろうにナチスと取引をすることになったのか。

シオニスト側にとって、ナチスとの交渉は明らかにディレンマだった。実際にドイツに対するボイコット運動の方針に反すると批判されることになるが、シオニストの指導層はこれがドイツのユダヤ人を救う唯一の方法であるとして反対意見を押し切った。要するに、早くからナチズムの危険性に気づいていたシオニストは、ナチスの反ユダヤ政策は一過性のものでなく、ドイツのユダヤ人社会を壊滅させることにあると信じており、手遅れにならないうちに救えるだけのユダヤ人をパレスチナに移住させようと必死になっていたのである。そしてそのためには「悪魔」との取引もいとわなかった。アメリカは移民法制を緩和する気はないし、イギリスもまたパレスチナの門戸をユダヤ人のために広く開放するつもりはなかった。さらに、多くのユダヤ人団体はナチズムを非難するだけで、ドイツのユダヤ人を救おうと具体的に行動することはなかった。ドイツ出国の道を閉ざされたユダヤ人を救うのに、ほかにどんな方法があるというのだろうか。

一方のドイツ側もまた、パレスチナのアラブ人側に強い反対があるにもかかわらず、ユダヤ人を国外に追い払い、ドイツ製品の輸出増につながると期待した。そのうえ、海外でのドイツの外交的・経済的な立場が改善し、しかもパレスチナを統治するイギリス政府を困惑させ、アラブ地域の住民のあいだで反英・反ユダヤ感情が高まってくれれば好都合だと考えていた。

ユダヤ側、ドイツ側双方の利害は一致したのである。双方は接触を重ね、協定が開始した一九三三年から大戦勃発の一九三九年までの間、ドイツからパレスチナに移住した五万人のユダヤ人の大半がハアヴァラ協定を利用し、一億四〇〇〇万マルクがドイツから移管されたといわれる[23]。

シャハト案がハアヴァラ協定と異なるのは、シャハト案のほうがはるかに巨額の費用を要する点と、難民の行き先がハアヴァラ協定ではパレスチナだったのに対し、シャハト案ではまだ明らかになっていない点である。アメリカ・ユダヤ人会議などアメリカのユダヤ系団体はこの構想を知ると、ユダヤ人を人質にとって身代金を要求するものだ、と一斉に反発した。しかも、ポーランドなどが同じような要求をしてきたらどうなるだろうか、と。しかし、アメリカ政府内にはただちにこれを拒否せず、ドイツ側に譲歩・修正を迫るべきであるという意見が多数を占めた。

一方で、この構想にはナチ党内の権力争いもからんでいた。ドイツの非道ぶりに国際批判が高まるなか、外交や通商関係に影響が現われはじめ、外貨不足などから経済的側面を重視するゲーリングと、ユダヤ人問題については一切の妥協を認めず、この交渉にも反対するヨアヒム・フォン・リッベントロップ外相が対立した。しかし、ゲーリングの主張がライバルを制した。要するに、クリスタルナハトの暴動のあとドイツに対する国際世論の風あたりが強く、このため一時的にナチ党内の過激派の立場は弱まり、現実派の発言力が増大していた。

ルーブレイ案

翌一九三九年一月、ルーブレイほか交渉団はベルリンを訪問し、シャハト総裁と再交渉をおこなった。交渉でシャハトが示した新提案は、ドイツ製品の追加的輸出増をめざす案は削られ、信託基金の資金はユダヤ難民がドイツ国外で新生活を始めるための機材の購入にあてられるなど、交渉に反対するユダヤ側に配慮したものとなっていた(24)。一方、ルーブレイらが、ユダヤ人の資産を信託基金にし、これを担保に債券を発行する計画について、海外市場ではドイツで没収されたユダヤ人資産は担保として無価値とみなされ、相手にされないだろうから受け入れられないと指摘すると、シャハトも同意したという(25)。

ところが、交渉中にシャハトは突如ヒトラーによって更迭され、代わってヘルムート・ヴォルタートが新交渉担当者としてゲーリングから任命されることになった。シャハトがドイツの経済能力を無視した軍備拡張に異を唱えたことが、ヒトラーの逆鱗にふれたものとみられる。ヴォルタートは経済省顧問でゲーリングの四カ年計画庁にも属していた。この交渉において、双方はシャハト案を一部修正したルーブレイ案(またはルーブレイ゠ヴォルタート案)をまとめた(26)。シャハト案がユダヤ側から激しく批判されたためであろう。ルーブレイ案はユダヤ人の立場をなんとか改善しようという姿勢が滲み出ており、ハアヴァラ協定に似ている。ハル国務長官らは、この案が実現されれば現状が十分に改善しうると評価している(27)。

新しい提案によると、ドイツ国内のユダヤ人の総資産中の二五パーセントの信託基金の元金は、最初に出国した一五万人のユダヤ人の国外での生活を可能にするための、農機具や建設資材などのドイツ製品の購入、支払いにあてられることになった。また、ユダヤ人の資金の一部は製品の形で国外に持ち出すことが可能となるほか、身の回り品を携行することが認められる。また、ドイツの船舶を利用する限り渡航費に信託基金を利用できる。信託基金の資産は三名の管財人で構成される委員会が管理するが、このうち二名はドイツ人で、残りは外国人となる。さらに、国外で機材などを購入し、ドイツを出国したユダヤ難民の定住をはかるために融資する。また、ドイツ側との関係を維持して、ドイツ国外で発生する問題を処理し、出国するユダヤ人の定住化を容易にする民間の国際的法人の設立が計画される。

ルーブレイは、ヴォルタートがこの案についてゲーリングなど関係閣僚の了解を取りつけており、ユダヤ人の問題に関してゲーリングに反対する過激派勢力には歓迎されない、まったく新しい姿勢を示すものと評価している。そのうえ、ルーブレイはドイツの保守派が海外におけるドイツへの悪影響を意識してユダヤ人政策を真剣に修正しようとする印象をもつ、とみている(28)。

こうしてルーブレイとヴォルタートは二月に、合意に達した。双方はユダヤ人の出国という点で共通の利益を見いだした。すなわち、ドイツ側は厄介者であるユダヤ人を国外へ追放し、外貨収入増も期待できる。他方の政府間難民委員会（IGCR）はドイツ出国を希望するユダヤ人を救出できる。

残された課題は、第一に、ドイツ国内で創設される信託基金についてドイツ側がまだ何ら着手していないこと、第二に、ドイツ国外に設立される予定の国際的法人構想が進まなかったことである。後者の理由はユダヤ側に強い反対があったからで、アメリカのユダヤ人社会はこの提案をめぐって割れていた。

スティーブン・ワイズはこの案に支持を表明した。一方、この提案を受け入れると、ドイツの経済を強化することにつながり、おまけにナチスによるユダヤ人の財産の収奪を認めることになるし、外貨でローンを返済するためにはドイツ製品の販売増と販路の拡大がどうしても不可欠になる。だがそうなると、アメリカなどで実施されているドイツ製品ボイコット運動に打撃となり、ユダヤ人を迫害する犯罪者のために国際組織を立ち上げるなどとんでもないとの批判が依然として根強かった。これまでの経緯から、新しく創設する国際的法人に中心的にかかわることになるジョイントも、この案を受け入れるかどうかで二つに分かれた。

その一方で、アメリカ政府とＩＧＣＲは賛成した。ＩＧＣＲがドイツ側の提案を拒否すれば、ドイツはユダヤ人問題を交渉で解決することは難しくなったとして、国内のユダヤ人に対してさらに過酷な措置を講じるであろうと予想された。これに加えて、英米政府間にも国際的法人の性格や費用などをめぐって見解の相違が存在した。アメリカ側は国際的法人は独立した民間主導の組織であり、エヴィアン会議の合意を根拠に政府の資金が投入されることはないとの立場だった。これに対し、イギリス側は民間団体では十分な資金の手当が難しいと判断し、政府が公的資金で一部を負担することを主張したからであった。

最終的に、ドイツ側は信託基金を設立すること、そしてＩＧＣＲは国際的なユダヤ人の法人の立ち上げをおこなうという、それぞれの課題の実現のため努力することになった(29)。

一方、ローズヴェルトは、自分が熱心に呼びかけて開催したエヴィアン会議が、ＩＧＣＲの設立以外目立った成果をあげることができなかったことに失望していた。会議の結果に対する肝心のユダヤ人側からの反応も、予想以上に厳しいものがあった。したがって、大統領は外交上のリーダーシップを誇示するためにも、ＩＧＣＲとドイツ側の交渉が失敗することは許されず、何らかの具体的な成果を欲していた。ローズヴェルトは、この案は不快だが、現実的であると判断した。五月初め、ローズヴェルトはユダヤ側代表を招きループレイ案を受諾し、イギリスのユダヤ人とともに国際的法人の設立を急ぐよう強く要請した(30)。

三　ユダヤ人はどこへ向かうのか

協同財団の構想

ジョイントは内部に根強い反対意見があったことに加え、ドイツ側が要求した、一説には二億三〇〇〇万ドルにのぼる巨額の費用の負担は不可能であると考えており(31)、アメリカ政府の圧力を前に対応に苦慮した。ユダヤ側の国際的法人が誕生しないことになると、提案された構想全体が崩れ去り、その結果、ユダヤ人のドイツ出国の機会が失われることになりかねない。一九三九年五月末、ジョイントはイギリス側と国際的法人の立ち上げについて話し合うため、ベルウォード理事長らをロンドンに派遣することを決めた。

ロンドンに到着したベルウォード理事長は精力的に活動を開始した。

六月六日、IGCRのイギリス側メンバー宅で、五月にロンドン入りしていたドイツ側交渉担当者のヴォルタートとイギリスのユダヤ人グループ代表との会談がおこなわれ、ベルウォード理事長も出席した。この席で、ドイツ国内の現状を説明したヴォルタートとユダヤ人代表のウォルター・ベアステッド子爵（シェル石油会長）との激しい議論の応酬に、理事長は英ユダヤ人側の強硬姿勢をあらためて認識することになる。会談において、ヴォルタートがユダヤ側は法人の基金に融資できるかどうか執拗に質したのに対し、ベアステッドは激しく「ノー」と応じた。その場の雰囲気は気まずくなり、ついにヴォルタートは、もう話し合うことは何もなく、話し合いの余地もないので、ベルリンに帰って役目を免除してもらうよう頼むつもりだ、との言葉を残して退出した。(32)

一方、二月に辞任したループレイの後任で、国際連盟の難民高等弁務官もつとめるIGCRのハーバート・エマーソン事務局長は、六月九日、ベルウォード理事長らとの昼食会において、英米両政府への提案という形でひとつの構想を提示した。(33)

このエマーソン構想は、まずイギリス政府に打診し、好意的反応があればアメリカ政府とIGCRに正式に提案するというものであった。内容は、ヨーロッパから難民の出国を促進し国外へ入植・定住させるため、一億ドルを五年にわたって集めることを目標にし、民間団体などが応募した額と同額を政府が拠出する点を強調している。

この構想に、同席したIGCR副事務局長ロバート・ペルらは、アメリカ政府の参加は議会の承認が必要であり、イギリス政府がこれを受け入れるならアメリカ政府としてもこの提案を好意的に考えるだろうが、実際に動き出すには何カ月もかかるだろうと指摘した。他方、ジョイントのベルウォード理事長は政府の参加が何よりも重要で、民間と同等の金額を拠出するのであれば、民間から資金を集めやすくなるであろうと確信すると述べた。これに対して、ペルからは、エマーソンがこの構想を持ち出した動機は不明だが、アメリカ議会が政府の参加を認めないであろうと判断し、この計画の失敗をアメリカ側に押しつけようとしているのではないか、と推測している。

これに対するハル国務長官のペルあて電報は、アメリカ政府はあくまでも難民の入植・定住にかかわる費用負担は民間主導で進めるという方針なので、なんとしてもこの構想が提案されないようにして、あくまでも国際的法人の創設に集中すべし、と反対する意向を通知した(34)。

一方、ベルウォード理事長は、ロンドンで国際的法人として「協同財団」を創設する構想を提示した。それは、巨額の基金の一部をジョイントが拠出し、関係各国の政府に入植、開発など、この計画に必要な費用の捻出を要請し、この目的のためにジョイントが緊急措置として一〇〇万ドルを財団に拠出するというものであった(35)。この構想はユダヤ側が問題に真剣に向き合う姿勢を明らかにしたものだったが、それでもパレスチナに固執するシオニストからは非難された。英米両国のユダヤ人たちはこの提案にほぼ合意し、イギリス政府もまたこれを歓迎するとともに、南米の英領植民地ギアナに試験的入植を認めると公約した(36)。

もともとギアナ構想は、一九三八年末にイギリス側がユダヤ人の入植地として南米の植民地ギアナを提示したものだった。当時、ドイツのユダヤ人の落ち着き先を探していたジョイントが、政治難民に関する大統領諮問委員会(PACPR)の組織した英領ギアナ調査団の一員に、かつてソ連の農業入植地計画で実績のあったジョセフ・ローゼンを派遣、英米側の調査員とともに一九三九年二~四月の二カ月間、現地で大規模入植の可能性や費用などを調査し報告書を作成していた(37)。

そして五月一七日、イギリス政府はユダヤ人のパレスチナ移住を厳しく制限し、同地のユダヤ人人口は少数者にとどまるというアラブ側に有利なパレスチナ白書を発表すると同時に、白書に対するユダヤ側の反発を予想してこのギアナ報告書の公表に踏み切った。報告書は、ヨーロッパの難民にギアナが必ずしも快適で理想的な土地ではないものの、潜在的可能性はあるから、まず若者のグループを選び試験的に入植を実施し、本当に定住に適しているか試みるのがよいと述べている[38]。

ところが、アメリカ政府はイギリス政府のギアナ提案に当惑した。英米両政府の見解の対立が再燃した。イギリス側は政府も関与する協同財団を、ギアナ案の実現には好都合の組織と考えていた。これに対し、アメリカ政府の方針では、財団はあくまでも民間資金で設立・運営されるものだから、イギリス政府が土地だけ提供し、アメリカに経費の一切を負担させるのではないかと、アメリカ側は疑った。同時に、アメリカ側はギアナ提案に対抗するために、フィリピンのミンダナオ島の入植計画を持ち出した[39]。

政府の財政負担をめぐる対立

六月中旬に開催されたIGCR執行委員会で、未解決の二つの問題がとりあげられた。ひとつは、ユダヤ人の入植先の費用などに政府は援助するのかどうか、もうひとつは入植の規模、つまりアメリカ側が主張する、数百万を吸収しうる一、二の大規模入植地か、それともイギリス側が固執する各数千人程度の数十カ所の小規模入植地かの問題だった[40]。アメリカが大規模入植地にこだわるのは、そうすれば移住する難民ひとりあたりのコストは抑えられるとの判断にもとづいていた。

六月二八日、ウェルズ国務次官は、大統領に送付した文書に六月二五日付「テイラー・IGCR米側代表のウェルズあて書簡」を添付し、この書簡で指摘された問題点について協議したいとローズヴェルトの意向を求めた[41]。テイラーが指摘したユダヤ難民に関する問題点は、つぎのようなものであった。第一に、ユダヤ難民に恒久的に受け入れ可能な大規模入植に適した土地があるか明らかでないこと。第二に、ユダヤ人は果たして世界のいずれかの地に建設される新しい「パレスチナ」を本当に望んでいるのだろうか。第三に、アメリカは入植地の開発のため一億ドルを寄付もしくは投資する用意があるか。あるとすれば、たとえば英領ギアナなどの計画を発展させるためその金額を負担する用意があるだろうか。しかも、アメリカのユダヤ人およびアメリカ政府はそうすべきであろうという提案がこれまでにもなされているから、これらの問題を検討するのがよいと思われる、とテイラーの書簡は締めくくっている。

七月一三日、ケネディ駐英大使はハル長官あての長文の電報で、イギリス内閣が一二日、難民問題の費用負担について政府と民間が同等に財政的支援をおこなう計画に、条件付きで参加する決定をおこなったことを通報した(42)。この電報によれば、エマーソンがイギリス政府に対し難民を取り巻く状況の重大性を指摘し、活動と財政面において政府が民間と同額の財政支援をするという原則を受け入れるよう勧告、イギリス政府の閣議は一二日にこれを受け入れ、IGCR委員長ウィンタートンに対し、IGCR用の声明文を起草し、アメリカ政府にこの声明文案を渡すよう求めた。

電報に添付された声明文案で注目すべきは、エヴィアン会議で合意をみた、いずれの参加国も難民に対し財政的支援をおこなうことはないという原則から踏み出すことが必要である、とした点にある。そのうえで、難民の経費負担に民間との同額を基準に政府が参加すれば民間機関としては応じやすいであろうと、イギリス政府はその方策を検討しており、ほかの政府がこの原則の変更を認めるなら、これを提案するつもりである、と述べられている。ウィンタートンはさらに、アメリカ政府が政府の関与という点を受け入れなければ、イギリス政府は声明文を取り下げ、IGCRに対する姿勢を再検討せざるをえない、と警告している。

この電報を追うようにして、同日、IGCR副事務局長ペルの意見具申を添付した電報が、ケネディ大使からハル長官に届く(43)。その内容は、難民にかかわる財政負担に政府を関与させる議論は議会や市民感情もあるから時期尚早で、あくまでも現行移民法の限度内で、政府の財政負担をともなわないようになされるべきであるというものだった。これに対するハル長官の七月一五日の返電は、ペルに対し、テイラー事務局長からウィンタートンに伝えてもらいたい点として、先のテイラー書簡で指摘された問題点をもとに、つぎの四点をあげている(44)。第一に、ウィンタートンの提案はエヴィアンで設立されたIGCRの拠って立つ原点から明らかに逸脱している。第二に、アメリカ政府は財団の設立がそのほかの入植をおこなう団体とともにIGCRの目的を実現するための有効な道と考える。第三に、入植計画の財政負担に政府を参加させる提案は、アメリカの国民世論と議会が好意的に認めるには問題の根本的解決をもたらす性格のものでなければならない。第四に、もちろん、アメリカ政府による資金の支出は議会の決定に従うものである。

七月一七日、ロンドンのペルは国務省のヨーロッパ部長補佐に電話で、テイラーとウィンタートン委員長の会談要旨を伝え、同時にテイラーの声明文案を読み上げた(45)。ペルによると、委員長は英米間にあらかじめ合意がなければ声明文を作成するつもりはないとテイラー事務局長に伝えた。テイラーの声明文案は、ハル長官が七月一五日にテイラーにウィンタートンに伝えるよう要請した返電の内容とほとんど変わらなかった。

アメリカ政府はエヴィアン会議の合意事項を理由に公的資金の投入には否定的であったが、国内世論と議会の好意的反応があり、イギリス側が大規模な入植地計画を受け入れるなら、公的資金の問題を再考してもよいとの意向を示し、態度を軟化させた。これに対し、イギリス側も歩み寄り、こうして協同財団は実現に向け大きく前進することになった。

ユダヤ側にはなお反対する声もあり、ジョイントもまた巨額にのぼる入植の経費の支出を渋ったが、アメリカ大統領も含めた政府の圧力の前に、最終的に一九三九年七月一九日、協同財団設立の文書に署名した。財団の設立文書は、新組織がドイツで発生した出来事とは無関係であり、移住と入植の便宜をはかり、移民のために土地にかかわるサービスや便益を提供するもの、と明記している(46)。財団の理事長にはベルギーの前首相ポール・ファン・ゼーランドが就任した。

しかし、一カ月半後事態は急変する。ドイツ軍がポーランドに侵攻し、第二次世界大戦が勃発したのである。

ユダヤ人の入植候補地

協同財団の創設と並んでユダヤ人のドイツ出国を困難にしていたのは、財団設立の過程でユダヤ人を受け入れる入植候補地がなかなか決められなかった点にあった。

英領ギアナ計画が浮上する前に、エヴィアン会議で話題になったドミニカ構想がある。一九三八年八月一二日に開催されたＩＧＣＲの会議で、先のエヴィアン会議の席上、難民を引き受ける意向を表明していたドミニカ政府が難民五〜一〇万人を受け入れる用意があると申し出た。だが、ドミニカの意図は見え透いていた。要するに、白人移民を誘致し自国民との婚姻を奨励し、すぐれた混血のドミニカ人を誕生させようというもので、さらに移民とともに流入するはずの金銭的な投資を期待していたのだった。

ハル国務長官は駐英臨時代理大使に、ドミニカの申し出は単なるジェスチャーにすぎず、額面どおりに受け取るべきでない、と警告している(47)。

それでもドミニカの提案に、ローズヴェルト大統領も、ユダヤ側も関心を示した。すでにウクライナとクリミアで実績を残しているアグロ＝ジョイントが初期の段階から積極的にかかわり、初期費用に二〇万ドルを計上、難民のための農業入植計画として一九四〇年一月、ドミニカ殖民協会（DORSA）を設立し、ドミニカ側とのあいだに契約書が調印された。三月に予定されていたユダヤ人入植者五〇〇人のうち、まず三七人の難民が同国北部のソスア地域に到着、入植を開始し、翌年末に入植者数は四〇〇人を超えた(48)。

ドミニカ、英領ギアナ以外にも、多くの候補地が浮かんでは消えた。たとえばエチオピア、アンゴラ、北ローデシア、タンガニーカ、ケニア、中央アフリカなどのアフリカの植民地、フィリピン、ベネズエラのオリノコなどがつぎつぎと候補にあがった。

このうち、エチオピアについてはイタリアが反対したが、アフリカにあるポルトガル領アンゴラにはアメリカが熱心だった。地理学者が地形、気候、経済の面から有力な候補地であると太鼓判を押したこともあって(49)、ローズヴェルト大統領は、「アンゴラにユダヤ人の新しい郷土が建設されれば、植民地住民の繁栄をもたらし、間違いなくポルトガルとの交易増大につながるだろう」と評価した。さらに大統領は、「ポルトガルのサラザール首相がこの（ユダヤ人の郷土建設の支援という）事業を成功させれば、ポルトガルの歴史上だけでなくわれわれの時代の最大の人物のひとりになるだろう」と興奮気味に続け、ロンドンのテイラーに対し、この件でアーサー・チェンバレン首相、アントニオ・サラザール首相と協議するよう求めている。[50] だが、イギリス側の反応は、この微妙な問題をリスボンとのあいだでとりあげるのは有益でなく、かえってポルトガルや、難民問題解決に関心ある国との関係を混乱させることになると否定的であった。[51]

アメリカのアラスカも一時期、候補地として浮上した。アラスカが候補のひとつに浮上した理由は、同地の開発と人口増加が求められたこと、日本やソ連に近く、両国の軍事力拡大に対抗する必要があったことなどが背景に存在した。しかし、ユダヤ側はこれらにまったく興味を示さなかったし、国務省もまた難民をいわば裏口から入国させるものだとアラスカ構想に反対した。大統領諮問委員会（PACPR）は一九三八年一二月までに、実に五〇カ所の入植候補地を調査したという。[52]

前述したように、イギリスのギアナ案に対抗するためアメリカ側はフィリピンのミンダナオ島の入植計画を持ち出した。フィリピンは米西戦争の結果、アメリカの植民地支配のもとに入ったため、ユダヤ難民がアメリカ入国のクオータ番号を取得するため、待機するのに都合がよかった。そのため、一九三八年一一月初めまでに三〇〇〇～三五〇〇人のユダヤ難民が滞在していた。[53] それに加えて、フィリピンのマヌエル・ケソン大統領が一九三八年一二月、ミンダナオ島にユダヤ人の農業植民者の入国を歓迎する意向を明らかにしていた。[54]

フィリピンにユダヤ難民の入植地を建設する計画は、アラスカ案とほぼ同時期の一九三八年半ばにすでにアメリカ政府内で検討されていた。ローズヴェルト大統領は、フィリピン駐在のポール・マクナット高等弁務官に対しユダヤ難民の受け入れ可能性について照会しており、[55] 翌年には、その可能性を実地に調べるための調査団がフィリピンに派遣された。一九三九年七月にまとめられた報告は、ミンダナオ島のブキドノン高原が一万人の移民の定住にふさわしい土地であると高く評価しており、ケソン大統領も了承していた(56)。その反面、ミンダナオ島の入植はフィリピン国内にユダヤ難民よりもフィリピン人の貧困者を優先すべきであるとの反対意見や、ヨーロッパの農業技術が導入されれば伝統的農業部門に打撃を与えるだろうといった不安が強かったが(57)、成功する可能性が高いと期待された。しかし、大戦にイタリアが参戦したため地中海の安全航行が難しく、ぐずぐずしているうちに太平洋戦争が始まり、フィリピンは日本軍に占領されてしまう。

ドイツ側にも、反ユダヤ主義者たちのあいだに、アフリカ東岸のインド洋に浮かぶ仏領マダガスカル島に国内のユダヤ人を放逐しようという構想が、早くから考えられていた。一九三九年のポーランド侵攻後、ポーランドやドイツ支配地域のユダヤ人の追放先を、ポーランド東部にするかマダガスカル島にするかが検討された。

ドイツ側は、とくにドイツ本国に併合したポーランド西部の地域からユダヤ人などを強制的に立ち退かせたあと、ポーランド、バルト諸国などからドイツ系住民を移住させようと計画していた。ナチスはユダヤ人の大半を、ソ連との国境に近い総督領のポーランド東部のルブリン近くに設置した居住地に追放しようと考えていた。ところが、最初はユダヤ人などの移入を認めていたポーランド総督のハンス・フランクなどが増加し続けるユダヤ人らの処置に困惑し反対したため、代わりにマダガスカル案が再浮上、一九四〇年六月にドイツ軍がフランスを占領すると、同案は現実味を帯びる(58)。けれども、講和条約を結んでフランスに割譲させたマダガスカル島にヨーロッパの四〇〇万のユダヤ人を大量輸送するという構想も、戦時下に同島までの制海権が確保できないため、具体化することなく立ち消えとなる。

ユダヤ人の再定住計画がドミニカを除きことごとく失敗したのは、多くの土地が熱帯地域にあり、気候、アクセスの悪さ、現地住民の感情など不利な条件にこと欠かなかったからである。それに加え、入植者として歓迎されたのは主に農業者であり、もともと都市居住のユダヤ人は農業の経験に乏しかったこと、さらにドイツのユダヤ人のうち、四〇歳以上が七四パーセントを占めることなどによるものと思われる。[59] 農業経験があり、情熱あふれる若者は早々とドイツをあとにし、パレスチナに移住した（前掲表3、八九頁を参照）。

一方、ドミニカにしても、イタリアが一九四〇年六月一日に参戦するとヨーロッパからの難民輸送が困難となり、最初の入植者に続く難民は現われなかった。

ドイツ・ユダヤ人代表団のロンドン派遣

ところで、一九三九年五月、懸案の課題であるユダヤ難民の入植地や国際的法人に関して政府間難民委員会（IGCR）が決められないのに業を煮やした、ナチ親衛隊（SS）のラインハルト・ハイドリヒ国家保安本部長官は、ドイツ・ユダヤ人中央機関のユダヤ人代表団をロンドンに派遣し、IGCRに決断を促すことにした。この機関は、一月にドイツのユダヤ人出国などを管轄するため創設されていた。だが、ドイツ国内のユダヤ人の窮状を説いて、入植地と法人問題の解決にIGCRがただちに踏み出さなければ、ドイツ側はふたたびショック療法的戦術に戻るだろうと早急に決定するよう哀訴する代表団に対し、IGCRの幹部はまともに取り合おうとしなかった。ハーバート・エマーソン事務局長はいかなる言質を与えることも拒み、ウィンタートン委員長にいたっては、ドイツの警察当局がIGCRにあれこれ指図することではないと冷たく突き放した。(60) 失意の代表団は手ぶらでベルリンに帰るしかない。代表団の派遣が失敗だったことで、ナチスはIGCRがもはやドイツの要請に協力する気がないと判断し、対ユダヤ人政策をいちだんとエスカレートさせていく。

ヒトラー政権成立の一九三三年から一九三九年夏まではナチス・ドイツが国内のユダヤ人の出国に前向きで、IGCRとの交渉に真剣に取り組んだ時期である。前述した、ナチ政権成立後まもなくナチスとシオニスト側が互いの利害を見いだしたハアヴァラ協定に象徴される、ユダヤ人のドイツ国内に保有する資産を出国した先で使用できるよう移転することについては、ドイツ側からのアプローチがユダヤ人組織に何度か試みられた。

一方、ナチ政権の成立から大戦にいたるまでは、ドイツ国内のユダヤ人のあいだにナチスの反ユダヤ主義への評価をめぐって楽観や悲観、当惑や混乱で揺れ動いていた時期であった。たしかに一九三五年九月に制定されたニュルンベルク法は、ナチスの反ユダヤ政策がいささかも揺らぐものでないことを内外に明らかにした。その一方で、一九三四年六月から七月にかけてナチ党内に吹き荒れた粛正の嵐は、ナチ指導者の関心をユダヤ問題から党内の権力闘争に向けさせた。また、一九三六年八月のベルリン・オリンピック大会は、その開催期間中、露骨な反ユダヤ主義が鳴りを潜め、国際社会の注意をそらす効果があった。しかし、これらは一時的な気休めにすぎなかった。

ユダヤ人の資産移転

一九三六年夏、ドイツ側はジョイントに対し資産の移転に関する取り決めを結ぼうと持ちかけたことがあった。ドイツを出国するユダヤ人が国内のジョイントの銀行口座にドイツマルクを入金し、ドイツ側はマルクの代わりにジョイントに対しポーランド通貨のズゥオティを提供する。ジョイントが受け取るズゥオティはポーランドでの事業活動の資金にあてられ、ジョイントは当該移民がドイツを離れると、その移民に外貨で返金するというものであった。だが、ジョイントのヨーロッパ本部長バーナード・カーンは、ポーランドの事業計画の規模は小さく、したがってドイツを離れるユダヤ人の資産移転には魅力的ではないだろうと、その効果を疑問視していた(61)。

一方、ドイツ国内でこうした方法によってユダヤ人を出国させるのに熱心であったのは、マックス・M・ヴァールブルク商会のマックス・ヴァールブルクだった。彼はジョイントの理事長フェリックス・ヴァールブルクの兄で、ユダヤ人をドイツ経済から閉め出す非アーリア化の嵐が吹き荒れるなか、一九三八年八月末、アメリカに向け出国するまでドイツ金融界では強い影響力をもっていた。ヴァールブルクは、ドイツを離れたがっているユダヤ人たちを積極的に支援した(62)。

ヴァールブルクがかかわったのは、ハアヴァラ協定に似て、ドイツを出国するユダヤ人が国内に残す資産を担保に国外のユダヤ人から資金を調達し、ユダヤ人の出国を可能にするという計画であった。そのためヴァールブルクは、一九三六年三月、国際貿易投資機関(INTRIA)という銀行をロンドンに設立するのに深く関与した。INTRIAはドイツでドイツ製品を発注、出国するユダヤ人の銀行の預金口座から代金の支払いをおこなう。これらのドイツ製品はドイツ国外で販売され、出国するユダヤ人は目的地到着後、自分の預けた金をINTRIAから外貨で返金してもらうという仕組みである。基本的にはハアヴァラ協定と同じ方法でドイツ製品の海外での販路拡大につながる一方、ユダヤ人の資産を保護することにもなる。

このほか、ドイツのユダヤ人の資金移転計画として、ドイツ国内の個人に援助するため国外の支援者が自国の銀行に一定金額を振り込み、銀行はこの金をＩＮＴＲＩＡに送金、同額のマルクが出国する移民の、こうした業務のためドイツ国内に設立されたユダヤ系銀行の預金のなかから国内の受取人に支払われる。この移民がドイツを出国すると、金はＩＮＴＲＩＡから当該移民に返金されるというものであった。一九三七年には、この方法で四〇万ドルがドイツに移転されたという(63)。

右の方法は商品の輸出などの問題をともなっていなかったため、ジョイントもこれを支持していた。ジョイントはそれまで批判をおそれてこうした問題への深入りを極力避けており、ハアヴァラ協定にも関係していなかったが、第2章でふれたように、ユダヤ人を安全な土地に出国させるのを可能にするドイツ側との交渉に関心を示すようになっていた。しかし、多くのユダヤ人は依然としてこの種のいかなる取引にも反対だったから、ジョイントの姿勢は極力こうした金融機関とは無関係であるとする立場を装うものであった。

失われた機会

一九三〇年代末に、ＩＧＣＲとドイツ側の交渉で双方が歩み寄った提案が米英両政府およびユダヤ側に受け入れられ、ユダヤ人の定住先が見つかるなど、速やかに履行されていれば、少なくともある程度のドイツのユダヤ人は救われたであろう。戦後のニュルンベルク国際軍事裁判で、シャハトの弁護人はこのように証言したといわれる(64)。

つまり、ナチスが考えついたユダヤ人の国外追放が成功しなかった最大の障害は、ユダヤ人の受け入れ先が見つからなかったことにあり、そのうえドイツ側がユダヤ人の出国に見返りを求め、その要求が実現する見込みがなくなったことにある。したがって、これらの点で双方が満足するような対応がなされていれば事態はかなり異なったものになっていたと思われる。結果的には、ナチスはドイツ国内のユダヤ人を追放する策が尽きたときに、組織的虐殺に取りかかることになる。しかし、悲しいかな、ユダヤ人自身も、国際社会も、まだこの段階では事態を深刻に受け止めていなかった。

それでは、ＩＧＣＲとドイツ側の交渉が早期に決着し、ドイツのユダヤ人一五万人が三年間にわたって出国することが果たして可能であったのだろうか。

シャハトは一九三九年一月に更迭され、三月にチェコスロヴァキアが解体され、九月にはドイツ軍のポーランド侵攻で第二次世界大戦の火ぶたが切って落とされる。

ドイツ軍がポーランドに攻め込むまでの期間にユダヤ側が財団のための巨額の基金を集め、そのうえドイツのユダヤ人を喜んで引き取ろうという国が現われていたなら、多くの生命が失われずにすんだであろうことは疑いない。このときに全世界のユダヤ人が募金をし、同胞を救い出す決断をしていれば、全員は無理でも、一部の生命は救うことができたであろうし、何よりドイツに残るユダヤ人に世界の同胞は決して見捨てはしないとのメッセージを送り、希望の灯をともすことができたであろう。一縷の望みが断たれたときの絶望感を考えると、貴重な機会が失われたのではないかと思われる。しかしこの時期、ジョイントはセントルイス号に乗船したユダヤ難民のために必要な資金集めに追われて、財政的な余裕はまったくなかったのであり、さらに多数のユダヤ人を引き取ろうという国も現われなかった。

一方、ドイツ国内のユダヤ人をとりまく状況は、明らかにナチ党内でユダヤ政策をめぐり過激な発言が増大していることをうかがわせ、いちだんと悲惨なものになっていく。

たとえば、ルーブレイとヴォルタートが合意に達した直後、早くもドイツ側にはこの合意を遵守する意思がないことをうかがわせる事例があいつぐ。ゲーリングは国内のユダヤ人に対し、二週間以内に所有するすべての宝石、貴金属類を供出するよう命じた。警察はユダヤ人社会に、毎日一〇〇名のユダヤ人の姓名を提供するよう命令し、これらのユダヤ人は二週間以内にドイツを離れるよう求められることになる。もちろん、その期間に出国できなかった者には厳罰が待っている。そのうえ、ドイツを離れるユダヤ人は、出国税、クリスタルナハトの暴動に関する賠償金のほか、所持品に対する課税などの名目で財産の多くを奪われる。こうして、ようやくユダヤ人は「J」のスタンプが押されたパスポートを受け取ると、二週間以内にどこかの国のヴィザを取得しなければならず、それができなければ収容所送りとなる。[65]

ユダヤ人の存亡が絶望的な状況に追い込まれたゲットーでは、高齢者や病弱者が未来ある若者のためにあえて犠牲になる光景がみられた。ひとりでも生き延びて民族の歴史をつないでいかねばならなくなったとき、老人たちはナチ親衛隊員や警備員に賄賂を贈り、若者や子どもたちの脱出を画策するのである。東方への移送が開始し、移送が死を意味するのではないかと疑う状況が出現すると、老人たちは若者を救うため身代わりになって自発的に出頭したと、ホロコースト研究者のルーシー・ダヴィドヴィッチは語る。[66] 全員が生き延びることは不可能であるから、一部を見捨てることで残りを救うのである。

ドイツは開戦後もなおユダヤ人を国外に追放するため英米両国との接触を試みた。しかし、一九四一年八月以降、ドイツ占領地からのユダヤ人出国が禁止され（最初は一八〜四五歳までが対象）、一〇月二三日にいたってヒムラーは帝国からのユダヤ人の出国をすべて禁止する命令を発出した。[67] そして、これに追いうちをかけるように、一九四一年一一月二五日の布告で追放された者を含む国外居住のユダヤ人は、すべてドイツ国籍を剝奪されることになる。

第二次世界大戦開戦後の一〇月一七、一八日に、ワシントンでＩＧＣＲ執行委員会が開催された。この会議は、ローズヴェルト大統領が自ら呼びかけたエヴィアン会議でＩＧＣＲが誕生して一周年を迎えたのを機に、大統領の外交的成果を誇示するため、執行委員会のメンバー（イギリス、フランス、オランダ、ブラジル、アルゼンチン）を招聘したものであった。

ところが、九月一日にドイツ軍がポーランドに侵攻したため、各国代表はその延期を求めていたにもかかわらず、会議は予定どおりに開かれた。ヨーロッパの代表たちのあいだには、自分たちの国の存続すら危うい状況で、ユダヤ難民どころではないといった重苦しい空気が漂う。自国の国民も難民になりかねない事態にいたったのである。ドイツからのユダヤ人の救出を促進するというＩＧＣＲの本来の目的はもはや断念せざるをえなくなり、実際にイギリスはギアナ構想を撤回したのであった。ＩＧＣＲの関心は、すでにドイツを離れ一時的に避難先に滞在している難民をいかにして最終的な受け入れ国に定住させるかに移るが、これだけでも戦時下には大変な困難がつきまとった。

政府間難民委員会（ＩＧＣＲ）は戦後の一九四七年六月末に解散し、その業務は新しく設立された国際難民機関（ＩＲＯ）に吸収される。

四　アメリカ入国の壁

国務省の抵抗

移民法のもとでクオータの順番がきても、難民が晴れてアメリカに入国できるまでには官僚制度の厚い壁が立ちはだかった。

ローズヴェルト大統領はユダヤ難民問題の処理については国務省にまかせることが多かったが、その国務省は難民を装って入国するスパイや工作員に神経をとがらせていた。この点では国務省もまた、議会で移民規制派の議員が難民たちを「トロイの木馬」あるいは「第五列」と危険視し、移民法を緩和しようとする試みをことごとくつぶしにかかったのと同一の立場にあった。それほどに、ナチズムや共産主義への恐怖は広く政府機関、議員、国民のあいだに蔓延していた。

事実、ヨーロッパからの難民のなかにはナチス・ドイツやソ連の工作員が潜入していた。とくに家族をドイツなどに残して移住した人びとは、家族を人質にとられたのも同然であったから、スパイ活動を強要されれば拒むことは困難だった。難民の多くはユダヤ人であり、しかもドイツおよび東欧の出身者だった。アメリカ政府はスパイなど工作員の入国を阻むため規制をいちだんと強化した。一九四〇年六月、ローズヴェルト大統領は移民帰化業務の管轄をそれまでの労働省から司法省へ移管した。これは明らかにスパイの潜入を警戒した措置であった。さらに同月末に外国人登録法が成立、すべての外国人に

対し登録、指紋押捺、住所・居所の通報が義務づけられることになる。(68)

ブレッキンリッジ・ロング

一九四〇年一月、国務省のなかに特別戦時問題部が新設された。この部署はアメリカ市民を戦火の地域から救出し、行方不明者を捜索するのが目的であり、この部長に就任したのがブレッキンリッジ・ロング元イタリア大使であった。名門の出のロングは、国務省時代に当時海軍省次官であったローズヴェルトと知り合い、親交を結んだ。一九三二年にローズヴェルトが民主党の大統領候補に名乗りをあげた際、彼はその選挙運動に献金するなどめざましい貢献があった。

ローズヴェルトが大統領に就任すると、ロングは論功行賞で一九三三年四月、イタリア大使のポストを射止めた。三年間のローマ在勤期間の最初のころ、ロングはファシズムに共鳴し、ムッソリーニに魅了された。やがてファシズムの危険性に気づき、幻滅することになるが、イタリアのエチオピア戦争に対するアメリカの経済制裁に警告するなど、イタリアとドイツについてはその危険性を認識しつつも理解を示すところがあり、共産主義とユダヤ人の国際主義をまったく同一のものと理解していたともいわれる。(69)

ロングは国務省の四二ある部署のうち二三を所轄する国務次官補に任命されたが、この所轄の部署にヴィザ課が含まれたことで、彼は難民の入国の諾否を決定しうる権限を手に入れたことになる。ロングの権力は、ローズヴェルトとハル国務長官との個人的に親密な関係もあって絶大であった。とくにハルは、難民問題とヴィザの件に関してはロングにまかせきるほど信頼しており、ロングはこれらの分野において自分の息のかかった部下を配し、政府の決定を左右しうる影響力をもっていた[70]。

この人物が難民のアメリカ入国を決定する枢要なポストについたことは、ユダヤ人にとって不幸であった。ロングは国務次官補に任命されるや、移民法を含む既存の規則の厳格な運用と遵守を周知徹底させた。彼は在外公館に訓令を発し、アメリカ入国のためのヴィザ発給を厳格におこなうよう命じた。この結果、ヴィザ発給に要する手続きに時間がかかるようになり、難民の脱出が手遅れになる事態が生じた。さらに、政治難民に関する大統領諮問委員会（ＰＡＣＰＲ）がアルベルト・アインシュタインに代表されるようなドイツ、オーストリアの著名な学者を特別に入国させようとしても、国務省はさまざまな妨害行為を試みて抵抗した。

移民法のクオータ外で難民の入国を認めるかどうかは、高度に政治的判断を要する案件である。そこに官僚主義の壁が立ちはだかる。ロング国務次官補はじめ国務省の関係部署は、法を盾に例外をどうしても認めようとしなかった。ロングにとって難民の入国の是非を決める問題は、素朴な人道主義などでなく、難民に紛れて入国するかもしれないアメリカの敵に対峙することにほかならなかった。だからこそ、彼はアメリカの移民制限を緩和しようとするいかなる企てにも反対し、自分の所轄する権限への容喙を許さなかった。大統領直属のＰＡＣＰＲといえども特別扱いは認められなかった。そのため、難民の入国をめぐって、できるだけ便宜をはかって多数を入国させようとするＰＡＣＰＲとは摩擦が絶えなかった。

一九四〇年六月にパリが陥落したあとの七月二六日、国務省、司法省、ＰＡＣＰＲは、スペイン、ポルトガル、南フランスで身の危険にさらされている政治難民や知識人などに対して、入国ヴィザや訪問ヴィザなどの発給について協力していくことで合意した。この合意にもとづき、PACPRは該当者リストを作成、両省に対しヴィザ発給を促した。

とくにフランスではゲシュタポ（秘密国家警察）の魔手が迫っており、緊急を要した。それにもかかわらず、現地の領事館は国務省の指示により、新たにフランスの出国許可証がなければヴィザの発給はできないということで、難民たちは途方に暮れた。このためPACPRは、司法省とともにヴィザ発給対象の条件・範囲を一方的に狭めたのは合意違反であると国務省に抗議し、国務省とPACPRの関係は険悪となった。

ロングら国務省の判断では、PACPRのリストには好ましからざる人物が多数紛れこんでいるというもので、たとえば難民のなかの労働組合指導者は、国務省の役人からすれば合衆国の転覆を謀るかもしれない左翼分子とみなされた。(71) この問題でPACPRのマクドナルド委員長はエリノア大統領夫人に直接訴えたため、大統領を巻き込む騒動に発展した。こうした関係機関どうしの対立を解消するため、一九四〇年一一月、国務、司法省、PACPRから構成される省庁間委員会が設けられ、海外のアメリカ領事館で難民に関する否定的な報告がなされた場合に、あらためて検討し、領事を束縛しうる勧告をおこなうことになった。(72)

しかし、国務省は海外の領事館にヴィザの審査を厳しくするよう命じるなどし、難民の入国を認めようとする動きに抵抗した。一九四一年春、国務省はドイツおよびナチスの支配地域に住む子ども、配偶者、両親など近親者がいる場合は申請を拒否するよう指示した。(73) 難民がスパイや工作員に仕立てられる可能性を排除しようとしたのであり、彼らの侵入を恐れるあまり、国務省は明らかに前述の申し合わせを無視したのである。さらに一九四一年六月二〇日、ローズヴェルト大統領は、アメリカ領事館員に対しアメリカ入国ヴィザ申請者が公共の安全を害するような活動に従事する可能性を信じるに足る理由があれば、どの種類のヴィザ申請も却下しうる権限を与えたブルーム＝ヴァン・ナイズ（Bloom-Van Nuys）法案に署名した。(74)

こうした政府官僚組織どうしの確執が、難民のアメリカ入国ヴィザ申請をいちだんと困難にしたことは否めない。そしてこのロングに代表される国務省のスタンスは、一九四四年一月に戦時難民委員会（WRB）が設立され、ロングの難民問題に関する権限が同委員会に移管されるまで続くことになった。

子どもたちに救いの手を

ホロコーストのユダヤ人の犠牲者は六〇〇万人といわれるが、そのうちのおよそ一〇〇万人以上が子どもであった事実を忘れてはなるまい。

クリスタルナハトの惨劇後、ナチ体制の暴虐ぶりにアメリカ国内では激しい憤りとともに、犠牲者を支援しようとする動きが広がった。とくに子どもたちに対する同情から、移民法の枠にとらわれずにアメリカ入国の門戸を開放すべきだという世論が高まる。子どもならアメリカ入国に強い反対は起こらないだろうと考えられたのである。フランシス・パーキンス労働長官は、移民法の枠外でドイツ人児童の入国を認める法律の制定を検討すると語った。また、キリスト教団体などから児童の受け入れについて議会に要請があり、さらに同様の請願がホワイトハウスに送付され、新聞社にも送られた。慈善団体や宗教団体のなかには、これらの児童を引き取ってもよいという多数の申し出が全米各地から寄せられた。(75)

一九三九年二月、ロバート・ワーグナー上院議員（ニューヨーク、民主党）とエディス・ロジャーズ下院議員（マサチューセッツ、共和党）は、ドイツの一四歳以下の児童を一九三九年と一九四〇年の二度に分けて一万人ずつ、合計二万人をクオータの枠外でアメリカに入国を認めさせる法案を、それぞれ連邦議会に提出した。

これに呼応して、それまで移民の増加は国内の雇用を奪いかねないと反対することが多かった、アメリカ労働総同盟（AFL）、産業別労働組合会議（CIO）の労働団体は、難民児童のための法案を支持すると賛意を表明した。多数の宗教団体、慈善団体、個人からも、難民児童のアメリカ入国を支持する声があがった。さらに、ハーバート・フーヴァー前大統領、フィオレロ・ラガーディア・ニューヨーク市長などの政治家、ハリウッド・スターのヘレン・ヘイズ、ジーン・アーサー、ヘンリー・フォンダらがつぎつぎと法案への支持を明らかにし、全米のうち三〇州およびワシントン特別区の新聞の八五紙が法案への支持を表明した[76]。注目すべきは、移民規制派の影響力が強い南部州でも二六紙がこの児童法案に賛成したのである。

だが、法案がめざすクオータの枠外での入国は、一九二四年の移民法を大きく改変することになる。果たせるかな、法案が提出されるや移民規制派から反対意見が轟々と沸き起こる。多くの議員は選挙区の市民から賛成するよう求めた手紙を受け取ったにもかかわらず、法案の採決に否定的だった。

一九三九年四月、上下両院の移民委員会の合同小委員会で公聴会が開催された。法案に賛成する証言が多数を占めるなかで、アメリカ在郷軍人会や「アメリカ革命の娘たち」などの団体は反対運動を繰り広げた。スペイン人、中国人、ロシア人など多数の子どもたちも犠牲になっているのに、なぜドイツ人だけを援助するのか。国内に住まいもなく、貧困にあえいでいる子どもがいるのに、どうして外国から子どもを連れてくるのか。子どもの入国が認められれば、つぎは親を入国させろということになりかねない。さらには、ドイツ人児童の全員がユダヤ人ではなく、実際にはその五〇～六〇パーセントと推定されるにもかかわらず、この法案はユダヤ人のためのものであるなどの批判が沸騰した。修正の動きも効果なく、七月議会の休会が迫るなか、最終的に法案は委員会で葬られる。[77]この法案に国務省は反対し、ローズヴェルト大統領は終始沈黙を守った。

その一年後、大戦中の一九四〇年七月、ドイツ空軍のイギリス本土爆撃、いわゆる「イギリスの戦い(Battle of Britain)」が開始すると、空襲にさらされるイギリス人児童への同情がアメリカ国内で高まり、安全のために子どもたちをアメリカに避難させようとする運動が起こった。これらの児童をアメリカで引き受けようとする動きが、一九四〇年八月に大西洋航海中の安全を保証するための条件を定め、成立したトマス・ヘニングス下院議員提出の法案の支援もあって実現した。八三五人のイギリス人児童は無事にアメリカの土を踏むことができた。[78]

これらの児童はいわば疎開児童であり、厳密には難民とはいえず、またユダヤ人でもなかった。流産したワーグナー゠ロジャーズ法案のときと異なり、国内で反対する声は沸き起こらなかった。このニュースが報じられると、全米一万五〇〇〇以上の家庭から、金髪の六歳の少女ならひとり引き受けたいとの申し込みが殺到したという。[79]

「キンダートランスポート」

アメリカとは対照的に、クリスタルナハトの暴動直後からドイツのユダヤ人犠牲者に同情する世論が高まっていたイギリスでは、一九三八年一二月から大戦勃発までの九カ月間に、ドイツの子どもたち約一万人を自国に疎開させる「キンダートランスポート」が実施された[80]。クリスタルナハトのあと、ドイツ・ユダヤ人評議会の代表サー・ハーバート・サミュエルらがチェンバレン首相に陳情し、ドイツのユダヤ人、とくに子どもたちのイギリス入国の許可を求めた。ただし、国内の反発を考慮してユダヤ人団体が子どもたちすべての生活の保証などの面倒をみたうえ、最終的には教育したあと第三国へ出国させるという条件付きである。

ドイツの難民児童問題については民間団体が「ドイツの子どもの保護運動」を展開した。この運動は「ドイツ・オーストリアの子どもたちに対するイギリス相互援助委員会」と子どもの難民問題にかかわっている団体が統合し、クエーカー教徒をはじめとするキリスト教系団体やブネイ・ブリスなどユダヤ系団体の協力を得て誕生したものだった[81]。パレスチナ高等弁務官としてエルサレムに駐在したことのあるユダヤ人のサミュエルは、この運動の中心になって子どもたちの受け入れ施設の拡充などに手腕を発揮した。イギリス政府は一万人の難民の子どもをパレスチナに渡航させようという案を拒否したが、その後、政府が子どもたちへのヴィザ制限を撤廃しイギリス入国を認めることに同意した際、サミュエルはこの件でも中心的役割を果たした[82]。

この問題はイギリス議会でもとりあげられ、政府も子どもについては入国に柔軟な姿勢を示した。ドイツ、オーストリアでは六万人の子どもたちが出国を待つといわれた。このうち受け入れ可能な人数をどのように決め選別するかは、ドイツおよびオーストリアの団体にゆだねられていた。とくにホームレスの孤児や父親が強制収容所に連行された子ども、世話をするものが誰もいなかったり、生命の危険が迫っていたりするケースが優先された。ハンブルクまたはオランダのフックから船でイギリスに渡った子ども（生後二カ月から一六歳まで）の数は九三五四人に達し、このうち八〇パーセントをユダヤ人が占めた[83]。子どもたちと別れたまま、その後に再会できなかった肉親も少なくなかったが、イギリスに渡った子どもたちはほとんどが終戦までイギリスで暮らし、ホロコーストを生き延びることができた。

イギリス人はユダヤ人の子どもたちに温かく接した。たとえば、イギリス上陸後に四〇〇人ほどの子どもが収容されたのは、かつて首相および外相をつとめたサー・アーサー・ジェイムズ・バルフォア伯爵の生家で、彼の死後、甥であるトラップレイン子爵が継承し、管理していた、エディンバラの東にあるウィッティンガムの、三〇〇部屋もある広大な屋敷だった。子どもたちの滞在は通常二年間、あるいは一七歳までとされたが、子爵夫妻は親身になって両親と離ればなれになった子どもたちのために奉仕した[84]。

これまで述べてきたようなイギリスとアメリカの対応の差は、何に由来するものなのだろうか。

イギリスのユダヤ人の近現代史に詳しい歴史家バーナード・ワッセルスタインによれば、イギリスはまず、少なくとも開戦まではユダヤ人などの難民の受け入れに比較的寛大であった。のちに首相となるハロルド・マクミラン、マーガレット・サッチャー、ジェームズ・キャラハンなどの一族も、ユダヤ人などの難民のために自宅を提供したといわれる[85]。まず、イギリスのユダヤ人団体は熱心にドイツおよびオーストリアの難民受け入れについて政府に陳情し、国内世論もまた新聞で報道されたユダヤ人の境遇に同情していた。そのうえユダヤ人団体が生活費などを負担すると確約し、さらに第三国への再出国を保証した。それに子どもであるため労働市場での競合という微妙な問題は生じないだろうと判断されたこと、そしてイギリスはすでに一九三七年、スペイン内戦の際に三八〇〇人のバスクの子どもたちの入国を認めた実績があること、[86]などの理由が考えられよう。

これに対して、アメリカ国内では、政府官僚組織は難民の境遇に冷淡であった。それに加えて、ユダヤ人社会内においても、ドイツに対し強硬なアメリカ・ユダヤ人会議と、国内世論の動向に気を配るあまり、慎重なアメリカ・ユダヤ人委員会のあいだの反目は、目を覆うほどだった。さらにパレスチナの再建を優先するシオニスト組織、それに東欧のユダヤ教コミュニティの存続のことしか眼中にないユダヤ教正統派の団体など、それぞれの思惑がからんでユダヤ人社会の結束にはほど遠く、そのため対応に時間がかかることが多かった。[87]とはいえ、イギリスのユダヤ人団体もその財政的負担を考えると、無制限にユダヤ人を引き受けるわけにはいかない。一万人はおそらく最大受け入れ可能な人数であったかもしれない。

しかし、次章で述べるセントルイス号事件ほど、難民に対するアメリカ政府の非情さを物語る例は珍しい。

第4章　セントルイス号の悲劇

一　キューバ

キューバのユダヤ人

キューバのユダヤ人の歴史は古い。この島には過去三度にわたってユダヤ人の波が押し寄せ、足跡をとどめた歴史が刻まれている。最初は一五世紀末以降この地に定住したイベリア半島出身のユダヤ人、つぎに二〇世紀以降アメリカからやってきた人びと、そして一九二〇、一九三〇年代に入ると東欧・西欧から難民が流入する。

一四九二年、この島に歴史的一歩をしるしたクリストファ・コロンブスの一行に、ユダヤ人の水夫が乗船したとしても不思議はない。一五、一六世紀に、スペイン国中を吹き荒れた異端審問を逃れて新世界をめざしたユダヤ人は少なくなかったからである。これらのユダヤ人はセファルディ、つまりヘブライ語でスペインを意味する人びとであった。スペインの国法のもとでカトリック以外は新大陸への移住が固く禁じられていたから、ユダヤ人はその出自を隠して渡航した者であろう。実際にコロンブスの航海に通訳として同行し、キューバに上陸、この島で生涯を終えたルイス・デ・トレスはユダヤ人として生をうけたが、出航に先立ち受洗してキリスト教徒となった。

スペインは一時期を除いて、一八九八年までキューバを植民地支配した。キューバは砂糖の最大産地としてスペインに莫大な収益をもたらした。スペインは一八八一年になってようやくユダヤ人のキューバ渡航を許可したが、ローマ・カトリック以外の宗教行事が一八九八年の米西戦争まで許されることはなかった[1]。植民地時代のキューバではスペイン支配に対する反乱が頻発し、そのたびにキューバ人のなかにはアメリカに逃れる者が続出した。

その一方、一八六八年に始まるキューバ独立戦争、米西戦争、そして一九〇二年の独立以後はフロリダからアメリカのユダヤ人が渡来し、交易をおこない、サトウキビやタバコを栽培し、財をなす者が少なくなかった。アメリカはスペインの支配からキューバを解放し、すべての人びとに信仰の自由を保証した。さらに、第一次世界大戦前にオスマン帝国領からセファルディ系のユダヤ人が、そして一九二〇年代に入ると東欧からユダヤ移民が流入する。けれども、これらのユダヤ人にとってキューバはたんにアメリカ入国を待つための中継地にすぎず、長く滞在するつもりは最初からなかった。ところが、アメリカの一九二一年の緊急割当移民法および一九二四年移民法のもとで南欧・東欧出身者は冷遇され、そのためアメリカ入国がかなわないままキューバ国内で立ち往生するユダヤ人は数千人にのぼった。彼らの所持金は底をつき、経済的に苦境に陥ったためヘブライ避難民援助協会（ＨＩＡＳ）などのアメリカ国内の慈善団体が支援活動を展開した。

やがて、ユダヤ人たちはクオータ外で、つまり一年間（のちに五年間）キューバに居住するだけでアメリカ入国の道が開かれていることに気がついた。第1章で述べたように、一九二〇年代のアメリカの移民法は西半球からの移民をクオータの枠外に置き、特別に優遇していた。この抜け道を利用しようとして一九二一〜二四年間にキューバに上陸したユダヤ人の数は主にロシア、ポーランドなどから七〇〇〇人以上にのぼったが、そのほとんどは一九二五年までに出国した。[2] これらのユダヤ人たちの多くは現地のユダヤ人経営の靴製造・衣服縫製業に雇用された。のちに、この抜け道に気づいたアメリカ政府は、一九二四年移民法でクオータ外の移民を西半球生まれに限ると改め、一時滞在者の入国を規制し制限の強化に乗り出す。同時に、キューバ政府に圧力をかけるが、最初のころアメリカはキューバからの移民に寛大だった。

一九二五年時点のキューバにおけるユダヤ人人口は約八〇〇〇であった。やがてドイツでナチズムの時代が到来すると、ヨーロッパからユダヤ難民がつぎつぎと渡来した。彼らの多くは、一九二〇年代の東欧出身者とは異なり、比較的裕福で教育程度も高い社会階層の出身だった。一九三八年に中部ヨーロッパからキューバに渡ったユダヤ難民は一五〇〇人にのぼり、[3] 同年のユダヤ人人口はキューバの総人口四二五万中で約一万三〇〇〇を占め、このうち定住人口は約一万で、残りが難民もしくは一時滞在者であった。[4]

一九三九年四月にクエーカー系のアメリカ・フレンズ奉仕団（ＡＦＳＣ）がジョイントに送付したメモは、キューバ国内の難民の実情をつぎのように伝えている。[5]

一九三九年三月の段階でキューバには約四〇〇〇人の難民が滞在し、そのほとんどが市内のスラム地域にかたまって居住している。また同地のユダヤ人社会は長年キューバに住み続けている四〇名ほどの英米系の裕福な人びとと、一九二〇～二四年のあいだに渡来したロシア、ポーランドの出身者に大別される。同地のユダヤ教のラビは教育、文化、社会活動をおこなっているものの不十分であり、ジョイントもまたスタッフの数が足りないうえ、予算も十分でないこともあって難民の要望に対応できていない。

そもそもヨーロッパのユダヤ人たちは、なぜキューバをめざしたのだろうか。

最大の理由は、アメリカとの地理的近接さとそれゆえのアメリカの影響力の大きさにあった。アメリカ移住を希望するユダヤ人は、できるだけ希望の地に近い中継地を選択するものだからである。要するに、キューバはアメリカを最終目的地とするユダヤ人の移民に対して、長い航海で疲れた身体にしばしの休息を提供してくれる格好の経由地であった。しかも後述するように、キューバへの入国条件は非常にゆるやかだった。そのうえ、独立間もないキューバは国民意識が希薄で移民、とりわけ白人移民に対する偏見は少なかった。さらにユダヤ人に好都合だったのは、キューバが一九〇二年、一九二八年、一九四〇年の憲法で宗教の自由をうたい、教会と国家の分離を定めていた点にあった(6)。実際に、キューバにはユダヤ人だけでなく、アメリカ入国が難しいほかの外国人にもアメリカ密入国を可能にした歴史があり、こうした密入国を請け負う非合法組織も存在していた(7)。

難民の増加に高まる反ユダヤ感情

難民の増加は滞在先で雇用をめぐる摩擦を生む。難民の流入に脅威を感じたキューバ人のあいだに反ユダヤ感情が高まりつつあった。新聞はユダヤ難民の増加に警鐘を鳴らすキャンペーン記事を掲載した。反ユダヤ感情は主にスペインから渡来した人びとの子孫に根強かった。スペイン移民の上流階級の人びとは、政治的にスペインの右翼フランコ派やドイツのナチスの宣伝に影響されやすかったことにも原因があった。旧世界の反ユダヤ主義がそのまま植民地にも移植されたことに起因するが、経済的要因も大きかった。[8] ユダヤ人たちはキューバに到着し落ち着くと商業や軽工業に進出するようになったが、この分野は伝統的にスペインからの移民の多くが占めていたため、彼らは手ごわい競争相手と警戒された。

一九三〇年代のキューバは政治が不安定で社会不安を醸成していた。一九三三年八月にはクーデタが発生、一九二五年以来大統領の椅子に座っていたヘラド・マチャドが失脚した。このクーデタでは軍を牛耳るフルヘンシオ・バティスタが立役者として頭角を現わし、その後もキューバの内政に隠然たる影響力を保持した。けれども、一般のキューバ人はヨーロッパの伝統的な反ユダヤ主義とは無縁であり、政治的にはスペインの共和派に共鳴する人びとが多かった。

一方、キューバの労働組合指導者は難民たちがキューバ人労働者から仕事を奪うのではないかと心配し、経営者側は共産主義思想にかぶれた難民の潜入を警戒して東欧出身のユダヤ難民の入国に反対した。実際、一九二五年に創設されたキューバ共産党には東欧出身のユダヤ人が創立メンバーに名を連ねていた。[9] 一九三三年一一月、キューバ政府はいわゆる五〇パーセント法（キューバ化法ともいわれた）を制定、国内の製造業従業員の半数はキューバ国民でなければならないとする新たな規制を設け、ユダヤ人の進出にともなう組合と経営者双方の不安を鎮める具体策を講じた。

難民の急増に現地のユダヤ人社会も悲鳴をあげた。キューバのユダヤ人社会は難民の到来を必ずしも歓迎しなかった。とくに、かつてアメリカから渡来し豊かな生活を満喫していたユダヤ人は、イーディッシュ語を話す東欧のユダヤ難民の指導者を共産主義者とみなし、交わろうとしなかったという[10]。

キューバ入国の壁

キューバは外国人の入国には寛大だった。とくにキューバの観光産業を潤すアメリカ人の観光客は歓迎された。

ここでキューバの入国制度についてふれてみよう。

一九三七年三月二三日の布告一〇二一号によれば、観光以外の目的でキューバに入国する外国人は五〇〇ドルの保証金を支払うだけで入国できた。通常は汽船会社が保証金を徴収することになっていた[11]。キューバは入国条件が厳しくなく、アメリカに近いため、ヨーロッパを逃れた難民にとってアメリカ入国の順番待ちをするのに、これほどうってつけの地はなかった。ところが、一九三八年にドイツのユダヤ人をつぎつぎと襲った悲劇を逃れて多くの難民が渡来するにおよんで、キューバ政府は入国法規を改正するにいたった。

ハバナのアメリカ総領事館がまとめた報告書によれば、外国人のキューバ入国の法制度はつぎのとおりであった[12]。

まず、一九三八年六月一日の入国管理局長の回章によると、入国する外国人のうち、アメリカ入国ヴィザを申請するため、またはもとの出身国やほかの国へ向かうため三〇日を限度に入国した者は一時滞在者（transient）とみなされ、ヴィザが拒否された場合に備え二〇〇ドルの保証金を納める必要がある。一方、移民（immigrant）は現金で五〇〇ドルの保証金を供託するほか、入国に先立ち入管局長からキューバ上陸の許可証を取得しなければならないとされていた。

その後、一九三八年一一月一七日、政府は布告二五〇七号で、入国の要件として一時滞在と永住を問わず、キューバは移民の質を選ぶ権利を有するとし、初めて本国の発行したパスポートとそれに添付されるキューバ政府発給のヴィザの取得を求めることになった。しかし、観光（tourist）と通過（transit. 船が停泊中キューバにとどまる）のための外国人は免除された。

一九三九年一月一三日、布告五五号が公布され、五〇〇ドルの保証金について観光客、一時滞在者、通過旅行者（transit passenger）およびその他の非移民（non-immigrant）は免除され、二五〇七号で要求されたヴィザ発給の手続きは財務省および労働省の意見を聴取したのち、国務省が承認するものと改められた。移住を希望する外国人は海外の領事館が発給する正規のヴィザを求められ、五〇〇ドルの現金による保証金を必要とすることになった。観光客、通過旅行者以外の非移民はヴィザが必要だが、保証金は不要で、観光客、通過旅行者はヴィザも保証金も不要であった。

アメリカ入国のヴィザ申請のためキューバに入国する難民やほかの外国人は観光客とみなされた。つまり遊興（pleasure）のために旅行しているとされ、労働に従事しない人びとに分類されるが、ヴィザも保証金も不要なこのカテゴリーに認定されるには一〇〇〜一五〇ドルの非正規の手数料が必要とされる。この場合、入管局長が当該外国人にあてて発行した文書が必要になる。(13) アメリカなどに入国するためのヴィザを取得するのに必要な期間、キューバに入国および滞在するのを許可するもので、この文書がのちに問題となる上陸許可証であった。上陸許可証は出航前に入手しなければならない。観光客が手厚く扱われているのは、観光が貴重な外貨獲得の手段である以上当然だろう。

観光客であれば入国に格別の規制がないことに目をつけたのは、当時の入管局長マヌエル・ベニテス・ゴンザレスであった。ベニテスは、息子のマヌエル・ベニテス・バルデスが一九三三年におけるフルヘンシオ・バティスタ軍曹のクーデタの際に果たした功労が認められ、その結果、入国管理局長のポストを射止めたのである。

ベニテスは、キューバ行きを望む移民に一通一五〇米ドルで、ヴィザではなく上陸許可証を不正に販売し、私腹を肥やしていた。この上陸許可証は、ハンブルク＝アメリカ汽船会社ハバナ事務所の近くにあるベニテス局長の個人事務所で作成され、局長の署名はあったが、許可証の宛名の氏名欄は空白だった。許可証には、キューバ国内で仕事につかないこと、アメリカなどへのヴィザを取得するのに要する期間滞在を認められること、との注意書きが記されていた。(14) 上陸許可証はこれを携行する者を観光客とみなして入国を認め、保証金とヴィザを免除したが、あくまでも通過のためのものだから、もちろん永住はできないし、キューバ政府の保護の対象からも除外されていた。(15)

難民は乗船する港で料金に上乗せして、たとえば一六五ドルを払うと上陸許可証が手に入り、キューバへ向け乗船できた。差額分は現地の領事館員の懐に入ることになっていた。キューバ政府内部の腐敗は目にあまるものがあった。難民の立場が弱いのをいいことに、役人は露骨に袖の下を求めた。相手が女性の場合には、性的な関係まで要求されることも珍しくなかったという。(16) 旅行会社のなかには上陸許可証を入手し、これをヨーロッパで五〇〇ドルから七〇〇〇ドルで売り、暴利をむさぼるところも出てきた。ハンブルク゠アメリカ汽船会社はベニテス局長と謀って、運賃と上陸許可証代がセットとなったパック料金を提供し、販売したのである。入管局長はこうして四〇〇〇通の上陸許可証にサインをし、六〇万ドルの不当利益を得ていたという。(17) 難民の九〇パーセント以上は、この許可証のみの入国者だったといわれる。(18)

正規のヴィザ所持者は到着後ただちに入国できたが、上陸許可証のみの者はハバナのティスコルニア地区にある入国管理センターに連れて行かれ、そこのキャンプに収容された。このキャンプを出所したければ入管局長に賄賂を届けなければならなかった。

ナチス影響力の浸透

一九二二年のイタリアにおけるムッソリーニ政権の成立、一九三三年のヒトラーによる権力の掌握に続き、一九三六〜三九年のスペイン内戦とフランコ政権誕生はラテンアメリカ諸国のファシスト団体やシンパに強い影響を与え、ナチズムの浸透が目立つようになる。キューバ国内でも、ナチ体制やファシスト、それにスペインのファランヘ党の影響が浸透した。ハバナのドイツ大使館は反ユダヤ主義を盛んに喧伝していたが、それだけにとどまらず、一九三八年末にはキューバ・ナチ党の創設にも一役かっていた。ドイツ人経営の事務所には、ナチスのシンボルであるカギ十字の旗がひるがえるようになった。

キューバ政府は、一九三八年一〇月、キューバ・ナチ党と国家ファシスト党を合法化した。両党はユダヤ企業のボイコットを呼びかけ、ユダヤの脅威を盛んに煽った。一九三六年に合法化されたキューバ・ファラン〜党は首都ハバナや地方のナチ・エージェント、それにスペインの領事館員と緊密な関係を築いていた[19]。『ニューヨーク・ヘラルド・トリビューン』紙は、キューバ国内のナチスおよびナチ・シンパの数を五〇〇〇人と報じていた[20]。

アメリカと指呼の間にあるキューバの戦略的価値を、ドイツ情報機関が見逃すはずはない。ドイツの情報部、とくにヴィルヘルム・カナリス海軍少将の率いるアプヴェーア（Abwehr：ドイツ国防省防諜部）は、早くからキューバをアメリカの動向を監視するための諜報活動の拠点と位置づけ重視した。キューバ人スパイを雇い、アメリカからの情報を入手し、キューバ海域を行きかう船舶の動きを監視したのである。

アプヴェーアは近づく戦争を控えてアメリカの動向に神経を集中していた。その国防体制、軍事力などの機密情報を入手すべく、アメリカ国内に一大スパイ網を築きあげていた[21]。かつてはニューヨークがその主力拠点であったが、一九三九年に入ると、このスパイ網はＦＢＩ（連邦捜査局）の手入れを受け、壊滅的打撃を被った。以後、ドイツのスパイ網の増殖ぶりに驚愕したＦＢＩは、ドイツとアメリカ間を運航する船舶や船員を徹底的な捜査・監視の対象とした。このためドイツ側は、アメリカにもっとも近く警戒も手薄なキューバに機密情報を集積することになった。

キューバのナチ党、国家ファシスト党は、第二次世界大戦勃発後の一九三九年末に政府がアメリカの圧力により両党を非合法化するまで、国内に無視しえない存在を誇示した。

アメリカ・ユダヤ人団体の救援活動

アメリカのユダヤ人団体は、早くからキューバのユダヤ難民に対する救援活動を展開していた。一九二一年、HIASがハバナに支部を設けた。ハバナ支部はニューヨークに「ユダヤ人渡来者支援キューバ委員会」を組織し、HIASと全国ユダヤ婦人協議会（NCJW）の資金援助およびジョイントの「ジョイント緊急救済委員会」の支援を受けることになった。このキューバ委員会はハバナに事務所を設営し、アメリカ総領事館、キューバ政府と協力しながら、医療面での援助活動のほか、ユダヤ人学校に対する財政援助、職業紹介所、図書館の運営など多岐にわたって活動していた。[22]

さらに、東欧出身のユダヤ人のための文化活動にも援助を惜しまず、一九二五年九月にハバナのシナゴーグ、ユナイテッド・ヒブルー・コングリゲーションが創設したユダヤ文化センターに対し、HIASは月三〇〇ドルを援助した。[23]

一九三七年初め、キューバに到着した難民を救済するため、ジョイントはハバナに現地事務所としてジョイント救済委員会（JRC）を設立し、難民の支援活動を開始した。[24] この委員会はアメリカのユダヤ人の寄付で運営され、ジョイントは一夫婦あたり月二〇ドル、扶養家族がひとり増えるごとに五ドルを援助した。[25] しかし、難民の生活の世話や移住の手続きに追いまくられ、現地のボランティアが片手間におこなう救援活動では難民の増加に追いつかなくなった。とくに一九三八年一一月以後、アメリカに入国できず再入国の手続きのためキューバに移送されてきた難民と異なり、ヨーロッパから直接キューバに到着する人びとが増えると、どうしても十分な訓練を受けた専門的なソーシャルワーカーが必要になった。

マーゴリスのキューバ派遣

ニューヨーク州バッファローにいたローラ・マーゴリスのもとにキューバ行きの話が舞い込んできたのは、こうした情勢のもとであった。

マーゴリスが一九七六年に統一ユダヤ・アピール（UJA）のインタビューで語ったところによれば、友人のひとりが彼女に、ニューヨークにあるジョイント系の団体がキューバで難民の世話をする人物を探していると話した[26]。この友人の勧めで、マーゴリスは応募の手紙を書いた。しかしその手紙は投函せず、机の上に置いたままにした。これまではアメリカ国内で仕事をしてきたが、こんどの勤務地は海外である。自分が本当に望んでいる仕事かどうか決心がなかなかつかなかった。ところが、ある日、手紙を見つけた友人がポストに投函した。

一九三八年一二月三一日、マーゴリスはニューヨークの全国ドイツ難民援助調整委員会（NCC）のセシリア・ラゾフスキー部長からの電話で、面接のためにニューヨークに来てほしいと懇請された。第2章で述べたように、NCCはジョイントの資金提供を受け、ドイツのユダヤ難民に対し支援活動をおこなっていた。

この当時のジョイントは、トップの銀行家でもあるポール・ベルウォード理事長のもとに九名の理事がおり、実際の業務はジョセフ・ハイマン事務局長が統括していた。マーゴリスがニューヨークで面接を受けた直後の一九三九年一月九日、ベルウォード理事長はバッファローのユダヤ社会奉仕連合（JFSS）のユージン・ウォーナー会長に電報をうち、キューバへの難民流入が続いており、一刻も早くスペイン語に堪能な女性ケースワーカーを派遣することが必要であり、ウォーナーのところの家族福祉協会部長ローラ・マーゴリスが適任だと聞いたので、ぜひとも話をしておいてほしいと要請した[27]。

こうして、バッファローの人間関係にうんざりしていたマーゴリスは、とりあえず六カ月の予定でハバナ行きを決めた。マーゴリスは一九三九年一月末、ニューヨークから船でハバナへ向かった。だが、マーゴリスの海外赴任はとうてい六カ月間の休職では終わらず、キューバ、そして中国の上海と、結局は四年以上におよんだ。

ハバナの埠頭には、NCCが状況視察のため前年一二月に派遣していたエミリー・パールマンがマーゴリスを出迎えた。パールマンはいますぐにもニューヨークへ飛んで帰りたい様子だった。マーゴリスは一週間におよぶパールマンとの事務引継ぎをすませ、キューバで難民救援活動を展開していたジョイント救済委員会（JRC）を引き継ぎ、組織を切り盛りすることになった。

バッファローとはうって変わって、キューバの難民救済活動の実情は目を覆いたくなるほどであった。毎月五〇〇人の難民がヨーロッパから船で運ばれてきていた。パールマンのもとで一〇〇人のスタッフが難民の面倒をみていたが、これらのスタッフはこうした奉仕活動の経験が浅く、すでに滞留している難民に加え、つぎつぎと新たに押し寄せてくる難民に十分手がまわらないでいた。実際、一九三九年五月には約四〇〇〇人のドイツ難民がキューバに滞在し、このうち六〇〇人が支援の対象となっていた[28]。

難民たちはJRCの事務所に押しかけ、不満を並べたてた。難民のなかには、定額の保証金を払わず、逮捕や追放を免れるために居所を転々とする者がいる。彼らがドイツを去ってキューバに来たことがどれだけよかったのであろうかと思案する書簡を、マーゴリスはラゾフスキーに書いている[29]。すでに二月の時点で、マーゴリスがラゾフスキーに送った報告のなかで、難民に支給される手当てはきちんとした

調査とチェックがなされないまま渡されていると不満をもらし、早く男性のワーカーを派遣してほしいと懇願している。(30)

さらに三月、マーゴリスはジョイント本部のハイマン事務局長にも手紙で、キューバの活動のための予算は週二〇〇〇ドルであるが、つぎつぎと到着する難民を世話するにはとても足りないと訴えた。さらに、難民のなかにウィーンやベルリンで弁護士をしていた者が少なくなく、彼らをまじえて諮問委員会を立ち上げ、救済の対象となった難民の事情を調査し直した。その結果、重複して手当てが支給されていたり、アメリカとキューバ双方に資産を保有する家族にも支払われていたりしたケースが発覚し、手当てが打ち切られることがあったと、マーゴリスは報告している。(31)

マーゴリスの仕事は難民にかかわる日常的な諸事を含め多岐にわたった。そのなかでもっとも重要だったのは、ハバナのアメリカ総領事館と協力し、キューバに滞在する難民のアメリカ入国のための書類を用意することであった。そのほか、書類の翻訳や手紙の代筆、それに重要な任務として、個々の難民に関してアメリカ入国の可否を判断し勧告することなどを担当することになった。

こうした努力が実を結んで、滞留していた難民は少しずつアメリカへ向けて移動を開始したが、キューバにはマーゴリスが想像もしなかった、はるかに厄介な問題が発生しようとしていた。

二　悲劇の豪華客船

セントルイス号、キューバへ

一九三九年五月一三日午後八時、ハンブルク＝アメリカ汽船会社の客船セントルイス号はドイツのハンブルクを出港、途中シェルブールに寄港したのち、キューバのハバナをめざした。セントルイス号の乗客は九三七名。そのうち九〇七名がユダヤ人の難民であり、成人男子は約四〇〇名、成人女子は約三〇〇名、子どもは約二〇〇名であった[32]。

セントルイス号は一万六七三二トンで、ハンブルク＝アメリカ汽船会社所有の豪華客船であった。八つの甲板をもち、収容客数は九〇〇名以上、乗組員は二三一名だった。ブレーメンの造船所で建造され、処女航海は一九二九年。もっぱらハンブルク＝ニューヨーク間を周航していた。親会社のハンブルク＝アメリカ汽船会社は一八四〇年代に創立された老舗の船会社で、日露戦争当時はロシアのバルチック艦隊に燃料を補給したことがあった。しかもこの会社は、ロシアや東欧に代理店網が張り巡らされていること、コシェル（ユダヤ教の宗教規定にのっとった食物）の食事が提供されることもあって、ユダヤ人のあいだで人気が高かった。ところが、一九三四年に国が大株主になったことにより会社は独立性を失うことになった。

船長のグスタフ・シュレーダーは、船乗りの経歴三七年のベテランで、精力的かつ有能な人物であり、二月にセントルイス号の船長に就任したばかりだった[33]。

一九三八年一一月のクリスタルナハトの暴動以後、ドイツのユダヤ人をどうやって避難させるかは世界のユダヤ人組織の焦眉の急であった。一九三九年一月六日、ニューヨークのＮＣＣからパリのジョイント代表およびヒセム（ＨＩＣＥＭ）のもとに、つぎのような電報が送られた[34]。キューバとトリニダードに向け航海する特別の計画がある。だが、そのためには三〇〇人の客を集めなければならず、そのうちの一〇〇人はなんとか確保できるものの、残り二〇〇人を一月二〇日までに募集できるか、という問い合わせであった。このときは時間的に無理であり、一隻に多数の人びとを輸送するには危険がともなうという否定的な見解が強かった。ところが、一九三九年四月、セントルイス号のキューバ特別航海の企画が発表されると、九三七人分の切符はまたたく間に完売となった[35]。

難民がドイツを出国する際に持ち出せる現金は一〇マルク（四米ドル）で、このほか船上通貨として五〇マルクしか認められなかった。難民はこの船上通貨で、船内の店から高価なアクセサリーなどを購入した。現地に到着していよいよ生活費に困ったら、換金しようと考えていた。さらに、乗客は万が一の事態が生じドイツに引き返す場合に備えて、帰りの運賃として二三〇マルク（九二ドル）を余分に払わなければならなかった[36]。

セントルイス号には、ゲシュタポの監視員が船内における破壊活動の監視と船員に対するナチズム理論を普及するため、火夫や客室担当として乗船していた。彼らはまた、アプヴェーアが入手した機密情報を本国に運ぶ伝書役もつとめていた[37]。

夢かと見まがうような奇妙な光景であった。船のマストには、ドイツ第三帝国の赤地に白い円を描き黒のカギ十字を配した国旗がはためいている。ドイツ国内にとどまっていたときは差別・迫害に打ちひしがれ、日常的な暴力の恐怖におびえながら暮らしていたユダヤ人たちが、船上ではドイツ人の船員や給仕にかしずかれ、信じられないような敬意ともてなしを受けることになった。船腹に渡されたタラップを重い荷物を引きずりながら登る老人に、手を貸す船員がいた。デッキにたどり着いたユダヤ人の家族をスチュワードが笑顔で迎え、船室まで案内した。最初の日の晩餐のテーブルには歓迎のシャンパンが用意された。

シュレーダー船長は、再三にわたって勧められたナチ党への加入を拒み続けた硬骨漢であった。船長はドイツ人の船員に対して、ユダヤ人といえども運賃を払っている以上は客だから粗末に扱ったり、差別的態度をとらないようにと、繰り返し注意を与えていた。また、ユダヤ教の安息日には船内の大ホールの使用を許可し、その際には大ホールを睥睨しているヒトラーの肖像画を取りはずす細やかな心配りを示したといわれる(38)。汽船会社は船長に、船内の備品の質を落とすよう命じた。バーの高級な酒は安物に交換する、サロンに置かれる絵葉書、便箋、封筒の類は撤去する、さらにトイレットペーパーの紙質にいたるまで詳細に指示されたが、船長は決然とこれを無視した。一方で、ナチの党歌を大声で合唱するなど露骨な反ユダヤ的態度をとったり、船長の方針に不満をあからさまにしたりする船員がいなかったわけではなかった。

キューバ政府内の権力闘争

セントルイス号航海のニュースはハンブルク出港前からすでに世界中に広まっていた。五月四日、キューバの新聞はこのニュースを報じ、国会議員たちは一〇〇〇人もの難民の上陸は禁止すべきであり、入管局長が発行した上陸許可書は無効とすべきであると、フェデリコ・ラレード・ブル大統領に直言した。新聞やナチ党は反ユダヤのキャンペーンを展開し、労働組合も難民の上陸に反対した。

このため、五月五日にキューバ政府は布告五五号を改正する布告九三七号を発表し、入管局長の上陸許可の権限を差し止める措置をとった[39]。

この布告九三七号によれば、アメリカ人を除くすべての外国人は五〇〇ペソ（五〇〇米ドル）の保証金を積まなければならず、キューバ上陸の許可は国務長官および労働長官によって承認され、その承認は当該外国人の乗船前に直接船会社に送付されることになり、それまで入管局長が独占していた権限を剝奪した[40]。また、通過旅行者および一時滞在者は引き続き五五号で求められた五〇〇ドルの保証金を免除されるが、保証金を必要としない観光客（tourist）はアメリカ国民に限られることになった。アメリカ以外の国籍の観光客は国務、労働両長官から文書で認められれば保証金を免除される。保証金はそれまで観光客には求められておらず、外国人を観光客と認定するかどうかの判断は入管局長にゆだねられていたのだった。さらに、保証金の供託と、両長官の文書による入国許可の取得を求められる外国人はすべて、国務、労働両省によって認可され発給されたヴィザを所持しなければならなくなった。五五号のもとでは、ヴィザの発給は国務省が財務省、労働省と協議のうえ許可することになっていた。

こうして、五月六日以降はもとより、五月五日以前に発行されたベニテス入管局長の上陸許可証は無効とされ、ベニテスの個人事務所は武装警備員によって封鎖された。

ブル大統領が新たな布告を発布し入管局長の権限を剝奪した背景に、局長の莫大な利益をめぐるキューバ政府内部の暗闘――ベニテス入管局長・バティスタ軍参謀長派とブル大統領派のあいだの――が存在したことが指摘される。ベニテスが大統領に巨額の不正な蓄財の分け前を与えるのを拒んだためだという[41]。ベニテスの背後にいるバティスタ参謀長とブル大統領の関係は険悪であった。しかし、難民の入国がからんだ権力闘争はブル大統領に有利に展開し、最終的にベニテス局長は解任される[42]。

新布告の公布後、ジョイントはパリ支部および移民問題に関係するすべてのユダヤ人組織に注意を呼びかけた。正規のキューバ入国ヴィザを保有するセントルイス号の乗客はわずか二二名にすぎなかったが、汽船会社、キューバ領事館、それにベニテス局長も、上陸許可証は五月五日の新布告前に発給されたものだから何ら問題はないと保証していたので(43)、残りの客は入管局長の許可証だけで十分であると信じて疑わなかった。

一方、五月八日、セントルイス号の航海がドイツと交渉中の難民問題に新たな火種を持ち込むことになるのではないかと懸念した政府間難民委員会(ＩＧＣＲ)のエマーソン事務局長は、ハンブルク゠アメリカ汽船会社に電報を打ち、航海の中止を求めた。しかし、この要請はキューバの同会社事務所が何ら問題はないと返信し、無視された(44)。

五月二三日、会社から船長のもとに、ほとんどの難民が所持している上陸許可書は新しい布告のもとで無効になったので上陸は許可されないであろう、との電報が届いた(45)。それでもユダヤ人の乗客やアメリカで見守るユダヤ人団体は、事態を楽観的に考えていた。乗客の大半はアメリカ入国のヴィザをすでに申請しており、自分たちの順番が来るまでキューバに滞在する予定であった(46)。

ところが、セントルイス号と前後してさらに二隻の客船がハバナに入港する予定であるというニュースが、事態を複雑にした。この二隻の客船とはイギリスの客船オルドゥナ号とフランス船フランドル号で、いずれもセントルイス号より小型で船足も速かった。オルドゥナ号は正規のキューバ入国ヴィザを携行し保証金を払い込んだ四八名の難民をハバナで下ろし、新たに七二名を乗船させて出発することになっており、フランドル号は一六四名の旅客を運んできたが、キューバの要求する条件に合致し上陸できたのはわずか三二名で、残りは上陸を拒否された。[47] わずか一日かそこらでヨーロッパから一二〇〇人以上のユダヤ難民がキューバに上陸し、労働力市場に参入するだけでなく、共産主義の害毒を撒き散らすことになりかねないとの恐怖がキューバ国民を襲った。キューバのナチ党は難民が共産主義者だとの噂をしきりに流していた。

航海中のユダヤ人たちは人間らしさをやっと取り戻したようであった。ハンブルクを出港してだいぶたってからも、いつドイツに連れ戻されるか、不安が常につきまとっていたという証言があるが、限りなく青く、どこまでも果てしなく続く海原を眺めているうちに希望の光が芽生えてくるのも事実だったようだ。[48] 二週間におよぶ航海は快適だった。ホールでは生演奏付のダンスパーティや社交の行事が催され、船内の食事も上等で、ユダヤ人たちは笑い、かつドイツを無事出国できた幸運を神に感謝した。[49]

しかし、ハバナ入港の前日、ハンブルク＝アメリカ汽船会社のハバナ事務所からセントルイス号の船長のもとに届いた電報は、埠頭に接岸するのではなく、港内の投錨地に錨をおろして停泊するよう指示した。

駆け引き

五月二七日午前四時、セントルイス号はハバナ港の埠頭から離れた港内に錨をおろした。するとキューバ人の医師が検疫のため乗船、さらに入国管理官、ハンブルク＝アメリカ汽船会社の係員がタラップを登った。ユダヤ難民の半数以上は女性や子どもだったから、埠頭には夫や父、親類、友人がすでにつぎつぎと集まっていた。なかには、小船をチャーターしてセントルイス号の周囲をまわって家族の姿を

図版 7　ハバナ港内に停泊するセントルイス号［『ニューヨーク・ヘラルド・トリビューン』紙，1939 年 6 月 6 日］

図版 8　ハバナ港でセントルイス号の難民に呼びかける肉親や友人たち［アメリカ・ユダヤ人合同配分委員会提供］

捜し求める人びとの姿が見られた。けれども、難民の上陸許可はなかなかおりず、太陽が昇りじりじりと肌を焦がすような日差しがふりそそぐなか、ユダヤ人たちはひたすら許可がおりるのを待ち続けた。

難民のあいだににわかに不安が広がるのは、午後に入ってからである。まず、正午、全員に下船が無期延期されたことが告げられた。そして乗客のうちキューバ人四名を含む七名だけが上陸を認められ、迎えにきたランチに乗り移った。さらにセントルイス号を追いかけてきたイギリス船オルドゥナ号が到着し、錨を下ろしたがすぐ岸壁に接岸するのを許され、四八名の難民を降ろすとあわただしく出航した。

ハバナのイギリス大使館はオルドゥナ号がイギリス船籍なので（ドイツ船籍の）セントルイス号とは違うし、大統領布告九三七号の発令以前に出港したので何ら問題はないとの見解を表明しており、フランス大使館もまた自国籍船フランドル号と布告との関連をキューバ側に照会していた。[50]しかし、キューバ側の回答は、布告九三七号は双方のケースにも適用されるというものだった。

ハバナのジョイント救済委員会（ＪＲＣ）はにわかに忙しくなった。マーゴリスは、彼女の要請を聞き入れてジョイントが派遣したミルトン・ゴールドスミスとともに、ユダヤ人たちがなかなか上陸を認められないことにいらだちを隠し切れないでいた。アナポリスの海軍士官学校卒業の経歴をもつゴールドスミスは、難民と接触できないことに異変のにおいをかぎつけており、マーゴリスにニューヨークのジョイント本部に電話して指示を仰ぐと語り、本部事務局長のハイマンに電話し、事情を説明した。

事態の推移を見守っていたハイマン事務局長は、ふたりの人物を火曜日（五月三〇日）までに派遣すると約束した。ひとりは、ニューヨークの辣腕弁護士ローレンス・ベレンソンで米キューバ商工会議所会頭をつとめたことがあり、キューバ国内に広い人脈をもち、キューバ側との交渉に適任と目されていた。もうひとりは、ソーシャルワーカーとしてドイツのユダヤ人児童の支援活動に熱心に取り組んだNCCのセシリア・ラゾフスキー部長で、マーゴリスは歯に衣を着せぬ率直な物言いがとりえの、交渉にはうってつけの人物と評価している(51)。

二九日、ゴールドスミスは、ラビのメイル・ランスカーらとともに乗船を許可されたが、ゴールドスミスの交渉は一向に進展しなかった。カリブ特有の強烈に照りつける日差しのため甲板上の温度は三八度以上まで上昇し、難民の不満は爆発寸前となった。夕刻になって一五名の、いずれもシェルプールで乗船したキューバ人とスペイン人が上陸を認められ、船員たちも上陸を許された。翌三〇日、難民のあいだで結成された乗客委員会はシュレーダー船長と協議した。船長はローズヴェルト大統領、チェンバレン首相、英国王ら各国の首脳、著名人に電報を打ち、実情を訴えるとの案を披露し、全員でブル大統領夫人をはじめアメリカ国内の有力者にアピールする方法を相談し決めた。

さらに同日、ジョイントが派遣したベレンソン弁護士とラゾフスキーが空路ハバナに到着し、JRCの事務所でマーゴリスおよびゴールドスミスと会談した。

会談中、事件が発生した。難民のひとりが手首を剃刀で切り、そのまま甲板から海に身を躍らせたのである。緊急事態の発生を告げるサイレンがハバナ市街にまで鳴り響いた。ただちに救命ボートが降ろされてその男を救い上げ、岸壁まで運んで、マーゴリスらが駆けつけ病院に搬送した(52)。港内は騒然となり、船客のあいだに衝撃が広がった。幸い命は取り止めたものの、男の家族が見舞いに行きたいと申し出たが無視された。彼は上陸許可証だけで船を降りた唯一の難民であった。

事態打開のカギを握るのはブル大統領であった。ブルが入管局長の発給した許可証を緊急措置として認める可能性は、まったくないわけではなかった。三〇日、アメリカのバトラー・ライト大使はキューバ政府のファアン・ラモス国務長官と面会した。ラモスが、難民を入国させないことにすると新聞などに書き立てられ最悪の事態になるだろうと見通しを語ったのに対し、アメリカ大使も長官の見解に同意したが、(53) 事態は混迷の度を増していた。ラモスは、混乱の原因はベニテス入管局長が上陸許可証を販売したことにあると繰り返し述べた。

五月三一日、情勢はいちだんと悲観的になった。この日、キューバ政府の閣議が開催され、全員一致で難民の上陸を拒否することに決定した。ブル大統領はほかの閣僚が人道的処置を訴えたにもかかわらず、この件では譲るつもりはまったくなかった。ブルは布告を無視して旅客を運んできたハンブルク゠アメリカ汽船会社に顔面を張られたような怒りをおぼえており、会社に思い知らせてやると憤懣やるかたない様子であったという。(54)

六月一日正午、ベレンソン弁護士はブル大統領と初めて会見した。ブルはハンブルク゠アメリカ汽船会社のとった行動に憤慨しており、セントルイス号がキューバを離れなければいかなる話し合いにも応じないと語って、ベレンソンを失望させた。(55) ハバナのアメリカ総領事は、セントルイス号はキューバを出港せよ、それも六月一日中に、と記されたブル大統領の命令のコピーを受け取った。なにがなんでも難民をキューバに降ろさなければならないシュレーダー船長は、私服に着替え、ブル大統領に直談判するため上陸し、官邸に向かった。ブルはシュレーダーに、出港を一日だけ猶予するのを許可した。ライト大使はブル大統領に懸念を伝えたが、その決意は変わらなかった。(56) シュレーダー船長は船に戻ると、ただちにエンジンを始動させた。船長はキューバ入国がかなわなければ、せめてドイツ以外の国に向かう決意であった。

六月一日夕刻、ニューヨークのジョイント本部では非公式の緊急会議が開催された。この席上、ハイマン事務局長ら四名からなる特別小委員会が設置され、ハバナで折衝にあたるベレンソンや、マーゴリスらジョイント代表、ヨーロッパのジョイント支部、アメリカ国務省、汽船会社などと引き続き連絡を保ちながら、あらゆる必要な行動をとることが決定された[57]。一方、ベレンソンは同日、さらにブル大統領の特使と面会し、保証金を積むことで難民の入国を認めさせる交渉をおこない、原則として保証金をジョイントが支払う点については合意に達したものの、金額については折り合いがつかなかった。ベレンソンは合計五万ドルを提案したのに対して、キューバ側は一五万ドルを要求した。

翌日、セントルイス号がキューバを離れることが明らかになると、肉親や知人との別離を惜しむ人びとで埠頭は埋め尽くされた。

ブル大統領の新提案

出港前、六名の客が船を降りた。ＪＲＣのゴールドスミスは特別に乗船の許可をもらって、船長には交渉はまだ継続中だからキューバからあまり離れないよう要請し、最後に乗客に惜別の言葉を贈った。六月二日午前一一時半、大勢の人びとが見送るなか、セントルイス号はハバナを離れた。家族や新聞記者を乗せた約一五隻のランチが追走した。ゴールドスミスもまたハンブルク゠アメリカ汽船会社のランチで、ハバナ港口までセントルイス号を見送った。最終的に、キューバ上陸を許されたのは二九名にすぎなかった。このうち二二名はキューバの新しいヴィザ発給条件を満たしたユダヤ難民であり、一名は自殺未遂で入院中の難民だった。[58]

シュレーダー船長は、フロリダ半島沖をめざしてセントルイス号の針路を北にとった。

一方、ベレンソンは旧知のバティスタ軍参謀長を訪ね、協力を求めた。[59] しかし、ブル大統領の政敵であり、ベニテス入管局長の後見役でもあったバティスタは、セントルイス号がハバナ港で立ち往生していた一週間、何の動きも示さなかった。バティスタがこの件にまったく介入しなかったのは、この問題に関与すること自体が国内で不人気だったことに加え、インフルエンザで病床に臥せっていたため、ほとんど活動できなかったからである。バティスタに対抗するブルが難民の上陸を拒み続けることで世論の圧倒的支持を取りつけていたから、バティスタはあえて世論に敵対して難民の上陸許可という不評な選択をするわけにいかなかった。[60] バティスタの支持が期待できず落胆したベレンソンは、さらに大統領との面会を求めて絶望的な努力を続けた。

六月三日、ジョイントの小委員会はベレンソンに保証金を積む用意があると連絡、実際にジョイントは、NCCが再編されたばかりのNRSを介して難民の親類に難民ひとりあたり五〇〇ドルの募金を訴えて電話をかけまくっており、現金で三万五〇〇〇ドル以上の約束を取りつけていた。[61] そのベレンソンのもとに、大統領から面会してもよいとの返事が届いた。

六月四日、ベレンソンはブル大統領と二度目の会見をおこなった。ゴードン・トーマスとマックス・モーガン゠ウイッツ共著の本によれば、この席上、ブル大統領は要求は受け入れられるかと尋ね、ベレンソンは可能だと返答した。さらにブルは、キューバの南にあるピノス島へ難民の上陸を認めることを明らかにし、一五万ドルの保証金は同島での生活を維持するためのものであり、そのほかに各自、ひとりあたり五〇〇ドルを現金でキューバの国庫に供託するよう要求した。この金はキューバ出国時に返還されるというものであり、四八時間以内に回答するよう求めたという。しかし、ベレンソンは期限について大統領は何も語っていないし、金額についても自分はニューヨークの本部と協議したあとで交渉することになる、と主張する。(62)

いずれにせよ、ベレンソンはブル大統領が一五万ドルの保証金のほかに難民ひとりにつき五〇〇ドルの現金を要求したことを疑う余地なく、大統領との会談を終えた。ベレンソンはホテルに戻ってからニューヨーク本部に電話をかけ、ジョイント本部から保証金一五万ドルまでなら用意でき、さらに必要ならもっと準備できるとの確約を得た。

セントルイス号の船客がピノス島に上陸を認められると語った、六月四日のブル大統領の新提案が伝えられると、難民問題に解決の曙光が見えはじめた。六月五日夕刻、ニューヨークで開かれたジョイントの執行委員会の冒頭に、これまでの経緯がハイマン事務局長から報告された。(63)この報告によれば、ベレンソンとの会談でブル大統領は、ハンブルク゠アメリカ汽船会社の勝手な行動のためキューバの主権が侵されてはならないとの立場を強調し、ひとりあたり五〇〇ドルを現金で供託するという要件が満たされることが不可欠であると、重ねて主張した。ただ、キューバ側は子どももこの要件に該当すると主張しなかったので、ベレンソンがこの点を尋ねたところ、規定どおりであれば、大人か子どもかを問わず、すべての難民がこの保証金を供託することが求められていると説明されたという。(64)

ベレンソンはブル大統領との会談で、セントルイス号とほかの二隻をあわせ乗船する大人の供託金の合計額を約四四万三〇〇〇ドルと試算したが、この点については、最終的にベレンソンがニューヨークの本部と具体的に煮詰めることになった。ベレンソンの積算額（三隻に乗船する大人ひとり五〇〇ドル）と大統領の大人か子どもかを問わず各人五〇〇ドルの総額とのあいだには大きな開きがあるため、この問題は引き続き協議されることになった(65)。

五日におこなわれたジョイントの役員会では、このように難民を人質にとるような恫喝に屈すると、これからも同じような事件が多発するだろうという慎重論が出た。だが、セントルイス号のケースはあくまでも特例であるとされ、最後には小委員会にこの件を処理し、必要な資金の全額を手当てするための権限を与えるとの決議が採択された。

三　交渉決裂

ブル大統領、入国拒否へ

ブル大統領の新提案が六月五日のハバナの新聞に掲載されると、キューバ国民のあいだから激しい批判の声が沸き起こった。

六月六日、前日までの楽観的な空気は一変する。ベレンソンはブル大統領との会見を求め官邸まで足を運んだ。しかし面会はかなわず、ブル大統領はこの問題については終止符を打つと決断した。

その日の夕刻、ベレンソンはセントルイス号のほかにオルドゥナ号、フランドル号をあわせた大人の合計四四万三〇〇〇ドルの提案を申し出たが、キューバ政府は交渉打ち切りの公式声明を発表した(66)。それでも同日夕刻、ジョイントはチェイス・ナショナル銀行と交渉し、六月七日中には五五万ドルを現金で下ろすことが可能となった[67]。七日、ニューヨークのジョイント本部の理事長代理ジェームズ・ローゼンバーグは、セントルイス号ほか二隻の難民の入国に必要なひとりあたり五〇〇ドルの供託金をチェイス・ナショナル銀行に用意した、とブル大統領あてに打電したが、もはや手遅れであった[68]。六月八日朝、ブルからローゼンバーグあてに難民の入国を認めることはまったくできないことであり、セントルイス号にかかわる問題をこれで完全に打ち切りとする、との連絡が入った。

ブル大統領の声明のあと、八日四時から開かれたジョイント本部の執行委員会は重苦しい空気に包まれ、この間の事態の展開と今後の方針について協議した。難民のキューバ上陸が不可能となった以上、ヨーロッパのほかの港を見つけるべきであるとの意見が出され、議論が交わされた[69]。アルフレッド・ジャレツキー・ジュニア小委員会委員長から交渉の詳細についての説明があり、ローゼンバーグとブル大統領の二本の電報の内容が披露された。ジャレツキーは、キューバに関する限り問題は金銭ではなく、キューバ政府が難民を入国させようとする真面目な意図がなかったことであると述べた。同時に彼は、これまでの交渉のいきさつを白日のもとにさらせば、同じ上陸証明書でキューバに入国し、そのまま立ち往生している二〇〇〇人あまりの難民や六〇〇〇〜七〇〇〇人とみられるハバナ滞在のドイツ難民を危険にさらすことになりかねない、と語った。

ヨーロッパでは、セントルイス号難民の受け入れをめぐってジョイントの代表がすでにそれぞれの政府関係者と接触を開始しており、最終的に、ジョイントの役員会としてはこの難民の状況を一般の国民に広く周知させる責任をもつ六名からなる小委員会を設置することになった[70]。

ブル大統領は、なぜ難民の上陸を認めなかったのか。大統領によれば、もともと入管局長が発行した上陸許可証が無効であることは、すでにセントルイス号のハンブルク出港前に通告されていたにもかかわらず、ハンブルク゠アメリカ汽船会社は上陸許可証しか携行しない難民を乗船させたとして、その責任を詰問している。さらに、アメリカが難民を受け入れる意向がない以上、なぜキューバが引き受けなければならないのか、という思いもあった[71]。しかも、キューバが難民の入国を認めれば、これらの難民はいずれアメリカへ向かうことになる。そうなる事態を恐れたアメリカがキューバに難民の入国問題で圧力をかけた可能性は、当時の両国関係を勘案すれば大いにありうる[72]。

六月八日、チェイス・ナショナル銀行ハバナ支店長と会談したブルは、ベレンソンの駆け引きと要求額の値切りが交渉を決裂に導いたと語ったといわれる。さらに、ブルが入国に関する法規定の要件を充足するよう求めたのに対し、ベレンソンはこれらの法的要件を巧みにすり抜けようとしたので、大統領は激怒して彼の提案を拒否したともいわれる[73]。ブル大統領はベレンソンの交渉スタイルに自尊心をいたく傷つけられたと感じたのであろう。難民入国に反対する世論を背景に最大の政敵であるバティスタ参謀長に一撃を与えることができた以上、難民の入国を前提にした取引にさらに応じれば、大統領は政治生命を失うことになりかねなかった。いったんは柔軟な姿勢を示したにもかかわらず、最終段階でブル大統領が交渉を打ち切った原因もこのあたりにあるだろう。

一方、ベレンソン弁護士は、ジョイント本部から金はなんとか都合できるのでブル大統領の提案をのむよう求められたにもかかわらず、先方の要求額を引き下げることができると過信し、さらにオルドゥナ号など二隻の分も含めて合意に達しようとしていた[74]。

この事件に便乗して何らかの分け前にあずかろうとする人びとが、キューバ国内には少なくなかった。セントルイス号が到着し、ベレンソンが交渉のため来訪すると、ブル大統領の仲介者を自称するキューバ人が入れ替わり立ち替わり彼のもとを訪れ、法外な金銭を要求したという[75]。

ジョイント動く

いつでもキューバに戻れるように速度を落としてフロリダ沖を航行していたセントルイス号は、六月四日朝にはマイアミ市街が肉眼で望見できる距離にまで接近した。するとアメリカの沿岸警備艇が近づき、セントルイス号と併走し監視活動をおこなった。

図版 9　グスタフ・シュレーダー船長（1939年5月13日）［アメリカ・ホロコースト記念館所蔵］

大西洋を「さすらう船」と「さまよえるユダヤ難民」という取り合わせの話題は、すでに世界中の関心を集めていた。シュレーダー船長のもとには世界中の通信社から問い合わせが殺到した。セントルイス号の上空には新聞社の飛行機が飛来した。シュレーダーはこうしたマスメディアの注目を利用して世論に訴えようとした。六月五日にマイアミ放送が前述したブル大統領のピノス島上陸などの新提案を報じると、セントルイス号は急遽加速し南下して、ふたたびキューバに向かった。難民は安堵と喜びに包まれたが、翌日、キューバ政府の交渉打ち切りの声明が発出されると失望が広がった。難民はマスコミ報道に一喜一憂した。難民のあいだには船を力ずくで奪おうというシージャックの計画まで検討されていた[76]。

ドイツ政府はこの事件を徹底的に宣伝に活用した。ドイツを追われたユダヤ人をどの国も引き取るつもりがなく、彼らは結局ドイツに戻るしかないのだと国際社会の偽善ぶりを嘲笑した。六月六日、ハンブルク＝アメリカ汽船会社は、セントルイス号はただちに帰港せよと船長に訓令した。シュレーダーは針路を東北東に変更した。けれども船長と乗客の一部は、もしどの国も不幸なユダヤ人に同情しなければ、イギリス南部の海岸に直行し、そこで船を炎上させ、すべてのユダヤ人を無理やり上陸させようと計画していた[77]。船がドイツに向かうことがはっきりすると、船内にいるゲシュタポの監視員たちは難民に対し露骨に反ユダヤ的態度を示しはじめた[78]。

この絶望的状況のなかで、ジョイントは難民の避難先を見つけることに総力をあげた。ジョイントのポール・ベルウォード理事長が、前章で述べた協同財団設立のためイギリスのユダヤ人側と協議するためニューヨークからロンドンに到着したのは、セントルイス号船内にわずかに残されていた一縷の望みが絶たれ、絶望と諦観の空気が漂っていた六月七日である。ベルウォードはイギリス政府、政府間難民委員会（ＩＧＣＲ）、国際赤十字などと精力的に交渉した。

八日にはニューヨークのジョイント本部で幹部会が開かれ、セントルイス号がドイツに帰着するまでに難民の受け入れ先が見つかる可能性について協議した。ラテンアメリカのいくつかの国が難民の受け入れに前向きの発言をしており、パナマ、ホンジュラス、ドミニカなどへの入国が検討された。だが実際には、ラテンアメリカのほとんどの国は農業従事者以外の移民を厳しく制限しており、最終的に断念せざるをえなかった。

ベルウォード理事長の外交手腕に期待が集まった。九日、理事長はイギリス内務省に出向いて、同国のユダヤ人団体のひとつ、ドイツ・ユダヤ人援助委員会とともにイギリス側を説得していた。ベルウォードと内務省の話し合いでは、ＩＧＣＲのエマーソン事務局長のドイツからの難民問題の処理に障害とならないようにすることが重要であること、難民のイギリス入国手続きは彼らがドイツへ戻ってから個々のケースについて調査がおこなわれてからになること、などの点で合意がなされた[79]。

六月一〇日、ジョイントはヒセム（ＨＩＣＥＭ）と会合をもち、難民の避難先を緊急に手配する件について討議した。その際、セントルイス号難民の行き先を中国の上海やモロッコのタンジールに変更する案が検討された。しかし、上海は最後の候補地と考えられ、また難民たちに相談せずに進めるわけにはいかないとして採用されず、タンジールにいたってはアラブ住民の感情を考えると見込みはないであろうと判断された[80]。また、パレスチナを候補地とする案はニューヨークで早くから討議されていた。パレスチナ案はむしろ代替案として納得できるものであったが、現地の労働に難民たちが肉体的に耐えうるかどうか判断しなければならず、それは航海中のことでもあり困難であろうということになった[81]。

一方、一九三八年以来パリに駐在するジョイントのヨーロッパ本部長モリス・トローパーは、フランス政府への働きかけを進めつつ、ベルギーの難民委員会と連絡をとった。難民委員会のマックス・ゴットショーク委員長はベルギー政府の法相、首相に相談、その結果、六月一〇日にベルギーのレオポルド三世国王およびユベール・ピエルロ首相は、難民二〇〇人の上陸に同意した。これが呼び水となり、フランス、オランダ、イギリス政府がつぎつぎと難民の上陸を前向きに検討しはじめた[82]。ロンドンでは、ジョセフ・ケネディ米大使はナチスの宣伝工作に負けてなるものかと、難民の一部がイギリスに上陸できるよう交渉する一方、難民たちはチェンバレン首相に電報で救助を訴えた[83]。

そして六月一二日にいたって、女王がこの問題に熱心であったオランダ、ついでイギリス、さらにフランスが、あいついで難民の受け入れを表明した。トローパーはただちにセントルイス号の難民たちのリーダーだったジョセフ・ジョセフに、交渉はすべて順調で、まもなく行き先がはっきりすると打電した。難民たちはドイツへ連れ戻される恐怖からようやく解放された。一四日、セントルイス号では、シュレーダー船長が出席するなか、トローパーの電報が難民たちの前で披露され、その夜は祝賀会が開かれた。

四　新世界と旧世界

ヨーロッパに戻ったセントルイス号

六月一六日、トローパーはパリを発ちベルギーのアントウェルペンへ向かった。彼はこの地でフランス、ベルギー、オランダ、イギリスの難民委員会のメンバーと落ち合い、選考、広報など難民にかかわる六つの委員会を設立した。その後、トローパーは委員会のメンバーと一緒にオランダのフラッシング港へ行き、船でアントウェルペンに入港しようとしていたセントルイス号に乗り込んだ。

図版 **10**　アントウェルペンに到着したセントルイス号の難民とジョイントのトローパー夫妻（中央）（1939年6月17日）［アメリカ・ホロコースト記念館所蔵］

トローパーは、難民を代表して進み出たひとりの少女から、「私たちセントルイス号の子どもは最大の危難から救って下さったことにあなたとジョイントに心から深い感謝の気持ちを申し上げます。一番大きな花束でお迎えしたかったのですが、あいにく船のなかなので花は生えておりません」と歓迎のあいさつを受け、感動のあまり目を潤ませた[84]。

船内で各国の委員会メンバーは、ユダヤ人をどこの国に何人入国させるかについて選別した。アントウェルペンの埠頭では、ナチ系の右翼団体がデモをおこない、反ユダヤのスローガンを怒号していた。

難民の行き先の選別は厄介であった。すべての難民が希望する国に行けるわけではない。各国の代表はアメリカ入国のクオータの若い番号を所持している難民を奪い合ったが、それは数字が少なければ、彼らは早く退散してくれるからである。アメリカのクオータを持っていない難民はオランダ入国を拒否された[85]。イギリスを希望する難民がもっとも多かった。ユダヤ難民はドイツからできるだけ遠く離れた国に落ち着きたいと願っていたのだ。

最終的に、難民の国別割当はくじ引きなどによって、ベルギー入国が二一四名、オランダ入国が一八一名、フランス入国が二二四名、そしてイギリスに向かう者が二八七名と決定した[86]。ドイツに戻った難民はひとりもいなかった。これらの難民たちは、あくまでも避難先が見つかるまで一時的に滞在するにすぎなかった。ジョイントは、これらの四カ国に難民を引き取ってもらうため五〇万ドルの保証金を提示し、難民たちが国に迷惑をかけることはなく、いずれ出国することを約束した[87]。

イギリスに上陸した難民がもっとも幸運だった。この三カ月後、ドイツ軍がポーランドに侵攻し第二次世界大戦が開始し、ほかの大陸諸国へ逃れた難民の運命は風前の灯となった。

一五世紀、ユダヤ人たちは自由を求めて旧世界と決別して新世界に渡った。それからおよそ四五〇年後、新世界は旧世界を逃れたユダヤ人の上陸を望まなかった。ユダヤ難民たちは自由な世界のにおいをかぎ、空気を肌で感じたかもしれないが、その地に触れることは許されなかった。彼らはふたたび旧世界に頼っていくしかない。

しかし、すでに述べてきたように、キューバだけが難民に厳しかったわけではない。キューバの対応は、当時の国際社会の難民に対する一般的な姿勢からすれば決して例外といえるものではなかった。難民の境遇に同情しない国はなかったが、現実に難民をすすんで引き受けようとする国を探すのは至難であった。それでも、まったく絶望的な状況ではなかった。次章で述べるように、難民の入国が可能な土地がまだ残されていた。

アメリカはなぜ難民を受け入れなかったのか

セントルイス号のユダヤ難民のキューバ上陸を阻んだ原因が、第一にナチスやファシストによる反ユダヤ主義のプロパガンダ、第二に無制限移民に対するキューバ国民の反対、第三に入国管理行政の腐敗にあったことは明らかである[88]。

それでは、アメリカはなぜこれらの難民を受け入れなかったのだろうか。

セントルイス号事件は当時の国際社会の関心を独占した。事件を直接扱った本も出版され、一九七六年にはイギリス映画『さすらいの航海（*Voyage of the Damned*）』がフェイ・ダナウェイ、オーソン・ウェルズの共演で公開された。

キューバはもちろん、最大の移民国家であるアメリカがセントルイス号の難民を受け入れていたら、これらの難民の多くがホロコーストの犠牲になるということはなかった。難民たちの悲鳴が各国の指導者の耳に届かなかったわけではない。セントルイス号難民に関する委員会は各国の指導者に電報を打ち、救援を哀訴した。新聞は連日、セントルイス号の動静を大きく報道していた。六月六日付の『ニューヨーク・ヘラルド・トリビューン』紙は、ハバナを出港するセントルイス号と船上で手を振る難民の大きな写真を掲載した。

キューバ駐在のライト米大使もハバナのアメリカ総領事も、ＪＲＣやベレンソン弁護士と協力して難民の入国が可能となるよう手を尽くした。大使はジョイントがキューバ政府の条件を受け入れる用意があると知ると、国務省のサムナー・ウェルズ次官と連絡をとった。ウェルズはローズヴェルト大統領と相談のうえ、大使にブル大統領と面会し、この問題の人道的側面を強く指摘するよう求めた。ライト大使はさっそくブル大統領に会見を要請したが、ブルはこの件で話し合うのを拒絶した(89)。

しかしローズヴェルト大統領もアメリカ国務省も、キューバ政府に難民の受け入れを強く迫ることまではしなかった。アメリカ国務省のヴィザ課長アヴェリー・ウォーレンはキューバ駐在の米大使、総領事に、セントルイス号難民の上陸について政府は介入することはなく、キューバ側に善処を求めることもないと、繰り返し厳命していた(90)。

アメリカ政府はキューバが受け入れた難民がアメリカに向かうのをおそれていた。そのうえ、もし、ローズヴェルトがブル大統領にセントルイス号の難民を上陸させるよう強要したら、それは入管局長の腐敗を容認せよ、ということになったであろう(91)。そうなれば、戦雲がたなびきはじめた当時、キューバ政府に圧力をかけたことでキューバ国民の反発を招き、アメリカの善隣外交が困難な局面に遭遇することになりかねない。アメリカ政府は、もとよりそうした事態を望んでいなかった。

ローズヴェルト大統領の判断については評価が分かれる。セントルイス号事件だけでなく、ホロコーストへのローズヴェルトの対応についても厳しい批判がいまなお続いている(92)。マイアミの灯を眺めながら引き返さざるをえなかったユダヤ難民の上陸を、大統領が緊急事態だとして特別に許可していたら、彼らの生命を救えたのではないか。それだけでなく、この世界にもユダヤ人に避難安住の土地がまだ残っていることを示し、ナチス・ドイツの主張に対する反証となってホロコーストの被害を少なくとも軽減できたのではないか、という点に批判は集中している。

運よく戦争を生き延びたセントルイス号のある家族のひとりは、父親の遺したつぎのような言葉を紹介している。

父はアメリカもドイツとあまり変わらないと話していた。(アメリカはドイツのように)自らの手で人びとを殺害することはしませんでしたが、見殺しにしたのです。[93]

しかしその一方で、ローズヴェルトの立場はつぎのように擁護される。

第一に、アメリカの各新聞は難民の境遇に同情する人道的記事を連日掲載していたが、彼らをアメリカに入国させようという積極的な声はほとんど聞かれなかった。つまり、移民法を改正してまでも難民の入国を認めようという政策は、人気がなかったのである。セントルイス号事件の前におこなわれた『フォーチュン』誌の世論調査によれば、八三パーセントのアメリカ人が移民制限の緩和に反対している。[94] 移民国家アメリカでは、特定の民族のために移民法の規定を変更するのは国家の根本理念を揺るがしかねない一大問題であった。いうまでもなく、移民法の改正は立法府である議会の問題であり、大統領の権限でなしうることではない。その議会では、移民法改正に反対する移民規制派が圧倒的に優勢であったのだ。

ナチス・ドイツが最終解決、つまりユダヤ人の大量殺戮を開始するのは一九四一年の独ソ戦争開始以後のことであり、セントルイス号事件の当時、大量虐殺はまだ国際社会の想像力を超えていた。一九四一年以前にドイツがヨーロッパのユダヤ人を絶滅させようとしているなどと信じた者は、ほとんどいなかった。

第二に、ローズヴェルト大統領は国内世論に配慮した。大統領があえてセントルイス号の難民の受け入れを決断していたら、国内の反ユダヤ・ロビーの反発を招くだけでなく、キューバやヨーロッパでクオータの順番がくるのを辛抱強く待ち続けるユダヤ人よりも彼らを優遇することになり、不公平だとの非難を免れることはできなかったに違いない[95]。

第三に、移民法の網の目をかいくぐって直接アメリカに入国しようと試みる船がセントルイス号に続くのを、アメリカ政府はおそれたのではないだろうか[96]。例外として入国を認めれば、例外は先例となる。イギリス、フランス、オランダ、ベルギーがいずれも一〇〇名以上の難民を引き受けたのに対して、アメリカはただひとりの難民の上陸も許可しなかった。それどころか、イギリス駐在のケネディ米大使が難民の受け入れをイギリス政府に申し入れたように、アメリカは自国の門戸を閉ざしながら他国にはその開放を求めるというきわめて不可解な政策をとり続けた。

結局、アメリカ政府が難民の入国を拒み続けたことで、ドイツ側の反ユダヤ宣伝の「正しさ」、つまり、どの国もユダヤ人など引き取りたくないのだということを立証することになった。そのうえさらに、アメリカ政府の消極的な姿勢をみて、ドイツはますます自国の反ユダヤ政策に自信を深めるにいたったといえよう。

消極的なアメリカ政府とは異なり、いくつかのユダヤ人組織、とくにジョイントのこの間の活動は目を見張るようであった。セントルイス号難民のドイツへの送還を阻止するためにジョイントが払ったエネルギーと犠牲は、賞賛に値するであろう。しかし、ジョイントにはディレンマもあった。たしかに巨額の資金を早い段階で手当てできていたら、これらの難民を救うことができたかもしれない。だが、このケースに刺激され、ほかのラテンアメリカ諸国が同じような要求をしてきたらどうなったであろうか。一九三九年のジョイントの収入は八一〇万ドルで、九〇〇〇人の難民を解放するために一〇〇〇万ドルが充当されたなら、遠からずしてジョイントの金庫は空になっていたことだろう。[97] すでにふれたように、当時、ジョイントは、ドイツのユダヤ人出国の計画に必要な巨額の資金を手当てするために懸命の努力を続けていた。

セントルイス号難民のその後

ドイツ軍がヨーロッパ中を席捲していたときに、セントルイス号のユダヤ難民の何人が命を落としたのであろうか。

一九九六年にアメリカの首都ワシントンにあるホロコースト記念館は、セントルイス号のユダヤ難民のその後の消息を追跡調査するプロジェクトを立ち上げた。[98]

調査の結果、ヨーロッパ大陸に戻ることになった六二〇名のうち、八七名はドイツ軍が一九四〇年五月に西ヨーロッパに侵攻する前に出国し、侵攻後にベルギー、オランダ、フランスに残った二五四名はホロコーストで死亡したとみられる。そのほとんどがアウシュヴィッツへ送られて、そこで生涯を終えたことが明らかにされている。[99] セントルイス号のユダヤ人乗客の四分の一以上が、ホロコーストの犠牲になったのである。ヨーロッパ大陸に戻った六二〇名中、三六五名は大戦を生き延びたものと考えられている。最終的に、九三七名の乗客のうち約半数がアメリカに移住したという。イギリスに上陸した二八八名の難民の大半は戦争を生き抜いた。

悲劇から五〇年後。一九八九年、セントルイス号の生存者がマイアミに集まり、再会を祝った。セントルイス号はキューバから帰港すると、こんどはニューヨーク航路の旅に出発した。しかしすぐに戦争が始まり、大戦中、ユダヤ人には思い出深かった豪華客船は連合軍による爆撃を受け、戦後スクラップにされる運命をたどった。

シュレーダー船長は戦後に辛酸をなめた。戦後の非ナチ化の嵐のなかでシュレーダーも法廷に立たされたが、セントルイス号のユダヤ人の証言で何のとがめも受けなかった。シュレーダーはこうしたユダヤ人の援助で、晩年を過ごした。一九五九年死去。シュレーダーの死後、イスラエルのヤド・ヴァシェム（ホロコースト犠牲者追悼記念館）は、「諸国民のなかの正義の人（Righteous Among the Nations）賞」を贈って船長の行為を顕彰した。

一方、事件の渦中にハバナに駐在し、難民の上陸と、その準備のため不眠不休の毎日を送っていたジョイント代表でジョイント救済委員会（ＪＲＣ）代表でもあったマーゴリスは、初めて国際政治の現実と向き合うことになった。各国の錯綜する利害関係に振り回され、民間機関の無力を痛感し、深い絶望感に襲われた。しかし、このときの経験は彼女のその後の人生を決定する。このあとマーゴリスは地球の裏側、戦乱の地、中国の上海へ派遣される。

第5章　戦時下のジョイント

一　第二次世界大戦の勃発

開戦

一九三九年九月一日、ドイツ軍がポーランドに侵攻したのに対し、英仏両国はドイツに宣戦し第二次世界大戦が勃発する。さらに九月一七日、こんどはソ連軍が東からポーランドに侵入、ポーランドは独ソ両国によって分割占領された。この結果、三三〇万のポーランド全体のユダヤ人のうち、ドイツの支配地域には一二五万人、ソ連の支配下には一八七万五〇〇〇人が残され、一二万五〇〇〇人はソ連がリトアニアに返還することになったヴィリニュスに逃れた(1)。

その後、一九四〇年に入ってドイツ軍は北欧のデンマーク、ノルウェーを席捲したあと、矛先を西に転じてオランダとベルギーを攻略、フランスに侵入し、六月一四日、フランスの首都パリが陥落した。

ドイツ軍の占領当時、ベルギー国内のユダヤ人は八万五〇〇〇から九万人で、王室と国民は彼らに同情的であった。また、占領直後のオランダでは、ユダヤ人は難民を含め一四万人にのぼっており、このうち最終的に一〇万人以上が強制収容所に送られる運命となる。

フランスは国土の五分の三がドイツ軍に占領された。六月一六日、ポール・レノー内閣が崩壊、フィリップ・ペタン元帥がフランスの首相に就任し、二二日に仏独休戦協定が締結された。政府は非占領地の中部にある温泉地ヴィシーに移り、七月一一日、ペタンを国家元首とするヴィシー政権が発足した(2)。

フランスはアルザス＝ロレーヌがドイツに併合されたほか、残りの国土が占領地区と非占領地区に二分された。占領後、ドイツはパリに軍政司令部を置き、八月にはパリの大使館を再開した。非占領地のヴィシーに移ったフランス政府はドイツ占領下のパリに政府代表を駐在させるとともに、フランクフルトに近い、ライン河岸のヴィースバーデンに置かれた休戦委員会に代表を派遣し、ドイツ側との交渉がおこなわれることになった。

ドイツ軍占領下のフランス

一九三〇年代のフランスにはドイツ、イタリア、スペイン、ソ連から多くの難民が避難した。これらのファシズムや共産主義の体制を嫌ってフランスに避難を求めたユダヤ人も多く、フランスのユダヤ人人口は開戦前、ドイツやオーストリアなどからの難民を含め三〇万以上に達していた。

開戦とともに、外国籍のユダヤ人は幸運にも出国できた少数を除き、船舶の不足、ヴィザの入手困難などのため、多くがフランス国内に閉じ込められた。六月二二日に休戦協定が調印された直後は、出国ヴィザを求める申請がヴィシー政権に殺到した。さらに、ドイツ側の許可を得るため休戦委員会にもヴィザを申請しなければならなかったが、ヴィシー政権にはそれを処理する態勢が整っていなかった。当初の混乱がおさまってからも、ヴィシー政権の官僚主義がさらに混乱を招いた。運よく出国ヴィザを取得したとしても、渡航先のヴィザの入手も、渡航費の用意や船の手配も簡単ではなかった。

一九四一年一〇月に、南部の非占領地域のユダヤ人を支援している団体が出国を希望するユダヤ人のためにまとめた手引き書によると、出国者の多くは中立国ポルトガルまで逃れてリスボンで乗船するため、まず最終行き先国のヴィザ、そしてポルトガル、スペインの通過ヴィザ、それにフランス出国のヴィザを取得しなければならなかった。(3) とくに、フランス出国ヴィザの入手のためには関係機関に足を運び、多くの書類を準備するなど、官僚主義の煩雑で気の遠くなるような手続きを完了しなければならなかった。ようやくヴィザを手に入れたとしても、便船を手配し、チケットを米ドルで工面しなければならず、こうした手続きに時間をかけているうちに出国書類の有効期限が終了してしまう悲劇も生じた。

ドイツ軍はパリ占領後、軍事戦略上重要な英仏海峡地帯からすべてのユダヤ人を立ち退かせたあと、パリのフランス内務省代表に占領地域の外国籍ユダヤ人の追放または拘留を求めた。(4) ドイツとその占領地域のユダヤ人を東方の絶滅収容所へ送る最終解決が本格的に始動するまでは、ドイツのユダヤ人政策はこれらのユダヤ人を国外および占領地域外へ追放することにあった。したがって一九四〇年七月、早くもドイツ占領当局は、占領し併合したアルザス地方出身のユダヤ人三〇〇〇人を非占領地域に追い出したのを手始めに、つぎつぎとドイツなどのユダヤ人を連行し非占領地域に追放した。(5)

しかし、ヴィシー政権は、ドイツ側が要求する追放が非占領地域にユダヤ人を追い払うことであったから、とうていこれを受け入れるわけにいかなかった。占領当初、フランス側はドイツの要求に抵抗した。フランス国内のユダヤ系市民の処遇についてはフランス側が決定すべき問題であるというのが、その理由で、フランス政府がユダヤ人に寛容であったということを必ずしも意味するものではなかった。たしかに、フランス国籍のユダヤ人のなかには、第一次世界大戦で武勲をたてた旧軍人も少なからずおり、彼らの祖国への忠誠を無視することはできなかった。しかし最大の理由は、ユダヤ人といえどもフランス国民であることに変わりなく、したがって自国が管轄するのは当然であり、その処遇についてもフランス政府が独自に判断し処理する問題であり、フランスの主権が依然として有効に機能していることを示そうとすることにあった。[6] 同様に占領地のユダヤ人資産の没収、いわゆるアーリア化についても、ナチスが勝手に財産を没収することは容認できなかった。ドイツ軍がフランス領土の六割を占領したとはいえ、ヴィシー政権はフランス全体の政府であることにこだわったのである。

占領地のユダヤ人は、一九四二年六月以降は黄色の星の装着を強いられたが、非占領地のユダヤ人は同年一一月にフランス全土がドイツに占領されたあとも、星の装着を強制されることはなかった。また、ドイツ側のユダヤ政策は外国籍とフランス国籍に区別を設けず、すべてのユダヤ人を対象としていたが、ヴィシー政権の政策は外国籍のユダヤ人とは明確に区分し、フランス国籍の者を優遇する側面があった。

しかし、ドイツ側がしだいにユダヤ人問題への取り組みを本格化し、ヴィシー政権への圧力が増大するにつれ、ヴィシー政権は一九四一年四月、占領地と非占領地双方におけるユダヤ人対策を調整・担当するためユダヤ問題全体委員会（ＣＧＱＪ）を創設した。委員長に就任したのは、反ユダヤ主義者でドイツ嫌いの愛国者でもあったグザヴィエ・ヴァラであった。ヴァラはドイツ側からの一方的な反ユダヤ政策の押しつけを嫌い、あくまでも独自のユダヤ政策に固執した。このため、ドイツ側との衝突が絶えなかった。ドイツは一九四一年一二月にパリでユダヤ人を大量検挙しており、彼らを東方へ追放するに際して邪魔となるヴァラを一年で交代させ、後任にルイ・ダルキエ・ド・ペルポワを選んだ。ダルキエは戦争前からナチスの手先との評判があったように、ヴァラよりもはるかに凶暴な反ユダヤ主義者だった(7)。

一方、ヴィシー政権はフランスのユダヤ人社会を代表する組織として、一九四一年一一月にフランス・イスラエル人総連合(UGIF)を創設した。この組織は、パリのドイツ高等保安本部のナチ親衛隊将校テオドール・ダネッカーが、ポーランドなど占領地でドイツ占領当局に協力させるため、ゲットーに設立されたユダヤ人の代表機関と同様の組織をフランスにも設置したものだった。UGIFには占領地域と非占領地域にそれぞれ支部を設け、ナチス・ドイツのユダヤ政策に、よりいっそう協力させるという狙いがあった(8)。UGIFは既存の慈善・社会福祉団体をすべて吸収し、CGQJ傘下の新たな行政機構のもとに置いた(9)。ただし、それまで伝統的にフランスでユダヤ教を代表してきた長老会議「コンシストワール」などは、UGIFへの不参加を貫く(10)。この結果、これまでフランス国内で展開されてきたユダヤ人の社会福祉・相互扶助の活動が、ヴィシー政権の管轄・監督のもとに置かれることになる。

ヴィシー政権の反ユダヤ政策

ドイツ側が具体的にユダヤ政策に取りかかる前に、ヴィシー政権はすでに反ユダヤ政策を開始していた。一九四〇年八月、ヴィシー政権は最初の反ユダヤ法で、前年に制定した特定の人種と宗教に所属する集団への憎悪を広めるような新聞、出版物を禁じる法律を取り消したのに続き、一〇月三日、ユダヤ人を公職、メディアなどから追放するユダヤ人身分法を制定した。[11]そして一〇月四日の法は、地方の知事に外国籍のユダヤ人を特別の収容所に収容する権限を与えた。自由、博愛をうたい、ヨーロッパで最初にユダヤ人に完全な市民権を付与するなど、人種・宗教に寛容であったフランスの伝統はここに崩壊した。

ヴィシー政権の初期に顕著に現われた反ユダヤ主義的姿勢は、フランスの歴史的敗北の衝撃に起因すると指摘される。[12]すなわち、フランス軍の敗北、ドイツ軍によるフランス国土五分の三の占領、戦争による破壊、避難民、経済の惨状などによってもたらされたフランス人の屈辱感が、その責任者捜しという第一次世界大戦後のドイツに似た雰囲気を生み出し、敗戦後のフランス社会を覆ったのであった。

ドイツと同様、フランスにも反ユダヤ主義に汚染された歴史があった。

政治哲学者のハンナ・アーレントが、著書『全体主義の起原』のなかでいみじくも指摘したように、一九世紀のフランスは二〇世紀を象徴する重大事件の「リハーサル」をすでにすませていた。それは、ロシア革命を先取りした市民による革命と短命に終わったパリ・コミューンであり、ヒトラーにさきだつ四〇年前に国内を反ユダヤ主義の嵐が吹き荒れたドレフュス事件である。後者は、「フランスでたった一人のユダヤ人大尉に対してなされた不正な行為が、それより三、四十年後にドイツのユダヤ人に対してなされた迫害全体よりも激烈な一致した反応を惹き起した」のであった。[13]もちろん、国内にユダヤ人をひそかにかくまったフランス人も少なくなかった。だが、多くのフランス人は自分たちの生活だけで精一杯であり、ユダヤ人の直面する問題に関心を示す余裕はなかった。

ドイツ占領当局は占領地の管理体制を確立することに忙殺されており、そのためフランス側官憲の協力があらゆる分野で不可欠であった。そのうえ対英戦争にも集中しなければならなかった。一九四〇年の秋以降、ドイツ側は特別チームを設けて占領地内のユダヤ人資産の管理に着手した。一九四一年六月に独ソ戦が開始すると、フランス国内の治安を維持する警察力などで人員不足が深刻化し、ドイツはフランス警察を頼りにせざるをえなかった。

フランス占領後一年もすると、ドイツの占領当局はユダヤ人の追放に着手し、やがて隔離とゲットー化を求めていく。ドイツ軍がソ連に侵攻し広大な領土を支配すると、ナチスがフランス国内で拘束したユダヤ人たちをポーランドの絶滅収容所に移送するための収容センターを、パリ北東近郊のドランシーに設けた。一九四二年三月二七日には、最初のユダヤ人がポーランドのアウシュヴィッツに送られた。南部においても七月から八月にかけてユダヤ人の検挙が続き、夏の終わりまでに一万一〇〇〇人近いユダヤ人が検挙された[14]。七月一六日から一七日にかけて、パリ警察の手でパリ在住の外国籍ないしは無国籍のユダヤ人約一万三〇〇〇人が一斉に検挙され、北部で検挙されたユダヤ人はただちにドランシーに送られた。ドランシーから東方へ追放されたユダヤ人の数は、最終的に追放が終了した一九四四年七月までに七万七九一一人で、ドランシー以外の地域から追放された人数を加えると、その数は八万六〇〇〇から九万人にのぼったといわれる[15]。

ドイツ側は併合したアルザス゠ロレーヌなどのユダヤ人を非占領地域に追放したため、ヴィシー政権支配下のユダヤ人人口は一九四〇年に五〇〇〇ほどだったものが、一九四二年には一挙に一五万人に増加した。ヴィシー支配下の最大のユダヤ難民収容所は、ピレネー山脈地帯のギュルス収容所であった。もともとはスペインの内戦を逃れた難民を収容するため設置され、その後、主にドイツを逃れたユダヤ難民を収容し、ピーク時には一万八〇〇〇人のユダヤ難民を収容した。[16] ハンナ・アーレントも、一時期ここの収容所で過ごしたユダヤ人のひとりだった。

多くのユダヤ難民が逃れた南部の非占領地域では、困惑したヴィシー政権がアメリカ政府に対し、これらの難民をアメリカなどに搬送するよう求めた。またアメリカのユダヤ人団体は、難民のなかでもとくに芸術家、科学者の入国が可能となるよう精力的に運動したが、国務省はナチスの工作員の侵入をおそれて反対した。

狭まる脱出ルート

一九三九年までに、ドイツ国内のユダヤ人の半数以上は出国した。一九三三年に五六万五〇〇〇人を数えていたドイツのユダヤ人人口は一九三九年末に二〇万から二二万五〇〇〇ほどに減少したが、オーストリアには五万五〇〇〇人、チェコから併合したボヘミアおよびモラヴィアには七万五〇〇〇人がなお残されていた。[17] ドイツは、その支配下のユダヤ人の出国を公式には一九四一年秋まで禁止することはなかったが、実際には前述したように、旅費など費用の工面ができなかったり、あるいは受け入れ先が見つからないなどの理由で出国は難しかった。

大戦の勃発、とりわけドイツ軍のフランス占領後、アメリカの入国・移民政策はいちだんと厳しくなった。一九四〇年六月、移民・帰化業務は司法省の管轄に移管された。治安問題が重視され、とくに国務省はドイツのスパイや工作員などが入国するのをおそれて、海外の領事館に対しヴィザ発給の条件を厳しくするよう通達していた。たとえば、国務省のヴィザ課長アヴェリー・ウォーレンは一九四〇年六月から一一月までヨーロッパを訪れ、各地のアメリカ領事館に対し難民の入国を大幅に削減するよう勧告した。また、一九四一年六月には、ドイツ占領地域に身近な親類がいる人物に対するヴィザの発給を禁止する規制措置が、国務省からヨーロッパのアメリカ領事館に通知された。

同時に、訪問（visitor）ヴィザと通過（transit）ヴィザの発給条件が厳しくなった。訪問ヴィザの申請者にはもとの国に戻ることを証明する必要があり、その有効期間は六カ月から三カ月に短縮され、通過ヴィザには第三国への移動の証明が必要とされた[18]。しかも、一九四一年七月にドイツ支配地域のアメリカ領事館が閉鎖されたため、ヴィザを取得するのはほとんど不可能になった。このため、ドイツからアメリカに入国した移民数は一九四〇会計年度（一九三九年七月から一九四〇年六月）に二万一〇〇〇人だったものが、一九四一会計年度には四〇〇〇人に減少し、さらに一九四一年七～一二月間に入国した移民の数は四一五〇人にすぎなかった[19]。

ヨーロッパ大陸のユダヤ難民の数は一九三九年初めに九万六〇〇〇人だったものが、年末までには一七万五〇〇〇人に達していた。ジョイントによる難民救済活動はヨーロッパ大陸の約二〇カ国で展開されるが、なかでもとくに一〇万人が避難するドイツの隣国、ベルギー、フランス、オランダ、スイスに活動は集中した。このうち五万人の難民は、ジョイントが援助する現地のユダヤ人社会に頼っていた。ジョイントはこれらの国のユダヤ人社会と協力し、難民に対する一般的な支援、仕事の斡旋、第三国への出国の手配などを重点的におこなってきたが、開戦という事態に直面して態勢を根本的に立て直さなければならなくなった。

ドイツ軍の侵攻とともにポーランド国内のユダヤ人のうち数十万人が、ハンガリー、ルーマニア、リトアニア、ラトヴィアへ逃げ込んでいた。一九三九年一〇月末、リトアニアは一九二〇年以来ポーランドの支配に置かれた首都ヴィリニュスを回復した。その結果、新たにポーランドのドイツ占領地から避難してきた一万五〇〇〇人のユダヤ難民を含む、約一〇万人のユダヤ人を抱え込むことになり、リトアニアのユダヤ人人口は二五万に膨れあがった。

難民が避難したこれらの国のユダヤ人社会はいずれも、つぎつぎと押し寄せる新たな難民を前に何ら有効な対応策を打ち出すことができなかった。国内の資金は海外に逃避し、募金活動はストップした。富裕層も競って国外へ脱出した。そのうえ、物価の上昇が救済活動を著しく困難にした。もはや現地で必要な資金を調達することは不可能に近かった。さらに、戦時下に各国政府は外国人や難民に対する統制や監視を強化しており、ジョイントがこれらの国へスタッフを派遣し直接支援に乗り出すしか方法はなかった。

このためジョイントは、一九三九年だけでヨーロッパ諸国にとどまる難民の救済に二八五万九三〇〇ドルを費やし、一部の国の現地ユダヤ人社会への援助としてさらに三六万五〇〇〇ドルを手当てした。[20] ジョイントのアメリカ人スタッフがヴィリニュスに入って難民救援活動を開始した。一一月に入り、ポーランド北東部のスヴァウキ地域からの多数のユダヤ難民がドイツ軍に財産すべてを没収されたうえ、リトアニア国境地帯に放置された。ジョイントはこれらの難民のリトアニア入国を実現するため奔走し、一八〇〇から二〇〇〇人が入国を許可された。現地のユダヤ人社会がこれらの難民を支援し、そのための費用はジョイントが提供し、カウナスの難民委員会が配分したほか、同委員会を通じてドイツ、オーストリア、チェコから逃避した五〇〇人の難民にも援助を与えた。[21]

このあと一九四〇年六月、ソ連がリトアニアを占領、八月に併合するにいたる。ソ連はさらにラトヴィア（ユダヤ人人口九万三〇〇〇）とエストニア（同四〇〇〇）も併合したが、一九四一年六月の独ソ開戦によってこれらバルト三国はドイツの占領下に入る。

ソ連とドイツの両大国に国土を蹂躙されたバルト三国、ウクライナ、ベラルーシでは、民衆のあいだに激しい反ユダヤ主義の嵐が吹き荒れた。ソ連もドイツも反ユダヤ主義を広めていたが、ドイツの新たな支配のもとでユダヤ人は共産主義者と同一視されたうえ、ソ連に協力し旧体制に癒着したと非難されて、多数のユダヤ人が民衆の憎悪の標的となり、虐殺された(22)。ソ連に協力してユダヤ人殺戮に手を貸した人びとは、こんどはナチスのために働いたのである。

一九四〇年の夏、リトアニアで絶望の淵に立たされていたユダヤ難民に天恵となったのは、カウナスにおいて、オランダ名誉領事がカリブ海の蘭領植民地キュラソーならヴィザなしで渡航が可能と語った情報と、日本の杉原千畝領事代理が難民のキュラソー行きのために発給した日本通過のヴィザであった。この結果、一九四〇年秋以降、リトアニアからのユダヤ難民がシベリア鉄道経由でウラジオストックに到着し、海を渡って日本に上陸した難民の数は約二四〇〇人にのぼった(23)。ヨーロッパを逃れたユダヤ難民が到着した日本では、すでに一九三九年一二月に東京で難民援助委員会が発足しており、さらに一九四〇年夏に神戸と横浜に事務所が開設され、彼らを救済するための活動が始まっていた(24)。

戦争の拡大は東欧諸国のユダヤ人の脱出を困難にしていた。それまでの地中海ルートは、イタリアが一九四〇年六月に参戦すると危険になった。ハンガリー、ルーマニア経由で黒海に出て、船でイスタンブールまで行き、パレスチナあるいは遠く上海まで脱出する方法もあった。またドイツ軍がソ連に侵攻するまでは、前述したシベリア鉄道経由で日本や上海方面に逃れる道も開かれていた。西ヨーロッパではとくに一九四〇年六月以降、中立国ポルトガルのリスボンが貴重な脱出路になった。

ドイツ、フランス全土を支配

一九四二年一一月に連合軍が仏領北アフリカに上陸するまで、ヴィシー政権はアメリカとの外交関係を維持した。ナチス・ドイツの傀儡《かいらい》ではなかったが、ヴィシー政権の首班に返り咲いたピエール・ラヴァルとルネ・ブスケなど配下の警察高官らは、一九四二年夏以降、非占領地区において大量検束で拘留されたユダヤ人の身柄を占領地区へ移送することに同意した。[25] これらのユダヤ人は、ドイツ側に引き渡されたのちポーランドへ移送される運命にあった。このうちの数千人がスイスに逃亡しようとしたが、スイス政府が国境を閉鎖したため失敗に終わった。

フランス占領地、非占領地で拘束され、ドランシーから東方へ両親が移送されたため、収容センターに残された数千人の子どもたちは両親から引き離されたことでショックに陥り、センターではこれらの子どもたちの世話に追われた。収容センターの生活環境は悪化した。[26] 第3章で述べたドイツのユダヤ人児童救出のときと同様、子どもたちを救うための国際的活動が始まり、クエーカー教徒やジョイントの尽力で数百人のユダヤ人児童がフランスを脱出した。[27] このニュースが報じられると米英では同情する世論が高まり、八月末にアメリカ代理大使とヴィシー政権のラヴァル首相が会談し、[28] 国務省は九月初めにフランスから一〇〇〇人のユダヤ人の子どもを入国させる方針を表明した。[29]

アメリカ国内では、エリノア・ローズヴェルト夫人を名誉会長とするアメリカ・ヨーロッパ児童保護委員会などが一〇〇〇人の児童をフランスから救出する方法をさぐり、ジョイントもまたこの計画には深くかかわった(30)。アメリカ議会でも迫害されるすべてのフランス住民に保護を与えようという動きが強まり、国務省はさらに、五〇〇〇人の子どもたちのフランスからの移送の準備が整えばヴィザを発給してもよいと申し出た(31)。それまで難民の入国に消極的だった国務省が、なぜフランスから多数の児童にヴィザを発給することになったかについて、ブライトマンらはローズヴェルト大統領が自ら決定を下したからであると述べている(32)。また、相手が子どもだから重大に考えなかったのだろうし、世論の同情も考慮したのだろう。

イギリス政府も閣議で、国内に両親または片親がいる子どもに限り、フランス非占領地域からの受入れを決定した(33)。ところが、内務省がこのケースはきわめて稀であるとし、決定の修正を求めた。しかし最終的に、イギリス国内に近親者がいる事実上の孤児を含むとの提案が支持され、さらにフランス非占領地域のユダヤ人孤児一〇〇〇名のパレスチナ入国を認めることが決定された(34)。

ところが、ヴィシー政権がこれらの子どもたちの出国を許可しないうちに、一九四二年一一月八日、連合軍の北アフリカ上陸作戦が開始した。このためヴィシー政権はアメリカと断交、一一月一一日にドイツ軍がフランス南部の非占領地域に侵攻し、結局これらの子どもたちを引き取る決定は実施されず、かろうじて三五〇人の子どもがアメリカに脱出したにすぎなかった(35)。

ドイツ軍のフランス南部侵攻と同時にイタリア軍もフランスに進駐し、ローヌ川東までを占領した。イタリア国内のユダヤ人人口は五万程度と少なく、反ユダヤ主義も深く浸透していたわけではなかった。そのため、ドイツ軍のフランス南部侵攻を逃れて多くのユダヤ人がイタリアの占領地域に殺到した。戦前にはわずか一万五〇〇〇から二万人ほどのユダヤ人を数えるしかなかった占領地域にユダヤ難民が避難したため、ユダヤ人の人口は五万に増加した[36]。しかし、一九四二年一二月一〇日、ヒトラーはすべてのユダヤ人、共産主義者など反ドイツ勢力の逮捕とフランスからの追放を命じた[37]。しかも一九四三年七月にムッソリーニ政権が転覆し、イタリア軍がフランスから撤退、さらに九月にドイツ軍がこの地に進駐したことで、これらのユダヤ人の運命は窮まり、数千人がアウシュヴィッツに送られる[38]。

アメリカ参戦後のジョイント

開戦当時、ジョイントの活動は五〇カ国以上におよんでいた。ジョイントはヨーロッパのユダヤ難民の救済に即応できるよう、一九二二年以来ベルリンにヨーロッパ本部を置いていた。しかしナチ政権が成立するとともに、ベルリンの本部は事務所だけを残してパリに移転した。

ところが、大戦が勃発し、一九四〇年春にドイツ軍の西ヨーロッパへの攻勢が始まると、パリ本部も危うくなる。本部長のモリス・トローパー、副本部長のジョセフ・シュワルツはパリを脱出、パリ西方のアンジェ、さらに南部のボルドーを経て、中立国ポルトガルのリスボンにヨーロッパ本部を移転した。フランス国内にはマルセイユに事務所を残した。

ヨーロッパ本部が戦場から離れることになったことで、現地との連絡はもとより難民に対する救済活動に支障が生じるのは避けられなくなった。シュワルツらは特別チームを編制し、ヨーロッパにおけるユダヤ人の救済にあたった。一九四一年以降はスイスのジョイント代表サリー・メイヤーを中心に、スイスに大使館を置く中立国や国際赤十字を通じて、ポーランドなどドイツの周辺諸国および中国の上海にジョイントが援助することになる。[39]シュワルツらは船をチャーターして、リスボンに滞在するユダヤ難民を北米・南米に移送し、ユダヤ人の地下抵抗組織に援助し、さらにフランス国内にかくまわれていた子どもたち七〇〇〇人を助け、一〇〇〇人の子どもたちのスイス、スペインへの脱出を援助した。[40]

一九四一年一二月、日本海軍の真珠湾攻撃によってアメリカが大戦に参戦すると、ジョイントを取り巻く環境は激変する。

参戦前、アメリカはヨーロッパの戦争に中立の立場にあり、このことがドイツおよび占領地域の難民への援助活動を可能にしていた。しかし、参戦後、アメリカの目標は戦争に勝利することがすべてに優先され、愛国心が鼓舞された。難民の救援は軍事作戦に支障をきたさないことが前提となった。

ジョイントの救済活動はいちだんと困難に直面することになる。アメリカ参戦後、ニューヨークのジョイント本部の体制は三三名で構成される執行委員会が公式な討議と決定に責任をもっていたが、戦時に対応すべく緊急行政委員会が設立され、この委員会が日常的業務を処理することになった。さらに、戦闘にともなう危険のほか、アメリカ政府が敵国およびその占領地域への送金を禁止したため、実際の救済活動は中立国へ退避した一部の難民を除きほとんど停止した。

戦闘がいったん収まっても、スタッフの確保の困難や、戦闘直後の被災地の混乱が拍車をかけて医療、物資の手配などの活動を著しく困難にした。それまではドイツ側からも、アメリカ国民であることを理由にドイツ占領地域での活動を黙認されていたジョイントのスタッフに危険が迫る。ドイツ占領地域に駐在するジョイントのスタッフは、アメリカの参戦にともないニューヨークからもリスボンからも切り離された。ポーランド、スロヴァキアなどでいち早く脱出に成功したスタッフもいたが、出国の機会を失って地下に潜り、地下運動と連携しつつ、支援を続けながらユダヤ人の脱出を助けた者もいた。[41]

こうした各地とリスボンのヨーロッパ本部との連絡係は、中立国スイスのジョイント代表サリー・メイヤーであった。メイヤーは戦時下ヨーロッパにおけるジョイントの同胞救済活動を担当した。ジョイントでは、開戦前からポルトガル以外にもう一カ所、ヨーロッパのどこかに拠点を設ける必要性が検討され、最終的に決まったのが中立国スイスであった。スイスは難民救援には理想的で、一万七〇〇〇人のスイスのユダヤ人が約五〇〇〇人のユダヤ難民の面倒をみた。[42]けれども、スイスはドイツと国境を接しているうえ、国内にも多数の難民の流入に反対する国民感情が根強く、経済の不安定化もあって難民への対応は微妙に揺れた。

ジョイントの一九四二年版活動報告は、アメリカが参戦したことで多くの活動を支えた幹部が軍に徴兵され、戦線に送られ、あるいはジョイントを離れて政府の任務に従事したことを伝えている。[43]たとえば、理事長のエドゥアルト・ヴァールブルクは二月に陸軍兵士として軍役に服し、一一名いる副理事長のなかのひとり、ハロルド・リンダーは海軍に徴用された。また会計担当のエイブナー・ブレグマンは陸軍航空隊に、執行委員会のルイス・ストラウスは海軍に入隊した。一九四二年四月、リスボンのヨーロッパ本部長をつとめるモリス・トローパーが辞任し、陸軍中佐として軍関係の任務についた。トローパーの後任には副本部長のジョセフ・シュワルツが就任した。シュワルツは戦時下ヨーロッパのジョイントの困難な任務をほとんど孤軍奮闘し処理していたが、ジョイントは一九四二年一一月からはハーバート・カツキー、ルイス・ソーベルの二名のスタッフを、とくに児童の撤収計画についてシュワルツを補佐するためリスボンへ派遣した。[44]

軍務でなくとも、政府の対外救済復興活動部部長に就任するためジョイントを離れたハーバート・リーマンのように、戦争は多くのスタッフを戦場に、あるいは戦争関連の任務に奪い取っていく。また、エドゥアルト・ヴァールブルクは、ポール・ベルウォード理事長が一九四一年初めに辞任したため、理事長に就任したばかりであった。しかし、ヴァールブルクが軍役についたため、ベルウォード名誉理事長は急遽、理事長職に復帰することになった(45)。

戦時下の困難な時期にジョイントの実質的なかじ取りは、ヨーロッパ本部を切り盛りするシュワルツをはじめ、副理事長のジョセフ・ハイマン、それに海外活動部門の責任者のモーゼス・レヴィットら、いずれも四十代の経験豊かな中堅の幹部たちが担った。ジョイントの草創期に救済活動を率いたのはドイツ系の名門出のユダヤ人であったが、新しい世代は異色の背景をもちながら、いずれも経験豊富で優秀な人材であった。レヴィットはエンジニアの出身だったし、シュワルツはユダヤ教正統派の敬虔な教育を受けたラビでもあった。

ジョイントの活動報告は、戦闘やホロコーストのためさらに、副理事長など幹部を含む現場のスタッフを失ったことを報じている。戦場となったヨーロッパ各地で立ち往生する難民たちは救援が届くのを祈るような心境で待ち続けたが、肝心のジョイントが海外各国に派遣したスタッフが戦火に逃げまどい、国内でも貴重な人材が軍に徴用されたため、その救済活動は大幅に低下することになる。

二　中国のユダヤ難民

上海共同租界のユダヤ人

中国の上海が難民にとって残された数少ない避難地となったのには、十分な歴史的理由がある。上海はアヘン戦争（一八四〇～四二年）の結果、清国がイギリスと締結した南京条約にもとづき開港した五港のひとつとして外国人に開放された。上海には外国人居留地である租界が設置され、イギリスなどの外国の国民は租界内で中国の法律に縛られることなく自由に商活動を営んだ。

この租界は、上海を流れる黄浦江にそって広がるイギリスを中心とする共同租界（International Settlement）と、上海の西方に位置し、フランスの管理に属するフランス租界（French Concession）に分かれており、中国の領土には中国の主権が大幅に制約された地域が出現したのである。共同租界では、工部局という国際的な自治行政組織が行政、裁判、警備など諸々の業務を取り仕切り、租界の治安を維持するため自警団組織として上海義勇隊を創設した。フランス租界は、フランス領事の強い管轄のもとに設置された参事会が行政を担当した。これらの租界に上陸するために、ヴィザなど面倒な書類や手続きは必要なかった。しかも、中国はヨーロッパで長年にわたってユダヤ人を苦しめてきた反ユダヤ主義とはまったく無縁であり、上海は門戸を閉ざされ途方に暮れるヨーロッパの難民には天国であった。(46)

南京条約によって外国人に開港された上海には、世界各地から商機を求めて多くの商人が集まってくる。ジャーデン・マセソンやデントなどのイギリスの貿易商会が、背後に無限に広がる市場を見込んでつぎつぎと上海に足がかりを築いた。イギリス人たちに続いてユダヤ人も上海に進出する。

ユダヤ人の上海渡来の歴史は三つの波に分かれる。第一の波はセファルディの波である。メソポタミアやインドなどからサッスーンやカドゥリーなどセファルディのユダヤ人が上海に渡航し、定着するようになる。彼らはイギリスの保護のもとで上海に事業の拠点を設け、そこから世界に雄飛していった。

こうしたユダヤ商人たちは、東アジアの国際政治の波に翻弄されながらも、世界を相手にした商取引で巨額の財産を築いていく。第二次世界大戦とその後の新中国の成立によって、ユダヤ商人は中国を離れることになるが、上海にはこんにちなお彼らの栄華の時代を偲ばせる足跡を残している。黄浦江岸に堂々と雄姿を誇示している、上海のランドマークともいうべきキャセイ・ホテルを含むサッスーン・ビル（現在の和平飯店）や、ブロードウェイ・マンション（上海大廈）などは、こうしたユダヤ人たちが中国の近代に果たした役割をあらためて思い起こさせてくれる。

ユダヤ商人は、なぜ香港ではなく上海を拠点にしたのだろうか。まず、イギリス領となった香港の所得税率が高率だったことである。これに対して、上海は対外的に開放された通商港であるため、特恵関税などの有利な条件が外国商人には魅力であった。つぎに、上海の租界は外国商人に居住と投資の特権を与えており、そのことがユダヤ商人の進出にも有利に作用した(47)。上海の背後には豊かな市場が無限に広がっていた。しかし、彼らは香港の地位をも重視した。中国内はたびかさなる戦乱で政治的不安が続いていたので、むしろイギリスの統治下で政治情勢が安定していた香港は無視できない存在だった。実際に香港上海銀行が創設された際、サッスーン一族は理事として参加した。ユダヤ人たちはやがてシナゴーグを設立し、しだいにコミュニティとして明確な形態を整えるようになった。一九〇三年四月に上海シオニスト協会（ＳＺＡ）が設立され、翌年から機関誌『イスラエルズ・メッセンジャー』の発行を開始し、一九〇九年九月には上海ユダヤ人協会が創設された(48)。

第二の波はロシアと東欧からである。上海のユダヤ人は一八九五年ころには一七五名を数えていたが、二〇世紀に入るとロシア・東欧からアシュケナジィのユダヤ人が渡来するようになり、さらに革命後のロシア国内の混乱を反映してその数は増加を続けた。ユダヤ人だけでなく白系ロシア人も革命を逃れて満州や上海に避難するが、彼らの多くは革命で財産をすっかり失い、革命の元凶とみなすユダヤ人に対して怨念をみなぎらせ、反ユダヤ的行動に訴えることもあった。そして第三は、一九三〇年代にナチスの登場で開始し、ドイツやオーストリアなどを脱出した多くのユダヤ人が上海に流入する波である。

上海のユダヤ難民

一九三三年、ヒトラー政権の発足とともに、早くもドイツからユダヤ人の家族が上海に到着した。この一二家族からなる一団は、一九三〇年代末に陸続とヨーロッパから到着するユダヤ難民の先触れであった。一九三八年三月のアンシュルス（独墺併合）、一一月のクリスタルナハトの反ユダヤ暴動のあと、ドイツやオーストリアに残っていたユダヤ人は先を争うように脱出していく。

ところが、これらのユダヤ人が押し寄せた上海は不幸にして日中戦争のさなかにあった。上海市内の戦闘はすでにユダヤ人にも多くの被害を与えていたが、それでも彼らの流入は止まなかった。ナチ体制下のドイツと異なり、ユダヤ人は、少なくとも上海ではユダヤ人であることを理由に差別されることも迫害されることもなかった。

上海では現地のユダヤ人救援組織が、これらのユダヤ難民に対して支援の手を差しのべた。一九三八年以後、大量に難民が流入するまでは、亡命ロシア人委員会（一九二六年設立）やドイツ系ユダヤ人救済基金（一九三四年設立）といった団体がほそぼそと難民救助活動を続けていた。しかし、一九三八年以降に多数のユダヤ人が到来すると、もはや手が回らなくなった。そこで一九三八年八月、新しく国際欧州難民救済委員会（ＩＣ）が発足した。この委員会は委員長であるハンガリー出身のユダヤ人のビジネスマン、ポール・コモールの名をとってコモール委員会とよばれた。ヴィクター・サッスーンなどイギリス系、オランダ系の裕福なユダヤ人が資金面で協力した。ＩＣは、無国籍となったユダヤ難民のために身分証明書の発行、キッチンの設立、リサイクル・ショップの運営などで支援した。

さらに同年一〇月、ドイツ系ユダヤ人を中心にドイツ・ユダヤ人救済協会（のちにオーストリアのユダヤ人にも支援活動を広げるため独墺ユダヤ人救済協会と改称）が創設されたが、組織の一本化と効率化をはかるため、これとＩＣの二組織を統合し上海欧州ユダヤ難民援助委員会（ＣＦＡ）が設立された。ＣＦＡは委員長のオランダ系ユダヤ人の金融家ミシェル・スピールマンの名前をとり、スピールマン委員会と呼称され、ユダヤ人社会の有力者が委員に名を連ねた。

ＣＦＡは、難民にかかわる多くの問題を処理するため、財務、住宅・貸付、医療、教育・文化、就職などの小委員会を設置した。[49] 難民を収容するため虹口の華徳路にドイツ語でハイム（Heim）という最大規模の収容施設が設けられ、食事を提供するキッチンや診療所、図書室などが付設された。[50] さらに虹口には、ホレース・カドゥリーの援助で難民のための学校や職業訓練センターなども設立された。

しかし、短期間に多くの背景の異なるユダヤ人が集中したため、ユダヤ人相互の関係は必ずしも良好とはいえず、争いが絶えなかった。現地のユダヤ人社会は、文化的・政治的・経済的に多彩な背景をもつ難民の要求にどうこたえるかという難題を抱えた。従来のセファルディ系ユダヤ人、ロシア系ユダヤ人、新たに渡来したドイツ・オーストリア系ユダヤ人、ポーランド系ユダヤ人などのあいだの根深い対立に加え、宗教的に敬虔なポーランドのユダヤ人とむしろ世俗的なドイツ系ユダヤ人とのあいだにみられた埋めがたい溝は、彼らに支援の手を差しのべる救援組織にとっては頭の痛い問題だった。

ＣＦＡの「一九四〇年度年次報告書」によれば、ＣＦＡに登録された難民の数は一九四〇年一二月末で一万三四四七人に達していた。[51] そして、これらの難民を世話する医師や看護婦などのスタッフは五一六人にのぼった。難民の流入は、日本が難民の上海上陸を禁止した一九三九年八月までに、毎月二〇〇〇人から三〇〇〇人の割合で増加した。最初は難民の上陸に寛大だった日本も、租界の工部局も、さらには上海在住のユダヤ人までもが、ひっきりなしに増え続ける難民に困惑していた。難民の増加によって不足がちの住宅事情も、低迷していた雇用状況も悪化の一途をたどっていた。ユダヤ人以外の外国人のあいだからは、ユダヤ人の上陸禁止を求める声が日増しに強くなっていった。難民を受け入れたために、世界各地で発生している社会問題が上海でも現実のものとなってきたのである。

日本政府の対応

一九三八年以降、海外の日本大使館や領事館から本省に、日本への渡航ヴィザ申請に訪れるユダヤ人が増加しており、これにどう対応したらよいか照会があいついだ。ドイツおよびオーストリアを出国しようと決意したユダヤ人は、自分たちを受け入れてくれそうな国を必死に探し求めた。引き受けてくれるなら、どこの国でも構わなかった。

一九三八年三月、アンシュルスの直後にウィーンにやってきたゲシュタポ大尉のアドルフ・アイヒマンは、オーストリアからユダヤ人を一掃する計画を強引に進めた。パニックになったオーストリア在住のユダヤ人は、避難先を求めてウィーンにある外国公館に殺到した。九月、ウィーンに駐在する山路章総領事が東京の外務省に公電で請訓を求めた。内容は、オーストリアで排斥されたユダヤ人が日本のヴィザを求めて来館したので、ドイツ人の日本への入国、通過にヴィザは不要であるとする一般的証明を与えたところ、この証明書を入手しようと来館するユダヤ人が激増したためどう対応すべきか回電してほしい、というものであった[52]。日本とドイツ、イタリア両国のあいだには査証（ヴィザ）の相互廃止の取り決めが存在するため、ドイツとオーストリアなどから日本の在外公館に殺到するユダヤ人が増加しており、いずれの在外公館でも対応に苦慮していた。満州国でもまったく同様の問題が発生していた。

ウィーンなどからの公電に対し政府がとった方針は、一般的には外国人入国令にもとづき最終行き先国の査証を有し、一定の携帯金を所持する場合には通過査証または通過渡航証明書を発給するほか、利用可能な者など特別の例外を除きユダヤ難民の入国申請については認めないこととし、なるべく日本への渡航を断念させるよう措置する、というものであった[53]。

こうした在外公館への対応に追われた外務省は関係各機関による政策の調整を必要とし、その結果、日本のユダヤ問題に関する方針となったのがつぎの五相会議の決定である。一九三八（昭和一三）年一二月六日に近衛内閣の五相会議（近衛首相、有田外相、池田蔵相、板垣陸相、米内海相）は、ユダヤ問題に関する日本政府の基本方針を定めた。

　この政策は、まず、独伊両国との親善を維持し、盟邦を排斥されたユダヤ人を積極的に日本に入国させることはしないが、ドイツのようにユダヤ人を排斥すれば日本の人種平等の精神に反することになるだけでなく、外資導入に必要なアメリカとの関係を悪化させることにもなるので極端な排斥はしない、との基本的立場に立つことを明らかにする。そして、具体的には、現時点で日本、満州国、支那に居住するユダヤ人は公正に扱う、新たに日満支に渡来するユダヤ人は外国人入国取締規則にもとづき処置する、資本家や技術者など利用価値ある者以外のユダヤ人は積極的に招致しない、との方針を決定した。政府はこれを海外の関係出先機関に周知させた。

　この方針にそって具体策を講じるため、政府は外務、陸軍、海軍三省の調査員を現地上海に派遣し調査を実施させることにした。三省の調査員とは、陸軍の安江仙弘大佐、海軍の犬塚惟重大佐といったユダヤ問題専門家に加え、外務省の石黒四郎上海領事である。彼らは一九三九年五月から二カ月間、現地上海で調査を実施し、ユダヤ難民の応急対策案をまとめ、さらに「上海ニ於ケル猶太関係調査合同報告」を作成した(54)。

　応急難民対策案は、すでに共同租界の日本軍警備地域内の収容所などで居住または営業している者についてはそのまま認めるが、新たな難民の日本軍警備地域への立ち入りを禁止するというものであった。また調査合同報告には、難民の居住区設定、ユダヤ系資本の誘致、上海在住ユダヤ人の利用によるアメリカ世論の親日転向の方途などの、調査研究の成果が盛り込まれていた。

　こうして、一九三九年八月二二日以降、上海共同租界の日本軍警備区域に新たな難民が立ち入ることは禁止された。それにともない上海の日本総領事館は、ユダヤ側のCFA代表のエリス・ハイムを招き新対策について説明し、すでに居住している難民の登録をおこなうよう求めた。同時に日本総領事館は、問題の一因は独伊両国が難民の流出を容認していることにあるとして、両国の領事館に対しても難民の上海渡航を防止する措置をとるよう要請した。蘇州河南の共同租界およびフランス租界でも同様に、日本側の決定にあわせて難民の流入を禁止することになった。

大戦下の難民

大戦の勃発とともにドイツやポーランドを逃れようとしていた難民は、脱出が困難になって恐慌をきたした。それまで多くの難民はヨーロッパ大陸を縦断しポルトガルのリスボンか、イタリアのトリエステやジェノヴァ、あるいはフランスのマルセイユをめざした。ユダヤ人たちは全財産をはたいて汽船の切符を手に入れ、これらの港から一カ月あまりの航海を経て上海に上陸するのである。しかし、開戦により、またイタリアが一九四〇年六月に参戦すると、海路による脱出ルートがほとんど閉ざされた。そのため、難民が戦乱のヨーロッパを逃れるには、黒海、トルコ経由でパレスチナにいたるか、それとも陸路でロシアの大地を横断し太平洋岸に到達するしか、道は残されていなかった。

ソ連はシベリア以遠の最終行き先地のヴィザを所持する条件で通過ヴィザを発給していたから、難民が日本やアメリカのヴィザを所持していればソ連領内を通過するのに何の障害もなかった。こうして多くの難民が、シベリア鉄道経由で東岸のウラジオストックか大連をめざした。ウラジオストックに到着した難民のうちアメリカ入国の正規のヴィザを所持する者は、そのまま船でアメリカへ向かった。だが、多くのユダヤ難民がめざしたのは上海であった。その上海では、すでに落ち着いていたドイツ、オーストリアから避難したユダヤ人にポーランドの難民が新たに加わり、ユダヤ難民の数は二万人を超えていた。現地のユダヤ人社会も、救援対策組織も、さらには難民が移住先に希望するアメリカ領事館も、急増する難民の問題に対処できず、悲鳴をあげていた。

三　マーゴリスの上海派遣

ハバナから上海へ

増加を続ける上海の難民問題の実情を訴えるため、一九三九年、アメリカ、ヨーロッパを訪れたＣＦＡのスピールマン委員長はニューヨークでジョイント側と会談した。その際スピールマンは、増え続ける難民にかかわる問題を統括しうる人物の派遣を強く要請した。アメリカのユダヤ人団体としても、上海の事態を放置しておくわけにはいかなかった。ジョイントはアメリカ渡航を希望するユダヤ難民のために、現地でこの問題を担当するスタッフを派遣する方針を決めた。

ジョイントの上海代表を打診されることになるのが、ローラ・マーゴリスであった。セントルイス号事件のあと、マーゴリスは虚脱感にとらわれていた。アメリカの国土を肉眼でのぞみながら、非情にもヨーロッパに連れ戻された難民たちの無念さを想って、ハバナのジョイントのスタッフは深い挫折感に襲われていた。国際政治のすさまじい現実を前にしてマーゴリスはなすすべもなく、ひたすら耐えるしかなかった。キューバ勤務は六カ月の約束だったため、マーゴリスは八月に帰国し、ニューヨークの全国難民奉仕会（NRS）で難民支援の仕事を続けた。

セントルイス号事件のあとしばらくのあいだ、ヨーロッパからキューバへ渡航する難民は事実上停止した。しかし、マーゴリスらジョイント救済委員会（JRC）は依然としてキューバに滞留する五〇〇〇〜六〇〇〇人の難民に対応しなければならず、そのための資金不足を嘆く活動報告を、マーゴリスは帰国前にニューヨークの本部に提出している。[55]

一方、キューバ政府は国際社会の激しい批判にこりたのであろうか、難民に対する扱いはゆるやかになった。とくに一九四〇年にブルに代わって新大統領に選出されたバティスタは、ユダヤ人にはとりわけ好意的だったといわれる。キューバ国内のファシスト団体による反ユダヤ主義の蠢動は、世界大戦の勃発とともに鳴りを潜めた。開戦後、キューバ政府は多数のユダヤ難民にヴィザを発給し、国内のユダヤ人人口は一万五〇〇〇にのぼっていた。[56]このため、ニューヨークでジョイントの研修を受けていたマーゴリスにふたたびキューバ勤務の要請があり、これを機に彼女はユダヤ福祉協会（JWS）を退職し、一九四〇年一月にハバナに戻る。マーゴリスは、キューバに滞留するユダヤ人たちに対する責任を放棄するわけにいかなかった。

一九四一年初め、マーゴリスがハバナ郊外でゴルフを楽しんだあとホテルに戻ると、メッセージが届いていた。そのメッセージはニューヨークのジョイント本部からで、マーゴリスに折り返し電話をしてほしいというものだった。[57]ニューヨークの本部に電話をいれると、中国の上海へ行ってくれないか、ついては話をしたいので、ただちに帰国してくれないかと有無をいわせぬ強い調子で、彼女には選択の余地がまったくなかったという。何度かキューバを訪れた国務省のヴィザ課長ウォーレンがマーゴリスの仕事ぶりを高く評価し、ユダヤ難民が急増し困惑している上海のアメリカ領事館でヴィザ発給などの仕事を手伝ってもらうわけにはいかないかと、ジョイントに打診したのである。

マーゴリスはこの申し出を受けることにした。キューバに赴任してからすでに二年が経過しており、キューバでの仕事はある程度の目処がついた。さらに、別の土地で仕事をするのに関心があったし、中国にはとりわけ魅力があった。

しかし不安がなかったわけではない。アメリカと目と鼻の先に位置し、そのため多くの支援が期待できるキューバと違って、中国では現地のユダヤ人社会以外に助力はほとんど期待できず、いったい何から手をつけてよいのか見通しが立たなかった。平和なキューバと異なり、中国大陸はまさに戦乱のさなかにあった。マーゴリスは、未知の土地で頼りになったのは自分がこれまで受けてきた訓練とキューバでの経験の積み重ねであった、と述懐している(58)。

マーゴリスは帰国し、家族や知人にあいさつをすませた。家族は女性が戦乱の土地に行くのに反対したが、マーゴリスは、一九四一年四月一七日、サンフランシスコから上海に向け出立した。ジョイント海外活動部門の責任者モーゼス・レヴィットが紹介状を書いてくれた。

宋慶齢との出会い

サンフランシスコから海路ハワイをめざし、ホノルルに五日間滞在したのち、パン・アメリカンの飛行艇で五昼夜をかけ、ミッドウェイ、ウェーク島などで給油しながら太平洋を横断し、五月初めようやく香港に到着した。最初、マーゴリスは香港から上海まで日本郵船の龍田丸（一万六九五五トン）に乗船する予定だったが、中国を土足で踏みにじる日本の客船にとうてい乗船する気分になれず、香港で一週間待ってオランダ船籍の船をつかまえた。

船待ちのため香港で時間をつぶしていたある日のこと、香港市街を散策していたマーゴリスは、社会福祉団体である中国防衛連盟の事務所を見つけると、誘われるように思わず中に入った。事務所にはひとりの中国人女性がいた。この女性こそ「中国革命の父」孫文の未亡人で、のちに中華人民共和国の副主席になる宋慶齢であった。当時、抗日運動の先頭に立っていた宋は、日本軍の追跡を逃れて上海から香港に移っていた。アメリカのユダヤ人女性が同胞を救済するためにはるばる中国までやってきたことに、感銘を受けたのであろう。宋慶齢はその夜、マーゴリスをパーティに招いた。その晩、ホテルのマーゴリスのもとをモリス・コーヘンが訪れた。

「二挺拳銃のコーヘン（Two-Gun Cohen）」の異名をとるコーヘンはポーランドのユダヤ人の家庭に生まれ、家族とともに移住したイギリスのロンドンで少年時代を過ごした。ところが、コーヘン少年は非行を重ねたため、もてあました両親はカナダの知り合いの農場で働かせることにした。カナダでコーヘンは多くの中国人と知り合い、やがてその縁で中国に渡り孫文のボディガードをつとめ、孫文亡きあとは宋慶齢の身辺を警護した。生涯を中国の友人として送り、国民党の蔣介石、孫科、上海市長の呉鉄城だけでなく、共産党の有力者とも親交があった(59)。

そのコーヘンがマーゴリスを宋のもとにエスコートし、そのままパーティに加わった。パーティの引け際に、宋はマーゴリスに明日の晩もまた来てくれないか、ふたりだけで話がしたいと訊いた。翌日の晩もまた、コーヘンがマーゴリスを宋のもとに案内した。マーゴリスによれば、宋は当時ユダヤ人が直面していた問題は中国人にも共通するとして彼女のソーシャルワーカーの仕事に興味を示し、さらに社会での女性の積極的な取り組みを大いに奨励したという。マーゴリスは宋慶齢との出会いの印象をつぎのように語っている。(60)

私は宋から中国のことを学んだ。彼女も私も人びとのこと、社会福祉のことに関心があり、多くの共通の話題をもっていることに気がついたのです。

宋とマーゴリスはすっかり意気投合し、互いに価値観や目的を共有し、同じ問題意識をもっていることに気がついたのだった。マーゴリスは一九四一年六月、独ソ戦争が勃発したため、ジョイント本部の忠告もあって八月中旬から一〇月初旬までフィリピンのマニラに疎開した。その折、船が香港に立ち寄った際にも宋慶齢と会っている。

ふたりの女性はそれぞれの動乱の時代を生き延び、つぎにふたりが再会するのは三八年後である。一九七八年の秋、たまたまニューヨークの書店に立ち寄ったマーゴリスは宋慶齢が中国の国家副主席になっていることを知ると、ニューヨークの中国国連代表部を通じて、宋に香港での出会いの思い出をしたためた手紙を送った。年が明けてマーゴリスのもとに届いた返事のなかで、宋は三八年前と現在では中国の様子はすっかり変貌しているのでぜひ見にいらっしゃいと書いて、個人用の連絡先を知らせてきた。(61)マーゴリスはさっそく中国を訪問したいと電報を打つと、二四時間以内に返事がきた。

こうしてマーゴリスは一九七九年夏、訪中旅行団に参加して中国再訪の旅に出発する。サンフランシスコから香港、上海を経て、彼女は列車で北京に向かっていた。中国人のガイドがマーゴリスのコンパートメントに来て、宋慶齢のメッセージを伝えた。「四時にお会いしましょう」という簡単な内容だった。宋慶齢のオフィスでふたりの旧友は余人を交えず再会を喜び合い、二時間のあいだ、時のたつのも忘れて語り合った(62)。

ユダヤ難民に対する救援活動

一九四一年五月一五日、上海の埠頭では、かねてジョイントが資金援助をしていた上海欧州ユダヤ難民援助委員会(CFA)の代表が、到着したマーゴリスを迎えた。彼女は用意された、黄浦江岸のバンドにそびえるキャセイ・ホテルで旅装をといた。

マーゴリスの印象によると、上海はやたらにごみごみしていて、貧富の格差はそれまで訪れたどこの土地よりも極端であった。路上には行き倒れた中国人の屍が放置されていた。何よりも驚いたのは人力車だった。もともとは日本から持ち込まれたが、人力車こそ上海の貧しさの象徴と思えた。上海には七万から八万人の車夫がいたといわれるが、彼らのほとんどは土地を奪われた農民たちだった(63)。人間が馬の代わりをつとめ、全身から汗を飛び散らせながら疾駆する非人間的な乗り物に、マーゴリスは批判的な視線を向けたのである。

マーゴリスは到着の翌日から活動を開始したが、実際にユダヤ難民たちに接してみると、とてもひとりの力で処理しきれる種類の仕事ではなかった。

上海に滞在する二万人ほどの難民のうち、特別に援助を必要とする八〇〇〇人に毎日二回の食事を提供しなければならなかった。残りの一万人以上の難民は生活するすべを見つけ、新しい環境にも上手に順応していたが、保護を要する八〇〇〇人は長い流浪の果てに肉体も精神も病み、もはや生活する意欲も能力も欠いていた。弁護士や技術者など高学歴の資格をもつ人びとが難民のなかに少なくなかったが、過剰な人口をかかえる上海で、この種の資格は何の役にも立たなかった。日本軍が管理する虹口を中心に、二五〇〇人の男女、子どもの難民を収容するキャンプが五カ所設置されていた。しかし、そのほとんどが、学校やかつての兵舎跡などを利用し収容施設としたもので、ある施設では二段ベッドの並ぶ狭い部屋に何人も押し込まれ、トイレは四〇〇人に二つという状態だった。さすがにマーゴリスは、これほど衛生状態が不潔で貧しい環境に人びとが居住するのを見るのはショックだったと、ある雑誌に書いている。(64)

マーゴリスが上海に派遣された最大の目的は、国務省の依頼でアメリカ領事館のヴィザ発給の業務を補助することであった。そのため、日本総領事館の並びにあるアメリカ領事館に毎日顔を出し、ワシントンで問題ないとされたアメリカ移住を希望するユダヤ難民の申請書類をあらためて審査し、ヴィザの発給を手伝った。(65)国務省はすでに述べたように、ドイツやソ連・東欧から難民を装ってひそかにアメリカに潜伏しようとする工作員を水際で阻止するため、難民の受け入れに厳しく対処していたのであった。

マーゴリスは独ソ戦が勃発したのにともない、一時期マニラに避難した。マニラに滞在しているあいだ、彼女はニューヨークのジョイント本部に電話をかけ、上海の難民救済の仕事は自分ひとりではとうてい担いきれるものではないから、誰か手伝いのスタッフをよこしてほしいと懇請した。ジョイント本部は、九月八日、ヴァールブルク理事長、マーゴリスの直接の上司であるレヴィットらが出席した会議において、マーゴリスの要請を受け入れることを決定し、彼女のよく知っているスタッフを派遣すると約束した。そのうえで、本部は、万が一戦争になるような事態にいたっても、戦後に返済することを条件に月三万ドルまでなら現地で自由に借用できるよう取り計らってくれた。

現地のユダヤ人社会内における対立

マーゴリスには頭痛の種になる問題がもうひとつあった。現地のユダヤ人社会内部で対立が生じていたことである。

一九三八年一〇月、現地の難民救対組織を一本化して上海欧州ユダヤ難民援助委員会（CFA）が設立されたが、その際、もうひとつの国際欧州難民救済委員会（IC）は解散することになっていた。ところが、委員長のコモールはICを解散せず、CFA指導部を公然と無視し、一本化に抵抗したのである。コモールがICの存続にこだわった最大の理由は、ジョイントの援助資金に関するものだった。CFAに併合されれば、それまで受け取っていた援助金はCFAに吸いあげられ、ICには配分されない。コモールとCFA委員長スピールマンの対立に、コモールを支持するヴィクター・サッスーンが介入するにおよんで、事態はこの上海ユダヤ人社会の中心人物を巻き込む対立に発展した。しかし、CFAのなかにコモールに対する反感が根強いのを知ると、サッスーンは最終的に身を引くことになる。

背景の異なるユダヤ人どうしの関係もしっくりいっていなかった。とりわけ、ドイツ系とポーランド系のあいだに深い溝が生じていた。

一九四一年以降、ポーランドのユダヤ人が大挙して東アジアに押し寄せた。多数のポーランド難民の面倒をみるため、一九四一年三月にロシア系のアシュケナジィ・ユダヤ人協会は東欧ユダヤ難民援助委員会（ＥＪＣ）を設立した。ポーランド出身のユダヤ人が宗教的に敬虔であったのに対し、ドイツ、オーストリア出身のユダヤ人のなかには西洋文明に同化した世俗的な者が多かった。もともと東欧の宗教的な環境のなかで育ってきたユダヤ人は、世俗的なユダヤ人に対して優越感をもっていた。ポーランドのイェシバ（ユダヤ教神学校）のラビや学生たちは、上海でも祈禱所や学習の場を必要としていた。また、彼らは宗教的作法に則って調理された食物を求めた。こうしたコシェル食品は通常の食品よりも値段が高くついた。このような危機的状況に置かれながらもなお、自分たちの宗教伝統にこだわる正統派ユダヤ教徒の生き方を、ドイツなどの世俗的なユダヤ人の多くは理解できなかったに違いない。

さまざまな背景をもったユダヤ人がひしめく狭いコミュニティをまとめることは困難を極めたが、さらにマーゴリスの活動を難しくしたのはＣＦＡの難民に対する扱いであった。ＣＦＡの難民に対する態度は、とても人間を扱うとは思えないほどひどかったといわれている。ＣＦＡの委員は、実際には日常的な難民救済活動にかかわろうとせず、日常的な問題を処理したのはもっぱら上海義勇隊のユダヤ人部隊に属するＡ・ヘルツバーグ大尉であった[66]。この人物はドイツ出身で、融通がきかないことに加え、規律や権威にうるさく、マーゴリスによれば、ヘルツバーグと一緒に仕事をしているとまるでドイツの軍隊にいるようだったという[67]。

ジョイントは、原則として現地のユダヤ人社会内の問題に口を出すことはしない。アメリカ国内で集めた資金を配布するのが目的である。しかし、ユダヤ人どうしが反目しあっている状況はジョイントの本来の目的を損なうおそれがある。アメリカで集めた資金が有効に活用されるためにも、現地の救援組織がそれまでの行きがかりを忘れて、ともに協力するしか方法がないことは明らかだった。

マーゴリスはＣＦＡに対して厳しい姿勢でのぞんだ。委員長のスピールマンと面会した際、マーゴリスは難民の問題についてニューヨークのジョイント本部からあらゆる権限を与えられている旨、通告した。[68] これ以後、ジョイントの資金はＣＦＡに対してではなく、直接マーゴリスのもとに送金されることになる。[69] 彼女はそれを自ら難民に分配した。さらにマーゴリスは、この機会に東欧系のＥＪＣをＣＦＡの一小委員会とし、ＣＦＡ内で東欧のユダヤ難民の問題について責任をもたせる構想を考えていた。敬虔なユダヤ教徒の多いポーランドのユダヤ人に対しては、ドイツ系ユダヤ人が月に三米ドル支給されていたところに、月五米ドルが支給された。前述したように、正統派ユダヤ教徒が要求するコシェル食品の価格が割高なためであった。

このことは結果的にドイツ系とポーランド系のあいだに格差を設けることになり、マーゴリスらはポーランドのユダヤ人の厚遇を羨む他のユダヤ人からの思わぬ抵抗に直面した。マーゴリスは難民に提供される食事についてコシェル食品を求めたのに対し、ロシア出身のシオニストで上海アシュケナジィ社会の幹部だったダヴィッド・ラビノヴィッチは、とにかく難民は胃袋を満たすことが大事だから、値段がはり、入手も困難なコシェルより普通の食材でよいのだ、と反論したという。[70]

いずれにせよ、マーゴリスはこうしたユダヤ人社会内部の反目を収拾しなければならないという、厄介な問題に直面していた。この問題を放置すれば、遅かれ早かれ救済活動は困難に陥ることになろう。

そんな折、一九四一年一一月二六日、ニューヨークのジョイント本部から派遣されたマニュエル・シーゲルが上海に到着した。本部がマーゴリスに約束した旧知のワーカーを派遣するというのは、シーゲルのことだった。マーゴリスは、同じソーシャルワーカーのシーゲルとはバッファロー時代からの知り合いであったし、キューバでも一時期一緒に仕事をしたことがある。(71) シーゲルの到着は心強く、協力して上海のユダヤ人社会内部の難民救済態勢の立て直しをはかるため、ふたりは一二月初めＣＦＡ側と会談した。その結果、双方は一二月八日にＣＦＡを再建することで合意に達した。(72)

四　開戦と上海のユダヤ難民

太平洋戦争と上海

一二月八日午前四時、ズシン、ズシンと地を揺るがす音でマーゴリスは目を覚ました。キャセイ・ホテルの自室の窓のそばに行き、カーテンを引いて外をのぞくと、黄浦江の日本海軍の駆逐艦「蓮」と砲艦「鳥羽」がイギリス艦「ペテレル」めがけて砲火を集中させていた。アメリカ艦「ウェーク」は一戦も交えずに日本側に降伏したが、日本軍の降伏勧告を拒否した「ペテレル」はみるみるうちに大破し、黄浦江に沈んだ。港には多くの船が炎上していた。(73) 日本海軍機動部隊のハワイ奇襲とともに、上海でも戦闘が始まったのである。

上海総領事の堀内干城は、陸海軍参謀をともなって共同租界の事実上の政府である工部局へ行き、日本軍の共同租界進駐を通告、陸海軍部隊が租界内の敵性権益の接収を開始した。ヴィシー政権のもとにあったフランス租界だけは日本軍の占領を免れた。租界の警備にあたっていた上海義勇隊は動員されることもなく、一九四二年二月に活動を停止し、九月三日、正式に解散した(74)。

上海の放送局で英語のラジオ放送を続けていたアナウンサーは、日本軍の命令に従っていれば何も起こらないと放送したあと、沈黙した。キャセイ・ホテルのロビーは銃剣で武装した日本兵に占拠され、マーゴリスとシーゲルは日本軍からそれぞれの部屋にとどまるよう命じられた。アメリカ国籍のふたりは敵性国民となった。オランダ国籍のスピールマン会長はじめ、ほとんどの上海欧州ユダヤ難民援助委員会（CFA）のメンバーも敵性国民扱いとなった。

八日遅く、マーゴリスらは自由に外出してよいと通告され、その後、敵性国民であっても当面は拘束されることはないと言われた。けれども、その日はホテルを出ることはできなかった。つぎにどういう事態が起こるか予測がつかなかったのである(75)。しだいに状況が把握できるようになると、彼女らは、どうやら差し迫った危険はなさそうだと判断し、ついで、いったいいつまでこの状態が続くのか心配になった。もちろん難民のことが脳裏にあった。開戦当時、上海のユダヤ難民は約一万五〇〇〇〜六〇〇〇人、このうち自活が難しい半数の八〇〇〇人の難民に対して食事を提供しなければならなかった。

しかしCFAの主要メンバーが敵性国民となった以上、そのなかでなんとか難民の仕事を続けられそうな人物は、難民のあいだであまり評判のよくなかったドイツ系ユダヤ人のヘルツバーグ大尉のほかに見当たらなかった。ドイツ政府は一九四一年一一月二五日に海外在住のユダヤ人のドイツ国籍を剝奪する布告を発出したため、翌年一月一日以降、上海のドイツおよびオーストリアのユダヤ人は無国籍者となることが決まっていた。そうしたなかで、ヘルツバーグにどれほどの活躍が期待できるかは疑問であった。一方、一九四一年四月一三日に日ソ両国政府が調印した日ソ中立条約の結果、ロシア出身のユダヤ人は戦時下にもかかわらず行動の自由が認められた。このロシア系ユダヤ人も、難民救済活動に動員できる貴重な戦力として活用できる。

当初、共同租界の地位を尊重していた日本側は、年が明けると、工部局の英米人参事を更迭し、そのあとの参事に日本人、中国人、ドイツ人、スイス人を任命した。こうして共同租界の実権は完全に日本側が握ることになった。

日本軍占領下の上海

難民救済活動に不可欠なのは何よりもお金である。マーゴリスとシーゲルは多少の現金を所持していたが、とてもそれだけでは足りなかった。知り合いにドイツから来たユダヤ難民がいた。彼らは無国籍者となっていても、敵性国民とみなされてはいなかった。そこでマーゴリスらは現金や宝石などをかき集め、彼らのもとへ持っていき、預かってもらった。こうしておけば、ふたりに万が一のことがあっても、日本側に差し押さえられる心配はないだろうと判断したのである。[76]

開戦の結果、アメリカと敵国および敵国占領地との交信や送金はすべて対敵国通商法（Trading with the Enemy Act）によって不可能となったうえ、ジョイントの一二月分の割当もまだ届いていなかった。[77]開戦前、ニューヨークのジョイント本部は支援を必要とする八〇〇〇人の難民のために月三万ドルを送金しており、この送金が期待できないとなると、必要な資金を現地で調達しなければならない。

一九四一年三月、ジョイントは海外の難民救済機関に対し、本国との交信が絶たれた場合、数カ月間は戦後返済することを条件に現地で金を借用する権限を与えており、[78]マーゴリスに対しても、月三万ドルを限度に現地で必要な資金を借りるのを認めていた。その後、一九四一年一二月一〇日、ジョイントは戦後の返済責任に限度を設けるため、現地で金を借りる期間を六カ月に限定した[79]。

開戦後、マーゴリスのもとには、ジョイントから六カ月分の割当に相当する一八万ドル相当額までの借用の権限を付与する旨の電報が届いた[80]。しかし、現地で資金を調達するには日本側の許可を取りつける必要がある。開戦後まもなくして何人かの難民がマーゴリスのもとを訪れ、日本のユダヤ難民問題担当の責任者が彼女らの宿泊しているキャセイ・ホテル最上階の、かつてヴィクター・サッスーンが住んでいたマンションにいることを教えてくれた[81]。犬塚惟重海軍大佐である。

犬塚大佐

犬塚大佐は一九三九年四月以来、上海の海軍武官府内にいわゆる犬塚機関を設立し、ユダヤ難民問題を担当していた。

犬塚は宇都宮希洋のペンネームで『ユダヤ問題と日本』をはじめ、ユダヤ人の国際的影響力に注意を喚起する著書や論文をつぎつぎと出版し、陸軍の安江仙弘大佐とともに日本国内のユダヤ問題の専門家として知られた。彼は海軍軍人としての栄達よりもむしろユダヤ問題に関心をもち、難民のための居住区の設定、そしてそのためのアメリカからの資本の誘致といった課題の研究に心血を注いでいた。犬塚は支那方面艦隊司令部付海軍武官として上海に勤務していたが、一九三九年一二月、予備役に編入され、同艦隊において事務嘱託を命じられていた。しかし開戦後、犬塚は現役に復帰、支那方面艦隊司令部に武官として勤務した。そして彼は上海の莫大なサッスーン財閥の資産調査と管理、さらにはユダヤ難民問題を統括するため海軍武官府内に設けられた特別調査部、いわゆる犬塚機関の部長に就任していた。[82]

当初、スピールマンらが犬塚大佐に面会を求めたが、犬塚は開戦前に彼らが自分や海軍の陸戦隊を無視したことに憤慨しており、追い返したのである。[83] しかしマーゴリスが犬塚に電話をかけたところ、彼女とシーゲルの面会に応じた。マーゴリスは犬塚に難民の状況を説明し、彼らの生活を維持するための資金が必要だが、戦争のためアメリカからの送金が危ぶまれていると語り、上海のユダヤ人などから金を調達したいが、日本側の許可がなければ資金の募集をするわけにいかないことを指摘した。

あなたと私は互いに戦争をしている二つの国を代表しています。私たちにはしなければならない仕事があります。あなたは難民をおとなしく従順にさせておかなければなりません。大都会を占領しているときに食糧暴動を発生させるわけにはいかないはずです。もしもあなたが終戦後に返済するというジョイントのここにある保証を条件にお金を借りることを認めてくださるなら、私は難民の不安をなだめるためにあなたのお手伝いをいたしましょう。[84]

これに対し、犬塚大佐は協力しようと言って、いくつかの条件を提示した。その条件とは、マーゴリスらが難民の救済活動に全責任をもつこと、日本側に協力的でなかったCFAを解散させること、必要な資金は中立国の人物から借り、しかも借りた人物の名前を明かすことであった。[85] 最後の借入れ先を明らかにする条件はかなり厳しかった。当時、外国人の多くが上海のブラック・マーケットを利用しており、日本側当局に名前が知られるのを極端におそれていた。しかしマーゴリスには、犬塚大佐の条件に同意する以外選択の余地はなかった。

マーゴリスはその後も犬塚大佐とたびたび会った。犬塚もマーゴリスを信頼し、難民問題について彼女に相談することが多かった。犬塚大佐は、ジョイントがなぜ上海に直接送金できないのだろうか、アメリカ政府の財務長官ヘンリー・モーゲンソーはユダヤ人ではないか、それなら財務長官に直接電報で頼めないのか、などとマーゴリスに質問し、マーゴリスらは説明に苦慮した(86)。

生存のための戦い

ジョイントの一九四一〜四二年の報告によれば、一九四二年春の時点で東アジア地域には二万七七〇〇人のユダヤ難民が滞留していた。上海に二万二〇〇〇人、日本四五〇〇人（ただし一九四一年に通過した者の総数）、フィリピン一二〇〇人であった(87)。要するに、日本および日本の支配地域には、現地のユダヤ人社会を含めるとおよそ三万人のユダヤ人がとどまっていた。

マーゴリスらは毎日、八〇〇〇人の難民の胃袋を満たさなければならなかった。当座の所持金で、これほどの難民を養えるのであろうか。単純に計算すると、四〇〇〇人なら八日間、八〇〇〇人なら四日間は手持ちの資金でなんとか食事を提供することが可能であった(88)。問題はそのあとで、この戦時下に喜んで巨額の金を都合してくれる者がいるだろうか。考えれば考えるほど気分は沈んだと、マーゴリスは語る(89)。

最終的に、マーゴリスはこの問題の処理を難民たちにまかせることにした。彼女は難民のなかでリーダーをまかせられそうな人物をホテルに呼び出し、四〇〇〇人に八日間食事を提供するには、まず老人、病人についで女性、子どもを優先しなければならないとの提案を示した(90)。これに対して、彼らは、マーゴリスに虹口の難民キャンプのひとつに来てもらい、そこで難民の代表を集め、各キャンプの代表を選んで、彼らに決めさせるという条件で協力の意向を明らかにした。

こうして年が明けた一九四二年一月五日、上海欧州ユダヤ難民援助委員会（ＣＦＡ）のスピールマン会長は会議を招集し、会長のオフィスにあらゆる国籍のユダヤ人有力者約三〇名が集った。[91] 彼らを前にしてマーゴリスは、ジョイントの電報の件、犬塚大佐との交渉で獲得した保証とそのための条件について話し、そのあとの決断を彼らにゆだねた。その結果、会議に集まったユダヤ人たちは、食事の提供をこれまでの半分の四〇〇〇人に削減する案に同意し、さらに五名からなる小委員会を設け、資金募集の可能性を検討して一週間以内に報告することを決定した。[92] 結局、上海のジョイントは広くユダヤ人から金を集め、戦後に同額をニューヨークのジョイント本部から返済させるという条件で借用書を与えることにし、募金活動を進めることになった。

最初にマーゴリスのもとを訪れ、資金の提供を申し出たのは、あるドイツ系ユダヤ人のビジネスマンであった。その人物は上海に長く住んでおり、自分の名前が明るみにでても困らないと語った。マーゴリスは彼から一万米ドル相当の金を借り、借用書を与えた。[93] このことが知れわたると、資金を提供しようという申し出があいついだ。ユダヤ人のなかには多額の現金を所持している者が少なくなかった。彼らの多くは日本軍に差し押さえられる前にアメリカに送金したいと考えており、またそれが難しく、どうせ日本側に没収されるくらいならジョイントの借用書と引き換えに募金に応じてもよいと、何人かのユダヤ人は進んで資金提供を申し出た。

こうして一九四二年四月末までに、目標とした一八万ドルの借款はなんとか達成できる見込みがついた。[94] しかし、そのあとの資金調達の目処はまったく立たなかった。戦争がいつまで続くのかも予想できなかった。そのため、こうして集めた資金で最初予想した六カ月ではなく、八カ月間は活動を維持しなければならなかった。

日本軍が共同租界を完全に制圧すると、当初の混乱はしだいにおさまり、経済活動は戦争前の落ち着きを取り戻した。停止していた銀行業務は再開し、凍結されていた銀行口座は、預金者に対し一週につき五〇〇ドルまでの支払いに応じることが認められた。しかし、難民の悲惨な状態は開戦前とまったく変わらなかった。

一月中旬、不要な出費をおさえるためマーゴリスとシーゲルはホテルを引き払い、虹口の難民の居住地域へ移り、ジョイントのオフィスを虹口に設けた。

難民委員会の再建

マーゴリスは、一九四一年一二月八日に予定していたものの、戦争のため手がつけられなかった難民委員会の組織を効率よく再建するための作業に着手した。これは犬塚大佐の強い要望でもあった。敵性国民が執行部を占めていたスピールマン委員会（CFA）の代わりとなる組織を、早急に立ち上げなければならなかった。日本側は当面の措置としてマーゴリスらの活動を許し、難民の世話をまかせていたが、敵性国民である以上は、それも長く続かないだろうことは容易に想像できた。このためマーゴリスらは、ロシア、ポーランド、ドイツ出身の非敵性国民のユダヤ人で構成される、新たな難民委員会設立の作業に取りかかった。[95]

一九四二年二月初め、マーゴリスとシーゲルはCFAに雇用されている難民を集め、状況を説明するとともに、すでに活動が麻痺していたCFAに代わる効率的な新委員会を立ち上げる必要性を力説し、協力を要請した。さらに、マーゴリスらは、CFAが雇っていた五〇〇人は手持ちの現金不足のため雇用を続ける余裕がなくなったことを説いた。そして、将来アメリカから送金があるまで給与に代わる借用書を発行しなければならないから、有給のスタッフを抱えることができないので、キャンプは難民自身の手で運営されなければならない、と語った。そのうえで、マーゴリスはそれまでのスタッフに代わる各キャンプの代表五人で構成される委員会を設け、この委員会がジョイントとの窓口になって難民救済の活動を引き継ぐ、という提案を示した[96]。

難民たちのほとんどは貧しく、彼らの表情からは将来への希望など読み取れなかった。CFAの雇用を失うというのは、難民にとっては唯一の収入源が断たれることだったが、最終的に彼らはマーゴリスの説明に納得した。マーゴリスらは虹口のキャンプをまわり、難民たちに直接事情を説明した。その結果、五カ所のキャンプはそれぞれ五名からなる小委員会を設立し、キャンプ外の難民たちのあいだにも彼らを代表する委員会が設けられた。

二月、国際欧州難民救済委員会（IC）は犬塚大佐の命令で活動休止に追い込まれ、委員長のコモールは日本側に逮捕、拘留され、ICに復帰しないよう申し渡された。

一方、マーゴリスらはCFA改組の計画に着手しはじめた。まず、CFA会長スピールマン、セファルディ系で資産家のルビー・アブラハム、それにエリー・カドゥリーの二男ホレース・カドゥリーの三名の有力者を虹口のオフィスに招き、CFAの問題点を指摘し、その改革の必要性を説いた。アブラハムとカドゥリーは反発したが、スピールマンは批判を甘受し協力を申し出た。この会合に先立ってマーゴリスらは犬塚大佐と会い、新組織の設立について相談し、了解を得ていた。犬塚は新しい委員会は敵国以外の国民で構成されること、委員の名前は承認のため通報するよう求めただけであった。(97)

マーゴリスらの努力は実を結び、それまで同胞の窮状に無関心であった難民のあいだから協力しようという機運が盛り上がった。こうして、上海欧州ユダヤ難民救済委員会（NCFA、旧「援助委員会」と区別するため「救済委員会」とする）が発足することになった。三月初めに最初の会合がもたれ、上海のあらゆるユダヤ人社会の代表約二五人が顔をみせた。冒頭、スピールマンが開会を宣言し、なぜ新委員会を設立しなければならないか説明し、マーゴリスたちが紹介された。マーゴリスは、最初しばらくは新委員会の運営に携わるが、ジョイントが現地のユダヤ人社会の責任を負うわけにいかないので、早い時期に現地のユダヤ人にすべての責任を引き受けてもらいたいと語り、さらに委員会の役割と構成について説明した。

深刻化する資金不足

一九四二年五月二一日、ニューヨークのジョイント本部からマーゴリスのもとに、今後は交信を絶つという最後の電報が届いた。このため六月に入り、マーゴリスはスウェーデン、トルコ、スイスなどのユダヤ難民委員会に電報で送金を要請し、同時に上海市参事会議長に対してもスピールマンおよびシーゲルと連名で、ジョイントのキャンプを維持するための経費として一カ月あたり二万五〇〇〇ドル（CRB、以下同じ。約一二〇〇米ドル）を都合するよう求めた。(98) 同時に、難民を飢えさせずに経費の削減に踏み切らなくてはならず、彼らに提供する食事を一日あたり五〇〇〇食に制限するとともに、六月には、それまで運営していた赤字続きの診療所を閉鎖し、一切の医療を上海総合病院に移管することを決断した。

こうした努力が実り、一九四三年二月以降、スウェーデンとポルトガルから総額九七万七七一六ドルがマーゴリスのもとに送金された(99)。また、上海市参事会は七月二五日付で、二万五〇〇〇ドルを支給するのは好ましくない先例となるので応じられないが、三カ月間の経費として二万ドルを支給する用意があり、その後の援助については最初の二カ月が経過した段階で検討するとの回答を、スピールマンに送付した(100)。

一九四二年七月、NCFAの会合の際、マーゴリスとシーゲルは辞任し、NCFAの事務管理体制は半年のあいだマーゴリスとともに上海ジョイントの仕事をこなしていたルッツ・ワクスナー、秘書のグリュクマンに引き継がれ、マーゴリスらの関与は資金集めなどで助言するにとどめた(101)。マーゴリスらが辞任したのは、同年秋ごろには本国送還か日本軍の拘留が予想されたからである。救済委員会の活動も完全とはいえなかったが、なんとか軌道に乗りはじめていた。

この間、一九四二年三月、日本側のユダヤ難民問題の窓口をつとめていた犬塚大佐が召集され海上勤務につくことになり、上海を離れた。犬塚夫人によれば、この異動は海軍内部に犬塚機関に対する風当たりが強かったことに加え、接収したサッスーン資産に関して陸軍とのあいだにも確執があったことが影響したといわれる(102)。犬塚の異動を聞いて多くのユダヤ人は動揺した。犬塚はユダヤ人の置かれた境遇を理解していたからである。実際、犬塚の離任を惜しむユダヤ人社会の主だった人びとは彼のために歓送会を催し、マーゴリスも出席して感謝の言葉を述べた。三月七日、上海港の埠頭には別れを惜しむ十数名のユダヤ人が犬塚大佐を見送った。

前にもふれたように、犬塚大佐は海軍のユダヤ問題専門家として、多くの著作をペンネームで発表している。そのほとんどはユダヤ人の脅威論にもとづいていたり、その影響力を過大視したりしたものであった。さらに、戦前にユダヤ問題を調査・研究するため設立された「国際政経学会」という団体が発行する冊子『国際秘密力の研究』にも、しばしば寄稿していた。[103] 犬塚は、このユダヤ人の影響力を日本がもっと重視し利用するよう、たびたび進言していた。戦後、犬塚の主張が多くのユダヤ人から反ユダヤ主義的であると批判されるが、上海のユダヤ人のなかには彼を好意的に評価する人びとも少なくなかったことが、右の歓送会のエピソードに現われている。実際にマーゴリスは筆者とのインタビューで、犬塚大佐はユダヤ人の置かれた状況をよく理解し、彼らのために便宜をはかってくれたと評価している。

その後、一九四二年九月に入り、比較的恵まれている難民を中心に「キッチン・ファンド」という委員会が多くの問題を統括し、難民に食糧を提供するための資金を集める目的で設立された。この組織はNCFAの大半の機能を吸収することになって、NCFAは短い歴史を閉じることになる。

しかし、マーゴリスらが現地で調達した資金も、いずれ底をつくことは明らかであった。そのため一九四二年一月以降、マーゴリスはさらに六カ月間、ひと月四万米ドルを現地で借用する権限をニューヨークのジョイント本部に懇請した。[104] 現地の国際赤十字社代表からも、アメリカ代表を通じてジョイント本部に対し、上海の難民を救済するために現地での資金調達の権限の延長が不可欠であるとの、強い要請がなされた。[105] けれども、マーゴリスの要請に応じるためには国務省および財務省とこの件で協議する必要があった。戦時中のため、敵国やその占領地への送金、交信には対敵国通商法が適用されることになっていた。この件をめぐっては国務、財務両省でなかなか合意に達しなかったが、最終的に一九四三年九月にいたって、送金に消極的だった財務省が折れた。国務省がコーデル・ハル長官名で重慶駐在のアメリカ大使に、中国政府が反対しない限り、難民救済のため毎月四万ドルを六カ月にわたって借用する権限を上海のジョイントに付与する、と通知するよう訓令した。(106)

五　指定地区

シーゲルの拘束

開戦後、日米間でおこなわれた両国の国民を相互に交換する交渉が実を結び、一九四二年六月に実施された第一回交換のあと、マーゴリスは、九月六日に予定されている二回目の交換船で送還されるとの通知を受け取った。それまでには、難民救済の仕事をきちんと軌道に乗せる必要があった。

そこで九月四日、マーゴリスとシーゲルはキッチン・ファンドの会議をゲマインデ（ドイツ系ユダヤ人協会。一九三九年創設）にも出席を要請して招集し、キッチン・ファンドは食糧問題、ゲマインデは住宅問題について、それぞれ責任を担当してほしいと提案した。(107)しかし、ゲマインデはこれを拒否し、一方のキッチン・ファンドは、ジョイントを通じて集めた金をすべて提供すると約束するなら、食糧、住宅などあらゆる問題に関する責任を引き受ける用意があると明言した。会議では、最終的にキッチン・ファンドが難民問題すべてにわたって責任を負う正式な委員会となることが決定した[108]。

しかし、マーゴリスとキッチン・ファンドのあいだには最初から問題が絶えなかった。銀行の口座をキッチン・ファンドに移管する手続きが完了すると、待っていたように新執行部は、ワクスナーについてはもういらないと言いだし、マーゴリスの注意に聞く耳をもたず、マーゴリスの息のかかったワクスナーらに露骨な圧力をかけはじめた[109]。このため、ワクスナーら三人はつぎつぎと執行部を辞任した。マーゴリスはどうすることもできなかった。難民の面倒をみる仕事を進んで引き受けようとする人びとは、キッチン・ファンドのほかにいなかった。キッチン・ファンドの執行部はよく仕事をこなしたが、彼らの難民に示す態度はかつてのCFAを彷彿させるように高圧的であった[110]。

上海を出港する予定の九月六日になって、マーゴリスらの本国送還は突然中止となった。日米両国引揚者の第二回交換が、交渉不調のため延期されたのであった。

交渉の不首尾を証明するように、一九四二年一一月、日本軍による敵性国民の検挙や拘束が始まった。日本側は上海市内および郊外に七カ所の収容所を設置し、米英などの五〇〇〇人以上の敵性国民を収容することになった[111]。

一方、一九四三年一月三一日、マニュエル・シーゲルは黄浦江対岸の浦東にある収容所に出頭するよう命じられ、そのまま拘束された[112]。彼が収容されたのは、浦東にあるブリテッシュ＝アメリカン・タバコ会社の倉庫を改造した建物で、一〇〇〇人ほどの、主に独身男性が収容された。シーゲルが拘束されたことに、多くの難民は最悪の事態を予想して不安な時間を過ごした。

指定地区の設置

一九四三年二月一八日、上海に駐屯する日本の海軍・陸軍・憲兵隊は、一九三七年一月一日以後、上海に上陸した無国籍者はすべて五月一八日までに指定された地区に移動しなければならない、とした布告を公示した[113]。無国籍者とは、ドイツ、オーストリア、チェコスロヴァキア、ハンガリー、バルト三国などの出身のユダヤ人であった。つまり、すべてのユダヤ人が移動の対象とされたのではなかった。ドイツおよびオーストリアのユダヤ人は、一九四一年一一月二五日のドイツ政府の布告によって、四二年一月一日以降は無国籍者となっていた。

日本側がこれらの無国籍者を指定地区へ移送し管理するため、上海無国籍避難民処理事務所が北京路に設置され、久保田勤という日本人が所長に任命された。

二月一八日の布告は、一六歳未満を除くすべての無国籍避難民に対し、上海アシュケナジィ系ユダヤ人協力救済委員会（ＳＡＣＲＡ）から書類を入手し登録することを要求していた。ＳＡＣＲＡは日本側がユダヤ難民の指定地区への移送と定住を円滑に実施するために設置したもので、ユダヤ側との連絡はすべてこの委員会を介しておこなわれた。ＳＡＣＲＡは、難民のあいだでは日本側の手先とみられており、評判が悪かった。

多くのユダヤ難民は指定地区を「上海ゲットー」と称した。けれども、ナチ収容所のように、周囲を高圧電流の流れる有刺鉄線で囲まれ完全に外界と隔離されていたわけではなかった。出入り口などは、日本側警備兵と難民から徴発された守衛が警護した。指定地区内の難民が外出しようと思えば、日本側の発行した特別の通行証を所持する限り可能であった。

当時、ロシア人の両親と上海で少女時代を過ごしたレナ・クラスノの証言によると、実際に、指定地区外に仕事をもっている難民も少なくなかったし、外部から地区内に生活する難民への差し入れも難しくなかった[114]。クラスノのようなロシア系ユダヤ人は、おそらく日本側がソ連との関係を気づかったためであろうが、何の束縛もなく自由に生活を営むことができた。

指定地区内ではキッチン・ファンド委員会が難民に一日一回の食事を提供し、難民たちはゲマインデ（委員会）を設立し、自分たちで生活を規律よく運営し、食糧や衣料品を配分した。図書館も設置され、ドイツ語、イーディッシュ語、英語、ポーランド語の書籍が手に入ったほか、ドイツ語新聞三紙、ポーランド語、イーディッシュ語各一紙が発行され、教育・文化活動はとくに盛んであった。演劇や音楽会が頻繁に催され、子どものための教育施設から職業訓練学校、さらには大学まで設置されたという[115]。指定地区のユダヤ難民と対照的なのが、上海市内および郊外に設けられた特別のキャンプに収容された英米などの敵性国民で、彼らは外出することなどもとより不可能で、指定地区の難民にくらべるとはるかに不自由な生活を強いられていた。

七月に上海総領事館楊樹浦警察署長が総領事に提出した報告書によれば、指定地区のユダヤ難民数は五月一八日の時点で、それまで指定地区に居住していたユダヤ難民七二一六名に加え、移動許可により同地区に移住した者六二九九名を合計すると一万三五一五名に達した。さらに七月七日現在までの移動数一一六三名を合算すると、その数一万四六七八名が指定地区内に居住しており、指定地区外に残る、いわゆる移動猶予者はわずか二六一七名にすぎなかった[116]。ロシア系を除き、無国籍となったユダヤ人の大半が指定地区への移動を強制されることになった。

指定地区内の生活は想像以上に過酷であった。わずか一平方マイルほどの地域には、ユダヤ人の難民だけでなく大勢の中国人も暮らしていた[117]。難民は日々の暮らしに追いまくられた。ジョイントの資金がストップしたために、わずかばかりの寄付がハルビンや天津のユダヤ人社会から送られたほかは、ほとんど収入のあてはなかった。このため多くの難民は、衣類・装身具など手持ちの財産を売っては生活費の足しにした。

収容所のマーゴリス

一九四三年二月二五日、ローラ・マーゴリスはほかの連合国の国民とともに拘束された。マーゴリスが連れて行かれたのは、上海郊外のチャペイにあるキャンプで、中国人の小学校を改造したものだったが、建物は古く、ところどころに日中戦争の砲撃の爪痕が残っており、屋根は雨漏りがした。

このキャンプには一五〇〇人が収容された。ほとんどが子どものいる家族で、マーゴリスは割り当てられた部屋に四〇人の女性と起居をともにした。アメリカ人の宣教師、上海の娼婦、北京から連行された外交官の未亡人などと一緒に生活した。多様な背景をもった人びとの集団生活には、どこの収容施設にもありがちな盗み、虚言、利己主義的・攻撃的な行動が茶飯事だった。けれども、収容所では誰もが平等だった。裕福なアメリカ人もイギリス人の教師も、茶碗一杯のシチューにありつくためには一五分間の行列に並び、またゴム長靴姿で便所の清掃をしなければならなかった。それはドイツで難民たちが経験してきた日常であり、上海でも例外ではなかったと、マーゴリスは回想している[118]。

マーゴリスが収容所生活について統一ユダヤ・アピール（ＵＪＡ）のインタビューで詳細に語ってい

るので、その様子の一端を紹介してみよう。(119)

二月の上海は凍えるほど寒い。日本人が大きな石炭ストーブを備え付けたが、いざ使用すると、煙がもうもうと部屋中に立ちこめたため、冬のあいだ、ストーブを使うことはなかった。私たちは民間人であり、日本側はジュネーヴ協定にもとづいて食糧などを配給した。アメリカ人についてはスイス領事館の保護を受けることになっていたため、外部から小包を受け取ることが許され、中身の食品は皆で分け合った。

ここの人びとはさまざまな仕事を与えられた。私が選んだのは畑仕事だ。このような状況のもとにあっては生き延びることが基本だった。建物の外には大地が広がっており、畑に出かけ、野菜を栽培した。外の空気を吸っていると閉じ込められているという感じがしなかった。また、私はキッチンの仕事を選択した。食糧の近くにいることが生存の最適な戦略だった。

日本人は毎朝五時か五時半に起こしにやってきた。全員ホールに整列し、点呼をとられた。浦東の収容所に収監されているシーゲルとは外にいる難民を介して暗号で連絡をとった。私がジョイントの上海代表であったためか、収容所内の自治活動にもっと積極的に参加してほしいと頼まれたが、できるだけ日本人から目立たないようにしておきたかったので、生き残るのに必要な畑仕事とキッチンの手伝い以外の仕事は断ることにした。

夏が近づくころになると私は精神的に参ってしまった。原因はキャンプ内ではまったくプライヴァシーが保たれないことにあった。キャンプで赤痢が大規模に発生した。赤痢にかかると、上海市内の病院へ行くための許可がおりる。そこで病気を装うことにし、七月末、収容所を離れるための証明書を手に入れようと決めた。診断の結果、赤痢にかかっていないことは判明したが、医者はあまりのやつれように上海総合病院へ検査に行く許可を出してくれた。

上海総合病院の医師はイタリア人で、私のことを知っていた。たまたまベッドが空いていたので、私を入院させてくれた。隣のベッドとはカーテンで仕切られていたが、そこの病人は、偶然にも上海ジョイントに新しく加わったロシア系ユダヤ人のヨセフ・ビトカーの叔母だった。幸運にも私は日本軍の監視の目を盗んでビトカーと連絡をとることができた。

イタリア人の医師が回診に来たとき、彼は私に目配せをして病気が重いから別の病室に移らなければいけないといって、翌日私は二人部屋に移された。相部屋の患者は上海のドイツ銀行に勤務するナチ党員の行員の愛人でかなりの重病だった。その銀行員は毎日のように白系ロシア人の愛人の見舞に訪れた。私たちはやがて親しくなった。しばらくしてそのナチ党員は私に誰か見舞いに来てほしくないかと尋ねた。ビトカーから私の入院のことは広まっているはずである。どうして見舞客を避ける必要があろうか。おそらく愛人の入れ知恵だと思うが、見舞客には白系ロシア人の愛人を訪ねるのだといえばよい、と教えてくれた。皮肉にも、ドイツ人のナチ党員とその愛人の白系ロシア人女性のおかげで私は必要な見舞客と面会でき、隔離されていながらも難民の身に何が起きているか把握することができた。

病院で私は十分な休息と食事を与えられ、健康を回復した。入院しておよそ二カ月たった八月のある日、イタリア人医師が私の病室に来て、診察室に来るよう告げた。行くと、彼は私にイタリアが降伏したため敵性国民となり、いずれ日本側に拘束されるだろうと話し、私のためにスイス領事館に出かけたところ、二回目の捕虜交換が九月に実施されることになり、私の名前が交換リストに掲載されていると教えてくれた。彼は自分が日本軍に拘束されないうちに私の退院許可書にサインし、収容所に戻って交換船に乗るための準備をするように取り計らってくれた。退院の前に私はビトカーや友人たちと面会し、上海の難民の最新状況をメモにした。

収容所に戻って数週間たったとき、何人かの人びとが交換船で帰国できると通告された。交換に際しての条件は、書類や書いたものは一切携行を認められない、乗船前に身体検査と手荷物検査を受けなければならない、というものだった。そのため、私はトイレットペーパーに細かく数字や事実などを記し、紙巻タバコのように巻いて、下着のゴム紐に縫い込むことにした。

第6章　解放の年

一　解　放

日米交換船

太平洋戦争の開戦で敵性国民となり、日米両国において拘束され足止めされることになった外交官や駐在員など、両国の国民を相互に交換するための交渉が開始する。開戦直後、東京のスイス公使を通じてアメリカ政府から双方の外交官などの交換が提案されたのに対し、日本側も応じ、日本の利益代表国スペインとアメリカの利益を代表するスイスのあいだで交渉が始まった。交渉は一九四二年三月に妥結し、六月に第一回目の交換を実施するため、日米両国からそれぞれの交換船が交換地に向かった。引き続き第二次交換交渉がおこなわれたが、交換の対象となる候補者のリストをめぐって双方のあいだに見解の対立が生じ、交渉のゆくえに暗い影を落とすことになった(1)。

日本はアメリカだけでなく、イギリスとも交換をおこない、アメリカ、イギリスとドイツ、イタリアとのあいだにも国民の交換が実施された。太平洋戦争の開始にともない日本側に拘束されたアメリカ人は、およそ一万人といわれた。そのうち相互交換で約二七〇〇人が帰還し、その後、アメリカ軍が南太平洋の島嶼、アジアなどをつぎつぎと解放するにおよんで、一九四五年初めまでに五五〇〇人がフィリピンや東南アジアの収容所から自由の身となった(2)。

第一次交換交渉で日米両国は、最優先された外交官ら政府関係者だけでなく、企業などの駐在員、学生などを含むことで合意に達した。とくに日本側は、アメリカの軍事力や技術を熟知していると思われる日本企業駐在員や、アメリカの内情に詳しいジャーナリストの交換を優先的に希望した。これに対し、アメリカ政府は、自国の軍事産業の事情に精通する日本人駐在員の送還には安全保障上の理由を盾に渋る一方、女性や子どもの早期の交換には日本側よりはるかに熱心であった(3)。それでも、双方の思惑は一致し、第一次交換は無事に終了した。

日本側からは、横浜から日本郵船所属の浅間丸(一万六九七四トン)、上海からイタリア汽船コンテ・ヴェルデ号(一万八七六五トン)が、アメリカ側からはニューヨークを出港したスウェーデン船グリップスホルム号(一万七九九三トン)が、それぞれ交換地に向かった。交換船はそれぞれ相手国の国民のほか、日米両国に滞在するカナダやタイなどの国民を、交換地である中立国ポルトガルのアフリカの植民地、モザンビークのロレンソ・マルケス(現在のマプト)まで輸送した。グリップスホルム号は途中でリオデジャネイロにも寄港して新たな帰還者を乗せ、また日本からの交換船も香港やサイゴンなどに寄港し、双方で約一五〇〇人ずつの引揚者を交換したのち、もとの出港地に帰着した。

第一次交換船でアメリカから野村吉三郎、来栖三郎の両駐米大使のほか、都留重人(経済学者)、鶴

図版11　グリップスホルム号

見俊輔（哲学者・評論家）、鶴見和子（社会学者）、武田清子（思想史学者）、前田多門（政治家・ジャーナリスト）、竹久千恵子（女優。『馬』などの映画に出演）らが、日本からはジョセフ・グルー駐日大使のほか、カナダの外交官ハーバート・ノーマンらが、それぞれ帰還した(4)。

第一次交換で引き揚げたアメリカ国民のなかにローラ・マーゴリスの姿はなかった。マーゴリスが第一次交換の対象にならなかった理由については、日本側が難民の世話をする人物を手放したくなかった、また船にスペースがなかったなど考えられるが、実際のところは明らかでない(5)。マーゴリスはこの当時ジョイントが世界各地に派遣していた駐在員のうち唯一の女性であったから、ニューヨークのジョイント本部は開戦直後からとくにマーゴリス、それにもうひとりのマニュエル・シーゲルの送還を求めて国務省に再三にわたり強く要請していた。そのため一九四二年春ごろ、すでにマーゴリスらが送還されるのではないかとの噂がジョイント内で流れていた。姉の消息を心配していたピッツバーグに住む弟のもとにも、ジョイント本部から連絡があった。日米間で宗教関係者の送還について合意にいたったので、宗教団体代表の立場で同胞の支援にあたっていたマーゴリスもシーゲルも外交官より優先されるとして、早期解放の楽観的な見通しが伝えられた(6)。

第二次交換は第一次に引き続き同じ年の九月に実施される予定で、マーゴリスもこの第二次で帰国するはずであった。しかし予定は延期され、マーゴリスは深い失望を味わった。実は第二次交渉の過程において、誰を交換のリストに載せるかをめぐって紛糾した。日本側が第一次交換の際の日本人に対するアメリカ側の非人道的扱いを問題視する一幕もあって、その結果、交渉は大幅に遅れることになった。

交渉は一年あまり続いたあげく、ようやく妥結した。一九四三年三月、スイス政府からマーゴリスが交換者のリストに掲載されていると伝えてきたことが、国務省でアメリカ人の送還を担当する特務課からジョイントに通報された(7)。

一九四三年九月、日米それぞれの港から双方約一五〇〇人ずつを乗せた交換船が出航する見通しとなった。交換地は、第一次のときはポルトガル領モザンビークのロレンソ・マルケスであったが、戦争が激しくなるにつれ、とくに日本から現地までの航行が危険をともなうと判断され、インド西海岸に位置するポルトガル領のゴアに変更された。実際にアメリカ側の交換船グリップスホルム号は、ケープタウンの南西沖で日本海軍の潜水艦に発見され追尾されたが、中立国船とわかり攻撃を免れるという一幕もあったという(8)。

第三回目の交換は、日本側が政府関係者のほぼ全員が戻ったことで消極的になったことや、日本政府がアメリカ国内に設営された日系人収容所での非人道的扱いを問題視したこと、さらに航海の安全がはかられなくなったことなどのため、合意にいたらなかった。結局、第二次交換が最後となるが、その第二次交換船でアメリカから帰国した引揚者のなかには、朝日新聞社の細川隆元、舞踊家の伊藤道郎の姿があった(9)。

一九四二年二月のローズヴェルト大統領令第九〇六六号にもとづき、アメリカ政府はおよそ一二万人にのぼる西海岸居住の日系人を強制的に立ち退かせ、オレゴン、ワシントンなど四州に設立した一〇カ所の収容所に拘留した(10)。その理由は、戦時下のため日系人の行動を監視する必要があったこと、アメリカ人による嫌がらせや報復などから日系人を保護すること、それに、各地の日系人を集め日米双方国民の相互交換のための調査・選別をすることにあった。もちろん、すべての日系人が送還を望んだわけではなく、むしろ国内にアメリカ市民としてとどまりたいと考えた人びとのほうが多かった。アメリカ在住の日系人のあいだでは戦争をめぐり、日本とアメリカのいずれに忠誠を誓うかで対立が生じ、一部では暴動騒ぎまで発生した。

第三次交換が実施されないことになった結果、アメリカ国民六〇〇〇人ほどが、日本国内や、満州国、東南アジア地域など日本の支配下に取り残された(11)。

マーゴリスの送還

マーゴリスが帰国することになる第二次交換は、第一次交換が実施されてから一年以上もたった一九四三年九月に実現する。

九月二日、マーゴリスは上海の埠頭に向かった。シーゲルは交換リストに名前が掲載されていなかっ

図版 12　交換船時代の帝亜丸（1943 年）

たため、浦東の収容所に残った。

埠頭には第一次交換の際に徴用された浅間丸、コンテヴェルデ号の両船に代わって帝亜丸（一万七五三七トン、もとはフランス船だった）がすでに碇泊しており、アメリカに向かう引揚者一五〇〇人あまりが乗船していた。ネズミ色に塗装された船体には、真ん中に日の丸が、そしてその両脇、船首、船尾、煙突に大きな白十字が描かれていた(12)。

マーゴリスは上海のユダヤ人の貴重な情報をトイレットペーパーに細かく書きとめ、固く巻いて下着に縫いつけた。乗船に先立ち手荷物の厳しい検査を受けたが、日本人の女性検査官は何も発見できなかった。

九月初めの気温はまだ高く、船内は蒸し風呂のようであった。女性たちは急遽調度を取りはずし木製の畳敷きベッドを備えた寝棚を与えられたが、畳には虱がたかっていたため、甲板で就寝しなければならないほどだったという。ゴアへの途中、香港、フィリピンのサンフェルナンド、サイゴンに寄港し、そのつど新たな引揚者が乗り込んだ。香港からは、日本軍に拘束されスタンレー収容所に抑留されていた、旧知の「二丁拳銃」のモリス・コーヘンが乗船した(13)。コーヘンは孫文亡きあと、夫人の宋慶齢を警護した。太平洋戦争の勃発とともに宋慶齢、宋美齢の姉妹は九龍半島から飛行機で脱出したが、陥落後も香港島に残ったコーヘンは日本軍の捕虜になり、島の南にあるスタンレー収容所にほかのアメリカ人やイギリス人らとともに収容されていた(14)。

一〇月一五日、およそ一カ月の航海を経て、帝亜丸は交換地のゴアに到着した。一九日、偶然マーゴリスの四〇回目の誕生日に、帝亜丸に一日遅れてゴアに入港したグリップスホルム号の日本人一五〇〇人と交換された。

ゴアからの航海はまさに快適そのものだった。マーゴリスは、これほどの素晴らしい船旅は生涯を通じて記憶にはなかったと話す。船内の食事は最高級の料理が提供された。バスルームには真新しいタオル、石鹸がふんだんに用意されていた。船内では映画が上映され、アメリカ側は診療所や学校までも船内に設営した。何よりも、解放され、自由の身になった安堵感が引揚者すべてを包み込んでいた。降りそそぐ陽光のもと、デッキチェアに座り、心地よい微風に身をゆだね青い海原を見つめていると、それまでの心労が消え、生気がよみがえっていくようだったという。

グリップスホルム号はアフリカ最南端をたどる航路をとり、南アフリカのポート・エリザベスに立ち寄った。すると、地元のユダヤ人社会の代表がやってきて、マーゴリスを温かく歓迎してくれた。マーゴリスはコーヘンとともに現地ユダヤ人社会の歓迎パーティに招かれたが、そのとき彼女は上海のユダヤ人の現状を話し、出席者に彼らのための募金を要請した(15)。つぎの寄港地はリオデジャネイロだった。

ジョイントの南米支部代表ルイス・ソーベルがブエノスアイレスから駆けつけた。マーゴリスはリオ市内を散策しショッピングを楽しんだ。

こうしてマーゴリスは、ニューヨークに到着するまでのあいだ、各地のジョイントの駐在員からチョコレートやキャンディなどの菓子、花束などの差し入れを受けただけでなく、世界のユダヤ人社会を取り巻く動静をある程度把握することができた。

一九四三年一二月一日、グリップスホルム号はニューヨークに帰港した。ニューヨークの埠頭一帯は一般の立ち入りが固く禁止されていたため、さすがに出迎えの人びとの姿はなかったが、マーゴリスのもとにはジョイントからメッセージが届いていた。彼女は下船のための厳しい携行品の検査を受けたのち、メッセージの指示にしたがって、マンハッタン四二番街のグランド・セントラル駅にあるコモドール・ホテルに向かった。ジョイント本部の懐かしい顔ぶれがホテルでマーゴリスを待ち受けており、エドゥアルト・ヴァールブルク理事長からは花束が届けられていた。ジョイントのモーゼス・レヴィット副理事長が会うなりマーゴリスに質問したのは、ジョイントが海外における必要資金の調達のため定めた六カ月の借用期間が終了してからどうしたのか、というものであった。彼女が手短に説明すると、納得してくれた(16)。

宿舎のコモドール・ホテルには、弟で高校の校長をしているオットー・マーゴリスがピッツバーグから駆けつけ、すでにホテルに部屋をとっていた。肉親との久し振りの再会であった。オハイオ州クリーヴランドで娘の帰りを待ちのぞんでいる両親に一刻も早く会いたかったが、マーゴリスは休む間もなく、同ホテルで一二月四~五日に開催されたジョイントの第二九回年次総会に招かれた。

この総会には全米三三の州から四〇〇〇人が集まり、ヨーロッパのユダヤ人に対する救済計画を協議したが、マーゴリスは初日に上海の体験について報告した。司会者がマーゴリスを紹介すると、会場を埋めた参加者は立ち上がり、割れんばかりの拍手で歓迎した[17]。彼女は日本軍占領下で苦悩する難民の窮状を語り、金銭の支援を訴えた。年が明けた一九四四年一月一五日にも、マーゴリスは全国難民奉仕会（NRS）の理事会で自らの体験を語った。単身で戦闘の続く中国に渡り難民の救済にあたっていたが、日本軍に拘束され、一年半におよぶ不自由な収容所生活から解放され帰還したアメリカのユダヤ人女性の体験談は、ユダヤ人社会のみならず戦時下にある国民の心をとらえ、士気を鼓舞するのに十分であったようだ。

図版13　アメリカ帰国後のローラ・マーゴリス［アメリカ・ユダヤ人合同配分委員会提供］

帰国後のマーゴリスは「時の人」としてアメリカ国内の話題を集め、雑誌に自らの体験を寄稿するなど多忙な毎日を過ごした。ジョイントは、マーゴリスの講演を冊子にまとめ、広く配布しただけでなく、彼女にアメリカ各地をまわって講演をしたらどうかとさかんに勧めた。しかし、マーゴリスは講演旅行よりも、むしろヨーロッパでナチズムの犠牲になっている多くのユダヤ人の身の上が気がかりだった。

マーゴリスはレヴィット副理事長とともにワシントンへ向かい、国務省や財務省などの聴取に応じなければならなかった。アメリカ政府も連合国救済復興機関（ＵＮＲＲＡ）も、上海の難民事情について詳細を知りたがっていた。とくにヘンリー・モーゲンソー財務長官は、上海でマーゴリスらが集めた金が日本側に渡らなかったかどうか、しきりに心配していた。しかしマーゴリスが、間接的には日本側を助けることになったかもしれないが、資金はすべて難民のもとへ届けられたと説明したところ、長官らはあっさりと了解した。(18)

マーゴリス帰国後の上海

マーゴリスが上海を去り、シーゲルが浦東の収容所に抑留されたあと、難民の救済活動は残るキッチン・ファンドや上海ジョイントのメンバーらによって続けられたが、能率は著しく低下した。ジョイントのメンバーは資金を受け取るための組織を設立し、外貨の現地通貨への交換、さらに支援を必要とする団体への援助など仕事をよくこなした。だが、難民のあいだからは、金銭の使途が不明瞭だ、能率がよくない、自分たちの要望が無視されたなどの苦情が絶えなかったし、キッチン・ファンドもまた同様の問題を抱えていた。(19)

ところで、マーゴリスが帰国した直後、ニューヨークのジョイント本部と上海との通信が回復した。通信再開後の第一報は、マーゴリスが上海にいるビトカーの娘の誕生日を祝うメッセージで開始された。かねて打ち合わせしてあったとおり、これはアメリカ国務省と財務省が上海への資金供与の再開に同意したことを伝えるサインであった。(20) すなわち、一九四三年一二月二九日までにジョイントはスイスの国際赤十字を通じて上海のジョイントに対し、毎月二万五〇〇〇米ドル相当をスイスフランで一年間借用する権限を与えることを決定した。しかし、戦時下の上海はもはや必要な資金を調達できるような状態ではなかったため、ジョイントはスイス駐在の代表サリー・メイヤー経由で一九四四年三月末までにスイスフランで二万五〇〇〇ドル相当を上海へ送金することになった。[21]

デイヴィッド・クランツラーによれば、一九四四年初めまでにスイスを通じて合法的に送金することが可能となり、アメリカは人道上の理由による場合のみ敵国への送金を許可し、日本側も戦時中この送金を何ら妨害しなかったという。[22] その後、一九四四年六月以降は、中立国を通じてジョイントは一カ月あたり約一〇万ドルを送金し、その結果、一万二〇〇〇人が一日一食の食事と医療の援助を受けることができた。[23]

戦況が連合国側に有利に展開し、日本の敗戦がもはや時間の問題となると、上海の日本側当局の難民に対する扱いが変化した。一九四五年初め、難民たちからおそれられていた無国籍避難民処理事務所の日本人二名が更迭され、指定地区からの外出に必要な通行許可証の発給条件が緩和された。[24]

アメリカ軍機が上海上空に姿を現わすようになり、日本軍施設への爆撃もしだいに激しさを増していく。七月一七日にはB－29編隊が上海北部の飛行場を爆撃した際、誤って何発かの爆弾が虹口の住宅地に落下した。この誤爆によって二五〇人が死んだが、そのうち三一名は難民で、負傷者は五〇〇人以上、その半数が難民だった。家を失った難民は七〇〇人にのぼった。[25]

終戦時の上海では一万五〇〇〇人のユダヤ難民が不自由な生活を強いられ、戦争中は三〇〇〇人が死亡した。[26] 生き残った多くの人びとも栄養失調や結核に苦しんでいた。

図版 14　マニュエル・シーゲル［アメリカ・ユダヤ人合同配分委員会提供］

終戦とともにすべてのユダヤ人が解放され、戦時中を浦東の収容所で過ごしたシーゲルはアメリカ進駐軍と虹口の指定地区を視察し、ただちに難民救済活動を再開した。まず、戦後の難民問題を処理するため、一九四五年一〇月一七日、新たに上海欧州難民救済復興合同委員会（ＳＪＣ）を設立した。委員長には上海ジョイントの仕事をしていた折に憲兵隊から反日活動を疑われて投獄されたアブラハム・レーヴェンスピエルが就任し、会計と委員四名の難民で構成された。しかし、実務の多くはシーゲルと上海ジョイントのロバート・ラングが担当した[27]。

アメリカ軍の進駐によって軍関係の雇用が増え、また軍支給の食糧など物資の放出もあって、難民の生活はたしかに向上した。しかし、一九四四年に米ドルとの交換比率で二〇対一であった中国通貨が、一九四六年三月には二〇二〇対一に暴落するなど、戦後のインフレで生計費が高騰したため、シーゲルらは経費削減に努力しなければならなかった。

一方、中国国内では、国民党と共産党の内戦が進行しており、ジョイントにとって難民をどうやってすみやかに中国から退去させるかが、焦眉の急であった。ジョイントはＵＮＲＲＡ、政府間難民委員会（ＩＧＣＲ）、そして一九四七年にこれらの二組織が活動を停止したあとの機能を引き継いだ国際難民機関（IRO）と協力しながら、難民の上海脱出をはかる。

一九四六年一月、シーゲルは四年間の上海滞在を終え、帰国の途についた。[28] ニューヨークのジョイント本部は、シーゲルの後任にチャールズ・ジョーダン、さらにアアロン・グロズキーを派遣した。ジョーダンは、一万三〇〇〇人の難民をアメリカ、オーストラリア、パレスチナへ移送する計画に着手した。一九四八年にイスラエルが独立すると、上海を退去するユダヤ人の移民の数が飛躍的に増加し、その結果、一九四九年三月までに中国国内に残留するユダヤ人は上海の四一〇〇人を含め、約七一二〇人となった。[29] 一九四八年四月、ジョーダンが帰国することになり、その後任として三月に上海に到着し業務を引き継いだのがアドルフ・グラスゴールドであった。彼はその後のユダヤ人移送の進捗を見とどけ、一九五〇年九月一日にジョイントの事務所を閉鎖し帰国の準備をしたが、中国側が出国をなかなか認めず、ようやく一九五一年五月初めにいたって上海を離れることができた。こうして、ほぼ一〇年におよぶ、ジョイントの上海における難民救済活動は終止符を打つことになる。

二　活動再開

戦争の帰趨

マーゴリスが交換船でアメリカに戻った当時、世界大戦の趨勢は連合国側に有利に展開していた。

一九四一年六月の独ソ開戦でソ連領深く侵攻したドイツ軍は、レニングラード（現在のサンクトペテルブルク）を包囲し、モスクワに迫った。さらに、ソ連南部のコーカサスの油田地帯への進出をはかって要衝のスターリングラード（現在のヴォルゴグラード）に突入した。しかし、赤軍の激しい反撃に遭遇、折からの冬将軍の襲来で絶望的な状況に陥り、ついに一九四三年二月初めドイツ軍九万の将兵はソ連軍に降伏し、東部戦線でのドイツ軍の崩壊が始まっていた。一方、西部戦線でも連合軍は攻勢に転じた。一九四二年一一月、フランス領北アフリカに上陸し、翌年三月までにドイツとイタリアの軍事力を一掃した連合軍は、四三年七月にシチリア島、ついでイタリア本土に上陸した。枢軸の一翼を担ったムッソリーニ政権が倒れたあと、新たに成立したバドリオ政権は九月、連合軍に無条件降伏し、一〇月にはドイツに対し宣戦するにいたる。

連合国側優位の戦況はアジア、太平洋地域でも変わらなかった。一九四二年六月、ミッドウェイの海戦で日本の連合艦隊は空母四隻を失う敗北を喫し、四三年に入るとガダルカナル島がアメリカ軍の手に落ちる。

連合国のあいだでは戦後の世界秩序をめぐる会議が頻繁に開催された。すでに参戦前の一九四一年八月、大西洋上でアメリカのローズヴェルト大統領はイギリスのウィンストン・チャーチル首相と会談し、戦後世界の平和構想に関する大西洋憲章を発表していた。アメリカ参戦直後の翌年一月には、ワシントンで開催された連合国会議に二六カ国が参集し、大西洋憲章を共通の戦争目的とする、反枢軸国側の連合国を結成する宣言に署名、これを公表した。その後、大きなものだけでも、一九四三年一〇月、米英ソ三国間の戦争協力と戦後の国際平和機構設立で合意にいたった三国外相によるモスクワ会談、一一月には、日本および中国に関する基本方針を決定した米英中・カイロ会談、戦争協力と戦後国際機構構想に関する米英ソ・テヘラン会談が、あいついで開かれた。

戦後をにらんだ連合国側の動きがあわただしく進展するなかで注目すべきは、すでに活動していた政府間難民委員会（ＩＧＣＲ）に加えて、一九四三年一一月に連合国救済復興機関（ＵＮＲＲＡ）が設立されたことである。ＵＮＲＲＡは戦災地域の復興、連合国国民の援助のほか、連合軍が枢軸側の占領地を解放していくなかで難民問題への対応を迫られ、難民の保護・本国送還を果たすことを目的とする組織であった。

バミューダ会談

ところで、ナチスによるユダヤ人の虐殺がしだいに明らかになると、英米両国のユダヤ人をはじめとする連合国の世論が、ユダヤ難民問題解決のため英米両政府に強い行動をとるよう求めた。一九四三年三月一日、アメリカのユダヤ人団体などが主催する“Stop Hitler Now!”の抗議集会が、ニューヨークのマディソンスクエア・ガーデンで開かれた。抗議集会では、ユダヤ人を救出するため中立国を介してドイツと交渉すること、戦争犯罪人を裁くための委員会を設立することなどを盛り込んだ綱領を採択し、政府に具体的行動をとるよう迫った。

政府の対応の遅れを非難する声はユダヤ人団体にとどまらず、多くのキリスト教会、メディアからも高まった。このため、四月、追い詰められた英米両政府の代表は、バミューダ島で難民問題全般にわたって協議することになった。

最初、会談場所としてオタワが候補地にあがっていたが、カナダ政府が断った。カナダ政府はもしこうした会場を提供すれば、自国の移民制限政策に世界の注目が集まり、微妙な立場に置かれることを懸念したのであった。アメリカも同様で、結局イギリスの植民地のバミューダ島に決定した。この島はメディアを締め出すには都合がよかった。

バミューダ会談は四月一九日に開幕するが、この日は奇しくもモーセに導かれたユダヤの民の出エジプトを祝う過越祭（ペサハ）の日であり、ワルシャワ・ゲットー蜂起の日でもあった。それだけに、ユダヤ人の期待感は高揚した。会議の重要議題のひとつは、いかにしてユダヤ人たちをナチスの支配地域から救出するかであったが、難民はユダヤ人だけではないという理由で、ユダヤ人以外の難民問題も討議されることになった。

前年、連合軍が北アフリカに上陸し、さらにヴィシー政権とアメリカが国交を断絶し、一一月にドイツ軍が南フランスの非占領地域に侵攻、占領すると、この地域の難民は脱出することができなくなった。パニックに陥った多くの難民が隣国スペインに逃れようと殺到したものの、スペイン政府は一九四三年三月末にピレネーの国境を閉鎖したうえ、すでに密入国していた外国人をフランスに送還する命令を下していた。

会議のもうひとつの焦点は、このうちの六〇〇〇～八〇〇〇人のユダヤ難民を北アフリカのモロッコに移送する問題であった。これだけの数の難民が退去すれば、難民事情はかなり改善するものと期待された。ところが、この件に関してはアメリカ軍部と国務省が、輸送のための船舶の確保ができない、アラブ人を刺激するなどの理由で反対した。一方、チャーチル首相はむしろこの案に熱心で、六月末、ローズヴェルト大統領に電報を打ち、その結果、モロッコにスペインのユダヤ難民五〇〇〇～六〇〇〇人のための仮収容施設を二カ所設営することが決定した。こうして、フランス南部からスペインに避難する難民のため、それまでスペインにとどまっていたユダヤ難民のモロッコへの移送が一九四四年五月に開始した。だが、実際にモロッコの収容施設に移動した難民数は予想をはるかに下回っただけでなく、収容された難民もすぐに他の地に移動したのである[30]。

バミューダ会談で合意されたもうひとつの重要事項は、大戦のため活動不能に陥っていたＩＧＣＲを活性化することにあった。そのため、参加国の数を増加し、予算・組織を拡充していくことが決定した。結局、会議の成果といえば、ＩＧＣＲを活性化すること、スペインに避難したユダヤ人のための施設を北アフリカに設置することが決まった程度で、ユダヤ人たちは深い失望を味わうことになる。

ユダヤ側とは対照的に、英米両国は会議の成果を自賛した。ローズヴェルト大統領は、自分が働きかけて創設したＩＧＣＲにふたたび活動する機会がめぐってきたことで会議の成功を強調した。たしかにＩＧＣＲは、活動を難民の法的保護、援助、定住などにも拡大し、さらに戦争にともない人種、宗教などを理由に居住国を離れざるをえなくなったすべての難民にも対応する方針を打ち出すことになった。しかし、その活動経費については英米で共同責任を負うことになっていたが、期待されたほどの効果をあげることはできなかった[31]。

一方、連合軍が枢軸国から解放した地域には戦火を逃れ故郷から避難した二〇〇〇万以上の難民がひしめいており、これらの難民を保護し、戦闘が終結したもとの土地に送還する必要が生じた。この任務を担当したのが前述したＵＮＲＲＡであり、ドイツ軍が占領している地域では赤十字が救援活動を展開していた。

戦火が止んで難民がもと居住していた本国に帰還してくれれば難民機関としての任務は終了するが、ユダヤ難民の多くは出身国に戻りたいと願う人びとではなかった。彼らには反ユダヤ主義が根強く残るドイツやポーランドに帰国し、かつての生活をふたたび取り戻したいという気持ちはなかった。こうしたユダヤ難民に対しては、結局、ユダヤ人たちが救援の手を差しのべるしかない。

ヨーロッパへ

ナチス・ドイツの支配下に入ったヨーロッパのユダヤ人の身に何が起こっているのか。マーゴリスは上海からの帰国の途次に立ち寄った都市やニューヨーク、ワシントンでジョイントの同僚や政府関係者から聞いた話に衝撃を受けるが、これらは全体のほんの一片にしかすぎなかった。全容が明らかになるのは、もちろん戦後である。

こうした情報の断片にふれただけでも、マーゴリスはヨーロッパの同胞の置かれた境遇を自らの体験に重ね合わせ、ワシントンに同行したレヴィット副理事長がマーゴリスに「これから何をしたいかね」と尋ねたときに、迷わずヨーロッパへ行きたいと言ってしまう。最初は信じられなかったが、ナチスが同胞に対しておこなった虐殺を知った以上、もはや立ち止まることはできない。悲惨な境遇に置かれたユダヤ人たちに救済の手を差しのべなければならなかったが、ジョイントの幹部は、マーゴリスは十分以上の仕事をこなしてきたし、いまはたっぷりと休息をとるべきだと考えていた。しかし同時に、マーゴリスのような有能な人物は引き続きジョイントにとどまって活動してほしいと願ったのも事実で、このつぎはそれほど多忙でない魅力的な活動の場を提供したいと考えていた。

ジョイントはマーゴリスを、ドミニカの首都サントドミンゴへ派遣する予定でいた。なるほど戦場から遠く離れているドミニカなら自由な時間もたっぷりあって、休養にはなるだろう。けれどもマーゴリスはこの提案を断り、あくまでもヨーロッパ行きにこだわった。このあとマーゴリスはクリーヴランドへ行き、家族と念願の再会を果たし、ふたたびニューヨークに戻った。そこで人間ドックに入り、健康に問題ないことがわかると、彼女は現場への復帰を志願した。

連合国側の優勢が明らかになり、連合軍がドイツ軍から占領地域をつぎつぎと解放すると、これらの地域のユダヤ人救援活動が本格化していく。

年があらたまった一九四四年一月、ジョイント本部はマーゴリスをヨーロッパに派遣することを真剣に検討した。一月末、中立国ポルトガルの首都リスボンに置かれたジョイントのヨーロッパ本部長ジョセフ・シュワルツから、スタッフの派遣を懇請する電報がニューヨーク本部に届いた。リスボンの本部はここを拠点にアメリカへ避難する難民のために船を手配し、フランスに残るユダヤ人組織に資金を援助していた。ドイツ軍占領下のフランス国内にはユダヤ人の地下レジスタンス組織が活動しており、ジョイントの資金はこうした組織にも配分された。シュワルツは一九四〇年から終戦までリスボンの本部を退かず、ナチス占領下のヨーロッパ各地の救済・レジスタンス活動を支援し続けた。彼はフランス国内に隠れているユダヤ人児童七〇〇〇人に救援の手を差しのべ、一〇〇〇人以上の児童をスイスとスペインに脱出させた(32)。

中立国スイスに駐在するジョイント代表もまた、ドイツ軍占領下のフランスやほかのヨーロッパのユダヤ人に対しジョイントの資金をひそかに送り続けた。ヨーロッパ各地のユダヤ人社会は壊滅状態にあったが、これらの地域のユダヤ人に対する支援の手は中断することなく続いていた。

ジョイントは、マーゴリスのつぎの任務地を連合軍がドイツ軍の占領から解放したあとのヨーロッパとし、彼女をまず各地で支援の手を待ち望んでいる難民の救済のために派遣しようと考えた。そのために、彼女をまずリスボンにしばらく滞在させ、ヨーロッパの情勢に慣れたのち各地に送る方針を決定した。ジョイントはただちに国務省に対し、マーゴリスのパスポートでポルトガル、スペイン、イギリス、スウェーデンへの渡航が可能となるよう取り計らってほしいと要請した(33)。

一九四四年三月一九日、ジョイントはプレス・リリースでマーゴリスがリスボンへ向けて出発することになった、と発表した。そのうえで、もうひとりの女性ガートルード・ピンスキーも、ウルグアイの首都モンテビデオに駐在することが決まったことを公表した。ジョイントは二名の女性スタッフを海外に駐留させることになった点を、特別に強調したのであった(34)。

こうして、マーゴリスはリスボンに向け出立することになる。そのあと、リスボンからスウェーデンへ赴くことになっていた。当時、ニューヨークから大西洋を越えて航海する船はなく、フィラデルフィアからポルトガル船でリスボンに向けて発った。航海はドイツの潜水艦を避けながらではあったが、快適だった。船客の大半はイギリス人の母親と子どもたちで占められていた。彼らはドイツ空軍の激しい空襲の時期にアメリカに疎開していたが、その危機もどうやら脱し、落ち着いてきたため、ようやく故郷に帰国するところであった。

リスボン

リスボンの埠頭にはジョイントのヨーロッパ本部長のシュワルツのほかリスボン事務所のロバート・ピルペルらが、マーゴリスを出迎えた。だがスウェーデンへ行くには、面倒で困難な手続きを必要とした。何よりもまず現地への移動の手段を確保しなければならなかったが、戦時中のため軍用機に便乗する以外に交通手段はなく、そのためには軍の許可のほか、後述する戦時難民委員会（ＷＲＢ）の許可も取得しなければならず、この手続きが難渋を極めた。とくに解放されたとはいえ、依然として治安に不安が残る地に女性を輸送するわけだから、アメリカ政府が慎重になるのも当然であった。しかし、マーゴリスは辛抱強く許可がおりるのを待ち続けた。

こうして許可を待つあいだも、マーゴリスは多忙な日々を送っていた。フランス国内には、ユダヤ人の地下組織にかくまわれている子どもたちが大勢いた。これらの子どもたちをピレネー山脈越えでスペインのバルセロナに脱出させる任務に、彼女はリスボンにおける最初の仕事としてたずさわることになった。

バルセロナにはジョイントの事務所がある。この事務所は、ピレネー越えで子どもたちを密入国させる仕事を請け負うバスク人に多額の金を支払っていた。シュワルツはマーゴリスに対してバルセロナに行き、これらの子どもたちを受け入れるための施設を設営するよう求めた(35)。現地の事務所のスタッフはポルトガル人であったが、ソーシャルワーカーの経験はなく、おまけにあまりに多くの難民が流入したため対応できないでいた。

スペインのフランコ政権は心情的・イデオロギー的にはドイツやイタリアに近いため、両国からの圧力にさらされ参戦の可能性もなかったわけではない。だが、スペインはイギリスとの関係が深く、大戦中は中立を保ち、戦争の推移に応じて日和見の態度を決め込んでいた。ユダヤ人に対する姿勢もドイツ軍が東部戦線で攻勢に出ると、厳しくなり、逆に一九四二年一一月、連合軍が北アフリカに上陸し橋頭保を築くのに成功すると、ゆるやかなものに変わった。また一九四三年春、難民の流入が増加し、ドイツからの圧力があってスペインは許可なく入国する難民の対策として国境を閉鎖すると通告したが、連合国から抗議されると撤回し、引き続き国境を開放していた[36]。とくにセファルディ系ユダヤ人に対しては、スペインにその祖先をもつ人びとであるとして市民権を認めるなど好意的であった。このように、スペイン政府のユダヤ人に対する態度は連合国との関係を考慮して揺れ動いた。

しかも、スペインは北アフリカへの中継地でもあり、ここからジブラルタルを経て北アフリカに渡れば、ＵＮＲＲＡのキャンプが設営されており、難民に対する支援活動を展開していた。こうして一九四二年八月からフランスが解放された一九四四年八月までの二年間に、七五〇〇人のユダヤ人がフランスからスペインに国境を越えて入国したものとみられ、このうちの半数がフランス市民権をもつユダヤ人であった[37]。

マーゴリスは六月にバルセロナへ行き、ポルトガル人のスタッフとともに子どもたちを収容するための準備にとりかかった。バルセロナの郊外に瀟洒な別荘を見つけ、そこに子どもたちを収容することにし、彼女はフランス国境まで出かけ、子どもたちを別荘まで無事送り届けた。当時スペインでは配給制がおこなわれていたが、マーゴリスはファランへ党当局と接触、大量の配給物資を確保することに成功し、物資を収容所から解放されたばかりの難民に届けるプログラムの立ち上げにかかわった。

その後、軍の許可がおり、書類の用意も整いそうだとのシュワルツからの連絡で、七月にリスボンに戻ったマーゴリスは、一〇月、イギリス経由でスウェーデンへ向け出発する。スウェーデンの首都ストックホルムへの飛行はスリルに満ちていた。経由地のイギリスはまだドイツのロケット弾V1号が飛来し、灯火管制がしかれていた。ロンドンのアメリカ大使館でスウェーデンまで飛行するための許可証を入手、軍用機でウェールズまで運ばれ、さらに軍用機に乗ること五時間でようやくストックホルムに到着する。ドイツ軍が依然として駐留するノルウェー上空を飛ぶため、パラシュートを着用しての飛行であった。

スウェーデンは、バルト海を隔ててリトアニア、ラトヴィアや周囲の国から多くの人びとを脱出させるための拠点となっており、およそ一万二〇〇〇人にのぼるデンマーク、ノルウェー、中欧を逃れたユダヤ難民が滞在していた。彼女はこれら難民のために事務所を開設し、さらにベルゲン゠ベルゼン、テレージエンシュタットの強制収容所のほか、ポーランドの難民収容所に食品などの小包を送る作業を開始した。

ベルギー

こうしてしばらく、マーゴリスはスカンディナヴィア諸国の難民救済にかかわったのち、いったんロンドンに戻り、パリに立ち寄ってから、一九四五年四月にジョイントのベルギー代表として同国とオランダの支援プログラムを担当した。

ベルギーでは戦前のユダヤ人人口一〇万がおよそ二万に減少しており、このうちの七〇〇〇人は緊急援助の対象者であった。さらに両親を殺害されたか、追放されたかした三〇〇〇人以上の子どもたち、それに老人、貧しい難民を援助しなければならなかった。そのうえドイツ、オーストリアから逃れた約五〇〇〇人の難民が滞在しており、状況はさらに複雑な様相を呈していた[38]。ジョイントはこの状態を緩和するための援助に月五万ドルを手当てすることになった。戦火が止んだ直後のドイツ占領地に入るのは危険がともなうから、軍関係者にしか許可されない。このためマーゴリスは軍に配属、ブラッセルのヨーロッパ連合国遠征軍最高司令部付の肩書で軍服を支給され、ドイツ軍撤退直後の地域に入った。

ベルギーには一九四四年九月に創設され、翌年三月にイタリア戦線に初めて投入されたユダヤ旅団（Jewish Brigade）が駐留していた。マーゴリスは、このパレスチナのユダヤ人から徴募された部隊とともに、ナチ強制収容所を解放されベルギーに到着するユダヤ人たちを救援する任務にたずさわったのち、オランダ南部のアイントホーフェンに移動した。

ベルギーに続きオランダ南部は連合軍によって解放されたが、戦闘は依然続いており、ドイツ軍はオランダ北部を支配し、アムステルダムに駐屯していた。マーゴリスがアムステルダムに入るのはドイツ軍が同市を撤退した二日後であった[39]。収容所はつぎつぎと解放され、難民はブラッセルをはじめベルギー各地に汽車や飛行機で到着した。ベルギーにはジョイントが救援対策本部を設置していた。

マーゴリスは、ドイツなどからベルギーに到着したユダヤ人たちをパレスチナに送り込むグループの「ヘハルーツ（Hehalutz）[40]」と協力した。彼女はジョイントの資金で難民用の仮キャンプを設営し、難民たちに農業指導などの訓練を実施し、また難民のなかの靴職人、大工、錠前屋などを近隣の村に派遣し、難民仕事をこなしながら、パレスチナ移住のための準備を進めた[41]。

マーゴリスは続々と流れ込む難民の対策に追われ、目の回るような毎日を過ごした。休む間もなく働きづくめで、過労がたたって体調を崩し、軍の病院に一週間も入院する羽目となった。その後、彼女は休養をとるためアメリカに戻り、さらにハバナに飛んで休息した。疲労も癒えて体力が回復すると、マーゴリスは任務に復帰した。

ニューヨークのジョイント本部はマーゴリスを、新任地フランスに派遣することを決定した。

フランス

第一次世界大戦前からパリに移り住むようになった東欧出身の多くのユダヤ人のために、一九二八年に東欧系の団体、フランス・ユダヤ協会連合（ＦＳＪＦ）が創設された。この組織は、さまざまなソーシャルサービスを提供し、フランス滞在に必要な特別許可書など書類の手続き、さらには診療所まで運営した。書記長の穏健左派のマーク・ヤーブルームが、この組織の中心的役割を担っていた。

ジョイントは、一九三三年にドイツから避難したユダヤ難民を受け入れたフランスのユダヤ人団体に対し、主に社会、文化、教育面のプログラムを中心に支援を本格的に始動した。大戦中にドイツ軍がパリを占領しているあいだ、フランスのジョイント支部はマルセイユに移った。最終的に一九四二年一一月にアメリカがヴィシー政権との外交関係を断絶すると、ジョイントはフランス国内の活動から公式には撤退し、活動の拠点はポルトガルやスイスの中立国に移る。しかし、フランス国内に残ったスタッフは、ユダヤ人をかくまった非合法組織に対する経済的援助、ユダヤ人の脱出、証明書の偽造などを含め、難民へのサービスを中断することなく続けた。

連合軍は一九四四年六月六日に北フランスのノルマンディ上陸作戦を敢行、八月末にパリを解放した。

北フランス上陸作戦に先立ち、連合国遠征軍最高司令部は難民問題を扱う専門部署を設け、六月四日、軍に対し難民保護を下命した[42]。ドイツ側がユダヤ人の東方への移送を急いでいたからである。実際に、一九四四年末までに七万から七万五〇〇〇人のユダヤ人が、フランスからポーランド内の絶滅収容所に強制連行された。このうち七万人はアウシュヴィッツ、残りはマイダネク、ソブベルなどに送られた[43]。全体の三分の一はフランス市民で、その他は外国籍の難民であった。大半のユダヤ人は到着後ただちにガス室で殺害され、残った人びとも労働を強制され、数週間から数カ月で命を落とした。ポーランドに連行されたユダヤ人全体の三パーセント、二五〇〇人ほどが生き残った。フランス国内でナチスの暴虐を生き延びた一七万五〇〇〇人のユダヤ人は潜伏先から姿を現わしたものの、多くの者は家を失い、仕事もなく途方に暮れていた。

フランスのジョイント支部長

一九四六年六月にマーゴリスはパリに到着し、フランスのジョイント支部長に就任した。彼女はそれまで海外各地の代表をつとめたことはあったが、支部長は初めてだった。しかもジョイントの最初の女性支部長だった。フランスでの当面の主な任務は、ドイツの収容所を解放されフランスに帰還したユダヤ難民の支援、それに、壊滅した現地のユダヤ人社会を立て直すという緊急の課題であった。事務所は少し前までゲシュタポの本部が置かれていた旧ロスチャイルド邸を使用し、マーゴリスは所長に就任した[44]。マーゴリスのフランス在勤は、一九五三年にジョイントを辞職しイスラエルへ移住するまで、七年間の長期におよんだ。

フランスはヨーロッパにおける難民救援活動の中心地であった。それだけに終戦直後のあらゆる問題がつぎつぎと発生し、ジョイントはその対応に追われた。したがって予算規模も大きく、ジョイントは一〇〇〇万ドルを費やしていた。また、地理的に南の地中海の港からはパレスチナへの渡航にも便利だったため、この地をめざす多くの難民が集結していた。

一九四五年一月の時点で、フランス国内には主要なユダヤ人組織として、難民救援委員会（CAR）、総合防衛委員会（CGD）、フランス・ユダヤ協会連合という三つの団体があった。これらの三団体を統合し、援助を効率化するため、マーゴリスの前任者アーサー・グリーンレイが奮闘していた。その結果、一九四五年三月に統一組織としてユダヤ社会活動再建委員会（COJASOR）が創設され、ジョイントがCOJASORの活動資金の六五パーセントを助成した[45]。フランス国内では多くの団体がジョイントの補助金をめぐって対立し、醜い争いが生じていた。

政治的にもさまざまなグループが乱立していた。古くからのユダヤ人と東欧から新たに移住したユダヤ人、シオニストと非・反シオニスト、共産党など左派と右派勢力。これらのグループの内部も一枚岩とはいえず、分派活動が絶えなかった。一本化をめざしたはずのCOJASOR内部でもいくつかの分派が対立していた[46]。実際に多くのユダヤ人団体はジョイントから財政面の援助を受けており、その意向を無視することは困難だった。また、ジョイントは各団体の内部の問題に口を出すことはしないが、それぞれの団体はジョイントの援助を受けると、詳細な報告を提出せざるをえなかった。したがって、ジョイントは各団体の内情を把握することができ、その内容に不満があれば、方針に逆らう団体に援助をからめて圧力をかけることもあった[47]。

フランスは大西洋と地中海に挟まれており、どこへ渡航するにも都合がよかった。そのためポーランドやルーマニアなどヨーロッパ各地からフランスをめざす人びとが殺到し、毎月一〇〇〇人以上のユダヤ人が入国した。彼らの多くはパレスチナなどに向かう一時滞在者だったが、これらのユダヤ人のケアのためフランスのユダヤ人社会に、そして実際に支援するジョイントに財政的負担が重くのしかかった。一九四六年、ジョイントは、特別に一回限りということで七〇〇万フランの難民援助をＣＯＪＡＳＯＲに供与するとともに、難民を収容するためホテルに三五〇室を確保した。(48) これらの一時滞在者が早く出国してくれれば財政面の軽減につながることになるから、支援組織にとっては歓迎すべきことであった。しかし、一時滞在者が向かおうとするパレスチナの入国はイギリスが厳しく制限しており、そのため彼らの監視の目をかいくぐって密航しようとする人びとがあとを絶たなかった。

その象徴的ともいうべきケースがエクソダス号事件である。

エクソダス号

フランスでマーゴリスが遭遇したのは、当時世界中の注目を集めたエクソダス号事件だった。

エクソダス号（四〇〇〇トン）は、ユダヤ人の工作機関モサドがアメリカのボルティモアで観光客相手に運航しているのを見つけ、パレスチナの軍事組織ハガナーがユダヤ人をパレスチナに送り込むため購入した、建造二〇年の古い船だった。購入資金はジョイントが提供した。

一九四七年三月、新しく「エクソダス１９４７」号と命名された船はフランスに向かい、地中海岸のセトに入港した。そこでエクソダス号は、七月にドイツの難民キャンプから集められたユダヤ人約四五〇〇人を乗せ、出航したところでイギリス側に発見され、フランスの領海を出ると、イギリス海軍艦船にパレスチナのハイファまで曳航された。イギリス軍兵士がエクソダス号に乗り込んだところ、難民たちとのあいだに小競り合いが発生、ユダヤ側に三名の死者が出る騒動に発展した。イギリス側は難民をイギリス船三隻に分乗させ、マルセイユ近くのポールドブークに連行した。難民の受け入れを各国が拒否するなか、七月末、フランスは自分の意思で上陸する者のみを受け入れることに同意した。だが、病人と妊婦の一三〇人が船を降りただけで、大半のユダヤ人はあくまで故国への帰還を望み船内に立てこもった。

この事態に、ジョイントはフランス支部長のマーゴリスを急遽現地に派遣した。マーゴリスは難民に対する食糧、衣類、医薬品、学用品など一五〇トン分の支給を認められたにすぎなかった。夏の暑いなか、彼らは三週間もポールドブークに立ち往生したままであった。この事件のニュースは世界中を駆けめぐり、抵抗するユダヤ人を無理やりドイツに連れ戻そうとするイギリス側官憲を批判する国際世論が沸騰した。

マーゴリスにとっては、かつてキューバで体験したセントルイス号事件の悪夢の再現にほかならない。当時は国際社会の批判がアメリカに向かったが、今回はイギリス政府の対応に批判が集中した。困り果てたイギリス政府はユダヤ人たちをドイツに送還することにし、九月、船はハンブルクに向かい、難民はリューベック近郊の収容所に送られた。その後、彼らの多くは収容所を脱出、その半数以上は新生イスラエルまたはキプロスに到着し、一部のユダヤ人は故国で続いていたアラブ人との戦闘に参加した。(49)

図版 15　パリのユダヤ人児童施設にエリノア・ローズヴェルト夫人（左）を案内したローラ・マーゴリス（向かって右，メガネをかけた女性）（1951 年）［アメリカ・ユダヤ人合同配分委員会提供］

縮小する援助活動

一九四八年五月一四日にイスラエルが独立すると、多くのユダヤ人団体はフランス南部のキャンプ、港からユダヤ人のイスラエル移住を促進した。フランス政府はまだイスラエルを承認していなかったが、イスラエル政府の領事部門が設置されヴィザの発給を開始した。

一九五〇年五月に休暇で一時帰国していたマーゴリスは、ニューヨークのジョイント本部で開催された執行委員会に招かれ、フランスの事情について詳細に報告した(50)。

マーゴリスによると、フランスのジョイント事務所は一九四五年の終戦以来続けていた活動の規模を縮小した。その理由は、イスラエル独立に加えてフランス国内に定着する難民が増え、彼らの世話は現地のユダヤ人社会が担当することになり、ジョイントは一時的な滞在者のみを支援すればよくなったからである。たしかに、イスラエルが一九四八年に独立し、アメリカもまた難民への門戸を開放したことで、それまで滞留していた難民の数は大幅に減少することになった。実際、一九四五年にジョイントが補助していたフランス国内の団体は五〇にのぼっていたが、一九五〇年三月にはその数が一六団体と大幅に減少し、年末には一三〜一四になるだろうと予想された。これにともない、救済・福祉関係の補助金を受給する難民の数も、一九四四年の二万六〇〇〇人から一九五〇年の四〇〇〇人へと減少しつつあった。

戦争の傷跡から立ち直った現地のユダヤ人社会の福祉活動が軌道に乗ると、ジョイントの経済的負担は大幅に減った。一九五一年にジョイントと現地ユダヤ人社会の福祉関係の義捐金の比率は四対一であったものが、翌五二年にはこれが二対一となった。(51)

フランスに滞留しているユダヤ人がイスラエルへの移住を開始し、フランス国内のユダヤ人団体がソーシャルサービスについて責任を果たすようになると、一九五〇年、マーゴリスは統一ユダヤ社会基金（ＦＳＪＵ）を設立した。ＦＳＪＵはいわば統一ユダヤ・アピール（ＵＪＡ）のフランス版で、フランス・ユダヤ人社会の募金組織として、それまでジョイントが実施してきた多くの福祉サービスのプログラムを引き継ぐことになった。(52)

かくして、マーゴリスのフランスにおける活動はほぼ完了した。

三　大戦後のジョイントの救援活動

一九四八年の避難民法

一九四五年夏、およそ八〇〇万人ともいわれる難民（ＤＰ）がドイツ、オーストリア、イタリアで援助を待ち続けていた。[53]ユダヤ人の難民（ＤＰ）は、一九四五年にアメリカ軍がおこなった調査ではドイツの西側占領地区、オーストリア、イタリアに約二〇万七〇〇〇人といわれ、その二カ月後にジョイントが調査したところでは二三万一〇〇〇人と伝えられている。[54]

ヨーロッパ各地で立ち往生するユダヤ難民に、どう対応したらよいのか。彼らは本国であるドイツやポーランドへの送還を拒否していた。アメリカ政府は、これらの難民のせめて一部でも自国内に受け入れられないか検討した。だが、世論は大量の難民受け入れは失業を招くとして反対で、在郷軍人会は多くの兵士が復員すれば仕事の奪い合いになるとして、よりいっそう厳しい入国制限を求めるほどであった。

このため、ローズヴェルト大統領の急死後大統領に就任したハリー・トルーマンは、前入国管理官でペンシルヴァニア大学法学部長のアール・ハリソンに難民問題の調査を依頼した。一九四五年八月、ハリソンはユダヤ難民を早急にヨーロッパから移動させる必要があり、そのなかの一〇万人をパレスチナに入国させるのがよいと大統領に勧告した。この勧告にもとづき、トルーマンはイギリスのクレメント・アトリー首相に対し、一〇万人のユダヤ難民のパレスチナ入国ができるよう取り計らってほしいと要請した。そして同時に、一二月二二日、特別命令で、大統領は大戦中使用されなかったクオータのヴィザをユダヤ人などすべての難民に与えるようにし、そのときまで個人に限定されていた誓約書の提出をジョイントなどの団体にも認めた。この結果、アメリカ国内に身寄りのいない難民にもアメリカ入国の門戸が開かれることになった。

トルーマン大統領の命令は、他国に負担を強いるばかりだったアメリカが自ら進んで自国の門戸を開放しようという決意の表われであった。同時にこれはアメリカへの移民をスピードアップさせることを狙ったもので、アメリカ軍占領下のヨーロッパから毎年最大で三万九六八一名の難民のアメリカ入国を、国務省など政府機関の全面的協力を得て認めようとしたのである。(55) トルーマン命令はユダヤ人だけを対象にしたものではなかったが、実際にこの措置のもとでアメリカに入国した難民の三分の二をユダヤ人が占めた。(56)

とはいえ、ヨーロッパになおも滞り続けている難民のアメリカ入国を認めるには、最大の障壁であるクオータ制を改めなければならないことは明らかであった。難民の大半は東欧出身者で、共産化した母国への帰国を望まない人びとであったが、東欧諸国のクオータは年間合計一万三〇〇〇人にすぎず、これを活用したとしても焼け石に水のような効果しか期待できなかった。

トルーマンはこのため特別立法の必要性を痛感し、こうして一九四八年の避難民法（The Displaced Persons Act）が成立することになる。同法は、二年間にクオータに関係なく、主としてソ連の占領地（バルト諸国、東ポーランド）からの二〇万人の難民にアメリカ入国の門戸を開いた。しかし、戦後の冷戦で愛国心が高揚するなか、ソ連などからの移民については共産主義の同調者が含まれていると不安視するアレルギーが議会内に根強く、それに難民の入国が引き起こすと思われる経済的・社会的な影響を心配する声が加わり、こうした反対派に大統領は譲歩を迫られた。トルーマンは六月二五日、しぶしぶ法案に署名し、同時に声明を発表した。この声明のなかで大統領は法案の制限的規定を非難するとともに、早期に修正するよう求め、「多くの欠陥はあるが、難民の定住化計画の開始をこれ以上引き延ばすわけにいかないため、私はこの法案に署名した」と結んだ。(57)

ユダヤ人はこの避難民法に満足したわけではなかった。ヴィザの三〇パーセントは農業技術者が優先されるなど厳しい制約が課せられ、ユダヤ難民を失望させるような法であった。その後、この法の改正を要求する運動が高まり、トルーマンは一九五〇年の年頭教書でも法改正の必要性を強調した。最終的に、一九四八年の避難民法は一九五〇年六月に修正されたことにより、一九四八年法の差別的規定は撤廃されることになる。この二つの法のもとでアメリカは四〇万五六一六人の難民を受け入れ、トルーマン命令ですでに入国した四万一三七九人を加えると、アメリカ入国を認められた難民の総数は四四万六九九五人にのぼった。このうちの二一パーセントにあたる約九万六〇〇〇人が、ホロコーストを生き延びたユダヤ人であった。(58)

一方、ユダヤ難民一〇万人のパレスチナ受け入れの件については、イギリス労働党政権はユダヤ人のためにパレスチナを広く開放することに難色を示した。アーネスト・ベヴィン外相が提案したのは、パレスチナに果たして一〇万人のユダヤ人を吸収することが可能かどうか検討するための、英米合同調査委員会の立ち上げであった。反シオニズムのベヴィン外相のこの提案は、トルーマン大統領からの圧力がかかるなか、明らかに決定の先延ばしを狙ったものであったが、トルーマンもこれに同意した。一九四六年に英米合同調査委員会はヨーロッパ、パレスチナなどで現地調査を実施、ユダヤとアラブ双方の指導者と面談し、翌年春にユダヤ人のパレスチナ受け入れなどを勧告する報告書をまとめた。

しかし、一〇万人の難民受け入れの勧告に満足したのはアメリカ政府とユダヤ側だけで、イギリス政府は勧告を実行するにはユダヤ人の地下武装組織の武装解除が前提だとしてこれを拒否、アラブ側もまた当然ながら反対した。現地パレスチナでは、終戦とともにそれまで共通の敵と戦っていたイギリス軍とシオニスト地下武装組織のあいだの平和は破れ、テロと弾圧の応酬が始まっていた。

救援活動の再開

いったん戦火がおさまると、生き延びたヨーロッパの一五〇万にのぼるユダヤ人に対する救援活動が各地で再開され、その半数がジョイントの援助の恩恵を受けた。迅速な対応が求められる難民救援活動はとたんに多忙となる。必要な資金、生活物資、医療などの手当てを早急に手配する必要に迫られるが、そのためのスタッフや運搬手段の確保が困難であるばかりでなく、戦闘直後の被災地域の混乱が救援活動をいちだんと難しくする。

表4はジョイントの一九三三年から一九四九年までの収入・支出額、表5は一九一四年から一九四五年の国別支出額、表6は一九四〇年のジョイントの支出内訳を、それぞれ示している。とくに表4の金額の変動からは、二〇世紀にユダヤ人の運命を変えた受難の数々が想起されるであろう。

表4に示されるように、一九四四年のジョイントの支出額は一五七三万ドル、四五年二五五四万ドル、

表4　ジョイントの収入・支出額（1933～1949年）
（単位：米ドル）

年	収　入	支　出
1933	1,151,728.29	665,754.37
1934	1,402,198.29	1,382,326.08
1935	917,749.20	983,343.05
1936	2,340,385.77	1,904,923.77
1937	2,952,185.09	2,883,759.31
1938	4,021,947.80	3,799,709.75
1939	8,144,522.45	8,447,221.24
1940	6,308,279.22	6,206,085.86
1941	6,078,105.82	5,747,477.54
1942	7,385,663.96	6,329,631.30
1943	9,993,762.07	8,985,224.02
1944	15,060,501.30	15,731,634.23
1945	20,499,614.91	25,537,605.82
1946	58,271,552.19	54,123,007.21
1947	62,977,815.15	69,419,940.75
1948	71,932,009.78	64,670,721.46
1949	50,921,934.46	54,740,117.81

出典：*The Year of Emergencies: 1950 Annual Report of the American Jewish Joint Distribution Committee*, New York: American Jewish Distribution Committee (AJJDC), 1951, p. 17.

四六年五四一二万ドル、四七年六九四二万ドルと増加の一途をたどった。これは、もちろん主に難民の救済が広範囲におよんだことに起因するが、戦後世界各地を襲ったインフレのすさまじさも、一九四七年、連合国救済復興機関（UNRRA）に代わって国際難民機関（IRO）が新たに成立したことも影響している。潤沢な資金源に恵まれたUNRRAにくらべIROは予算が切り詰められ、難民に対する救援物資・サービスも削減され、ドイツ、オーストリア、イタリアの二三万人にのぼる難民はジョイントを頼みにせざるをえなくなった。UNRRAの撤退はそれまで活動していた国での生計費の負担増を招き、インフレはジョイントの援助物資の購入価格にはねかえる。

　ジョイントの一九四七年の活動報告によれば、援助物資の主たる供給源であるアメリカの物価上昇は、食糧が四〇パーセント、衣料品二一パーセント、船舶輸送コスト二〇パーセントとなって、ジョイントが前年と同じ事業を継続するにはかなりのコストを負担せざるをえないと予想している。[59] しかも、一九四七年にジョイントは海外要員を二六五名から三二七名に増員し、UNRRA撤退の穴埋めのためドイツ、オーストリア、イタリアで二五〇名のスタッフを維持せざるをえなくなった。だが、こうした懸命の努力が効を奏してジョイントの援助は多くの難民に行き渡り、援助を受けた難民の数は一九四六年の七五万人から、その一年後には一〇〇万人に増加した(60)。

イスラエル移住の波

ジョイントは一九四九年を「解放の年（The Year of Deliverance）」と名づけている。ユダヤ人は、ヒトラー政権の成立とともに始まったホロコーストの悪夢からようやく解放されたのである。ヨーロッパ各地に設営されたユダヤ難民のための一時滞在センターが、主として海外移住にともなう難民数の減少

表5　ジョイントの主要国別支出額
（1914年10月～1945年12月31日）
（単位：米ドル）

国　名	支出額
ドイツ	6,351,671.13
オーストリア＝ハンガリー	2,881,591.10[1)]
オーストリア	3,356,477.35[2)]
フランス	9,047,296.85[3)]
ベルギー	3,881,791.68
オランダ	1,717,505.25
スペイン	2,994,598.38
スイス	6,396,514.61
ポーランド	22,071,756.27
ハンガリー	6,699,530.44
チェコスロヴァキア	2,851,275.42
ロシア	4,000,300.00[1)]
ロシアおよびウクライナ	18,539,408.05
パレスチナ	10,429,270.76
中国	2,667,409.65
日本	285,271.28
合　計	174,824,727.85

註：1）1920年までの金額。
2）1945年支出分はドイツの支出分に含まれる。
3）1936年までのヒセム（HICEM）支出分を含む。
出典：*So They May Live Again: 1945 Annual Report of the American Jewish Joint Distribution Committee*, New York: AJJDC, 1946, pp. 31–32より作成。

により閉鎖され、ジョイントの活動は大幅に縮小した。かつて、延べにすると五万五〇〇〇人のユダヤ難民を収容し、ジョイントも支援したキプロスのキャンプは二月に役割を終えた。ここは当時、イギリスの植民地であったキプロスにパレスチナ密入国を企てた不法移民を収容するため、戦後にイギリスが設営した施設だった。

一九四九年初めのジョイントの海外スタッフ数は三四八名だったものが、年末には二〇四名に減り、ニューヨーク本部のスタッフも二九九名から一〇六名に減少した。[61]

表6　ジョイントの支出の内訳（1940年）

（単位：％）

項　目	比率
難民のための食費・医療費など生計費の援助	33.2
各地のユダヤ人社会への緊急援助	23.5
移住関連	13.3
一般医療援助	6.4
児童保護対策	5.4
ニューヨーク本部の管理費	3.7
海外支部の管理費	3.1
職業訓練	3.1
文化・宗教関連援助	2.6
広報サービス	2.3
協賛団体関連費	2.1
経済援助	1.3

出典："How the J.D.C. Dollar was spent in 1940," in *Aiding Jews Overseas: A Report of the Work of the Joint Distribution Committee in Bringing Relief to Thousands of Distressed Jews throughout the World during the Year 1940 and the First 5 Months of 1941, New York: AJJDC*, 1941, p. 40 より作成。

ジョイントの活動が大幅に縮小した最大の原因は、一九四八年五月一四日にイスラエルが独立したからである。大戦後の一九四七年二月、パレスチナを委任統治するイギリスは、現地で続くアラブ、ユダヤ双方の対立に自国を巻き込んだ騒乱を鎮静化できず、この問題を国際連合に移管した。国連はパレスチナ問題を調査するため特別の委員会を設置し、現地に派遣した。この委員会メンバーの多数が推すパレスチナ分割決議案が一一月二九日の国連総会で採択され、イスラエルの誕生につながる。

イスラエルが独立したことで、ヨーロッパなどで立ち往生していた難民はイスラエルをめざすことになる。イスラエル政府は独立後ただちにユダヤ人に門戸を広く開放することを決定し、アメリカ入国の手続きがさまざまな障害のため簡単でないことがわかると、しびれを切らした多くのユダヤ難民がイスラエルへ行き先を変更した。一九四九年末までに行き先の定まらない難民のため、マルセイユからアデンまで一八カ所のキャンプが設置された。ジョイントはこれらのキャンプに収容された難民のため救援活動を続け、医師や看護婦らが難民のケアにあたっていた(62)。

一方、イスラエル独立とそれに続くアラブ゠イスラエル戦争のため、中東地域のアラブ住民のあいだに国内のユダヤ人に対する敵意が高まっており、これらの地域からユダヤ人を一刻も早く脱出させることが緊急課題となった。ジョイントの全面協力を得て、一九四九年中にリビアのキレネイカから六〇〇〇人がイスラエルに運ばれた。イエメンではイスラエル政府がイマーム（イスラム教指導者）、アデン駐在のイギリス政府当局と交渉し、ジョイントが渡航費などを負担して、四万人のイエメンのユダヤ人を「魔法の絨毯作戦」でイスラエルへ空輸した。イエメンのユダヤ人たちは、かつて祖先がやってきた国に「魔法の絨毯に乗って」舞い戻ったのである。さらにジョイントは、他の中東地域からの四万三〇〇〇人におよぶユダヤ人のイスラエルへの脱出を援助した(63)。

戦後の激動の時代に全組織をあげて乗り切った難民救援活動はようやく一段落し、ジョイントの活動もそれを助けるスタッフの数も大幅に縮小した。砲声が途絶えたヨーロッパからのユダヤ人の移動は、船舶などの移動手段が確保されしだい順調に動きはじめた。

日本敗戦後の中国では、国民党政権と共産党とのあいだにすでに内戦が始まっており、最大のユダヤ人社会が存在する上海からどうやってユダヤ人を避難させるかが焦眉の急であった。ジョイントは国際

図版 16 「魔法の絨毯作戦」でイスラエル行きの飛行機を待つイエメンのユダヤ人（1949 年 11 月）［ゾルタン・クルーガー撮影，イスラエル政府報道室所蔵］

難民機関（ＩＲＯ）と協力し、一九四九年だけでも五三〇〇人のユダヤ人をイスラエル、アメリカ、カナダに脱出させた。こうして大戦中に上海にとめ置かれていた約一万五〇〇〇人のユダヤ難民のうち、高齢であるとか、身寄りがないなどの事情で上海にとどまる九〇〇人を除いたすべてが新たな定住先に落ち着くことになる[64]。

大戦後のジョイント

ジョイントが活動を開始した第一次世界大戦から、第二次世界大戦が終結した一九四五年末までの三〇年間に、ジョイントの総支出は一億七四八二万四七二七ドル、総収入は一億六七八一万九九七九ドルにのぼった[65]。大戦中、ジョイントの活動は大幅に縮小したが、いったん戦火が止むと、とたんに忙しくなる。このことはさきの表4をみれば明らかで、戦後の支出額の増加は、世界各地で支えなければならないユダヤ難民の救援活動のために、いかに巨額の資金が必要であったかを示している。一九四五年の支出は二五五四万ドルであったが、一九四六年は倍以上の五四一二万ドル、一九四七年には六九四二万ドルと増加を続けた。

一九七四年にジョイントのエドワード・ギンズバーグ理事長が、六〇年間におよぶジョイントの歴史を回顧している(66)。

そのなかでギンズバーグは、一九一四〜七四年の六〇年間にジョイントは一〇億ドル以上をユダヤ人およびユダヤ人のコミュニティの援助に費やしたと語ったが、この数字は二〇世紀にユダヤ人の身の上に降りかかった悲劇に世界の、とくにアメリカのユダヤ人がどのように向き合ったのかを明白に示している。このうち実に八七パーセントに当たる八億七〇〇〇万ドルが戦後、つまり一九四五〜七三年のあいだに支出されたものである。この数字は、ジョイントの戦後の活動がいかに困難に満ちていたかを物語っている。これらの費用の大半は、政府ではなくアメリカのユダヤ人から集め、ジョイントが配分したものであった。さらに、ギンズバーグ理事長は、第二次世界大戦勃発までにジョイントは一一万人のユダヤ人のドイツからの出国を援助し、そのための活動を五〇カ国以上に広げ、開戦後はさらに八万人以上の難民の脱出を支援した、と述べている。

大戦後、各地の避難先に将来への不安を抱えたままとどまり、もとの本国への帰還を望まないユダヤ人たちの存在が、難民を引き受けるのをためらう国際社会に深刻な課題を突きつけていた。ドイツの難民は、悪夢を思い出させるドイツに戻りたいとは考えないだろう。こうした人びとの存在がイスラエル再建の要因となった。国際社会はこれら居所の定まらない難民に、彼らの出身国以外に安住の地を用意する必要に迫られていた。イスラエルがユダヤ人を受け入れはじめると、ユダヤ難民問題は一気に解決に向かった。その結果、一九五〇年末までの二年半のあいだに四四万人のユダヤ人が、ジョイントの援助とユダヤ機関の協力でイスラエル入国を果たした。この四四万人のなかには、ヨーロッパからの難民二七万人が含まれ、そのうちの一〇万人は難民キャンプに収容されていた難民、一六万七〇〇〇人は北アフリカ・中東のイスラム圏からの難民であった(67)。

イスラエルが経済的にも社会的にも発展していくにつれ、ジョイントの使命も終了することになるが、世界はそれほど快適な環境を提供してくれるものではない。ユダヤ人の難民はほぼ姿を消したが、世界各地には依然として、およそ三〇〇〇万から六〇〇〇万人といわれる難民が救いの手を待っている。戦乱は絶えないし、洪水、地震、火山噴火などの自然災害にともなう避難民は地球上いたるところに見いだすことができる。このためジョイントは、近年、こうした避難民の救済に活動の重点を置いている。ユダヤ人を襲ったあの悲劇の時代につちかわれたノウハウは、こんにちの世界にも大いに必要とされている。

ニューヨークにあるジョイントの本部を訪れると、スタッフが世界各地のＮＧＯやボランティア団体と連絡を取りながら、アルメニア、トルコなどの大地震の被災地を救援するため、あわただしく活動している場面に出会うことがある。二〇一一年三月の東日本大震災の際にも、ジョイントはイスラエルの医療班や日本のボランティア団体と協力しながら被災者への救援活動をおこなった。一世紀以上におよぶ活動の歴史をもつジョイントは、こんにち新たな使命に向かって歩みはじめている。

四　イスラエルへ

結婚とイスラエル移住

一九五〇年八月二日、マーゴリスは結婚した。相手はマーク・ヤーブルームである。一八八七年ポーランド生まれで、社会主義シオニスト運動ポアレ・ツィヨン（「シオンの労働者」）を指導し、一九〇七年にフランスに移ってからは、イーディッシュ語新聞の編集者をつとめるかたわらフランス社会党内で活躍した。第二次世界大戦中、ヤーブルームはドイツ占領下のパリを脱出、フランス南部の非占領地に移りナチスに対するレジスタンスの地下活動を指導した。戦後レジオン・ドヌール勲章受与に輝いた。一九三六年から三八年まで人民戦線内閣のユダヤ人初の首相をつとめた、フランス社会党の指導者レオン・ブルムとは、第一次世界大戦の折に知りあって以来の盟友だった。ヤーブルームは、ドイツ軍がフランス全土を占領するにおよんで、一九四三年夏にスイスに逃れ、そこで活動していたジョイントとともに難民の救済に協力した。フランス解放後、パリに戻り、シオニストとしてパレスチナの祖国復興をフランスの政治家たちに説いて回っていた。

マーゴリスへのインタビューによれば、ヤーブルームは当時フランス・シオニスト協会会長で、ユダヤ機関（ＪＡ）のフランス代表をつとめており、また、当時イスラエルなどに向かうためフランス国内に待機する人びとを支援していたフランス・ユダヤ協会連合（ＦＳＪＦ）のリーダーでもあった。ふた

図版 17　ベルゲン゠ベルゼンでユダヤ人たちを前に演説するマーク・ヤーブルーム（1947 年 9 月）［アメリカ・ホロコースト記念館所蔵］

りが出会ったのは、一九四六年、マーゴリスがパリに到着して間もないころであった。仕事のうえでマーゴリスはヤーブルームとひんぱんに会い、互いに協力していたのである。

　ふたりは結婚して、新生イスラエルへ移住し暮らすことに決めた。マーゴリスは四七歳、ヤーブルーム六三歳。マーゴリスは初婚で、ヤーブルームは再婚だった。

　一九五三年一一月にマーゴリスは、一九四六年以来七年間激務の連続であったジョイントのフランス支部長を退任し、夫とともにイスラエルへ移住した。副支部長のオーレン・カーンがあとを継いだ。イスラエルに落ち着きしだい、彼女は「マルベン・プログラム（Malben ＝ヘブライ語の Mosedot le-Tippul be-Olim Nehshalim. 英語では Institutions for the Care of Handicapped Immigrants 障害者移民養護協会）」に参加することになる[68]。この組織は、イスラエルにおける病人、高齢者、障害者の移民に対するジョイントの医療援助プログラムであった。

マルベン・プログラム

ホロコーストの生存者などでイスラエルに移住したユダヤ人たちのなかには、高齢者、身障者、精神的障害者が少なくなかった。いわゆる「ハード・コア」である。ナチ強制収容所の恐怖の実態はヴィクトール・フランクルの名著『夜と霧』[69]で克明に描かれている。この世の地獄を体験した人びとは生還したのちもショックが癒えるわけでなく、悪夢やトラウマに悩まされ続けている。またイスラム諸国からの移民のなかには、環境・文化の違いのため精神的疾患に悩む人びとも少なくなかった。

イスラエルが独立した一九四八年から一九五〇年末までの二年半のあいだに、ヨーロッパ、イスラム諸国からジョイントの援助とユダヤ機関（ＪＡ）の協力で四四万人のユダヤ人が故国の地を踏みしめたが、このうち約半数の人びとは精神や肉体に障害を抱えていた。一二人にひとりは六〇歳以上で、多くの人びとは家族や財産をすべて失い、長期にわたる過酷な収容所生活、逃亡、避難生活の果てに精神は病み、肉体は傷ついていた。ところが、新しい環境への順応が難しく、自立が困難なこれらの人びとに対して、独立したばかりのイスラエルは十分なケアを提供する余裕がなかった。周囲を敵国に包囲されたなかで、国が安全と国造りを同時に進めるのは難しかった。移民のなかの青年層が貴重な戦力であり、かつ労働力でもあったから、社会的に弱い立場の人びとは後回しにされる心配があった。

そこで、イスラエル政府がジョイントやユダヤ機関の協力を得て、一九四九年、これらの「ハード・

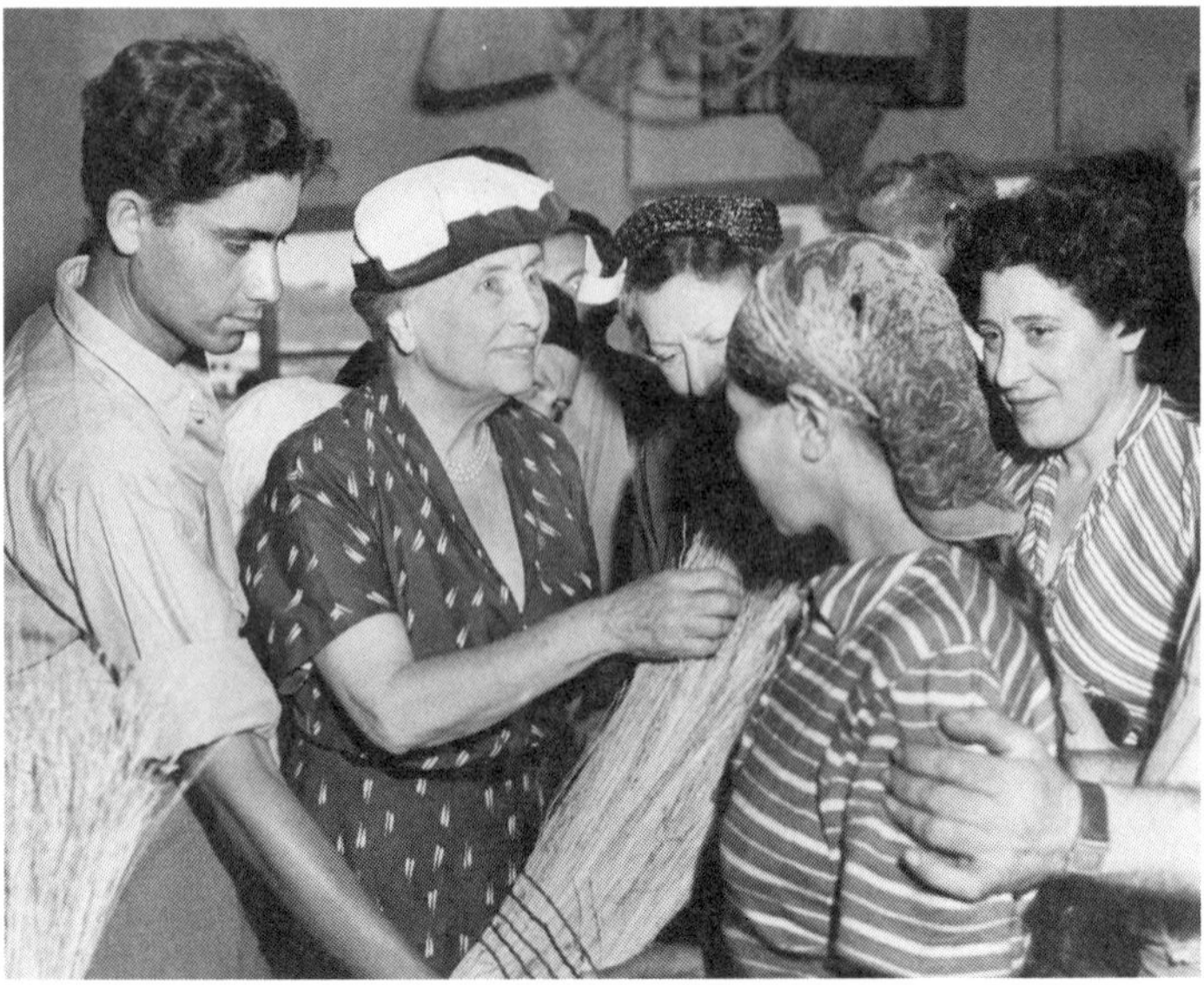

図版 18　イスラエルにあるマルベンの視覚障害者施設を訪れたヘレン・ケラー（1952年 6 月 5 日）［アメリカ・ユダヤ人合同配分委員会提供］

コア」と称される移民に組織的ケアと社会的サービスをおこなう目的で立ち上げたのがマルベン・プログラムである。

ジョイントはこれらのユダヤ人をイスラエルへ移送した以上、到着後の生活にかかわらざるをえない。ジョイントのマルベン・プログラムの対象となるのは、入国五年以内の新しくイスラエルに移住した病人、高齢者、身障者であった。一九五一年からはジョイントが全般的にマルベンに責任をもつことになり、ユダヤ機関がもっぱら移民の旅費などの支援を中心に担当することになった。ジョイントはイギリス軍が撤退したあとの兵舎を老人ホームや診療所などに改修し、身障者に対するリハビリ・プログラムを提供した。一九五一年、マルベンはリション・レツィオンに近いベール・ヤアコブに当時中東最大の結核療養所を建設し、結核から回復した患者のために職業訓練などのプログラムを作成し、社会復帰を支援した。[70] ジョイントのマルベン・プログラムを支えたのが、一八八〇年にロシアで設立された「社会復帰のための訓練機関」（ORT）であった。ORTはその後ジョイントからの資金援助を受け、職業訓練に多大の成果をあげている。

マルベンの特徴は、高齢者のために単なる老人ホームを提供するのではなく、高齢者のコミュニティを建設することにある。つまり、高齢者が精神的・肉体的に回復するようになると、そのなかでかつて仕立屋や靴職人などの職歴をもった人びとに、彼らの貴重な経験、能力を活用してもらうのである。高齢者に自活できる見通しが立つと、ホームを退去し、マルベンからローンまたは資金の提供を受け、自分たちのアパートを借りるなり、購入することが可能となる。一時期は、ジョイントが診療所、老人ホームなど二三カ所の建設にかかわり、運営するほどであった。やがて当初の目標が達成され、イスラエルが自立できるようになり、また移民のピークも過ぎ、移民数が減少するにおよんで、ジョイントはこれらの施設の管理・運営を少しずつイスラエル側に移管していく。

マルベン・プログラムが始動した一九四九年から一九六五年までに、イスラエル市民の一〇人にひとりの割合、つまり二五万人がマルベンの援助に浴し、この間に要した費用は一億四一〇〇万ドルにのぼった。[71] そして一九七五年一二月三一日、ジョイントはマルベンを含むすべての事業をイスラエル側にゆだね、撤収することになる。

マーゴリスはマルベンの海外サービス・スタッフとして一九五四〜五五年のあいだ勤務し、そのあと辞任して、ヘブライ語の習得に取り組んだ。しかし一九五六年にスエズ戦争が発生し、さらにハンガリー動乱が起こり、多くのユダヤ人がハンガリーとポーランドからイスラエルに移住してきた。そこで、マーゴリスはヘブライ語の学習を中断し、ユダヤ機関を訪れた。彼女はフィールドでの仕事を希望し、新たな移民を収容するためにイスラエル各地に建設された開発都市（development town）に、厚生省や国際婦人シオニスト機構（ＷＩＺＯ）と一緒になって職業訓練センター、子どものためのホーム、デイ・ケア・センターをつぎつぎ設立していく。そして一九五八年には、マーゴリスはマルベンの所長をつとめた。

夫のマーク・ヤーブルームは、イスラエル移住後、一九六四年までヒスタドルート（イスラエル労働総同盟）の執行部で活躍していたが、一九七二年二月に死去した。マーゴリスは一九七四年二月にマルベンを引退し、一九三九年以来のジョイントの海外スタッフ時代を含め、危機の時代に各地で救援を待つユダヤ人を救済する任務を終えた。

終　章　なぜアウシュヴィッツは爆撃されなかったのか

一　アウシュヴィッツ

絶滅収容所

ポーランド南部に位置する古都クラクフは、ドイツ軍の占領後に総督領となり総督府が置かれたため、いまでも古い建物が残っている。この市街の景観は、徹底的に破壊され、ほとんど灰燼に帰した首都ワルシャワとは対照的である。ドイツ軍占領後のポーランドには、総督領のベウジェツ、ソビブル、トレブリンカ、マイダネク、ドイツが併合した帝国編入領のヘウムノ、アウシュヴィッツの六カ所に絶滅収容所が設けられ、主にヨーロッパ各地から移送されてきたユダヤ人を収容した。

クラクフの西六〇キロメートルほど離れた広大な地域に、アウシュヴィッツの絶滅収容所の建物などが保存されている。アウシュヴィッツ（ポーランド名はオシフェンティム）は、ポーランド軍の兵舎跡に一九四〇年四月、ハインリヒ・ヒムラー親衛隊全国指導者兼警察長官の命令で建設が着工され、六月に開設されたホロコーストを象徴する最大規模の収容所であった。最初はポーランドの政治犯、独ソ戦のソ連軍捕虜を収容する強制収容所として使用された。

やがてアウシュヴィッツの収容能力が限界に達すると、近くに一九四一年一〇月からビルケナウ収容所の建設が始まり、ここが第二収容所として機能し、ロマ人（ジプシー）、ポーランド人、ロシア人なども収容され殺害されたが、殺された犠牲者のなかでは圧倒的にユダヤ人が多かった。写真でもよく知られているように、鉄道の引き込み線が独特の三角屋根の門を通って収容所内に延びている。

この二カ所の収容所をあわせてアウシュヴィッツ＝ビルケナウという。(1) その後、アウシュヴィッツの東に位置するドイツの総合化学企業イ・ゲ・ファルベン社の工場に隣接して、モノヴィッツ収容所が建設された。これは同工場の労働者のための収容施設として建設されたものだが、この第三収容所もアウシュヴィッツの複合収容所の一部となった。

アウシュヴィッツは鉄道の接続が便利なため、一九四二年三月に最初のユダヤ人がスロヴァキアから送られて以後、ヨーロッパ大陸の各地からユダヤ人が集められた。

しかし戦局が悪化するにつれ、絶滅収容所は一九四三年以降つぎつぎと閉鎖され、一九四四年になると稼働しているのは数カ所だけとなった。東からソ連軍が各地でドイツ軍を撃破し、西からは英米主体の連合軍が迫り、もはや敗北が時間の問題になると、ナチスは絶滅収容所の収容者をダハウ、ベルゲン＝ベルゼンなどドイツ国内の収容所へ移送する。同時に、ユダヤ人の最終解決を、それこそがこの戦争の最大目標であるかのように急ぐ。

その一方で、一九四四年夏ごろからは、大量殺戮の証拠隠滅のため初期の殺戮現場を破壊する作業が加速される。絶滅収容所は、撤退するナチスの手で破壊あるいは解体された。だが、ビルケナウではガス室が一九四四年一〇月末まで稼働し、停止してから機械類が取りはずされ、証拠になる文書類は焼却、クレマトリウム（ガス室と焼却炉一体の施設）などの建物は破壊ないし解体された(2)。

ソ連軍が急迫するなか、アウシュヴィッツに収容されていた五万八〇〇〇人は徒歩でドイツ国内の収容所へと移動させられた。一九四五年一月二七日にソ連軍によって解放されるまで、アウシュヴィッツで殺された人びとの数は一二〇万以上といわれ、その大半がユダヤ人であった。生存者は七六五〇人にすぎなかった(3)。

大量虐殺を伝える情報

ナチスによるユダヤ人の大量虐殺は、すでに一九四一年七月、独ソ戦争でドイツ軍が占領したソ連領内で始まっていた。イギリスの諜報機関は、一九四一年初めにはドイツの暗号を解読し、ポーランドでユダヤ人が殺戮されている事実をつかんでいた。しかし、後述する第一次世界大戦時の苦い体験に加え、暗号解読に成功したことがドイツ側に洩れることをおそれ、イギリス政府は公表を控えた(4)。

一九四一年一一月、スイスのベルン駐在のイギリス公使は、ポーランド人の情報提供者からポーランド東部のユダヤ人一五〇万が行方不明になっているとの情報を入手し、ロンドンに送付した(5)。虐殺を伝えるニュースは、一九四二年初めまでにヨーロッパ各地のユダヤ系新聞やニューヨークのイーディッシュ語紙で報じられていた。情報の出どころは、主に兵士や通信社の通信員、アウシュヴィッツなど強制収容所の建設工事関係者、脱走者などの目撃や証言であった。そもそも犠牲者が数万から数十万に達する、この種の大量虐殺は、隠しおおせることが著しく困難であろうことは容易に想像される。

多くの情報が集まったのはドイツの隣の中立国スイスであった。スイスには世界ユダヤ人会議（WJC）のゲルハルト・リーグナーが駐在しており、ヨーロッパ各地のユダヤ人社会との数少ないパイプ役をつとめていた。リーグナーのもとには各地に張り巡らしたアンテナを通じて、ドイツなどからポーランドへのユダヤ人の移送、ポーランド国内の窮状に関する情報がつぎつぎと届いていた。彼はこれらを、アメリカ国務省やニューヨークのWJC理事長スティーブン・ワイズに転送した。こうした情報は日を追うごとに増加していった。

ヘンリー・フェインゴールドによると、一九四一年一二月と翌年一月にドイツの作家トマス・マンがイギリスのBBC放送を通じて語ったのが、大量虐殺に関して一般の人びとに伝わった最初の未確認情報とされる。[6] 一九四二年五月には、ポーランドとヨーロッパのユダヤ人を抹殺する計画に関する最初の信頼できる重要情報が、ブンド（「ロシア・ポーランド・リトアニアのユダヤ人労働者総同盟」）からロンドンに置かれたポーランド亡命政府に伝えられている。[7] このときポーランドで殺戮されたユダヤ人の数は七〇万にのぼったと推定される。そして、この情報の要旨を一九四二年六月二日にBBCが放送した。[8] こうして虐殺の報道は多くのチャネルを通じて連合国政府やユダヤ人組織に伝わっており、ユダヤ人を含め多くの人びとの知るところとなった。

連合国の対応はなぜ遅れたのか

虐殺のニュースがすでに新聞などで報道されていたにもかかわらず、政府や一般国民のあいだになぜ速やかに真剣な対応がなされなかったのであろうか。

デイヴィッド・ワイマン、ヘンリー・フェインゴールド、イェフダ・バウエルなどのホロコーストの研究者によれば、この反応の鈍さは主につぎのような理由にもとづいている。

第一に、多くの政府と国民は、文明国がこのような残忍な行為をよもや犯すはずがないと信じて疑わなかった。しかも想像を絶する犠牲者数が報じられると、この種の情報が何を意味するのか理解できなかったといえよう。大量虐殺の情報に接しても、戦争にはありがちな残虐行為のひとつにすぎないとして、真剣に取り合うことはなかった。

最終解決は人類史上まったく新しい現象であった。ユダヤ人でさえナチスの残虐行為を、それまで自分たちが経験したポグロムと同じ程度にとらえていた。この歴史上まったく新しい事態に遭遇して、初めてユダヤ人は、過去の経験則が役に立たないことに気づいたのである。その経験則とは、反ユダヤ主義の暴力の嵐とそれがやがて鎮静化し、ふたたび吹き荒れる災厄の繰り返しであり、そのつどユダヤ人はユダヤ教の教えを忠実に守ってひたすら嵐が過ぎるのを待てば、いずれもとの状態に戻るというオプティミズムであった。

ホロコーストの研究者ルーシー・ダヴィドヴィッチは、この伝統的なユダヤ人のオプティミズムは、究極的に善は報いられ、悪は罰せられるという正義論にもとづくもの、と述べている(9)。ドイツ国内においても東部の占領地域で虐殺がおこなわれたと報じられていたが、大多数のドイツ人は連合国のプロパガンダとしか受け止めていなかった。つぎつぎと新たな情報がもたらされたが、その信憑性を信じるかどうかは別の問題であった。

第二に、第一次世界大戦当時、イギリス政府が盛んに流布した「ドイツの残虐行為」の宣伝はのちに誇張だったことが判明し、このときの教訓からホロコーストについても俄かに信じ込もうとしない風潮を生み出した。また、多くの人びとはプロパガンダと正確な情報の判別ができなかった。

第三に、メディアの報道はその多くが断片的なもので、したがって限られた情報しか一般国民に届かなかった。

第四に、ナチスの残虐行為は周知であったから、ユダヤ人に対する組織的残虐行為が報じられても、戦時下ではとくに驚くこともなく、また注目されることもなかった。

第五に、反ユダヤ感情が指摘されよう。ユダヤ人に対して良いイメージをもたず、偏見や憎悪の感情をもつ人びとは、ユダヤ人を襲った不幸に同情しなかったどころか、むしろ歓迎するところもあった。日ごろ反ユダヤ感情の強い東欧諸国などでは、進んでナチ親衛隊のユダヤ人虐殺に協力する住民が少なくなかった。

また、連合国内にユダヤ人を救援しようとする人びとがいても、国民のあいだに根強く認められる反ユダヤ主義はこうした試みを阻んだ。ユダヤ人に救いの手を差しのべようとすれば、ナチスの「連合国の戦争はユダヤ人のためだ」といった宣伝に口実を与えかねないし、なぜユダヤ人だけを特別扱いするのかという世論の批判は米英の指導者にも影響を与える。そこで公式声明などでは、意識的に「ユダヤ人」の語の使用を避け、代わりに当たり障りのない「難民」の表現が用いられた。アメリカのユダヤ人社会のなかにも、政府に強硬な対応を求めるユダヤ人団体主催のデモや集会などの行動は反政府的行為で愛国心に反するものとみなされ、眠っていた反ユダヤ主義を覚醒しかねないという心配のほうがむしろ強かった。

要するに、ユダヤ人虐殺の報に接した多くの政府、一般市民、それにユダヤ人組織までもが、文明国がそのような残忍な行為を犯すはずがない、おそらく作り話か、誇張、宣伝ではないか、という思い込みにとらわれていただけでなく、想像不能な犠牲者の数字が意味するものを理解できなかったからであろう。数十人、数百人の犠牲者であれば信用されたかもしれない事件が、数万、数十万の単位で語られると、もはや正常な想像力を超えたのである。

二　アメリカ政府とユダヤ人社会

アメリカ政府への圧力

一九四二年七月初め、アメリカ国務省は東欧のユダヤ人虐殺に関する調査を開始し、スウェーデン駐在のアメリカ公使は、ドイツがソ連から占領した地域で少なくとも二八万四〇〇〇人のユダヤ人を処刑したとの情報を、ワシントンに送っている(10)。

七月二一日夕刻には、同胞の虐殺に抗議する大集会がニューヨークにおいて開催された。会場のマディソンスクエア・ガーデンを二万人のユダヤ人たちが埋め尽くし、なお数千人が会場に入りきれずに路上にあふれた。この集会では、スティーブン・ワイズ世界ユダヤ人会議（ＷＪＣ）理事長、ハーバート・リーマン州知事、フィオレロ・ラガーディア市長などがつぎつぎと演説をおこなった。だが、こうした抗議の動きはただちに政府の具体的な行動につながったわけではなかった。

八月に入り、ＷＪＣのスイス駐在員リーグナーがドイツ高官と親しい反ナチのドイツ人実業家から手に入れた情報が、電報でイギリスおよびアメリカのＷＪＣに届いた。その内容は、ヨーロッパの三五〇から四〇〇万のユダヤ人に対して東方で殺害される危険が迫っているというもので、この情報はそれぞれの外務省および国務省に伝えられた。バウエルによれば、この電報はホロコースト史のターニング・ポイントとなるもので、初めて世界はドイツが全ヨーロッパのユダヤ人の絶滅を計画していることを示す明白な証拠を入手した、と述べている[11]。

ワイズはこのことを、アメリカ国務省のサムナー・ウェルズ次官に伝えた。そのときワイズは、この情報の確認を求めるとともに大統領に通報し、しかるべき措置を検討するよう懇請した。ウェルズ次官はそうしようと約束し、ワイズに対し情報が正確とわかるまで公表を控えてほしいと要請した。このためワイズは発表を思いとどまったが、アメリカのユダヤ史研究者のなかには、ただちに公開すべきであったと彼の対応を批判する声も少なくなかった[12]。しかし、ヘブライ大学のバウエルはワイズに同情的である。バウエルは、まず右の電報は、「その信憑性がまだ確認されていないという前提」の但し書きで送られたものであり、これを公表してもし誤報だったらどうなるか考える必要があること、さらに戦時下のアメリカ国内では愛国心が鼓舞され反ユダヤ主義が高揚しており、ワイズの立場は微妙であったと指摘する[13]。

実際、この当時、ワイズがアメリカ政府に対して具体的な行動を取るよう迫ったとしても、おそらく政府としてはそれどころでなかったであろう。

一九四一年一二月、日本海軍によるハワイ真珠湾攻撃でアメリカは第二次世界大戦に参戦し、アメリカ軍はヨーロッパ戦線に投入される一方、太平洋の各地でも日本軍と死闘を繰り広げていた。したがって、ユダヤ人に対する大量殺戮が事実であっても、アメリカ軍にはユダヤ人に対して具体的な救援活動を展開する余裕はまったくなかったといえよう。これに加えて、官僚組織の厚い壁が立ちはだかり、ワイズらの行動を制約し、さらにアメリカ政府としての対応を遅らせたのである。ウェルズ国務次官はワイズに対し好意的に接していたが、たとえば国務省のヨーロッパ部などは、リーグナーの動きを妨害し、情報を伝達するための在外公館の公的なチャネルを彼に使用させないようにするなど、非協力的であった。

米英首脳に強い対応を促したのはユダヤ人だけではなかった。一九四二年一月一三日、ロンドンのセント・ジェームズ宮殿でポーランドやオランダなど九カ国の亡命政府が会合し、ナチスの戦争犯罪に関する宣言を発表した。ポーランド亡命政府のヴワディスワフ・シコルスキ首相は米英両政府に対し、このセント・ジェームズ宣言に参加するよう要請した。

こうした圧力に促されるように、フランクリン・ローズヴェルト大統領は八月二一日、ナチスの戦争犯罪に対して警告を発することになる。さらに一〇月七日、ローズヴェルトは戦争犯罪人が戦後処罰を免れることはないと強調し、そのために連合国が連合国戦争犯罪調査委員会を設置して、数千人の無実の人びとを組織的に殺戮した責任者を裁判にかける、と表明した(14)。だが、これらの声明にはユダヤ人についての言及はなく、ユダヤ人団体を失望させた。もちろん、ナチスの犠牲者はユダヤ人だけではなかったし、ナチスから「連合国はユダヤ人のために戦争をしている」との口実をとられまいとする意図が、大統領声明の背景にあったことは考えられる。

一一月末になって、ワイズはニューヨークで記者会見をおこない、ようやくナチスの絶滅政策に関する新たな情報を公表した。これを『ニューヨーク・ヘラルド・トリビューン』紙が報じ、アメリカ国民のあいだに衝撃が広がる。[15] イギリスでも、ユダヤ人団体がロンドン駐在のアメリカ大使に、ナチスの絶滅計画についてイギリス外務省に注意を喚起してほしいと要請し、大使はアンソニー・イーデン外相に取り次ぐが、イーデンはこれを信じない。そうしたなか、一二月初めにポーランド亡命政府が虐殺の事実を明白に示す証拠をイギリス外相に提示し、イギリス政府の閣議でユダヤ人虐殺問題が討議されるにいたった。[16]

連合国の警告

連合国がナチスの虐殺を非難する声明を発出したのは、一九四二年一二月九日にポーランド亡命政府が虐殺の事実を公式に認める覚書を出してからのこと、とされる。[17] すなわち、一二月一七日にいたってようやく米英ソおよびその他八カ国の連合国による戦争犯罪声明、いわゆるワシントン宣言のなかで、連合国はユダヤ人に対する絶滅政策を非難するとともに、これに加担した者は法の裁きを受けることになると警告した。連合国はユダヤ人の虐殺が開始されたことを初めて公式に認めたのであった。同時に、イギリス空軍機はドイツ上空から、ドイツがヨーロッパのユダヤ人を殺戮している事実を公式に確認したことを公表する、連合軍のビラを撒布した。さらに一九四三年一〇月一九〜三〇日、モスクワで開かれた米英ソ三国外相会談において「ドイツの残虐行為に関する宣言」を発表し、ドイツの残虐行為に責任ある者を裁判にかけて厳罰に処することを誓った。
そして一九四四年三月二四日には、ローズヴェルト大統領の戦争犯罪声明が発表された。この声明は、後述するユダヤ人殺戮に関する戦時難民委員会（WRB）の宣言案をもとに出されたものだったが、ユダヤ人以外の犠牲者にも言及し、ユダヤ人の虐殺については、「その大規模な組織的殺戮はすべての歴史のなかでも最大の凶悪犯罪のひとつ」と非難したのである。[18]
連合国の戦争犯罪の警告はナチスの指導者には、ほとんど影響を与えなかった。そればかりか、むしろ降伏を受け入れれば、戦犯として極刑が待っているであろうと彼らが覚悟を決め、かえって抵抗を強めることになって逆効果であったかもしれない。だが、ルーマニア、ハンガリーなどのドイツの同盟国政府には、ある程度の抑止効果があったものとみられている。[19]
ナチスのユダヤ人大量虐殺の情報は、すでにさまざまなルートを通じて広まっていた。一九四三年に入って、ポーランドの地下組織やロンドンのポーランド諜報機関から、アウシュヴィッツで新たな焼却炉が建設中であるとか、五二万人から六四万五〇〇〇人のユダヤ人が殺害されたなどの具体的な情報が、あいついで公表された。[20]それにもかかわらず、これらの情報が果たして信頼に足るものかどうかの裏づけがなく、多くの政府・軍関係者は馬鹿げた話だとして真剣に取り合おうとしなかった。[21]
ところが、一九四四年春以降、最終解決はもはや疑いようのないほど明白な事実となった。一九四四年四月、スロヴァキアのユダヤ人二名がアウシュヴィッツの収容所から脱走に成功し、スロヴァキアに逃げ、そこのポーランド人活動家にアウシュヴィッツの状況について詳しく報告した。[22]このふたりの報告こそ、収容所で何が起こっていたかについての本格的な報告であり、それまでの疑念を拭い去る決定的な証言となった。六〇ページにおよぶ報告書は、ハンガリーのユダヤ人を大量虐殺する作業がアウシュヴィッツで進行中であることを証言しており、スロヴァキア語とドイツ語でタイプされていた。(23)

ハンガリー

ハンガリーは一九三九年二月に日独伊防共協定に参加し、ドイツが近隣の国の領土を掠め取るのをみて、その好機を見逃さなかった。ハンガリーは、まずチェコスロヴァキア解体に際してその一部を併合し、またルーマニア、ユーゴスラヴィアからも領土の一部を獲得するなどして、国土を拡大した。そして一九四〇年一一月には三国同盟にも加盟した。

しかし、ハンガリーの対独協力はかなり限定されたものになった。翌年の対ソ戦争でハンガリー軍はドイツ軍とともにソ連攻撃に出兵したものの、手痛い損害をこうむった。しかも、ドイツ軍の進撃がその年の夏以降一時ほどの勢いを失い、予想しなかったソ連軍の抵抗で東部戦線が膠着すると、ハンガリー軍は徐々に戦線からの離脱を考えるようになる。そこへ連合国から出されたさまざまな警告がハンガリー政府の動揺を誘う。ハンガリー以外の同盟国のルーマニア（一九四〇年一一月に三国同盟に加盟）、ブルガリア（一九四一年三月に三国同盟に加盟）でも、状況は同じであった。要するに、連合国の強い警告はドイツの同盟国の指導者にドイツとの協力関係を再考させる誘因となったのである。

ハンガリーのユダヤ人人口は、第二次世界大戦勃発時に四〇万四〇〇〇であったが、周辺国の領土の併合にともない新たに抱えることになったユダヤ人に、スロヴァキア、ポーランド、ルーマニアから避難した難民が加わり八二万五〇〇〇人に膨れあがっていた。

ハンガリーのユダヤ人政策はドイツと同様にいくつかの反ユダヤ的な法を制定したけれども、ドイツと事情はまったく異なっていた。ハンガリーは必ずしもドイツ側の意向に従わなかったから、ドイツは不満であった。ユダヤ人たちは基本的な自由を奪われ、経済的に差別されながらも、一九四四年三月にハンガリー全土がドイツ軍に占領されるまでは、なんとか政府の保護のもとで身の安全は保証されていた。ハンガリーで摂政として実権を握るミクローシュ・ホルティ提督のもとで首相をつとめるミクローシュ・カライは、戦争への積極的役割とユダヤ人に対する厳しい措置を求めるドイツの圧力に抵抗していた。このため一九四四年三月、ヒトラーはホルティをザルツブルクに近い城に呼びつけ、カライ首相の更迭と強硬なユダヤ人対策を要求した。

ハンガリーがドイツの要求に抗い続けたのは、いうまでもなく戦局が枢軸側にますます悲観的になってきたからである。ドイツ軍は連合軍の反撃を受け、各地で後退を続けており、さらに一九四三年七月にイタリアのムッソリーニが失脚するなど、ハンガリーにとってドイツとの同盟のあり方を根本から揺るがしかねない事態がつぎつぎと起こった。そのうえ、いずれはドイツの圧力に抗しきれないハンガリー政府が、国内のユダヤ人の絶滅収容所移送に踏み切るだろうとの情報を伝えられたローズヴェルト大統領は、一九四四年三月、ハンガリーに対し強く警告していた。

ホルティがヒトラーとの会見を終えて帰国してみると、ハンガリーはドイツ軍の侵攻を受け、すでにその占領下に入っていた。ハンガリーの新しい傀儡《かいらい》政権が発足し、新首相にはカライに代わってドーメ・シトイエ元ドイツ駐在大使が就任した(24)。ハンガリーを占領したナチス・ドイツはただちにゲシュタポのアドルフ・アイヒマンらを送り込み、ユダヤ人をハンガリーのファシスト分子の協力を得てアウシユヴィッツへ移送するため、強制的に連行してゲットーに収容し、五月になると移送を開始した。その結果、一九四四年七月までに四〇万以上のユダヤ人がアウシュヴィッツへ送られ、ブダペストを除くハンガリーのすべての地域から彼らの姿はほとんど消えたといわれる(25)。

アメリカの戦時難民委員会（WRB）は、再三にわたってハンガリーに対しユダヤ人の移送を取りやめるよう警告すると同時に、国際赤十字やヴァチカンにも訴えた。

スウェーデンのWRB代表はスウェーデン政府と協議し、七月に、スウェーデンの名家出身のビジネスマンでパレスチナにも仕事で駐在したことがあるラウル・ワレンバーグを、ユダヤ人救出のためブダペストに派遣した。ワレンバーグはブダペストのスウェーデン公使館に外交官として勤務しながら、一九四四年夏から秋にかけて政府発行の保護証明書類をユダヤ人たちに配布し、数千人をスウェーデン政府の庇護下に置いた。同時に赤十字やスイス政府が同様の保護を与え、結果的に五万人ほどのユダヤ人が移送を免れることになる。

敗色濃厚なドイツを見限り、英米諸国との関係回復を重視したいホルティ提督は、アメリカ大統領の移送の中止要求に加え、ローマ教皇の訴えを受けて、ユダヤ人の移送を中止する決定を表明し、七月二〇日からハンガリーのユダヤ人の移送は中止された。中止しなければ首都ブダペストを爆撃すると連合国から恫喝されたホルティは、実際に七月初めに爆撃が実行に移されたことで、脅しを本気だと受け止めたのであった。

ホルティは、英米両国の協力を条件に、一〇歳までのユダヤ人児童とともに、パレスチナ入国証あるいは外国のヴィザ保有者のハンガリー出国を認める用意があることを、ブダペストのスイス代表部に通知した。[26] しかし、この提案に、イギリス側はパレスチナに多数の難民が流入しかねないと難色を示した。一方のアメリカ側は、自国の負担はないものの、拒否した場合の世論の反発をおそれ、イギリス政府と協力して共同で、ハンガリー出国を許され、中立国あるいは連合国に到着するすべてのユダヤ人を保護する方針を明らかにした。八月八日、イギリス戦時内閣は原則としてホルティの提案に同意し、翌日、イギリス政府は国際赤十字を通じてハンガリーの提案を受け入れる旨の共同声明を発表した。

最終的にユダヤ人のハンガリー脱出は、ドイツ側が妨害したため実現することはなかった。八月、ドイツ軍とともに対ソ戦争に参戦した同盟国のルーマニアがソ連軍に降伏し、こんどはドイツに宣戦して、ルーマニアがソ連軍とともにドイツ軍を攻撃する事態が発生した。ルーマニアに続きブルガリアもまた、ソ連と講和の交渉に入った。このような状況のもとで、八月末にシトイエ首相が辞任し、一〇月に入って、ホルティはソ連側とひそかに休戦交渉を開始した。ところが、ハンガリーの同盟離脱をなんとしても阻みたいナチスは一〇月にホルティを拘束し、反ユダヤのファシスト「矢十字党」政権を樹立、残るユダヤ人たちを国境まで徒歩で行進させた。これに対してワレンバーグは、ユダヤ人の収容所移送が戦争犯罪にあたると警告しつつ、ユダヤ人の保護に全力を注いだのであった。

ドイツの連合国などへのアプローチ

さて、その一方で、ドイツは戦局がもはや絶望的になると、連合国側およびユダヤ側とユダヤ人の処遇をめぐってさまざまな接触を試みた。ドイツと連合国間では、いくつかのチャネルを介してユダヤ人とトラクターなど必要物資を交換する交渉が試みられた。

ひとつは、一九四四年四月、アイヒマンが、ハンガリーの救援救出委員会のヨエル・ブラントを介して、ユダヤ人一〇〇万人とトラクター一万台などの交換を持ちかけた、ドイツと連合国の交渉である。ブラントは、シオニストのグループとともにポーランドやスロヴァキアからハンガリーへ逃亡するユダヤ人を支援していた。もうひとつは、一九四四年八月から翌年二月にかけて、スイスを舞台に戦時難民委員会（WRB）、ジョイントとドイツ側とのあいだに進められた交渉であった。[27]

前者の交渉は、英米・独間の相互の不信が根強く、機がまだ熟さなかったことに加えて、ドイツ側から交渉を依頼されたブラントが逮捕されるハプニングもあって、具体化することはなかった。連合国側との交渉のため、ドイツ諜報機関に勤務したことのあるアンドル・グロスとともに海外に派遣されたブラントは、イスタンブールで入国ヴィザ不所持により逮捕された。釈放されたあと、二名はパレスチナ、シリアでそれぞれイギリス側に拘束され、終戦までエジプトに拘留されたため、交渉は不調に終わった。だが、スイスの交渉は進展した。この交渉は、直接にはジョイントのスイス代表サリー・メイヤーとドイツ側親衛隊将校のクルト・ベッヒャーのあいだで始まり、スイス政府、WRBや赤十字も関与した。メイヤーは、何もしないでいればヨーロッパのユダヤ人はすべて消滅してしまうと必死であったし、一方のドイツ側もまた、敗戦が必至の情勢で現実的な方策を模索していたのである。

こうした交渉にはヒムラー警察長官が深くかかわっていたが、彼は第三帝国の滅亡から自己の威信と自分の身を救うために絶望的な努力を試みていたのだった。[28] 敗北がもはや決定的となって、ナチ指導者の一部にも変化の兆候が現われたものといえよう。

交渉においてドイツ側は、ドイツの強制収容所からユダヤ人を救出するには相当額の金銭の支払い、すなわち、ユダヤ人ひとりにつき一〇〇〇ドル相当の金額のほか、トラクターや重機などの物的補償を要求した。この法外な条件は交渉のなかで緩和され、五〇〇万スイスフラン（一〇〇万ドル）と引きかえに、一二〇〇人のユダヤ人がチェコのテレージエンシュタット収容所を解放されスイスに到着したが、そのあとが続かなかった。原因は、ソ連側が交渉を知り、交渉のリストにあがったトラクターが対ソ戦線で使用されるのではないかと疑ったことに加え、ドイツと英米の単独講和ではないかとの不信が募ったことにある。そのため、アメリカが慎重になり金銭の支払いなどの工作を自粛したこと、さらに交渉がヒトラーに知れ、彼が激怒したことなどが、原因と考えられる(29)。

交渉が続いているあいだも最終解決は止むことはなかったが、その進行を遅らせたことは明らかだったし、結果的にブダペストのゲットーからユダヤ人の移送を一時的に遅らせることができた。

一九四一年に、ルーマニアから編入した北トランシルヴァニアなどを含む大ハンガリーに在住していたユダヤ人八二万五〇〇〇人のうち、アウシュヴィッツには四三〜四六万人が送られたといわれる。ホロコーストの犠牲者は五六万五〇〇〇人にのぼった一方で、約二六万人がホロコーストを生き延びた(30)。

一九四五年一月、ソ連軍がブダペストに進駐すると、ワレンバーグはハンガリーのユダヤ人を救助するためにソ連軍との交渉に向かったまま、消息不明となった(31)。

アメリカはなぜアウシュヴィッツを爆撃しなかったのか

もしアメリカやほかの連合国がアウシュヴィッツのガス室や鉄道などの重要拠点を爆撃し、破壊したならば、もちろん多数のユダヤ人収容者が巻き込まれ、犠牲となったであろう。しかし他方で、ヨーロッパの各地から新たに移送されてくるユダヤ人の多くの生命は救われたのではないか、あるいは、少なくとも一時的であれ殺戮を遅らせることができたのではないか、なぜ連合国はアウシュヴィッツの絶滅収容所を爆撃し破壊しなかったのか、という疑問はこんにちなお消えない。

こうした疑問については政治的・軍事戦略的な視点から考察がなされている。つまり、アウシュヴィッツ爆撃に関するアメリカやイギリスの立場は単純明快である。

第一に、何よりも戦争に勝利することがすべてに優先するというのが、大統領を含むアメリカ政府およびイギリス政府による戦時中の一貫した姿勢であった。つまり、戦争が早く終結すればそれだけ多数のユダヤ人の命が救われるというものである。

第二に、とくに軍当局の判断に強く影響を与えた軍事的理由がある。すなわち、空爆は当然軍事目標に限られるので、収容所などはその範囲外であるとされ、兵員や航空機を本来の目標以外に投入し、パイロットの安全を危険にさらすわけにいかない。また、内陸部深く建設された収容所に攻撃を敢行するためには、航続距離の長い長距離爆撃機の手配などの十分な準備が必要とされた。大戦中、一貫してこの方針に変化はなかった。

第三に、ハンガリーが一九四四年七月にユダヤ人のアウシュヴィッツ移送を中止したことがあげられる。のちに再開されることになるが、一時的に空爆の名分が失われたのである。

アウシュヴィッツに通じる鉄道の線路を爆撃するという最初の要望が、ハンガリー、スロヴァキア、スイスのユダヤ人筋から戦時難民委員会（ＷＲＢ）に届いたのは一九四四年六月末といわれる。[32] このときまでに、すでに五〇〇万のユダヤ人が犠牲になっていた。この問題を検討したＷＲＢからの打診にアメリカ陸軍省はまったく取り合わなかった。陸軍省の言い分は、実行に移すためには目下決定的な作戦に従事している空軍力をアウシュヴィッツ爆撃に割かなければならないが、それは不可能であるというものだった。

七月に入って、WRBは再度、アメリカ政府にこの問題を持ち出した。今回は死の収容所そのものへの爆撃である。しかし、大統領は収容所の爆撃には反対だった。収容所を爆撃すれば、必ず人命が失われるからである。この件では、WRBの討議に参加した世界ユダヤ人会議（WJC）代表が人命尊重を理由に反対を表明していたから、爆撃の効果は別にして、ユダヤ側からの反対がローズヴェルトの判断に影響したのではないかと考えられている(33)。万が一、収容所のユダヤ人に犠牲者が出れば、ナチスは必ずやガス室で死亡したユダヤ人も連合軍の爆撃で殺されたのだと宣伝することは、容易に想像できた。これに対して、それならポーランドの地下組織のメンバーを収容所にパラシュート降下させ、ガス室を破壊したらどうか、との提案もWRB内で表明されたそうだが、主に技術的な課題のあることが指摘されたという(34)。

ところが、ハンガリーのユダヤ人に危機が迫り、一刻の猶予もなくなると、それまで反対していた英米のユダヤ人たちはアウシュヴィッツ爆撃を主張するようになる。空爆によって収容所の同胞に対し、連合軍はポーランドの内奥部まで攻撃する能力があるだけでなく、同胞を決して見捨てないという強いメッセージを届けることになり、収容者に生存への新たな希望の火が灯されるのではないか。こうしてユダヤ人のあいだで、爆撃を支持する声が高まっていく。そのうえ、空爆でガス室が使用不能となれば、もはやドイツ側に再建する余力はなく、その後の移送は難しくなって、結果的に多くのユダヤ人の生命は救われるであろう、と。

ユダヤ側は、アウシュヴィッツおよびトレブリンカの収容所の詳細な地図をポーランド亡命政府から入手し、イギリス外務省に提供していた(35)。戦後、収容所から解放されたユダヤ人のあいだにもガス室を破壊するための爆撃を望んでいた、という声が聞かれた(36)。戦争末期のナチスによるユダヤ人の虐殺は、すさまじいほどのスピードで進められていく。一九四四年八月には二四時間ごとに二万四〇〇〇人がアウシュヴィッツで殺害され、ガス室は一〇月末までフルに稼働していた。

さらに、アウシュヴィッツ空爆に対する連合軍の否定的姿勢に対し、歴史家のワイマンはつぎのように批判する。連合軍の占領下に入ったイタリア南東部のフォッジアを基地とするアメリカ第一五空軍は、アウシュヴィッツ＝ビルケナウ収容所まで飛行し、爆撃、そして破壊することは困難でなかったはずである、と。そうしていたならば数万人の生命が救えたはずだったという(37)。この議論と同じ立場の研究者も少なくない(38)。破壊された施設の再建はおそらく困難であろうし、復旧できるとしても、そのためには数カ月を要したことだろう。フォッジア基地を押さえたことで東欧方面への爆撃飛行が可能になったとしても、フォッジアとアウシュヴィッツ間の距離は爆撃飛行にギリギリの六〇〇マイルであった。しかし実際には、一九四四年八月に続き九月一三日にはアメリカ空軍機がイタリアの基地からアウシュヴィッツまでを飛行し、イ・ゲ・ファルベン工場を爆撃した。その際、収容所内にも爆弾が落下し、ナチ親衛隊に一五名、収容者に四〇名、民間人労働者三〇名が死亡したと伝えられている(39)。

七月二〇日にハンガリーからのユダヤ人の移送がいったん停止すると、アウシュヴィッツ爆撃を主張する声はほとんど聞かれなくなった。だが、ハンガリーからの移送は中断されても、ほかの地域からは列車が到着していた。八月末に移送が再開したとき、ふたたび爆撃を求める声が高まっていく。

だが、現実問題としてアウシュヴィッツへの爆撃は、技術的にも政治的にも難しかったに違いない。高度からの空爆は目標に対して正確さを欠き、収容者に多数の犠牲が生じる可能性がある。低空では撃墜される危険性が高い。さらに、連合国内では、たとえば北アフリカ進攻、イタリア攻略、北フランス上陸のような大規模な作戦をめぐって、その時期・戦略・指揮権などのほか、ドイツ軍と死闘を続けるソ連軍に対する負担軽減という視点も含め足並みが揃わず、とくに英米両軍首脳のあいだでは激しい主導権争いが展開していた。また、ソ連のヨシフ・スターリン首相は、第二戦線の構築、つまり英米軍がソ連の負担軽減のためのフランス上陸作戦になかなか踏み切らないので、英米側がドイツと気脈を通じているのではないかとの疑心にとらわれていた。英米側もまた、第一次世界大戦当時のようにソ連がドイツと講和を結んで戦線を離脱する事態をおそれていた。

したがって、このような状況のもとでアウシュヴィッツ爆撃など、とうてい話題にできるような雰囲気ではなかったに違いない。しかも、戦争に勝利することがユダヤ人を救う唯一の方法と確信しているローズヴェルト大統領が、軍を本来の目的以外に使用するとはとうてい考えられなかった。

三　ローズヴェルト大統領の評価

ローズヴェルトとアメリカのユダヤ人

フランクリン・ローズヴェルト大統領は、モーゲンソー財務長官に代表されるように、閣僚や側近に積極的にユダヤ人を登用した。それだけでなく、多くの政策についてユダヤ人との問題意識を共有したため、彼らから信頼され、大統領選挙でも圧倒的にユダヤ票を獲得していたことで知られている。[40]

アメリカのユダヤ人は、一九三〇年ごろまではエイブラハム・リンカーンの党である共和党を支持していた。しかし、やがて民主党のリベラルな性格が、差別と迫害から逃れて新大陸に渡った人びとや移民の二、三世代にアピールするようになり、徐々に民主党への支持が増えていった。一九二〇年のアメリカ議会のユダヤ系議員一一名のうち実に一〇名が共和党所属であったものが、一九二二年には議会に選出された民主党のユダヤ系議員の数は共和党を上回り、大恐慌直後の一九三〇年の議会選挙では当選したユダヤ系議員八名中、六名が民主党であった。[41]

一九三二年の大統領選挙においてローズヴェルトは、共和党のハーバート・フーヴァー候補に対して三対一の割合でユダヤ票を獲得するのに成功した。このときの選挙キャンペーンでフーヴァーは移民制限の強化を説き、海外で民主主義が広まれば政治的迫害は姿を消すだろうから、アメリカが良心ゆえに迫害された人びとに避難地を提供する必要はなくなると力説していた。[42]この選挙以後、アメリカのユダヤ人社会は民主党の有力な票田であるという通念が揺らぐことはなかった。

ローズヴェルトの母はユダヤ人が嫌いで、彼の異母兄はさらに反ユダヤ的であった。そのため、若いころのローズヴェルトはこうした反ユダヤ感情にある程度感化されたが、長じるにつれ反ユダヤ感情からしだいに疎遠になっていったといわれる[43]。実際、政界に進出すると、彼は能力があり、かつリベラルであれば人物の性別、出身や背景がどうであれ高く評価し、ユダヤ人についても自分のブレーントラストに起用したほか、公職にも積極的に登用した。

要するに、ローズヴェルト大統領はユダヤ人を特別扱いし、ことさら優遇したのではなかった。「ジューディール」などと揶揄されるように、政権内にユダヤ系が目立ったとしても、それはたまたま彼らが優秀であったからにほかならない。ローズヴェルトはそれまでの、どの大統領よりもヨーロッパのユダヤ人の境遇に深い同情を示したが、ユダヤ人が直面した諸問題に必ずしも彼らの期待にそうよう向き合ったわけではなかった。移民政策に関して、ローズヴェルトは前任者と同様に移民制限政策を支持し、ヨーロッパのユダヤ人が危機的状況に陥ったときでも、移民法を改正しようという気はまったくなかった。また難民問題についても、できるだけ距離を置くようにつとめ、スパイなどの潜入を警戒する国務省の反対を押し切ってまで難民のアメリカ入国を認めようとはしなかった。

こうしたローズヴェルトの姿勢の背景に、アメリカのような多民族の国家にあっては、ある特定のグループを特別に優遇することには他のグループからの批判を招来し、政治的リスクがともなうものであるという理由のほか、国内世論が難民の受け入れに必ずしも好意的でなかったという状況が存在した。たとえば、一九三八年三月の世論調査によれば、ドイツを追放された多数のユダヤ人を受け入れるのがよいかという質問に、七五パーセントが反対と回答していた。一九三八年夏にエヴィアンの国際会議を呼びかけたローズヴェルトの真意は、アメリカに難民受け入れの国際的圧力がかかるのに先手を打って回避する狙いがあったとみられている。事実、アメリカは自国が進んで難民を受け入れるとは表明せず、ほかの国、たとえばラテンアメリカ諸国などにその引き受けを打診したのだった。

難民入国への対応

すでにふれたように、ローズヴェルトは側近にユダヤ人を起用することに何ら躊躇することはなく、アメリカ・ユダヤ人社会の指導者とも良好な関係を築いたが、対独政策や難民の入国などの問題に関してはある程度の距離を保った。ワイズらアメリカ・ユダヤ人社会を代表する指導者が大統領にこれらの件で会見を申し込んでも、ローズヴェルトはなかなか応じようとしなかった。大統領がヨーロッパのユダヤ人の状況について陳情するユダヤ人代表団をホワイトハウスに招いたのは、一九四二年一二月になってからだった。代表団がナチスの虐殺を世界に発信し、中止させようと訴えたのに対し、大統領はそのための適切な方法を見いだすのは難しいと述べるにとどまり、アメリカの難民政策を変更するとは確約しなかった(44)。

ユダヤ側が強く求めていた移民法の改正、あるいはその枠外での難民の受け入れ増に関しても、議会では移民規制派が多数を占める以上、明らかに困難であった。

しかし、大統領は移民法の制約のもとで国務省に一時的ヴィザの発給のための難民リストの作成を要請し、結果的に三二六八件の訪問ヴィザ発給が実現することになる。さらに一九四〇年後半、国務省はドイツ以外の海外アメリカ領事館に対し、ドイツの難民でアメリカ入国のための渡航手段を確保できる者に対するヴィザの交付を認め、クオータを適用することとした。この結果、リスボン、カサブランカ、上海などのアメリカ領事館では、これらの地に逃れた難民にヴィザを発給することになった[45]。大統領は、開戦後ほとんど利用されなかった移民法のドイツ枠の適用を許可したのであった。こうして、一九四一会計年度に四〇二八件のクオータの未使用枠が使用されることになった。さらに一九四一年一月、カナダとのあいだに結ばれた協定でアメリカ国内に一時ヴィザで滞在する難民がカナダに短期渡航し、そこのクオータ枠を申請、アメリカに正規の移民として再入国することが認められることになる[46]。

アメリカのヴィザ発給要件は厳しかったが、ローズヴェルトは国務省に対してその緩和を求め、その結果、一九三二～四四年のあいだにヨーロッパからアメリカに入国した移民の数は二五万人にのぼったといわれる。このうち一〇万人はユダヤ人で、そのなかには原子物理学者のアルベルト・アインシュタインも含まれていた[47]。一九四二年一二月、海外救済復興事務所が国務省に設置され、四三年一一月には連合国救済復興機関（ＵＮＲＲＡ）が、そして一九四四年一月二二日の大統領令九四一七号にもとづいて戦時難民委員会（ＷＲＢ）が設立された。ローズヴェルトはさらに一九四四年八月、移民法の枠外でニューヨーク州オズウェゴに仮難民収容センターを設け、南イタリアから約一〇〇〇人の難民を入国させるよう命じた。

戦時難民委員会

ユダヤ人団体を含む世論の圧力を受けて一九四四年一月に設置された戦時難民委員会（ＷＲＢ）の主

要な目的は、敵の圧政の犠牲者、とくに危機的状況にあるハンガリーのユダヤ人を救助することにあり、そのため国務、財務、陸軍三省の難民救済活動を合同で実施させることにあった。難民の救助のためWRBはスイスなどヨーロッパ諸国に駐在員を派遣したほか、連合国政府に対してナチス・ドイツおよびその同盟国の戦争犯罪に警告を発するよう呼びかけた。WRBの活動を支える財政については、大統領の緊急基金からの一〇〇万ドルの歳出のほか、ユダヤ系団体、とくにジョイントがヨーロッパにおける活動資金の大半を提供した(48)。

しかし、WRBは発足の当初から、その管轄をめぐって国内の官僚組織および国際機関との利害の対立に翻弄され、そのための調整に神経をすり減らすことになる。

WRB設立の趣旨によれば、難民救済に責任をもつ国務、財務、陸軍三省のほか、政府官庁はWRBの要請に協力するよう求められていた。ところが、官僚組織のあいだで利害にかかわる対立が頻繁に発生した。たとえば財務省はWRBの権限を拡大強化することに積極的であったが、国務省と陸軍省は、そうなると自分たちの権限と既定の慣行を侵害されるのではないかと警戒した。とくに国務省の非協力ぶりは、WRBの電報送信を妨害するなど、目にあまるほどだった。また、すでに存在する政府間難民委員会（IGCR）もWRBを新たな競合相手とみて、それまでの既得権益を脅かすのではないかと警戒を強めた。

けれども、WRBの創設は、アメリカ政府がヨーロッパのユダヤ人問題に真剣に取り組み、ホロコーストに決して無関心ではないことを内外に向け明確に示したという点では、ユダヤ側の期待にこたえるものであった。実際にWRBの活動によって、終戦までに二〇万人のユダヤ人が救われたといわれている。[49] だが、その設立が遅すぎた。WRBがもっと早く誕生していれば、より多くのユダヤ人の生命が救われただろうことは明らかであった。

揺れ動くローズヴェルト大統領

一九三八年一一月のクリスタルナハトの暴動以降、ドイツにおけるユダヤ人の状況に関するローズヴェルトの消極的な姿勢が変化しはじめた。当初、この事件について報道陣に囲まれた大統領は一言もコメントせず、国務省に聞いてくれと語ったと伝えられたが、世論に押され五日後になって、当時アメリカに滞在していたドイツのユダヤ人のヴィザ延長を決めたほか、駐独大使を本国に召還し、さらに記者会見ではドイツを非難した。[50] しかし、大統領はこうした方策以上に、ユダヤ人のため移民法改正などの政策変更に踏み出すことはなかった。ナチス・ドイツにとって、アメリカ政府のこの程度の措置はなんの痛痒にもならず、むしろ逆に、自国のユダヤ人政策への自信を深めさせたのである。

ローズヴェルト大統領のユダヤ難民に対する冷淡さが明白に現われたのは、第5章で詳述したように、一九三九年五月、ドイツからユダヤ難民を乗せたセントルイス号がキューバに到着したときであろう。大統領はまったくこの問題に介入せず、結果的に難民たちは無慈悲にもヨーロッパに追い返されたのであった。ローズヴェルトにも、一般のアメリカ国民にも、ヨーロッパのユダヤ難民の状況は人道問題ではあったが、国益に直接かかわるような重大問題ではなかった。国民は難民の境遇に同情しつつも、経済的不況期には難民の入国に強い拒絶反応を示したといえよう。

ドイツおよびソ連からアメリカ国内に侵入する工作員やスパイなどに対する大統領の警戒心は、相当のものであったようだ。難民を装って入国する工作員だけでなく、ドイツからアメリカに到着したユダヤ難民のなかには、ドイツのためにスパイ行為に協力しなければ、残された家族や親類はどうなるかわかるかと、出国時にドイツ政府から脅迫される事例も少なくなかった。ドイツ側の諜報・破壊活動に関しては、国務省が過度に神経質であった。ローズヴェルトも同様で、大戦が開始した一九三九年九月には司法長官に対し、スパイ活動に関してＦＢＩがあらゆる調査をおこなうよう指示することを求め、枢軸側の工作に神経をとがらせた。一九四〇年六月初めには、大統領命令により移民・帰化業務を労働省から司法省の管轄に移管した。一九四〇年春には、ロンドンの米大使館の暗号担当官が機密情報をロンドンのファシスト・シンパに流していたことが発覚し、政府に衝撃を与える事件も発生した。

一九四〇年六月、議会は、すべての外国人に対し登録と指紋押捺を求める外国人登録法（スミス法）を可決し、現在および過去に共産主義団体やファシスト団体に属していた者を国外退去させることが可能になった。[51] また、一九四一年六月二〇日、ローズヴェルトが署名し成立したブルーム゠ヴァン・ナイズ（Bloom-Van Nuys）法は、在外のアメリカ領事にアメリカ入国ヴィザ申請者が公共の安全を損なう活動をおこなっていると信じるに足る十分な理由があれば、発給を保留する権限を与えた。[52] 国務省も各地のアメリカ公館も、ヴィザ発給の手続きを厳しくするようになった。この件で影響力をもっていたのがブレッキンリッジ・ロング国務次官補であったことは、すでに述べたとおりである。

もちろん、ローズヴェルト大統領に好意的な議論はある。大統領は多くの制約があるなかで、ユダヤ人の境遇に同情しつつ、ナチスとの戦争に勝利することにすべてのエネルギーを注ぐことが、ユダヤ人を救う唯一の方法だと確信していたというのである。

ローズヴェルトのユダヤ難民問題への対応に理解を示す代表的議論のひとつは、アメリカの弁護士ロバート・ローゼンによるものである。ローゼンは著書『ユダヤ人を救うこと』のなかで、ホロコーストに対するローズヴェルトの政策を批判するモース、フェインゴールド、ワイマンらに反論している。当時の厳しい制約条件のもとで、いったいローズヴェルト以外に誰が多数の人命を救えたであろうかと、移民問題、セントルイス号事件などに関して、大統領の立場を擁護する。(53) 大統領が強いリーダーシップを発揮したからこそ、アメリカはヨーロッパ戦線でドイツと戦い、連合国に勝利をもたらし、その結果、犠牲になるはずのユダヤ人は救われたのだ、と。

官僚機構の壁

アメリカの大統領は独裁者ではない。議会や世論の動向に常に気を配らなければならないし、官僚機構の協力がなければ大統領といえども何事も決定できない。

ジェームズ・バーンズはローズヴェルト大統領の評伝のなかで、彼は「独断を慎み、最終的に言質を避けようとする最高至上の機会主義者」であったと評している。(54) 難民の入国に関しては、とくに国務省の判断が決定的な影響力をもっていた。コーデル・ハル国務長官は夫人がユダヤ系であったにもかかわらず、ユダヤ人の問題について政権内ではまったく影が薄かった。これに対してウェルズ国務次官は、ユダヤ人の立場に理解を示した数少ない政府高官のひとりだったが、一九四三年八月にホモセクシュアルのスキャンダルが原因で国務省を去っている。

一九四一年一二月の日米開戦後、西海岸の日系市民一二万人を集めて一〇カ所の収容所に隔離させようという陸軍省の案をローズヴェルトが承認したのも、同様の文脈で理解されよう。戦時において大統領は軍と良好な関係を保ち、軍部と対決するような事態が生じるのを避けたたし、軍の作戦に干渉しようともしなかった(55)。陸軍省や国務省と基本方針をめぐって衝突することなど問題外だったのだ。

官僚機構の厚い壁が、難民問題の解決の前に立ちはだかっていただけではない。省庁間の利害関係をめぐる対立も深刻であった。とくに財務省と国務省の確執は、大統領が頼みとするモーゲンソー財務長官とハル国務長官の個人的反目も作用し、アメリカの外交政策に財政上の利害がからんでローズヴェルト大統領を悩ませ続けた。たとえば、すでに述べた戦時難民委員会の件以外にも、大戦中の武器貸与政策、難民に対する金銭支援、戦後のドイツ非工業化などをめぐる問題で両省は激しく対立し、大統領を困惑させせた。

とくに一九四三年に入り、スイスのリーグナーがワイズに送った電報は、ルーマニアやフランスで立ち往生しているユダヤ人の救出を訴えた緊急を要する内容で、救出の資金を送金する必要があった。そのためワイズら世界ユダヤ人会議（ＷＪＣ）は、対敵国通商法上財務省の許可を得るために協議することになった。この件では大統領も、モーゲンソー、ハル国務長官も同意していたが、国務省内が二つに割れていた(56)。送金許可に関する国務省内の反対派は、送金を認めればイギリスの対独経済封鎖に反することになると主張した。財務省がユダヤ人の救出に関与するようになって以後、この問題に関する国務省のサボタージュにモーゲンソー長官や財務省の高官が批判の声をあげて大統領を動かし、その結果、難民問題に関する管轄が国務省から取りあげられ、新たな組織として、すでにふれた一九四四年一月の戦時難民委員会（ＷＲＢ）が設立されるにいたる。

ローズヴェルトのメンタリティに安全保障上の視点が強く反映されていることは、前述したとおりである。だが、それだけでなく、戦時中国民の結束と議会の支持が不可欠のときにあえて移民問題を持ち出して、議会とのあいだにいたずらに緊張関係をつくりだすまでもなかった。ローズヴェルトは中東地域、北アフリカが連合国の戦略上重要であると認識すると、国内のシオニストを喜ばせるような政策を採用するわけにいかなかった(57)。

しかも、戦争は戦場に限られるものではなく、同盟国や中立国の協力、敵陣営の反応、物資の補給・兵員の確保にも常に注意を払っていかねばならない。とくに共通の敵と戦う連合国や、ドイツ側の宣伝工作にさらされている中立国に対しては、外交的・政治的に慎重な配慮が求められよう。ユダヤ人を好意的に扱っているとのイメージがローズヴェルトに定着すると、国内の反ユダヤ主義者から攻撃されるだけでなく、国外でも「アメリカはユダヤ人が支配している」「アメリカはユダヤ人のために戦争をしている」という、ナチス・ドイツの宣伝に格好の材料を提供することになりかねない。その意味で、ローズヴェルトはわざわざ政治的リスクをおかすことなく、現実的にふるまったといえよう。

実際に、ドイツは中東および北アフリカにおいて、連合国は北アフリカをユダヤ人に引き渡すつもりであるなどの反ユダヤ宣伝に力を入れていた。こうしたナチスの宣伝工作は、英仏の植民地主義を嫌う現地のアラブ人のあいだに浸透していた。したがって、ローズヴェルトはナチスを非難する演説をおこなうときも、あえて「ユダヤ人」だけを強調することは慎重に避け、「ナチスの犯罪のあらゆる犠牲者」と表現するように気をつかった。ナチズムの犠牲者はユダヤ人に限られなかったからで、実際にユダヤ人よりもはるかに多い人びとがナチズムの支配のもとで苦しんでいた。

たしかに、大統領が命じれば多数のユダヤ難民を受け入れることも可能だったかもしれない。また、大統領が決断すれば失われるはずの人命が救われたであろう。しかし、ユダヤ人の救出のためにあえて国の基本方針を曲げたとなれば、ローズヴェルトはユダヤ人からは感謝されるかもしれないが、軍を含む関係機関の意向に反したことの政治的代償は大きかったといえよう。

難民救済に動く

一九四三年以降、ローズヴェルト大統領は難民の救済に前向きになっていく。そのひとつの理由は、大統領が現地から決死の脱出を果たした人物の、現場の目撃証言に衝撃を受けたからではないかとみられている。一九四三年七月末、ローズヴェルトはホワイトハウスを訪れたポーランド大使およびポーランド地下軍事組織のヤン・カルスキ（本名はヤン・コジェレフスキ）中尉と面会した。このふたりのポーランド人は大統領にホロコーストの生々しい情報をもたらした。カルスキ中尉は一九四二年にワルシャワ・ゲットーのほか、変装してポーランド南東に位置するベウジェツ近くの絶滅収容所に潜入し、そこで目撃した恐るべき光景をローズヴェルトに語ったとされる。ローズヴェルトはこの証言に衝撃を受けた模様である。(58) なぜなら、これ以後、戦時難民委員会（WRB）やユダヤ難民支援のためのキャンプの設置などの具体的施策が、つぎつぎと打ち出されたからである。

しかし、いうまでもなく、最大の理由は一九四三年に入り戦局が連合国側に好転したからにほかならない。ドイツ軍はスターリングラードで降伏し、北アフリカからも撤退した。一方、連合軍は北アフリカからドイツ、イタリア両軍を駆逐したあと、イタリアに上陸した。イタリアは降伏しただけでなく、こんどはドイツに対し宣戦することになる。ローズヴェルト大統領は戦争の前途に自信を深めるにいたった。そしてこの年、カサブランカ、ワシントン、カイロ、テヘランにおいて、連合国間の協力や戦後の構想をにらんで、連合国の首脳・閣僚会談があいついで開催される。こうした軍事情勢の変化こそ、ローズヴェルトが難民問題に積極的に向き合うようになった大きな理由であろう。

同時代を生きたヒトラーとローズヴェルト

ローズヴェルトが第三二代大統領に就任するのは一九三三年三月であり、これより先の一月末にヒトラーが政権を掌握している。ヒトラーがベルリンの総統地下壕で自決するのは一九四五年四月三〇日。その少し前にローズヴェルトがジョージア州ウォームスプリングスの別邸で急死する。ローズヴェルトとヒトラーは同時に国際政治の舞台に登場し、そして去っていったが、その生き方は対極的であった。ローズヴェルトがヒトラーの危険性に気づいていたとしても、常識を超えたヒトラーの性格までも十分に理解していただろうか。

一九四五年四月一二日、ドワイト・アイゼンハワー連合国遠征軍最高司令官が、ドイツのほぼ中央部に位置する解放直後のナチ強制収容所を視察したとき、おびただしい数の死体を目撃して衝撃を受け、初めてヨーロッパのユダヤ人たちの身に何が起きたか理解した。ナチ親衛隊（ＳＳ）は撤退する際に、口封じのため収容者全員を虐殺したのである。屍は折り重なって放置され、あたりには死臭が漂っている。この身の毛もよだつ光景を前に、同行したオマール・ブラッドレー将軍は言葉を失ったまま立ちつくし、ジョージ・パットン将軍は嘔吐した。(59) 図版19の写真は、その衝撃の情景を残酷なまでにとらえて

図版 19　解放直後のオールドルフの強制収容所を視察しユダヤ人犠牲者の屍を前に呆然とするアイゼンハワー最高司令官（中央やや右）と陸軍将校たち（1945 年 4 月 12 日）［ウィリアム・ニューハウス撮影，アメリカ・ホロコースト記念館所蔵］

いる。アイゼンハワーはただちにこれをジョージ・マーシャル陸軍参謀総長に報告したが、戦場で幾多の死線をかいくぐり、戦争の残酷さには慣れたはずのアメリカ陸軍の猛将でさえ、ナチスの残虐行為を目の前にして衝撃に打ちのめされたのであった。

この同じ日、海の向こうではローズヴェルト大統領が急死した。ローズヴェルトは、死去する二カ月前のヤルタ会談に出席した際、クリミア半島でドイツ軍による生々しい破壊の爪痕を実際に目撃し、激しい憤りに駆られる。だが、ホロコーストの戦慄すべき衝撃について、大統領はアメリカ陸軍の将軍たちと体験を共有することはなかった。

一九三三〜四五年のナチ政権の時代

に、犠牲になったユダヤ人はヨーロッパ大陸全体のユダヤ人人口の実に七二パーセント以上にのぼり、この地域のユダヤ人社会はほぼ壊滅した。

多くの国はユダヤ難民に同情したが、ナチズムの脅威を前にしてユダヤ人に救援の手を差しのべるゆとりはなかった。受け入れ数がもっとも多かったアメリカでさえ、一三万二〇〇〇人のユダヤ難民を受け入れたにすぎなかった[60]。

ホロコーストへのローズヴェルトの対応については、すでにふれてきたように、これを批判するか、それとも擁護するかの立場に分かれている。しかし、大統領の置かれた状況を考えると、ローズヴェルトは、多くの厳しい制約があるなかでユダヤ人のために可能な限り誠意は尽くし、努力したといえるだろう。ローズヴェルト以外の大統領であったなら、果たしてユダヤ人を救うためにどれだけのことができただろうか。

ヨーロッパから聞こえてくる悲鳴が届かなかったわけではないが、ユダヤ人の問題と向き合うためにローズヴェルト大統領は、多民族国家アメリカの国内世論、政府内の国務省など官僚機構の意向、軍部などとの調整、議会内の孤立主義者や移民規制派、それに外国政府との関係を考慮しなければならなかった。一国の指導者としてはそれが当然なのであろう。戦時には、いうまでもなく戦争に勝利することが何よりも優先された。共通の敵と戦う同盟国であっても互いに疑心にとらわれている。とくにふたりの老獪な政治家、イギリスのチャーチル、ソ連のスターリンとの結束をいかに維持しながら戦争を遂行するか。この二国の協力がなければ勝利はおぼつかない。ローズヴェルトはこうした困難な作業に神経をすり減らし、寿命を縮めたのであろう。

戦時の同盟国関係の構築・強化にすべてのエネルギーを注いでいるときに、国内の貴重な資源をユダヤ人の救出に振り向ける余裕はなく、アメリカが直面する緊急の課題のなかにユダヤ人問題が入り込む余地は少なかったといえよう。ナチスの絶滅政策が進行するなか、ユダヤ人たちがどんなに絶望的な声をあげ、政府に陳情しようが、ローズヴェルトの政策順位のなかではヨーロッパのユダヤ人社会の危機への対応はそれほど高くなかったのである。しかも同胞の危機に直面していたアメリカのユダヤ人社会は、固く結束していたわけではなかった。

四　ベルリン、一九九八年

ヨーロッパのユダヤ人を襲った最大の悲劇は、戦後ユダヤ人の国家イスラエル誕生をもたらす一大要因となった。つまり、国際社会はホロコーストの犠牲者に同情しただけでなく、行き場を失って途方に暮れるユダヤ人の難民のために新しい家を用意することにしたのである。一方のドイツは、戦後にナチズムやあらゆる人種差別と決別した。同様に、国際社会が人種や宗教の差別に認識を深めるにいたったのも、ホロコーストの教訓を学習したからにほかならない。

しかし、こうした認識や理解が時間の経過とともにしだいに希薄になってきたことも否めない。ホロコーストの記憶を風化させないため、あらゆる差別・迫害と向きあう姿勢を持続させ、世代を超えて継承していくという課題があらためて問われている。戦後、非ナチ化に国家をあげて取り組んだドイツにネオナチの台頭や拡大が認められ、欧米諸国にも反ユダヤ主義や少数者に対するヘイトクライムが日常的に見受けられる。日本と中韓両国との歴史認識をめぐる深い溝は、戦後かなりの年月を経ても依然として埋まらない。

ユダヤ人の悲劇について学んだはずの国際社会は、戦後つぎつぎと新たに生み出される難民に対応できないばかりか、むしろ敵対的でさえある。ホロコーストを、どのようにして次の世代に伝えればよいのだろうか。

ソ連軍がアウシュヴィッツ絶滅収容所を解放してから五三年後の一九九八年一月二七日、ヘブライ大学のイェフダ・バウエルはドイツ連邦議会（Bundestag）に招かれ、列席する大統領や首相らの前で、すべてのドイツ人に向けホロコーストに関する記念講演をおこなった。

戦後のドイツは、全世界の厳しい非難のなかで重い十字架を背負って生き抜いていかなければならなかった。二〇世紀が終焉を迎えようとするときに、ドイツの政府、議会がイスラエルの歴史学者を招き、ホロコーストの講演に謙虚に耳を傾け、過去の暗黒の歴史に向き合う決意をあらためて示した意義は決して小さくない。

講演のなかでバウエルは、ナチスの犯罪を容赦なく断罪するとともに、戦後世界各地で発生している虐殺事件にもたびたび言及した。こうして彼は、犠牲者を含むすべてのユダヤ人の思いを代弁しただけでなく、ドイツ人およびユダヤ人の未来に向けても希望をもち続ける必要がある、と語った。

講演の全文はバウエルの著書『ホロコーストを再考すること』の巻末に掲載されているので、その内容を簡単に紹介しておきたい(61)。

ホロコーストが二度と起こってはならないと誓うのは当然としても、それを実行したナチスは人間ではなく悪魔であると決めつけるのは安易な逃避でしかない。ホロコーストはドイツでしか起こりえなかったものだからナチス以外の人びとがくり返すことはありえないと考えがちだが、それは逆の意味の人種主義である。実際にホロコースト以後も同種の悲劇が跡を絶たない。そのことは人びとが歴史から学ぼうとしないからだ。

ホロコーストのもっともおそるべき面はナチスが非人間的な狂人などではなく、人間的であったことである。ナチスは収容所でユダヤ人を辱め、人間性を貶めたあげくに虐殺したが、それはユダヤ人の人間性を破壊したのではなく、自分たちの人間であることを否定したにすぎない。こうしてナチスは最低の人間になり果てた。

しかし、この種の迫害、ジェノサイドはホロコーストと同規模ではないにしても、これからもくり返されるであろう。その場合、つぎにユダヤ人、ドイツ人になるのは誰であろうか。

では、どうしてこの残虐行為が起こったのであろうか。

人間は誰しもある状況に置かれると、アイヒマンにもなれるし、犠牲者を救う側にもなりうる。ユダヤ人の絶滅政策を可能にした人種主義的反ユダヤ主義は、二〇〇〇年におよぶキリスト教徒とユダヤ教徒の共存関係を損なったキリスト教反ユダヤ主義のイデオロギーが、癌細胞が変異するように非論理的に働きかけてきたことの論理的帰結にほかならなかった。

講演の最後に、バウエルは、人びとがホロコーストから何を学んだかと問いかける。そしてすべてのドイツ人に対し、ヨーロッパ人として、ドイツ人として特別の責任を負っていると指摘し、「記憶されること」の大切さを強調する。そのためには、第二次世界大戦中およびその後に発生した人種主義、反ユダヤ主義、外国人に対する憎悪などのすべてについて教え、学ぶことが、すべての人びとのつぎの責任である。ドイツ人とユダヤ人は、この責任を担っていく点では互いに依存し合わなければならない存在で、ユダヤ人抜きで記憶の作業を遂行できるものではなく、ともに人類全体のために特別の責任を背負っていくのである。

こうして、バウエルは、モーセの十戒に新たにつぎの三つの戒めを付け加えることを提案して、講演を締めくくった(62)。

あなたがた、あなたがたの子どもたち、またその子どもたちは、
第一に、決して加害者になってはならない。
第二に、あなたがたが犠牲者になることを断じて許してはならない。
第三に、大量虐殺、ジェノサイド、あるいは(二度とくり返されてはならないが)ホロコーストのような悲劇の傍観者には決してなってはならない。

註　記

序　章　ホロコーストへの道

(1) Yehuda Bauer, *Rethinking the Holocaust*, New Haven: Yale University Press, 2002, p. 242.

(2) ユダヤ人をどう定義するかは簡単ではない。イスラエルでも、「ユダヤ人とは誰のことか（Who is a Jew?）」は国をあげての、さらには離散（ディアスポラ）のユダヤ人社会をも巻き込む大論争を引き起こすほどである。一般にはユダヤ教徒をさすが、そこに民族的要素がからんでくる。本書ではユダヤ教徒の意味で定義する。ユダヤ人の定義の難しさについては、たとえば市川裕ほか編『ユダヤ人と国民国家』岩波書店、二〇〇八年を参照。

(3) ホロコーストの犠牲者の正確な数は不明である。算出方法や出所によってさまざまな数字が存在する。『エンサイクロペディア・ジュダイカ *Encyclopaedia Judaica*』(vol. 8, Jerusalem: Keter Publishing House Jerusalem Ltd., 1972, p. 889)によれば、その推定数は五八二万九六〇人、またルーシー・ダヴィドヴィッチの著書では五九三万三九〇〇人である（同〔大谷堅四郎訳〕『ユダヤ人はなぜ殺されたか』全二巻、サイマル出版会、一九七八〜一九七九年、第二部巻末の表）。また、ラウル・ヒルバーグは五一〇万という数をあげており（同〔望田幸男・原田一美・井上茂子訳〕『ヨーロッパ・ユダヤ人の絶滅』上下巻、柏書房、一九九七年、付録）、五〇〇万から六〇〇万以上までバラツキがある。したがって、一般にいわれる六〇〇万というのはまったくの誇張ではない。本書ではあくまでもおおよその数として犠牲者数六〇〇万人としている。また、国別のデータもさまざまで、『エンサイクロペディア・ジュダイカ』ではポーランド・ソヴィエト地域（バルト諸国を含む）の犠牲者は四五六万五〇〇〇人、ドイツ一二万五〇〇〇人、オーストリア六万五〇〇〇人、チェコスロヴァキア（ミュンヘン協定前の境界内）二七万七〇〇〇人、ハンガリー（北トランシルヴァニアを含む）四〇万二〇〇〇人、フランス八万三〇〇〇人などとなっている。

（4）Bauer, *Rethinking the Holocaust*, p. 10. ジェノサイドについて、たとえば以下の文献を参照。レオ・クーパー（高尾利数訳）『ジェノサイド』法政大学出版局、一九八六年、松村高夫・矢野久編著『大量虐殺の社会史——戦慄の二〇世紀』ミネルヴァ書房、二〇〇七年。Raphael Lemkin, *Axis Rule in Occupied Europe: Laws of Occupation, Analysis of Government, Proposals for Redress*, New Jersey: The Lawbook Exchange, Ltd., 2005 (original edition 1944), p. 79.

（5）反ユダヤ主義（antisemitism）の用語は、一八七九年にドイツ人のジャーナリスト、ヴィルヘルム・マルが人種論的文脈で用いたのが最初とされる。本来は反セム主義と訳すべきなのであろう。セムは、旧約聖書創世記のノアの息子で、ユダヤ人、アラブ人の先祖とされ、子孫はセム語族に属する。しかしマルは、このantisemitismをイデオロギー的・人種的な観点からユダヤ人に対して使用したので、反ユダヤ主義とするほうが適切であろう。

（6）ヴァチカンは、一九九三年一二月三〇日、イスラエルとの外交関係樹立に関して調印した基本合意文書にもとづき、翌九四年六月一四日、共同議定書に調印し、六月一五日をもって正式に外交関係を樹立した。こうして二〇〇〇年におよぶユダヤ人のキリスト教世界から受けた過酷な扱いは、とりあえず解消されることになった。ヴァチカンがイスラエル承認になかなか踏み切らなかった理由は、エルサレムの問題のほか中東の紛争が深くからんでいたが、一九九二年一〇月のマドリードにおける中東和平国際会議、一九九三年九月のイスラエルとパレスチナ人のあいだの「オスロ合意」によって中東和平が展望できるようになったことで、ヴァチカンの姿勢が軟化したものである。

（7）フランス陸軍参謀部付のアルフレッド・ドレフュス大尉は、一八八四年、軍の機密をドイツに売ったかどで軍法会議にかけられ、終身刑を言い渡される。ところが、その後に真犯人が判明、ドレフュスは釈放され、名誉を回復する。この事件はドレフュスがユダヤ人であったことから、ドイツ・スパイの濡れ衣を着せられたもので、作家のエミール・ゾラやジャーナリストでのちに首相となるジョルジュ・クレマンソーなどがこの裁判を非難し、フランス国内は騒然となった。民主主義の模範とされた国でも反ユダヤ的事件が起こりうることで、フランス国内のユダヤ人社会に衝撃を与えた。ウィーンの新聞の特派員として裁判を傍聴したテオドール・ヘルツルが、シオニズムを提唱するきっかけとなったことでも有名である。ドレフュス事件については、ハンナ・アーレント（大久保和郎訳）『全体主義の起原Ｉ　反ユダヤ主義』（新版）みすず書房、二〇一七年、第四章に詳しい。

（8）ヒルバーグ『ヨーロッパ・ユダヤ人の絶滅』上巻、七ページ。

（9）レオン・ポリアコフ（菅野賢治訳）『反ユダヤ主義の歴史』第一巻、筑摩書房、二〇〇五年、二六八〜二八三ページ。

（10）Martin Gilbert, *The Holocaust: A History of the Jews of Europe during the Second World War*, New York: Henry Holt and Company, 1985, p. 21.

（11）S. Adler-Rudel, "The Evian Conference on the Refugee Question," in *Leo Baeck Institute Year Book*, XIII, 1968, p. 235.

（12）Yehuda Bauer, *American Jewry and the Holocaust: The American Jewish Joint Distribution Committee, 1939–1945*, Detroit: Wayne State University Press, 1982, p. 20.

（13）ニュルンベルク法には非アーリア人であるユダヤ人の厳密な定義がなかったことから、一九三五年一一月、ユダヤ人の定義が公民法を補完する形で確立した。それによれば、祖父母のうち三人がユダヤ人であればユダヤ人とされ、祖父母の二人がユダヤ人の場合、ニュールンベルク法の一九三五年九月一五日に施行される時点でユダヤ教共同体に所属するなどの条件に合致すれば、法的にユダヤ人とみなされた。祖父母の一人だけがユダヤ人のケースはドイツ人とされたが、実際には祖父母のなかに一人でもユダヤ人がいれば、すべて自動的にユダヤ人とされた。マイケル・ベーレンバウム（芝健介監修／石川順子・高橋宏訳）『ホロコースト全史』創元社、一九九六年、七六〜七七ページ。

（14）Gilbert, *The Holocaust*, p. 50.

（15）Pamela Shatzkes, *Holocaust and Rescue: Impotent or Indifferent?: Anglo-Jewry 1938–1945*, New York: Palgrave, 2002, pp. 46–47.

（16）Bauer, *American Jewry and the Holocaust*, p. 26.

（17）一九三五年七月、難民高等弁務官のジェームズ・マクドナルドは国際連盟に提出した報告のなかで、ヨーロッパにとどまるドイツ難民五万人のうち一五〜二〇パーセントは、良心または政治上の理由で脱出した非ユダヤ人であると述べている。Arthur D. Morse, *While Six Million Died: A Chronicle of American Apathy*, New York: Ace Publishing Corporation, 1968, p. 139.

(18) ティモシー・スナイダー（池田年穂訳）『ブラックアース――ホロコーストの歴史と警告』上下巻、慶應義塾大学出版会、二〇一六年に詳しい。

(19) すでに日米開戦前の一一月に日独間に開戦の際の協力のための交渉がおこなわれており、日米交渉の決裂の結果、日本は枢軸の一翼として参戦を決断し、最終的に単独不講和などを定めた一二月一一日の日独伊共同行動協定を結ぶ。ドイツは米側の戦争準備が不十分であると判断し、さらに米海軍艦艇との小競り合いがしだいに重大局面を迎えるなかで、日本が太平洋において米英の戦力に打撃を与えてくれるものと期待したのである。日本海軍の真珠湾奇襲の報にヒトラーらは歓喜したという。義井みどり「日独伊共同行動協定の締結とドイツの対米宣戦布告」、大木毅「ドイツの対米開戦（一九四一年）――その政治過程を中心に」、いずれも『国際政治（日中戦争から日英米戦争へ）』九一号、日本国際政治学会、一九八九年五月、大木毅『ドイツ軍事史』作品社、二〇一六年、一八〇〜二三三ページ。

(20) この点については、永岑三千輝『ホロコーストの力学――独ソ戦・世界大戦・総力戦の弁証法』青木書店、二〇〇三年に詳しい。

(21) スナイダー『ブラックアース』上巻、一三ページ。

(22) Michael R. Marrus and Robert O. Paxton, *Vichy France and the Jews*, Stanford, CA: Stanford University Press, 1995, pp. 221–222.

(23) Gilbert, *The Holocaust*, pp. 280–281.

(24) パレスチナにユダヤ人の祖国を再興しようという運動で、これを主張・支持する人びとをシオニスト、このイデオロギーをシオニズムという。シオンはエルサレムにある丘。

(25) Robert N. Rosen, *Saving the Jews: Franklin D. Roosevelt and the Holocaust*, New York: Thunder's Mouth Press, 2006, p. 78.

(26) ホロコーストの文献は夥しい数にのぼる。ここでは日本語で入手可能な文献をいくつかあげておく。マイケル・ベーレンバウム（芝健介監修／石川順子・高橋宏訳）『ホロコースト全史』創元社、一九九六年、マイケル・R・マラス（長田浩彰訳）『ホロコースト――歴史的考察』時事通信社、一九九六年、栗原優『ナチズムとユダヤ人絶滅政策――ホロコーストの起源と実態』ミネルヴァ書房、一九九七年、ラウル・ヒルバーグ（望田幸男・原田一美・井上茂子訳）『ヨーロッパ・ユダヤ人の絶滅』上下巻、柏書房、一九九七年、ゲッツ・アリー（山本尤・三島憲一訳）『最終解決――民族移動とヨーロッパのユダヤ人殺害』法政大学出版局、一九九八年、リチャード・ブライトマン（川上洸訳）『封印されたホロコースト――ローズヴェルト、チャーチルはどこまで知っていたか』大月書店、二〇〇〇年、芝健介『ホロコースト――ナチスによるユダヤ人大量殺戮の全貌』中公新書、二〇〇八年、永岑三千輝『独ソ戦とホロコースト』日本経済評論社、二〇〇一年、永岑三千輝『ホロコーストの力学――独ソ戦・世界大戦・総力戦の弁証法』青木書店、二〇〇三年、ウォルター・ラカー編（井上茂子ほか訳）『ホロコースト大事典』柏書房、二〇〇三年、ジョルジュ・ベンスサン（吉田恒雄訳）『ショアーの歴史――ユダヤ民族排斥の計画と実行』白水社、二〇一三年、ティモシー・スナイダー（池田年穂訳）『ブラックアース――ホロコーストの歴史と警告』上下巻、慶應義塾大学出版会、二〇一六年。

第1章　難民はアメリカをめざす

（1）David M. Reimers, *Unwelcome Strangers: American Identity and the Turn against Immigration*, New York: Columbia University Press, 1998, p. 9; Leonard Dinnerstein and D. M. Reimers, *Ethnic Americans: A History of Immigration*, fourth edition, New York: Columbia University Press, 1999, p. 21.

（2）なお、議会では一八〇二年に帰化法を廃棄した。その結果、居住の期間はふたたび五年間となった。Bill Ong Hing, *Defining America through Immigration Policy*, Philadelphia: Temple University Press, 2004, p. 18.

（3）Robert A. Divine, *American Immigration Policy, 1924–1952*, New Haven: Yale University Press, 1957, pp. 1–2.

（4）一九三八年七月、ドイツ、オーストリアからのユダヤ人などの出国を容易にするためフランスのエヴィアンで開かれた会議が採択した定義によれば、難民は、「（一）政治的意見、宗教的信条あるいは人種的出自のため出身国（オーストリアを含むドイツ）をまだ退去していないが、国を離れざるをえない人びと、および（二）（一）で定義された人びとで、すでに出身国を離れているが、まだ恒久的に定住していない者」とされる。本書ではこうした意味で難民を扱う。また、第二次世界大戦後の一九五一年の「難民の地位に関する条約（難民条約）」および一九六七年の「難民の地位に関する議定書（難民議定書）」の規定もほぼ同じで、人種、宗教、国籍もしくは特定の社会集団の構成員であることまたは政治的意見の理由で迫害を受けるおそれがあるために国外にあり、国籍国の保護を受けられない者、と定義する（本間浩『難民問題とは何か』岩波新書、一九九〇年、二六ページ）。実際に難民をどう定義するかは難しい問題である。時代とともに難民条約上の狭義の難民と異なる新しいタイプの「難民」が発生し、国際社会は対応に苦慮している。移民、亡命者との区別も、主に動機が経済的か政治的かによるのかもしれないが、厳密には難しい。

英語では難民を refugee というが、displaced person という用語もある。両者の概念の区別は明確でなく、displaced person（DP）は流民または避難民と訳されることがあり、第二次世界大戦以来、戦火や迫害などから逃れた人びとの意味で使用されるようになった。

今日、いわゆる難民と国内避難民という分け方が一般的で、両者の根本的違いは国境を越えたかどうかで判断される。後者は難民とまったく同じ状況に置かれながらも、国外に避難できずに国境内にとどまる「国内避難民（internally displaced persons）」の意味である。詳細については、島田征夫編著『国内避難民と国際法』信山社、二〇〇五年および川村真理『難民の国際的保護』現代人文社、二〇〇三年を参照。

難民がどう認定されるかは国際的保護の対象になるかどうかと関連する。内戦や自然災害などで居所を追われたが、国境内にとどまる難民はその本国の保護を受けるはずである。ところが、それが難しい場合に当該避難民にどう対応するかの課題に国際社会は直面し、国連難民高等弁務官事務所（UNHCR）は現在両方の難民を支援する。

（5） Chrisitina Boswell, *The Ethics of Refugee Policy*, Vermont: Ashgate, 2005, pp. 20–21.

（6） Boswell, *The Ethics of Refugee Policy*, p. 21.

（7） アメリカの移民行政は、まず一八九一年の移民法の成立にともない財務省に移民にかかわる監督業務を担当する部局として移民局を新設、一八九三年に議会両院でも移民にかかわる常設委員会を設置した。一九〇三年に移民局が財務省から商務・労働省に移管され、一九〇六年、移民局は移民帰化局に拡大発展したあと、一九一三年、労働省が商務省から分かれたのを機に、労働省に移行、さらに移民局、帰化局に分割された。Roger Daniels, *Guarding the Golden Door: American Immigration Policy and Immigrants since 1882*, New York: Hill and Wang, 2005, p. 39; Otis L. Graham, Jr., *Unguarded Gates: A History of America's Immigration Crisis*, Maryland: Rowman & Littlefield Publishers, Inc., 2006, p. 16.

（8）Aristide R. Zolberg, *A Nation by Design: Immigration Policy in the Fashioning of America*, Cambridge, MA: Harvard University Press, 2006, p. 218.

（9）Zolberg, *A Nation by Design*, pp. 11–23; Paul Donnelly, "Anti-Immigrant Politics," in John Powell, ed., *Encyclopedia of North American Immigration*, vol. 2, New York: Facts on File, Inc., 2005, pp. 526–529.

（10）Daniels, *Guarding the Golden Door*, p. 61.

（11）George J. Borjas, *Heaven's Door*, Princeton and Oxford: Princeton University Press, 1999, p. 40.

（12）James Ciment, ed., *Encyclopedia of American Immigration*, vol. 1, New York: Sharpe Reference, 2001, p. 137.

（13）Graham, Jr., *Unguarded Gates*, pp. 9–10.

（14）Reimers, *Unwelcome Strangers*, pp. 11–12.

（15）Daniels, *Guarding the Golden Door*, p. 40.

（16）飯野正子『もう一つの日米関係史——紛争と協調のなかの日系アメリカ人』有斐閣、二〇〇〇年、三八～四八ページ。

（17）Zolberg, *A Nation by Design*, pp. 218–219.

（18）Zolberg, *A Nation by Design*, p. 219.

（19）契約労働制度（contract labor system）とは、雇主が支払い能力のない移民のためにあらかじめ渡航費を立て替え、移民は入国後収入のなかから雇主に返済するというものであったが、一八八五年に禁止された。Graham, Jr., *Unguarded Gates*, p. 15. また、一九一七年に導入された識字力テストは、一六歳以上の移民に適用されたが、実際にはそれほど厳しくなかった。移民に対し英語力を問うのではなく、自分の母国語でテストを受け、夫が文字を読めれば、妻が読めなくても移住が認められた。Donna R. Gabaccia, *Immigration and American Diversity: A Social and Cultural History*, Malden, MA: Blackwell Publishers, 2002, p. 176. この制度は、移民を選別するためにはそれほど有効な方法ではなかった。Graham, Jr., *Unguarded Gates*, p. 44.

(20) Hing, *Defining America through Immigration Policy*, p. 44.

(21) Divine, *American Immigration Policy, 1924–1952*, p. 18.

(22) 川原謙一『アメリカ移民法』信山社、一九九一年、七九ページ。出身国別割当制度については、Divine, *American Immigration Policy, 1924–1942* に詳しい。

(23) Cheryl Shanks, *Immigration and the Politics of American Sovereignty 1890–1990*, Ann Arbor: The University of Michigan Press, 2001, p. 102, table 3.

(24) Shanks, *Immigration and the Politics of American Sovereignty, 1890–1990*, pp. 92–93, table 1.

(25) Henry L. Feingold, *The Jewish People in America: A Time for Searching - Entering the Mainstream 1920–1945*, Baltimore and London: The Johns Hopkins University Press, 1992, p. 29.

(26) 米西戦争の結果、アメリカに併合されたことにともない、アジア人のうちフィリピン人だけが一九二四年以降も移民制限法のもとで変化なく、アメリカ移住の権利を有していたが、西部州ではあまり歓迎されなかった。実際、一九二〇年代に農業労働力として需要は高かったが、フィリピン人に対する差別はひどいものであったという。Reimers, *Unwelcome Strangers*, p. 14.

(27) 排日移民法については、簑原俊洋『排日移民法と日米関係』岩波書店、二〇〇二年に詳しい。同書のなかで著者は、日本で排日移民の部分が強調されるのは同法中の第一三条C項にもとづくものであるが、これは全体の法律の一部にすぎず、同法を排日移民法と決めつけると、アメリカ移民政策の本質を見失うと指摘する。同感である。また、Izumi Hirobe, *Japanese Pride, American Prejudice: Modifying the Exclusion Clause of the 1924 Immigration Act*, Stanford, CA: Stanford University Press, 2001 も参照。

(28) *The American Jewish Year Book 5686* (September 19, 1925 to September 8, 1926), vol. 27, Philadelphia: The Jewish Publication Society of America, 1925, pp. 428–429. この請願書には、当時のアメリカ・ユダヤ人社会を代表するルイス・マーシャル、スティーブン・ワイズら五名が署名している。

(29) Feingold, *The Jewish People in America*, p. 30.

(30) Arthur D. Morse, *While Six Million Died: A Chronicle of American Apathy*, New York: An Ace Book, 1968, p. 109.

(31) ただし、売春婦、文盲、伝染病患者の入国禁止など一般的規制は受けた。

(32) 以下を参照。Hing, *Defining America through Immigration Policy*, p. 291, note 11; Cheryl Shanks, *Immigration and the Politics of American Sovereignty, 1890–1990*, p. 94. 一九二四年法はクオータ外での移民の範囲を西半球で生まれた者に限ることにし、それ以外の者に対するクオータの免除については一〇年の居住後とされた。Roger Daniels and Otis L. Graham, *Debating American Immigration, 1882–present*, New York and others: Rowman & Litttlefield Publishers, 2001, p. 21.

(33) Divine, *American Immigration Policy, 1924–1952*, p. 62.

(34) アメリカにおける初期のユダヤ人の歴史について、たとえば Howard M. Sachar, *A History of the Jews in America*, New York: Alfred A. Knoff, 1992 を参照。

(35) ユダヤ教の保守派は改革派より伝統を重んじ、正統派よりもアメリカ的で、ちょうど両派の中間に位置する。丸山直起『アメリカのユダヤ人社会』ジャパンタイムズ、一九九〇年、第一章を参照。

(36) 全米にチェーン展開するデパートのブルーミングデールズ、サクス・フィフス・アヴェニューは、いずれも一九世紀にバヴァリア地方から移住したユダヤ人によって創設された。

(37) *Encyclopaedia Judaica*, vol. 15, Jerusalem: Keter Publishing House Jerusalem Ltd., 1972, p. 1608.

(38) Chaim I. Waxman, *America's Jews in Transition*, Philadelphia: Temple University Press, 1983, p. 39.

(39) David S. Wyman, *Paper Walls: America and the Refugee Crisis 1938–1941*, New York: Pantheon Books, 1968, Chapter 1.

(40) Leonard Dinnerstein, *Antisemitism in America*, Oxford, New York and Others: Oxford University Press, 1994, p. XIX.

(41) David S. Wyman, "The United States," in Wyman, ed., *The World Reacts to the Holocaust*, Baltimore and London: The Johns

Hopkins University Press, 1996, p. 696.

(42) John Higham, "American Anti-Semitism Historically Reconsidered," in Charles H. Stember and Others, eds., *Jews in the Mind of America*, New York and London: Basic Books, 1966, pp. 248–249.

(43) Charles H. Stember, "The Recent History of Public Attitudes," in Stember and Others, eds., *Jews in the Mind of America*, p. 114.

(44) Stember, "The Recent History of Public Attitudes," p. 120.

(45) Stember, "The Recent History of Public Attitudes," p. 118.

(46) Stember, "The Recent History of Public Attitudes," p. 148.

(47) Wyman, "The United States," p. 701.

(48) Feingold, *The Jewish People in America*, p. 228.

(49) Higham, "American Anti-Semitism Historically Reconsidered," pp. 249–250.

(50) Zosa Szajkowski, "The Attitude of American Jews to Refugees from Germany in the 1930s," *American Jewish Historical Society*, vol. 61, no. 2, December 1971, pp. 123–125.

(51) Zosa Szajkowski, "Jewish Diplomacy: Notes on the Occasion of the Centenary of the Alliance Israélite Universelle," *Jewish Social Studies*, vol. 22, no. 3, July 1960, p. 158. 世界イスラエル連盟について、このほか以下の文献がある。Szajkowski, "Conflicts in the Alliance Israélite Universelle and the Anglo-Jewish Association, the Vienna Allianz and the Hilfsverein," *Jewish Social Studies*, vol. 19, nos. 1–2, January-April 1957; Szajkowski, "How the Mass Immigration to America Began," *Jewish Social Studies*, vol. 4, no. 4, October 1942; Joseph B. Schechtman, "Alliance Israélite Universelle: 1861–1961," *Midstream*, Autumn, 1960.

(52) Graham, *Unguarded Gates*, p. 42.

(53) ヒセム（ＨＩＣＥＭ）は一九二七年、ヨーロッパのユダヤ難民を支援するため、ヘブライ避難民援助協会（ＨＩＡＳ）、ユダヤ殖民協会（ＩＣＡまたはＪＣＡ）、ユダヤ移民管理委員会（ＥＭＩＧＤＩＲＥＫＴ）の三機関によって合同で設立された。ヒセムの名称は三機関の頭文字。一九四五年解散し、ＨＩＡＳがあとを受け継いだ。

第2章　危機の時代とアメリカのユダヤ人

（1）ジョイントの歴史・活動については、つぎの文献に詳しい。Yehuda Bauer, *My Brother's Keeper: A History of the American Jewish Joint Distribution Committee 1929–1939*, Philadelphia: The Jewish Publication Society of America, 1974; Yehuda Bauer, *American Jewry and the Holocaust*, Detroit: Wayne State University Press, 1981; Oscar Handlin, *A Continuing Task: The American Jewish Joint Distribution Committee 1914–1964*, New York: Random House, 1964.

（2）Handlin, *A Continuing Task*, p. 23.

（3）モーゲンソー大使は自伝のなかでアルメニア人の虐殺について詳述しているが、電報の件の記述はない。Henry Morgenthau, *Ambassador Morgenthau's Story*, New York: Doubleday, Page & Company, 1918.

（4）Albert Lucas, "American Jewish Relief in the World War," *The Annals*, vol. LXXIX, September 1918.

（5）Bauer, *My Brother's Keeper*, p. 3.

（6）五人委員会のメンバーは、オスカー・ストラウス（外交官としてトルコ大使をつとめ、セオドア・ローズヴェルト政権で最初のユダヤ人閣僚として商務・労働長官に就任）、ジュリアン・マック（裁判官、シオニスト運動指導者）、ルイス・ブランダイス（ユダヤ人最初の連邦裁判所判事、シオニスト）、ハリー・フィッシェル（実業家、慈善事業家）、メイヤー・ロンドン（弁護士、社会主義運動指導者、反シオニスト）。

（7）Lucas, "American Jewish Relief in the World War."

（8）Bauer, *American Jewry and the Holocaust*, p. 24; Handlin, *A Continuing Task*, p. 28.

（9）Bauer, *My Brother's Keeper*, pp. 24–27.

（10）ヴァールブルク家は一九世紀にドイツから移住した。銀行家、慈善家として名高い。ストラウス家を代表するイシドールは全米にデパート・チェーンを展開するメイシーズの経営者であった。もとはスイス出身のグッゲンハイム家は鉱山経営で巨額の財をなし、財団をつくって、慈善活動をおこなう一方、ニューヨークに美術館を開設し、芸術の発展にも尽くした。

(11) Jacob Roder Marcus, *United States Jewry 1776–1985*, vol. 3, Detroit: Wayne State University Press, 1993, pp. 502–503.

(12) Handlin, *A Continuing Task*, p. 39.

(13) Handlin, *A Continuing Task*, pp. 39–41.

(14) Sara Kadosh, *The American Jewish Joint Distribution Committee 1914–2005*, American Jewish Joint Distribution Committee, Jerusalem, unpublished paper, n.d. Courtesy of Kadosh.

(15) Bauer, *My Brother's Keeper*, pp. 60–61.

(16) Selig Adler and Thomas E. Connolly, *From Ararat to Suburbia: The History of the Jewish Community of Buffalo*, Philadelphia: The Jewish Publication Society of America, 1960, p. 386.

(17) ブネイ・ブリスは大不況に苦しむポーランドのユダヤ人のため、ビロビジャン入植計画を一九三五年には検討していた。David Brody, "American Jewry, the Refugees and Immigration Restriction (1932–1942)," *American Jewish Historical Society*, vol. 45, no. 4, June 1956.

(18) Bauer, *My Brother's Keeper*, pp. 90–98; Ted Plafker, "Birobidzhan's Jews Coming Here," *The Jerusalem Post*, May 13, 1990.

(19) James Parkes, *The Emergence of the Jewish Problem 1878–1939*, Connecticut: Greenwood Press, 1970, p. 187. なお、二〇〇二年時点のビロビジャンのユダヤ人人口は二〇〇〇～六〇〇〇ほどと推定される。Sue Fishkoff, "Diaspora: Where Russians cursed in Yiddish, "*The International Jerusalem Post*, October 22, 2004.

(20) Bauer, *My Brother's Keeper*, p. 103. なお、アグロ＝ジョイントについては、高尾千津子『ソ連農業集団化の原点――ソヴィエト体制とアメリカのユダヤ人』彩流社、二〇〇六年に詳しい。

(21) Bauer, *My Brother's Keeper*, p. 27.

(22) Kadosh, *The American Jewish Joint Distribution Committee 1914–2005*.

(23) Henry L. Feingold, *The Jewish People in America: A Time for Searching - Entering the Mainstream 1920–1945*, vol. 4, Bal-

timore and London: The Johns Hopkins University Press, 1992, pp. 160–161.

（24）一九三四年設立。アメリカにおける労働運動の流れをくみ、ヨーロッパの反ナチ労働者を支援した。

（25）世界ユダヤ人会議（ＷＪＣ）は世界各地のユダヤ人団体を代表する組織として一九三六年に設立され、各地のユダヤ人の生存を確保し結束をはかることを目的とし、とくに反ユダヤ主義との闘いを重視した。

もとは第一次世界大戦後のパリ講和会議に代表を派遣した多くのユダヤ人団体の意見を集約するための委員会が母体であり、会議閉会後、恒久的機関として引き続きユダヤ人の権利擁護につとめることになり、その後ナチズムが台頭するにおよんで、一九三六年八月、ジュネーヴで三二カ国の代表を集めて結成がはかられた。

議長にはスティーブン・ワイズが選出され、一九四九年までつとめた。第二次世界大戦の勃発までジュネーヴに拠点を構え、ナチズム反対を訴えて国際連盟での外交を展開し、その後本部をニューヨークに移した。ジュネーヴには事務所を残し、ホロコーストのあいだ、ドイツおよび占領地での情報収集に大いに活躍する。

（26）Feingold, *The Jewish People in America*, p. 238.

（27）ヒバット・ツィヨンは、一八八〇年代初めにロシアでパレスチナの地への帰還をめざす運動として誕生した。この運動に参加する人びとをホヴェヴェイ・ツィヨン（ヘブライ語で「シオンを愛する者たち」）という。

（28）シオニズムには最初のころ、三つの潮流があった。政治的シオニズム（Political Zionism）は、パレスチナへのユダヤ人の祖国再興を外交的・政治的な手段によって実現しようという運動、文化的シオニズム（Cultural Zionism）はパレスチナの地にヘブライ語の復活などユダヤ文化を復興しようという運動であり、実践的シオニズム（Practical Zionism）は農業、労働などの実践活動を通じて祖国を再興しようという運動である。

（29）Naomi W. Cohen, *Jacob H. Schiff: A Study in American Jewish Leadership*, Hanover and London: Brandeis University Press, 1999, p. 179.

（30）イスラエル・ザングヴィル（一八六四〜一九二六年）はイギリスのユダヤ人作家でシオニスト。ウガンダ案が拒否されてから、世界シオニスト機構（ＷＺＯ）を離れ、ユダヤ領土機構を設立、ユダヤ人の郷土はパレスチナにこだわらずに建設することを主張した。

(31) ウラジミール・ジャボティンスキー（一八八〇～一九四〇年）はロシア生まれのシオニスト。ウラジミールはロシア名で、ヘブライ名はゼエヴ。すぐれた文筆家であり、軍人でもあった。第一次世界大戦でユダヤ人部隊の創設を訴え、パレスチナでの自衛軍の結成を主張。シオニスト運動ではイギリス政府との関係を重視する主流派と袂を分かち、右派のシオニズム修正主義を主導し、その後のイスラエルの政治に大きな影響を残した。

(32) 一九四二年のビルトモア会議で彼らが主張していたユダヤ人国家の建設をシオニスト運動の目標に掲げることが決まったため、一九四六年新シオニスト機構はＷＺＯに復帰する。

(33) Feingold, *The Jewish People in America*, p. 240. ユダヤ教各派のシオニズムへの対応は、正統派と保守派が支持、改革派は批判的であったが、一九三〇年代後半以降その姿勢を変え、一九四二年にはシオニストが改革派内で重要な地位を占めるようになる。Earl D. Huff, "A Study of a Successful Interest Group: The American Zionist Movement," *Western Political Quarterly*, vol. 25, no. 1, March 1972, p. 115.

(34) Feingold, *The Jewish People in America*, pp. 240–241.

(35) ピーター・バーグソン（一九一五～二〇〇一年）はアメリカで用いたペンネーム。ヘブライ名はヒレル・クック。リトアニア生まれ。子どものときパレスチナに移住。右派修正主義の武装組織イルグンに参加。その後アメリカに渡り、ジャボティンスキーと協力しナチスと戦うためのユダヤ人部隊の結成をめざす。アメリカではヨーロッパの同胞を救うための活動を精力的に展開し、イスラエル独立後はイスラエルに戻り、右派ヘルート党の国会議員として活躍した。委任統治時代のパレスチナで最初のアシュケナジィの主席ラビになり、宗教的ナショナリズムを唱えたアブラハム・イサク・クックは彼の叔父にあたる。

(36) ユダヤ機関（ＪＡ、第3章の註22を参照）はイギリス側に対しユダヤ人部隊の創設を懇請していた。パレスチナの警備にあたるのではなく、実際の戦闘に参加するのが目的であった。ヨーロッパのユダヤ人の大虐殺が疑う余地がないほど明白になっており、チャーチル首相の個人的進言もあってイギリス政府は一九四四年七月にユダヤ旅団の創設を検討、九月、正式に発表された。ユダヤ旅団は訓練を受けたのち、一九四五年三月初めイタリア戦線に投入され、実戦に参加、犠牲者も出た。戦場で彼らは民族の象徴であるダヴィデの星の旗を掲げ、記章を着けて戦闘に参加した。

(37) *New Encyclopedia of Zionism and Israel*, vol. 1, London and Toronto: Associated University Press, 1994, pp. 756–758.
アッバ・ヒレル・シルヴァー（一八九三～一九六三年）は改革派のラビでアメリカのシオニスト運動の指導者。リトアニア生まれでアメリカに移住。ラビでシオニストの父の影響を強く受け、早くからシオニズムに目覚め、ユダヤ教におけるシオニズムの重要性を主張した。パレスチナをめぐっては妥協せず、イギリスのパレスチナ分割案に反対し、ハイム・ワイツマンら主流派と対立、またローズヴェルト政権のパレスチナ政策を激しく批判し、アメリカ政府との良好な関係を維持するスティーブン・ワイズとも対立した。アメリカのシオニスト運動の発展やイスラエルの独立における彼の功績は大きかったが、その強烈な政治スタイルはむしろ疎まれ、しだいに表舞台から遠ざけられる。アメリカのユダヤ人社会には珍しく共和党支持者であった。

(38) Feingold, *The Jewish People in America*, pp. 245–246; Howard M. Sachar, *A History of the Jews in America*, New York: Alfred A. Knopf, 1992, p. 570. アメリカ・ユダヤ人代表者会議（ＡＣ）はビルトモア会議以降、綱領に掲げられた目標に対する米政府・国民の支持を獲得すべく奮闘した。事実上、米ユダヤ人社会を代表する組織として戦後のパレスチナをめぐる国際的動きにも関与し、イスラエル独立とともに役割を終え、一九四九年に解散した。

(39) Feingold, *The Jewish People in America*, p. 246.

(40) Feingold, *The Jewish People in America*, pp. 246–247.

(41) Feingold, *The Jewish People in America*, pp. 246–248.

(42) Feingold, *The Jewish People in America*, p. 248.

(43) Feingold, *The Jewish People in America*, p. 251.

(44) Feingold, *The Jewish People in America*, p. 258.

(45) Bauer, *American Jewry and the Holocaust*, p. 25.

(46) Handlin, *A Continuing Task*, p. 67.

(47) Bauer, *My Brother's Keeper*, pp. 116–117.

(48) Bauer, *My Brother's Keeper*, p. 117.

（49） Erika Mann and Eric Estorick, “Private and Governmental Aid of Refugees,” *The Annals of the American Academy of Political and Social Science*, vol. 203, issue 1, *Refugees*, May 1939.

（50） Zosa Szajkowski, “The Attitude of American Jews to Refugees from Germany in the 1930s,” *American Jewish Historical Society*, vol. 61, no. 2, December 1971.

（51） なお、ＵＳＮＡはＨＩＡＳと活動の範囲が重複し、効率が悪かったため、一九五三年一二月にＨＩＡＳとＵＳＮＡを統合、新たに「ヘブライ避難民援助協会連合」（ＵＨＳ）が設立される（Szajkowski, “The Attitude of American Jews to Refugees from Germany in the 1930s.”）。また団体宣誓供述書を提出すると、当該団体は六カ月ごとに米移民帰化局に移民の経済状態について、当局が免除を決定するまで報告する義務がある。

（52） Bauer, *My Brother’s Keeper*, pp. 130–134. ハアヴァラ協定に象徴されるナチスとの取引に応じたシオニストの対応を厳しく批判するのは、レニ・ブレンナー（芝健介訳）『ファシズム時代のシオニズム』法政大学出版局、二〇〇一年である。とくに第六章を参照。

（53） ジョイントのハイマン事務局長が、一九三七年、アメリカのシオニズムについて述べたもの。Bauer, *My Brother’s Keeper*, p. 167.

（54） Bauer, *American Jewry and the Holocaust*, p. 183.

（55） Bauer, *My Brother’s Keeper*, p. 128.

（56） Bauer, *My Brother’s Keeper*, p. 125.

（57） Bauer, *My Brother’s Keeper*, p. 126.

（58） 統一パレスチナ・アピール（ＵＰＡ）は、一九二五年それまで個別におこなってきたアメリカのシオニスト組織の募金活動を統合するため創設。イスラエル独立後の一九五〇年、統一イスラエル・アピール（ＵＩＡ）と改称。

（59） Efraim Zuroff, *The Response of Orthodox Jewry in the United States to the Holocaust*, New York: Yeshiva University Press, 2000, pp. 34–35.

（60） Bauer, *My Brother’s Keeper*, p. 168.

(61) The Acting Secretary of State to the Chargé in the UK, March 14, 1939, 840.48 Refugees/1476, *Foreign Relations of the United States*（以下 *FRUS* と略記）, 1939, vol. II, Washington, D.C.: United States Government Printing Office, 1956, pp. 97–98.

(62) Arthur D. Morse, *While Six Million Died: A Chronicle of American Apathy*, New York: Ace Publishing Corporation, 1968, p. 139. また、序章の註（17）も参照。

(63) Sir John Hope Simpson, *Refugees: A Review of the Situation since September 1939*, London: The Royal Institute of International Affairs, 1939, p. 49.

(64) Simpson, *Refugees*, p. 78.

(65) Simpson, *Refugees*, p. 78.

(66) 丸山直起『太平洋戦争と上海のユダヤ難民』法政大学出版局、二〇〇五年、六二ページを参照。

(67) Bauer, *My Brother's Keeper*, pp. 183–185.

(68) Bauer, *My Brother's Keeper*, p. 190.

(69) Neil Rosenstein, *The Margolis Family: The History of the Family and the Tracing of Its Ancestry and Descendants*, New Jersey: Computer Center for Jewish Genealogy, 1984.

(70) *United Jewish Appeal (UJA) Interview with Mrs. Laura Margolis Jarblum*, Interviewer: Menahem Kaufman, Tel Aviv, April 26, 1976, pp. 1–2. Courtesy of Laura Margolis Jarblum. 以下、*UJA Interview with Margolis* と略記。

(71) Stanford J. Shaw, *The Jews of the Ottoman Empire and the Turkish Republic*, New York: New York University Press, 1991, p. 273.

(72) Hayyim J. Cohen, *The Jews of the Middle East 1860–1972*, Jerusalem: Israel Universities Press, 1973, p. 129.

(73) 筆者のローラ・マーゴリス・ヤーブルームとのインタビュー、一九八二年一月六日、テルアヴィヴ。

(74) 一九二七年に陸軍の安江仙弘少佐（当時）がパレスチナを訪れた際、安江はカルヴァリスキーに面会している。安江仙弘『革命運動を暴く——ユダヤの地を踏みて』章華社、一九三一年、一一六〜一一七ページ。

(75) Lloyd P. Gartner, *History of the Jews of Cleveland*, Cleveland: The Western Reserve Historical Society and the Jewish Theo-

logical Seminary of America, 1978, p. 217.

（76） Gartner, *History of the Jews of Cleveland*, p. 293.

（77） *UJA Interview with Margolis*, p. 4.

（78） Adler and Connolly, *From Ararat to Suburbia*, p. 237.

（79） *UJA Interview with Margolis*, p. 4.

（80） Adler and Connolly, *From Ararat to Suburbia*, p. 366.

（81） Adler and Connolly, *From Ararat to Suburbia*, p. 358.

（82） Adler and Connolly, *From Ararat to Suburbia*, p. 339.

（83） Adler and Connolly, *From Ararat to Suburbia*, p. 366.

（84） *UJA Interview with Margolis*, pp. 5–6.

第3章　ドイツの反ユダヤ政策とアメリカ政府の対応

（1） Yehuda Bauer, *My Brother's Keeper: A History of the American Jewish Joint Distribution Committee 1929–1939*, Philadelphia: The Jewish Publication Society of America, 1974, pp. 224–225.

（2） *Palestine: A Study of Jewish, Arab, and British Policies*, vol. 2, Published for the ESCO Foundation for Palestine, Inc., reprint, New York: Kraus Reprint Co., 1970（Original edition: New Haven: Yale University Press, 1947）, p. 665.

（3） Sir John Hope Simpson, *Refugees: A Review of the Situation since September 1938*, London: The Royal Institute of International Affairs, 1939, p. 90.

（4） David S. Wyman, *Paper Walls: America and the Refugee Crisis 1938–1941*, New York: Pantheon Books, 1968, p. 73.

（5） Bauer, *My Brother's Keeper*, p. 232. しかし、のちにジョイントのポール・ベルウォード理事長がメンバーとして加わり、ジョイントもＰＡＣＰＲに協力することになる。

（6） 国務省からエルサレム駐在米総領事にあてて送られた公信のなかで言及されている。Wallace Murray, Chief of the Division of Near Eastern Affairs to the Consul General of Jerusalem, Washington, July 2, 1938, 867N.01/1106, *Foreign Relations of the United States*（以下 *FRUS* と略記）, 1938, vol. I, Washington, D.C.: United States Government Printing Office, 1955, p. 752.

（7） The Ambassador in Italy（Phillips）to the Secretary of State, March 24, 1938, 840.48 Refugees/5: Telegram, *FRUS*, 1938, vol. I, p. 741.

（8） Wyman, *Paper Walls*, pp. 44–45.

（9） Arthur D. Morse, *While Six Million Died: A Chronicle of American Apathy*, New York: An Ace Book, 1968, p. 167.

（10） Bauer, *My Brother's Keeper*, pp. 232–233. 当初、アメリカ政府は開催地としてスイスを予定していたが、スイスは国際連盟の難民機関の所在地でもあることから新たな国際機関の創設を歓迎しなかっただけでなく、隣国ドイツに対して気をつかい、代わりとなる他の候補地を要望していた。

（11） Henry L. Feingold, *The Politics of Rescue*, New York: Holocaust Publications, Inc., 1970, p. 99.

（12） Feingold, *The Politics of Rescue*, p. 99.

（13） Jacques Vernant, *The Refugee in the Post-War World*, London: George Allen & Unwin Ltd., 1953, p. 582.

（14） Robert M. Levine, *Tropical Diaspora: The Jewish Experience in Cuba*, Florida: the University Press of Florida, 1993, p. 81.

（15） Judith Laikin Elkin, *The Jews of Latin America*, revised edition, New York and London: Holmes & Meier Publishers, 1998, p. 80.

（16） Elkin, *The Jews of Latin America*, p. 81.

（17） The Chargé in Germany（Geist）to the Secretary of State, March 3, 1939, 893.55J/8, *FRUS*, 1939, vol. II, Washington, D.C.: United States Government Printing Office, 1956, pp. 94–95.

（18） Bauer, *My Brother's Keeper*, p. 236.

（19） Feingold, *The Politics of Rescue*, p. 37.

（20） Wyman, *Paper Walls*, p. 53; Feingold, *The Politics of Rescue*, pp. 49–51; Bauer, *My Brother's Keeper*, pp. 274–278; Richard Breitman and Alan M. Kraut, *American Refugee Policy and European Jewry, 1933–1945*, Bloomington and Indianapolis: Indiana University Press, 1987, pp. 67–70.

（21） Bauer, *My Brother's Keeper*, pp. 274–275.

（22） 一八九七年のシオニスト会議で設立された世界シオニスト機構（ＷＺＯ）の行政部門としてパレスチナのイギリス委任統治政府と交渉するほか、パレスチナでシオニズムのめざすユダヤ人の移住、土地の取得、ユダヤ人の文化・宗教の復興などの活動を展開した。イスラエル独立後、活動の多くはイスラエルに引き継がれた。

（23） Geoffrey Wigoder, ed., *New Encyclopedia of Zionism and Israel*, vol. 1, New York: Herzl Press and McGraw-Hill, 1971, p. 536. なお、ハアヴァラ協定にもとづくドイツ・ユダヤ人のパレスチナ移送について、芝健介「『第三帝国』初期のユダヤ人政策――パレスティナへの移送問題を中心として」『國學院大學紀要』第二〇巻、一九八二年三月を参照。

（24） Bauer, *My Brother's Keeper*, p. 275.

（25） Feingold, *The Politics of Rescue*, p. 54.

（26） The Chargé in Germany to the Secretary of State, Memorandum: The Emigration of Jews from Germany, February 3, 1939, 840.48 Refugees/1381: Telegram, *FRUS*, 1939, vol. II, pp. 77–81. この案はルーブレイがシャハト、ヴォルタートと協議した内容を覚書にし、これをヴォルタートが確認した。

（27） The Secretary of State to the Chargé in the United Kingdom, February 8, 1939, 840.48 Refugees/1384: Telegram, *FRUS*, 1939, vol. II, pp. 84–87.

（28） The Chargé in the United Kingdom to the Secretary of State, February 6, 1939, 840.48 Refugees/1386: Telegram, *FRUS*, 1939, vol. II, pp. 82–84.

（29） Feingold, *The Politics of Rescue*, p. 59.

（30） Feingold, *The Politics of Rescue*, p. 74.

（31） Feingold, *The Politics of Rescue*, p. 71.

(32) The Ambassador in the United Kingdom to the Secretary of State, June 7, 1939, 840.48 Refugees/1651: Telegram, *FRUS*, 1939, vol. II, pp. 116–117.

(33) The Ambassador in the United Kingdom to the Secretary of State, June 9, 1939, 840.48 Refugees/1662: Telegram, *FRUS*, 1939, vol. II, pp. 122–123.

(34) The Secretary of State to the Ambassador in the United Kingdom, June 12, 1939, 840.48 Refugees/1662: Telegram, *FRUS*, 1939, vol. II, p. 124.

(35) Feingold, *The Politics of Rescue*, pp. 72–73.

(36) Feingold, *The Politics of Rescue*, p. 74.

(37) Bauer, *My Brother's Keeper*, pp. 280–281.

(38) Bauer, *My Brother's Keeper*, p. 281; Simpson, *Refugees*, pp. 99–102.

(39) Feingold, *The Politics of Rescue*, p. 76.

(40) Feingold, *The Politics of Rescue*, p. 72.

(41) The Ambassador in the United Kingdom to the Secretary of State, June 28, 1939, 840.48 Refugees/1697: Telegram, *FRUS*, 1939, vol. II, p. 128.

(42) The Ambassador in the United Kingdom to the Secretary of State, July 13, 1939, 840.48 Refugees/1735: Telegram, *FRUS*, 1939, vol. II, pp. 131–134.

(43) The Ambassador in the United Kingdom to the Secretary of State, July 13, 1939, 840.48 Refugees/1736: Telegram, *FRUS*, 1939, vol. II, pp. 135–136.

(44) The Secretary of State to the Ambassador in the United Kingdom, July 15, 1939, 840.48 Refugees/1735: Telegram, *FRUS*, 1939, vol. II, pp. 136–137.

(45) Memorandum of Conversation, by the Assistant Chief of the Division of European Affairs, July 17, 1939 and Annex, Draft of Statement to be Made by the Chairman of the American Delegation, 840.48 Refugees/1747, *FRUS*, 1939, vol. II, pp. 139–140.

（46） Bauer, *My Brother's Keeper*, p. 283.

（47） The Secretary of State to the Chargé in the UK, August 25, 1938, 840. 48 Refugees/655: Telegram, *FRUS*, 1938, vol. I, pp. 773–774.

（48） Mark Wischnitzer, "The Historical Background of the Settlement of Jewish Refugees in Santo Domingo," *Jewish Social Studies*, vol. 4, no. 1, January 1942.

（49） The Under Secretary of State to President Roosevelt, January 12, 1939, 840.48 Refugees/1290a, *FRUS*, 1939, vol. II, p. 65.

（50） The Secretary of State to the Ambassador in the United Kingdom, January 14, 1939, 840.48 Refugees/1290b: Telegram, *FRUS*, 1939, vol. II, pp. 66–69.

（51） The Chargé in the United Kingdom to the Secretary of State, February 9, 1939, 840.48 Refugees/1399: Telegram, *FRUS*, 1939, vol. II, pp. 87–88. さらに二月一五日付ロンドンあて電報でハル国務長官は、イギリスを困らせるつもりはないが、アンゴラ計画は成功の可能性が大きいので、取りやめることはないとの反論をテイラー米代表に伝え、これに再度イギリス側が反論するなど、両国間で議論の応酬が繰り広げられた。The Secretary of State to the Chargé in the United Kingdom, February 15, 1939, 840.48 Refugees/1399: Telegram; The Ambassador in the United Kingdom to the Secretary of State, February 16, 1939, 840.48 Refugees/1430: Telegram, *FRUS*, 1939, vol. II, pp. 89–91.

（52） Feingold, *The Politics of Rescue*, p. 93.

（53） Frank Ephraim, *Escape to Manila: From Nazi Tyranny to Japanese Terror*, Urbana and Chicago: University of Illinois Press, 2003, p. 39.

（54） The Secretary of State to the Ambassador in the United Kingdom, January 25, 1939, 840.48 Refugees/1350a: Telegram, *FRUS*, 1939, vol. II, pp. 76–77.

（55） Feingold, *The Politics of Rescue*, pp. 97–98.

（56） The Secretary of State to the Ambassador in the United Kingdom, July 15, 1939, 840.48 Refugees/1729: Telegram, *FRUS*, 1939, vol. II, pp. 137–138.

（57）Feingold, *The Politics of Rescue*, p. 98.
（58）Bauer, *American Jewry and the Holocaust*, p. 77.
（59）Feingold, *The Politics of Rescue*, p. 122.
（60）The Ambassador in the United Kingdom to the Secretary of State, May 18, 1939, 840.48 Refugees/1617: Telegram, *FRUS*, 1939, vol. II, pp. 110–112.
（61）Bauer, *My Brother's Keeper*, p. 129.
（62）ロン・チャーナウ（青木榮一訳）『ウォーバーグ――ユダヤ財閥の興亡』下巻、日本経済新聞社、一九九八年、第二七、二八、二九章。
（63）Bauer, *My Brother's Keeper*, pp. 128–130.
（64）Feingold, *The Politics of Rescue*, p. 66.
（65）Morse, *While Six Million Died*, pp. 201–202.
（66）ルーシー・ダビドビッチ（大谷堅四郎訳）『ユダヤ人はなぜ殺されたか』全二巻、サイマル出版会、一九七八～一九七九年、第二部、二八七ページ。
（67）Bernard Wasserstein, *Britain and the Jews in Europe*, Oxford: Clarendon, 1979, p. 40.
（68）Roger Daniels and Otis L. Graham, *Debating American Immigration, 1882–present*, Lanham, Maryland: Rowman & Littlefield Publishers, 2001, p. 30.
（69）Morse, *While Six Million Died*, p. 38; Feingold, *The Politics of Rescue*, pp. 131–135. フェインゴールドはロングを反ユダヤ的とみるが、ブライトマンらはロングが反ユダヤ主義者であるとの評価を疑問視しており、彼は単に自分と国家に対する謀略に脅えていただけ、という。Breitman and Kraut, *American Refugee Policy*, pp. 126–145.
（70）Morse, *While Six Million Died*, pp. 39–40.
（71）Breitman and Kraut, *American Refugee Policy*, Chapter 6.
（72）Breitman and Kraut, *American Refugee Policy*, p. 134.

（73） Breitman and Kraut, *American Refugee Policy*, pp. 135–136.

（74） Breitman and Kraut, *American Refugee Policy*, p. 135.

（75） Wyman, *Paper Walls*, p. 76.

（76） Wyman, *Paper Walls*, pp. 77–78.

（77） このとき、運動の中心となったのは、ワーグナー＝ロジャーズ法案を熱心に唱道していたグループ、「ドイツ難民児童のための無宗派委員会」で活躍した人びとであった。これらの人びとが中心となって一九四〇年六月、新しく立ち上げたのが、ローズヴェルト大統領夫人を名誉会長とする「アメリカ・ヨーロッパ児童保護委員会」で、無宗派委員会を吸収し、活動範囲を拡大、一九五三年まで活動した。Wyman, *Paper Walls*, p. 94; Feingold, *The Politics of Rescue*, p. 152.

（78） Feingold, *The Politics of Rescue*, p. 153.

（79） Leonard Dinnerstein and David M. Reimers, *Ethnic Americans: A History of Immigration*, fourth edition, New York: Columbia University Press, 1999, p. 90.

（80） 木畑和子『キンダートランスポート――ナチス・ドイツからイギリスに渡った子供たち』成文堂、一九九二年および同『ユダヤ人児童の亡命と東ドイツへの帰還――キンダートランスポートの群像』ミネルヴァ書房、二〇一五年。Pamela Shatzkes, *Holocaust and Rescue: Impotent or Indifferent?: Anglo-Jewry 1938–1945*, New York: Palgrave, 2002, pp. 26–27.

（81） Shatzkes, *Holocaust and Rescue*, p. 69.

（82） Shatzkes, *Holocaust and Rescue*, p. 69; Viscount Samuel, *Memoirs*, London: The Cresset Press, 1945, pp. 255–256.

（83） 木畑『キンダートランスポート』三ページ。

（84） David Rudge, “The Balfour Refuge,” *The Jerusalem Post Special*, November 2, 1989, pp. 5, 12.

（85） Wasserstein, *Britain and the Jews in Europe*, p. 9.

（86） 木畑『ユダヤ人児童の亡命と東ドイツへの帰還』第一部第三章に詳しく述べられている。

(87) なお、ユダヤ人の子どもを救うため、ベルリンに住むラビ（ユダヤ教導師）の夫人が一九三二年立ち上げた団体は、一九三三年七月に六〇〇人のパレスチナ移住計画を明らかにした。最終的に六四〇人の子どもたちがジョイントの支援でパレスチナに移住しており、アメリカ国内のジョイント指導部も同様の計画を検討、大戦勃発までに四三三人の子どもがドイツからアメリカに渡った。Bauer, *My Brother's Keeper*, pp. 121–123.

第4章　セントルイス号の悲劇

(1) Robert M. Levine, *Tropical Diaspora: The Jewish Experience in Cuba*, Gainsville, USA: University Press of Florida, 1993, p. 2.

(2) S. Kaplan, R. Moncarz and J. Steinberg, "Jewish Emigrants to Cuba: 1898–1960," *International Migration*, vol. 28, no. 3, September 1990, p. 299. 一九二三年にキューバに入国した移民の総数は三二四七人で、このうちユダヤ人は二二七五人、全体の七〇パーセントを占め、一九二四年には六八五一人中、四四一三人、六四パーセントを占めた。Ibid., p. 308, table 4.

(3) Levine, *Tropical Diaspora*, p. 83.

(4) Levine, *Tropical Diaspora*, p. 175.

(5) Memorandum from American Friends Service Committee to American Jewish Joint Distribution Committee（AJJDC）, April 24, 1939, #506, American Jewish Joint Distribution Committee Archives（以下 AJJDC と略記）, New York.

(6) Kaplan et al., "Jewish Emigrants to Cuba: 1898–1960," p. 296.

(7) *The Holocaust*, vol. 7（The S. S. St. Louis Affair and Other Cases）, New York: Garland, 1982, p. 15.

(8) キューバの反ユダヤ主義について、Margalit Bejarano, "Antisemitism in Cuba under Democratic, Military and Revolutionary Regimes 1944–63," *Patterns of Prejudice*, vol. 24, no. 1, Summer 1990.

(9) Levine, *Tropical Diaspora*, p. 48.

（10） Levine, *Tropical Diaspora*, pp. 80–81.

（11） Levine, *Tropical Diaspora*, p. 104.

（12） "European Refugees in Cuba," by Harold S. Tewell, American Consul, no. 311, March 17, 1939, file no. 811.11/855, *The Holocaust*, vol. 7.

（13） 実は、さまざまな名目で正規費用以外の費用がかかる仕組みになっていた。たとえば、移民が収容されているキャンプから解放されるには三五ドル、供託した五〇〇ドルの保証金の返還には一六〇ドルというように。"European Refugees in Cuba," by Harold S. Tewell, pp. 11, 14, 15.

（14） Gordon Thomas and Max Morgan Witts, *Voyage of the Damned*, New York: Stein and Day, 1974, p. 88.

（15） "Immigration to Cuba, Memo Prepared by American Friends Service Committee, May 11, 1939," #506, AJJDC.

（16） Levine, *Tropical Diaspora*, p. 96.

（17） Thomas and Witts, *Voyage of the Damned*, p. 87.

（18） *United Jewish Appeal (UJA) Interview with Mrs. Laura Margolis Jarblum*, Interviewer: Menahem Kaufman, Tel Aviv, April 26, 1976, p. 10. Courtesy of Laura Margolis Jarblum. 以下、*UJA Interview with Margolis* と略記。

（19） Levine, *Tropical Diaspora*, p. 93.

（20） アメリカ大使館によれば、キューバ在住ドイツ人の約五〇〇人がナチ党員であったという。Levine, *Tropical Diaspora*, p. 167.

（21） Levine, *Tropical Diaspora*, pp. 92–93.

（22） Levine, *Tropical Diaspora*, p. 42.

（23） Levine, *Tropical Diaspora*, pp. 42–43.

（24） Kaplan et al., "Jewish Emigrants to Cuba: 1898–1960," p. 301.

（25） Kaplan et al., "Jewish Emmigrants to Cuba," p. 301.

（26） *UJA Interview with Margolis*, p. 8.

(27) Telegram from Paul Baerwald to Mrs. Eugene Warner, January 9, 1939, #130, AJJDC.
(28) Memorandum from Robert Pilpel to the members of the AJJDC Subcommittee for Refugee Aid in Central and South America, May 29, 1939, #378, AJJDC.
(29) Margolis to Razovsky, March 8, 1939, #506, AJJDC.
(30) Margolis to Razovsky, February 7, 1939, #506, AJJDC.
(31) Margolis to Hyman, March 27, 1939, #506, AJJDC.
(32) Memorandum re S/S St. Louis, June 12, 1939, #378, AJJDC.
(33) Thomas and Witts, *Voyage of the Damned*, p. 23.
(34) Memorandum on S.S. "St. Louis" - HAPAG, June 27, 1939, #386, AJJDC.
(35) *Voyage of the St. Louis*, Washington, D.C.: United States Holocaust Museum, 1999, p. 10.
(36) Robert L. Beir with Brian Josepher, *Roosevelt and the Holocaust*, New Jersey: Barricade Books, 2006, p. 72.
(37) Thomas and Witts, *Voyage of the Damned*, pp. 32–34.
(38) Thomas and Witts, *Voyage of the Damned*, pp. 48, 126.
(39) Irwin F. Gellman, "The St. Louis Tragedy," *American Jewish Historical Quarterly*, vol. 61, no. 2, December 1971, pp. 146–147.
(40) "European Refugees in Cuba," by Harold S. Tewell; Gellman, "The St. Louis Tragedy," p. 147.
(41) Thomas and Witts, *Voyage of the Damned*, p. 88. ブル大統領の友人が、ベニテス局長に選挙での支持と現金二万五〇〇〇ドル、それに自分の子分の就職斡旋を求め、拒否されたことで逆上したからだともいわれている。Levine, *Tropical Diaspora*, pp. 103–104.
(42) Levine, *Tropical Diaspora*, p. 111. マーゴリスが五月二二日にラゾフスキーに伝えたところによると、ベニテスは上院議員選挙（キューバの議会は一九六〇年以後、一院制に移行）に出馬するため辞表を提出したのだという。Margolis to Razovsky, May 22, 1939, #378, AJJDC.

(43) 五月二二日、マーゴリスはセントルイス号が布告の五月五日以降にハンブルクを出港したことで、厄介な事態が発生する予感に襲われた。実際に辞任したベニテスの後任の新入管局長は五月二三日、五月六日以後に二四時間以上航行途中の船舶は入港が許可されないと言明していた。A Brief Record of the Action taken by the Joint Distribution Committee in behalf of 907 refugees aboard the Hamburg-American Liner St. Louis, June 9, 1939, #378; Memo, June 9, 1939, #378, AJJDC.

(44) Thomas and Witts, *Voyage of the Damned*, pp. 50–51, 67.

(45) Sarah A. Ogilvie and Scott Miller, *Refuge Denied: The St. Louis Passengers and the Holocaust*, Madison, Wisconsin: The University of Wisconsin Press, 2006, p. 18.

(46) 要するに難民の大半はクオータ番号をまだ所持しておらず、そのことが問題をいちだんと複雑にしたのであった。Ogilvie and Miller, *Refuge Denied*, pp. 24–25.

(47) Gellman, "The St. Louis Tragedy," p. 148.

(48) たとえば、Thomas and Witts, *Voyage of the Damned*, pp. 67–68.

(49) Beir, *Roosevelt and the Holocaust*, p. 132.

(50) Thomas and Witts, *Voyage of the Damned*, p. 156.

(51) Thomas and Witts, *Voyage of the Damned*, p. 151.

(52) Arthur D. Morse, *While Six Million Died: A Chronicle of American Apathy*, New York: An Ace Book, 1968, p. 224. なお、この本は筆者がマーゴリスから「読んでみたら」とプレゼントされたもので、この場面を記述した二二四ページの余白に、マーゴリス本人の "I took him to hospital" の書き込みがある。

(53) Thomas and Witts, *Voyage of the Damned*, p. 183.

(54) "Jewish Refugee Situation in Habana," by Harold S. Tewell, Enclosure no. 3 to Despatch no. 1017 dated June 7, 1939, *The Holocaust*, vol. 7.

(55) Report of Alfred Jaretzki, Jr., Lawrence Berenson and Miss Cecilia Razovsky on the "St. Louis" Affair at a meeting of the Sub-

committee for Refugee Aid in Central and South America, June 15, 1939, #378, AJJDC.

(56) Levine, *Tropical Diaspora*, p. 117.

(57) A Brief Record of the Action taken by the Joint Distribution Committee in behalf of 907 Refugees abroad the Hamburg-American Liner St. Louis, June 9, 1939, #378, AJJDC.

(58) Gellman, "The St. Louis Tragedy," p. 151.

(59) 一九四〇年から四四年まで大統領の地位にあり、その後、一九五二年にクーデタで政権復帰したフルヘンシオ・バティスタは、ユダヤ人には好意的であったといわれる。一九五九年一月一日のフィデル・カストロの革命で失脚、家族とともにキューバを脱出しドミニカに亡命した際、バティスタにはベレンソン弁護士が付き添ったという。Barry J. Konovitch, "The Fiftieth Anniversary of the *St. Louis*: What Happened," *American Jewish History*, vol. 79, no. 2, 1989–1990.

(60) Gellman, "The St. Louis Tragedy," p. 148.

(61) A Brief Record of the Action, #378, AJJDC.

(62) Thomas and Witts, *Voyage of the Damned*, p. 248.

(63) Minutes of the Meeting of the Executive Committee, June 5, 1939, #378, AJJDC.

(64) Minutes of the Meeting of the Executive Committee, June 5, 1939, #378, AJJDC.

(65) Minutes of the Meeting of the Executive Committee, June 5, 1939, #378, AJJDC.

(66) Thomas and Witts, *Voyage of the Damned*, pp. 260–261.

(67) The Voyage of St. Louis, #378, AJJDC; Minutes of the Meeting of the Executive Committee, June 5, 1939, #378, AJJDC.

(68) Minutes of the Meeting of the Executive Committee, June 8, 1939, #378, AJJDC.

(69) Minutes of the Meeting of the Executive Committee, June 8, 1939, #378, AJJDC.

(70) Minutes of the Meeting of the Executive Committee, June 8, 1939, #378, AJJDC.

(71) Konovitch, "The Fiftieth Anniversary of the *St. Louis*: What Really Happened."

(72) Konovitch, "The Fiftieth Anniversary of the *St. Louis*: What Really Happened."

（73） Gellman, "The St. Louis Tragedy," p. 154; Morse, *While Six Million Died*, pp. 227–228.

（74） Gellman, "The St. Louis Tragedy," p. 153.

（75） Report of Alfred Jaretzki, Jr., June 15, 1939, #378, AJJDC.

（76） Thomas and Witt, *Voyage of the Damned*, pp. 256, 272.

（77） Levine, *Tropical Diaspora*, p. 122.

（78） Thomas and Witt, *Voyage of the Damned*, p. 271.

（79） Thomas and Witt, *Voyage of the Damned*, pp. 269–270. なお、一九三九年二月、すでに米国務長官はケネディ駐英大使に電報で、南米、中米の各港にドイツからユダヤ難民が到来しており、ＩＧＣＲの活動を損なう恐れがあると懸念を伝えている。The Secretary of State to the Ambassador in the UK（Kennedy）, 840.48 Refugees/1467e, February 27, 1939, *Foreign Relations of the United States*（以下 *FRUS* と略記）, 1939, vol. III, Washington, D.C.: United States Government Printing Office, 1955, pp. 92–93.

（80） Report on the Meeting held Saturday, June 10, 1939, at 10 a.m. with representatives of HICEM, June 10, 1939, #386, AJJDC; Memorandum of Discussions and Meetings Re S/S St. Louis, June 12, 1939, #378, AJJDC.

（81） Memorandum on S.S. "St. Louis" - HAPAG, #386, AJJDC.

（82） Thomas and Witt, *Voyage of the Damned*, pp. 276–278.

（83） Thomas and Witt, *Voyage of the Damned*, p. 278. 米国務長官は、ジョイントから英仏などに難民が入国できるようはかってほしいと要請されたことを、ケネディ大使に伝えた。Secretary of State to the Ambassador in the United Kingdom, June 8, 1939, 840.48 Refugees/1659: Telegram, *FRUS*, 1939, vol. II, Washington, D.C.: United States Government Printing Office, 1956, p. 121.

（84） Memorandum on S.S. "St. Louis" - HAPAG, #386, AJJDC.

（85） Thomas and Witt, *Voyage of the Damned*, pp. 284–288.

（86） *Voyage of the St. Louis*, p. 6. なお、最終的にイギリスに落ち着いたのは二八八名。自殺未遂でハバナの病院に入院していた一名がのちにイギリスへ向かい、家族と合流したからである。Ogilvie and Miller, *Refuge Denied*, pp. 13–14. また、フランドル号に乗船していた難民九六名もフランスに入国した。Report on the Meeting held Saturday, June 10th, 1939, at 10 am with representatives of HICEM, #386, AJJDC. フランドル号は最初メキシコに向かったが断られたため、キューバに六月八日入港、乗船した一〇二名のうち、必要書類を携行していた六名を降ろしたあとフランスに向かっていた。*New York Herald Tribune*, June 9, 1939.

（87） *Aid to Jews Overseas: Report for 1939*, 1940, p. 31, AJJDC.

（88） Gellman, “The St. Louis Tragedy,” p. 146.

（89） Gellman, “The St. Louis Tragedy,” p. 154.

（90） “Jewish Refugee Situation in Habana,” Enclosure nos. 7 and 13, *The Holocaust*, vol. 7.

（91） Robert N. Rosen, *Saving the Jews: Franklin D. Roosevelt and the Holocaust*, New York: Thunder’s Mouth Press, 2006, pp. 93–94.

（92） たとえば、Morse, *While Six Million Died*; Feingold, *The Politics of Rescue*; Wyman, *Paper Walls*; Roger Daniels, *Guarding the Golden Door: American Immigration Policy and Immigrants since 1882*, New York: Hill and Wang, 2004. 本書の終章も参照。

（93） “Voyage of the Damned,” *The Jerusalem Post*, July 20, 1998.

（94） Ogilvie and Miller, *Refuge Denied*, p. 178.

（95） Ogilvie and Miller, *Refuge Denied*, pp. 24–25.

（96） Ogilvie and Miller, *Refuge Denied*, pp. 24–25.

（97） Yehuda Bauer, *My Brother’s Keeper: A History of the American Jewish Joint Distribution Committee 1929–1939*, Philadelphia: The Jewish Publication Society of America, 1974, p. 279.

（98） ホロコーストに関する展示などを通じて国民のあいだに記憶・知識を普及するために創設された、首都ワシントンにある「ホロコースト記念館（United States Holocaust Museum）」は、ジミー・カーター政権時代に建設が計画され、議会の決議を経て建設が始まり、一九九三年四月、ビル・クリントン大統領などが出席して開所式がおこなわれた。これより二カ月前の二月にオープンしたロサンゼルスの「寛容のミュージアム（Museum of Tolerance）」もホロコーストを主要テーマとするが、教育・学習面を重視しているのが特徴である。両ミュージアムともホロコーストだけでなく、その原因にもなった差別・迫害、ヘイトクライムなどの人権問題へも関心を広げている。

（99）Ogilvie and Miller, *Refuge Denied*, pp. 174–175. フランス、ベルギー、オランダへ向かったユダヤ難民は合計六一九名。もうひとり、アントウェルペンで下船した船客のなかにハンガリーのビジネスマンがおり、この人物を加えると六二〇名となるが、彼はユダヤ人ではない。Ogilvie and Miller, *Refuge Denied*, pp. 25–27.

第5章　戦時下のジョイント

（1）Bernard Wasserstein, *Britain and the Jews of Europe 1939–1945*, second edition, London and New York: Leicester University Press, 1999, p. 37.

（2）ヴィシー政権およびその反ユダヤ政策については、Michael R. Marrus and Robert O. Paxton, *Vichy France and the Jews*, Stanford, CA: Stanford University Press, 1995; David Weinberg, “France,” in David S. Wyman, ed., *The World Reacts to the Holocaust*, Baltimore and London: The Johns Hopkins University Press, 1996; 渡辺和行『ナチ占領下のフランス』講談社、一九九四年、渡辺和行『ホロコーストのフランス』人文書院、一九九八年、ロバート・O・パクストン（渡辺和行・剣持久木訳）『ヴィシー時代のフランス』柏書房、二〇〇四年。

（3）Marrus and Paxton, *Vichy France and the Jews*, pp. 161–162.

（4）Marrus and Paxton, *Vichy France and the Jews*, p. 223.

（5）Marrus and Paxton, *Vichy France and the Jews*, pp. 10–11.

（6）Marrus and Paxton, *Vichy France and the Jews*, p. 8. なお、第一次世界大戦中、フランスおよびアルジェリアのユダヤ人一九万人（本土一二万、アルジェリア七万）のなかから三万六〇〇〇人が動員され、そのうちの七五〇〇人以上が戦死した。菅野賢治『フランス・ユダヤ人の歴史』下巻、慶應義塾大学出版会、二〇一六年、一七ページ。

（7）*Encyclopaedia Judaica*, vol. 7, Jerusalem: Keter Publishing House Jeruslem Ltd., 1972, p. 34.

（8）Marrus and Paxton, *Vichy France and the Jews*, pp. 108–109.

（9）Marrus and Paxton, *Vichy France and the Jews*, p. 109.

（10）コンシストワール（Consistoire. ユダヤ教長老会議）は、一八〇八年、ナポレオンによってフランスのユダヤ教信徒集団の代表組織として創設され、フランス国内ではカトリック、プロテスタントと並び三つ目の宗教に公認された。フランス宗教省直属の組織として国全体を統括する中央コンシストワールと地域ごとの地方コンシストワールに分かれる。もともとは古代エルサレムに置かれ、その後消滅したユダヤ教のサンヘドリン（最高法院）をナポレオンが招集したあと、これに代わるユダヤ教の代表組織としてコンシストワール（長老会議）を設立したものである。菅野『フランス・ユダヤ人の歴史』上巻、二四九～二五三ページに詳しい。また、この点に関して菅野賢治氏から貴重な教示をいただいた。

（11）Marrus and Paxton, *Vichy France and the Jews*, p. 4. また、渡辺『ホロコーストのフランス』を参照。

（12）Marrus and Paxton, *Vichy France and the Jews*, pp. 14–15.

（13）ハンナ・アーレント（大久保和郎訳）『全体主義の起原Ⅰ　反ユダヤ主義』（新版）みすず書房、二〇一七年、二〇四～二〇八ページ。また、渡辺『ホロコーストのフランス』第三章、パクストン『ヴィシー時代のフランス』一七七～一八七ページも参照。

（14）Weinberg, “France”, p. 11.

（15）Yehuda Bauer, *American Jewry and the Holocaust*, Detroit: Wayne State University Press, 1981, p. 236. 最後にユダヤ人が列車でポーランドに移送されたのは一九四四年七月。

（16）Marrus and Paxton, *Vichy France and the Jews*, p. 172.

（17）Bauer, *American Jewry and the Holocaust*, pp. 26–28.

（18）Henry L. Feingold, *The Politics of Rescue*, New York: Holocaust Publications, Inc., 1970, p. 140.

（19）Bauer, *American Jewry and the Holocaust*, p. 51.
（20）*Aid to Jews Overseas: Report for 1939*, New York, AJJDC, 1940, p. 15.
（21）*Aid to Jews Overseas: Report for 1939*, p. 29.
（22）ティモシー・スナイダー（池田年穂訳）『ブラックアース――ホロコーストの歴史と警告』上下巻、慶應義塾大学出版会、二〇一六年を参照。
（23）Bauer, *American Jewry and the Holocaust*, pp. 123–128. 杉原千畝についてはドラマ、映画、テレビ番組などでとりあげられたほか、多くの論文、書籍が出版されている。そのなかの主な文献をあげておく。篠輝久『約束の国への長い旅』リブリオ出版、一九八八年、Zorach Warhaftig, *Refugee and Survivor: Rescue Efforts during the Holocaust*, Jerusalem: Yad Vashem, 1988（滝川義人訳『日本に来たユダヤ難民』原書房、一九九二年）、杉原幸子『六千人の命のビザ』（新版）大正出版、一九九〇年、杉原幸子・杉原弘樹『杉原千畝物語』金の星社、一九九五年、中日新聞社社会部編『自由への逃走』東京新聞出版局、一九九五年、Hillel Levine, *In Search of Sugihara*, New York: The Free Press, 1996（諏訪澄・篠輝久訳『千畝』清水書院、一九九八年）、白石仁章「いわゆる〝命のヴィザ〟発給関係記録について」『外交史料館報』第九号、一九九六年三月、渡辺勝正『決断・命のビザ』大正出版、一九九六年、Pamela R. Sakamoto, *Japanese Diplomats and Jewish Refugees: A World War II Dilemma*, Connecticut: Praeger, 1998、杉原誠四郎『杉原千畝と日本の外務省』大正出版、一九九九年、渡辺勝正『真相・杉原ビザ』大正出版、二〇〇〇年、白石仁章「杉原千畝によるいわゆる『命のヴィザ』発給問題に関する一考察」『北欧史研究』一三巻二〇号、二〇〇三年七月、渡辺勝正『杉原千畝の悲劇』大正出版、二〇〇六年、白石仁章『諜報の天才・杉原千畝』新潮選書、二〇一一年。
（24）丸山直起『太平洋戦争と上海のユダヤ難民』法政大学出版局、二〇〇五年、一四四ページ。
（25）菅野『フランス・ユダヤの歴史』下巻、一五四～一五九ページ。
（26）Marrus and Paxton, *Vichy France and the Jews*, pp. 264–265.
（27）Marrus and Paxton, *Vichy France and the Jews*, p. 266.
（28）Marrus and Paxton, *Vichy France and the Jews*, p. 267.

(29) Wasserstein, *Britain and the Jews of Europe 1939–1945*, pp. 100–103.
(30) Richard Breitman and Alan M. Kraut, *American Refugee Policy and European Jewry, 1933–1945*, Bloomington and Indianapolis: Indiana University Press, 1987, p. 163.
(31) Breitman and Kraut, *American Refugee Policy*, p. 163.
(32) Breitman and Kraut, *American Refugee Policy*, pp. 162–163.
(33) Wasserstein, *Britain and the Jews of Europe 1939–1945*, pp. 100–103.
(34) Wasserstein, *Britain and the Jews of Europe 1939–1945*, p. 103.
(35) Marrus and Paxton, *Vichy France and the Jews*, p. 267.
(36) Marrus and Paxton, *Vichy France and the Jews*, p. 319.
(37) Marrus and Paxton, *Vichy France and the Jews*, p. 304.
(38) Marrus and Paxton, *Vichy France and the Jews*, pp. 320–321.
(39) Edward Ginsberg, "A Historical Perspective," in *Sixty Years of Service*, AJJDC, 1974.
(40) Sarah Kadosh, *The American Jewish Joint Distribution Committee 1914–2005*, unpublished paper, AJJDC, Jerusalem, p. 4. Courtesy of Kadosh.
(41) Bauer, *American Jewry and the Holocaust*, pp. 179–180.
(42) Bauer, *American Jewry and the Holocaust*, pp. 218–226.
(43) *Aiding Jews Overseas: Report for 1942*, AJJDC, 1943.
(44) *Aiding Jews Overseas: Report for 1942*, p. 22.
(45) Bauer, *American Jewry and the Holocaust*, p. 179.
(46) 丸山『太平洋戦争と上海のユダヤ難民』第一章を参照。かつて上海に住んでいたユダヤ人は、つぎのように回想している。「中国には反ユダヤ主義の歴史はなかったし、ユダヤ人が人種や信条で差別されることもなく、このコスモポリタンの都市で完全なユダヤ人としての生活を営むことができた」(Sasson Jacoby and George Leonof, "Shanghai, 40

Years after," *The Jerusalem Post*, May 12, 1989)。

（47） 潘光「中国国内三大ユダヤ移民グループの国籍と法律問題（一八四〇～一九四五）」『北東アジア研究』（島根県立大学北東アジア地域研究センター）第一〇号、二〇〇六年一月。

（48） 丸山『太平洋戦争と上海のユダヤ難民』一九～二〇、二五～二六ページ。

（49） 丸山『太平洋戦争と上海のユダヤ難民』第三章。

（50） *Jewish Life*（Shanghai）, no. 12, March 22, 1940.

（51） Annual Report of the Committee for the Assistance of European Jewish Refugees in Shanghai for the period 1/1/40 through 6/30/40, #460, AJJDC.

（52） 丸山『太平洋戦争と上海のユダヤ難民』九一～九八ページ参照。

（53） 丸山『太平洋戦争と上海のユダヤ難民』九二～九五ページ参照。

（54） 外務省が推薦した石黒領事は、おそらく現地の事情に精通しているという理由によるものであろうが、残りの二名はいずれも陸軍と海軍を代表するユダヤ問題の専門家で、ユダヤ関係の著書も多い。安江、犬塚両大佐に共通しているのはシベリア出兵の経験があるということである。このとき現地で白系ロシア人やユダヤ人と遭遇し、ロシアで発行された反ユダヤ的文献にふれたことがユダヤ研究を始めた動機になった。なかでも安江陸軍大佐は、一九二七年に陸軍省より官費でパレスチナ視察の出張を命じられている。ふたりのユダヤ問題とのかかわりについては、安江大佐の遺児、それに犬塚大佐夫人の著書に詳しい。安江弘夫『大連特務機関と幻のユダヤ国家』八幡書店、一九八九年、犬塚きよ子『ユダヤ問題と日本の工作』日本工業新聞社、一九八二年。

（55） Laura Margolis, *Report of Activities*, July 12, 1939, #507, AJJDC.

（56） S. Kaplan, R. Moncarz and J. Steinberg, "Jewish Emigrants to Cuba: 1898–1960," *International Migration*, vol. 28, no. 3, September 1990.

（57） 筆者のローラ・マーゴリス・ヤーブルームとのインタビュー、一九八二年一月六日、テルアヴィヴ。以下、「マーゴリスとのインタビュー、一九八二年一月六日」と略記。

（58）マーゴリスとのインタビュー、一九八二年一月六日。

（59）モリス・コーヘンについては、Charles Drage, *The Life and Times of General Two-Gun Cohen*, New York: Funk & Wagnalls Company, 1954; Daniel S. Levy, *Two-Gun Cohen: A Biography*, New York: St. Martin's Press, 1997（吉村弘訳『孫文を守ったユダヤ人――モーリス・コーエンの生涯』上下巻、芙蓉書房出版、二〇〇一年）を参照。なお、コーヘンが一九七〇年九月に死去したあと、中国大使館員がマンチェスターのユダヤ人墓地を訪れ、コーヘンの墓前に献花したという。コーヘンの甥のヴィクター・クーパーとのインタビュー、一九八二年二月一〇日、グラスゴー郊外のソーントンホール。

（60）マーゴリスとのインタビュー、一九八二年一月六日。

（61）"Laura L. Jarblum's Odyssey: To China and Back," *Newsview*（Israel), December 1, 1981.

（62）マーゴリスとのインタビュー、一九八二年一月六日。

（63）Harriet Sergeant, *Shanghai*, London: Jonathan Cape, 1991, p. 211（浅沼昭子訳『上海――魔都一〇〇年の興亡』新潮社、一九九六年）.

（64）Laura L. Margolis, "Race Against Time in Shanghai," *Survey Graphic*, vol. 33, no. 3, March 1944.

（65）Letter from Laura Margolis to Robert Pilpel, no. 27, Shanghai, October 26, 1941, #462, AJJDC.

（66）Bauer, *American Jewry and the Holocaust*, p. 306. 上海義勇隊は租界の治安維持のために創設され租界の外国人で構成された。

（67）Letter from Margolis to Pilpel, no. 4, May 25, 1941, #488, AJJDC.

（68）Minute of a Meeting at Our Office at 5:15 on September 8th, 1941（Re. Shanghai）, #462, AJJDC.

（69）*United Jewish Appeal (UJA) Interview with Mrs. Laura Margolis Jarblum*, Interviewer: Menahem Kaufman, Tel Aviv, April 26, 1976, p. 18. Courtesy of Laura Margolis Jarblum. 以下、*UJA Interview with Margolis* と略記。

（70）当時上海で難民生活を送っていたラビノヴィッチの長女レナ・クラスノとのインタビュー、二〇〇六年九月五日、サンフランシスコ。以下、「クラスノとのインタビュー、二〇〇六年九月五日」と略記。

（71）*UJA Interview with Margolis*, p. 18. マニュエル・シーゲルはジョイントのスタッフとして、海外に一九四〇～四七年まで駐在した。最初の勤務地がキューバで一九四〇～四一年、つぎが上海で一九四一～四五年勤務。戦後帰国したあと、一九四六～四七年にブルガリアに駐在した。

（72）マーゴリスとのインタビュー、一九八二年一月六日。

（73）*UJA Interview with Margolis*, p. 20. 米艦「ウェーク」がまったく抵抗せず日本側に捕獲されたことは、第二次世界大戦の米海軍の歴史に汚点を残した。

（74）“Corps Orders,” by Major H. S. Bartley, Shanghai Volunteer Corps, September 3, 1942, Ernest G. Heppner Collection, The US Holocaust Memorial Museum, Washington, DC. これは上海義勇隊隊員で、のちにアメリカに移住したアーネスト・ヘップナーのコレクションに含まれている文書。

（75）*UJA Interview with Margolis*, p. 20.

（76）*UJA Interview with Margolis*, p. 20.

（77）米国務省特別課（Special Division）の担当官によれば、送金は利益代表国の中立国スイスを介しておこなえば可能であった。その場合、現地への直接送金が回復するまでの一時的な方法として考えられたのが、ジョイントが国務省にあらかじめ金銭を預託し、スイス代表が現地で手渡し、受け取った受領証が国務省に届くと、預託金から同額を引き落とすというものであった。一方、交信に関しては、アメリカの赤十字と現地の支部を通じてなら可能であったという。F. van den Arend, Acting Assistant Chief, Special Division to JDC, March 26, 1942, #130, AJJDC.

（78）ジョイント本部が米国務省に提出したメモ。Memorandum on the Refugee Situation in Shanghai, July 20, 1942, 840.48 Refugees/3132, National Archives（以下 NA と略記）, Washington, DC.

（79）Memorandum on the Refugee Situation in Shanghai, July 20, 1942, 840.48 Refugees/3132, NA.

（80）Margolis, *Report of Activities in Shanghai, China, from December 8, 1941, to September 1943*, p. 2, #463, AJJDC. 報告書の作成日付は不明。以下、Margolis, *Report of Activities in Shanghai* と略記。

（81）*UJA Interview with Margolis*, p. 20.

(82) 犬塚きよ子夫人の著書によれば、特別調査部は犬塚部長以下、一七名の部員のほか、数名の準部員からなり、経済調査と諜報調査の二部門を擁していた。犬塚きよ子『ユダヤ問題と日本の工作——海軍犬塚機関の記録』日本工業新聞社、一九八二年、三九六〜三九八ページ。なお、このなかにユダヤ難民から恐れられた門司水上警察から出向中の合《ごう》屋《や》叶《かのう》がいた。
(83) Margolis, *Report of Activities in Shanghai*, p. 2.
(84) *UJA Interview with Margolis*, pp. 20–21.
(85) *UJA Interview with Margolis*, p. 21.
(86) Margolis, *Report of Activities in Shanghai*, p. 3.
(87) *Aiding Jews Overseas during the Year 1941 and the First 5 Months of 1942*, AJJDC, p. 33.
(88) Margolis, *Report of Activities in Shanghai*, p. 5.
(89) 筆者のローラ・マーゴリス・ヤーブルームとのインタビュー、一九八八年一二月一三日、ティーネック、ニュージャージー。
(90) *UJA Interview with Margolis*, p. 21.
(91) Margolis, *Report of Activities in Shanghai*, p. 4.
(92) Margolis, *Report of Activities in Shanghai*, p. 4.
(93) *UJA Interview with Margolis*, p. 22; Margolis, *Report of Activities in Shanghai*, pp. 6–7.
(94) Margolis, *Report of Activities in Shanghai*, p. 7.
(95) *UJA Interview with Margolis*, p. 23.
(96) Margolis, *Report of Activities in Shanghai*, pp. 7–8.
(97) Margolis, *Report of Activities in Shanghai*, p. 9.
(98) Speelman, Margolis, Siegel to the Chairman of the Shanghai Municipal Council, June 24, 1942, 全宗号一、目録号四、巻号二七七、上海檔案館。なお、バウエルによると、上海ドル（CRB＝南京中央準備銀行）の対米ドル交換レートは、

一九四一年：一七ＣＲＢ＄＝一ＵＳ＄、一九四二年：二〇ＣＲＢ＄＝一ＵＳ＄、一九四四年：一九三〜二〇〇ＣＲＢ＄＝一ＵＳ＄であった。Bauer, *American Jewry and the Holocaust*, p. 488, note（30）.

（99）Margolis, *Report of Activities in Shanghai*, p. 13.

（100）上海共同租界工部局総務局長寺岡洪平からスピールマンあて回答。Teraoka to Speelman, July 25, 1942, 全宗号一、目録号四、巻号二七七、上海檔案館。

（101）Margolis, *Report of Activities in Shanghai*, p. 14.

（102）犬塚きよ子『ユダヤ問題と日本の工作』に、犬塚大佐が一九四二年七月にしたためた手記が再録されている。犬塚の更迭は陸軍内部の親ドイツ・反ユダヤ派の策謀によるものという（四三六〜四四二ページ）。

（103）国際政経学会は、一九三六年二月、ユダヤ問題の調査・研究のため識者を集め東京で設立され、一一月からは不定期に機関誌『国際秘密力の研究』を公刊した。理事長に赤池濃（貴族院議員）、常務理事に若宮卯之助（日本新聞主筆）、同増田正雄が就任した。主な執筆者の顔ぶれをみると、宇都宮希洋（犬塚惟重の筆名）、安江仙弘、桜沢如一、長谷川泰造、朝比奈四郎などで、反ユダヤ主義の色彩の強い論文、評論が多く掲載された。日本における反ユダヤ主義の世論形成に指導的役割を果たすのが目的であったとみられるが、そもそも反ユダヤ主義の土壌がある西洋諸国と異なり、日本での効果は限定的であったといえるだろう。丸山直起「一九三〇年代における日本の反ユダヤ主義」『国際大学中東研究所紀要』第三号、一九八七〜一九八八年。

なお、犬塚きよ子夫人によれば、犬塚は国際政経学会の設立当初から同会の活動にかかわっており、また外務省や海軍省も同会に援助していたという。犬塚夫人とのインタビュー、一九八七年一〇月一〇日、東京。

（104）ジョイント本部のレヴィット副理事長が国務省に提出したメモ。Memorandum on the Refugee Situation in Shanghai, July 20, 1942, 840.48 Refugees/3132, NA. また、David Kranzler, *Japanese, Nazis and Jews: The Jewish Refugee Community of Shanghai 1938–1945*, New York: Yeshiva University Press, 1976, p. 461.

（105）アメリカ駐在の国際赤十字委員会代表のジョイントあて電報。Marc Peter, Delegate International Red Cross Committee in USA to JDC in New York, June 27, 1942. レヴィットが国務省に提出した前記メモに添付されていた。

(106) Hull to American Embassy, Chungking, China, no. 1298, September 17, 1943, NA.

(107) Margolis, *Report of Activities in Shanghai*, p. 16.

(108) Margolis, *Report of Activities in Shanghai*, p. 16.

(109) Margolis, *Report of Activities in Shanghai*, p. 17.

(110) Margolis, *Report of Activities in Shanghai*, p. 17.

(111) 米英などの敵国国民を抑留した収容所（日本側は集団所または集団生活所と呼んだ）は、浦東（一〇八九名）、龍華（一七〇七名）、閘北《チャペイ》（一〇四七名）、滬西第一（七八〇名）、滬西第二（三七七名）、滬西第三（三六名）、カトリック集団所（三三二名）の合計五二五八名（一九四三年のデータによる）である。『大東亜戦争関係一件：帝国権下敵国人収容所視察報告』A・七・〇・〇・九－一一－一－九、外務省外交史料館所蔵。

(112) Margolis, *Report of Activities in Shanghai*, p. 18; *UJA Interview with Margolis*, p. 24.

(113) Kranzler, *Japanese, Nazis and Jews*, pp. 489–490.

(114) クラスノとのインタビュー、二〇〇六年九月五日。また、Rena Krasno, *Stranger Always: A Jewish Family in Wartime Shanghai*, Berkeley: Pacific View Press, 1992 も参照。

(115) Krasno, *Stranger Always*, p. 136.

(116) 昭和一八年七月九日在上海総領事館楊樹浦警察署長高橋武次の矢野征記上海総領事あての報告書「難民猶太人移動後ノ現況ニ関スル件」（楊警高秘第二五九〇号）『民族問題関係雑件・猶太人問題』第一二巻、外務省外交史料館所蔵。また、上海市警（SMP）は、二月の指定地区移動の布告以後、SACRAは一万六〇〇〇から一万七〇〇〇名を同地区に移動させたが、この数字は上海の無国籍難民の約八〇パーセントにあたるとの報告をまとめている。Shanghai Municipal Police (SMP) Report "Report on S.A.C.R.A. Meeting of Supporters at the Shanghai Jewish Club on the 20–7–43," July 21, 1943, U239, NA. なお、指定地区のユダヤ人人口については、Kranzler, *Japanese, Nazis and Jews*, Appendix A, pp. 605–607 参照。

(117) 一〇万人以上の中国人が居住していたという。Kranzler, *Japanese, Nazis and Jews*, p. 491.

(118) Margolis, "Race Against Time in Shanghai."
(119) *UJA Interview with Margolis*, pp. 24–29.

第6章　解放の年

（1）日米両国民の相互交換については、以下を参照。Bruce Ellman, *Japanese-American Civilian Prisoner Exchanges and Detention Camps, 1941–45*, London and New York: Routledge, 2006、鶴見俊輔・加藤典洋・黒川創『日米交換船』新潮社、二〇〇六年、『一九四二年日米交換船とその時代』（「日米交換船とその時代一九四二」展冊子）日本郵船歴史博物館、二〇一二年。
（2）Ellman, *Japanese-American Civilian Prisoner Exchanges*, pp. 139–140.
（3）Ellman, *Japanese-American Civilian Prisoner Exchanges*, pp. 29–30.
（4）鶴見ほか『日米交換船』参照。なお、交換船で帰国した日本人の記録として、青木ヒサ『第二次交換船帝亜丸の報告』前田書店、一九四四年および大石千代子『交換船』金星堂、一九四三年がある。
（5）マーゴリスは統一ユダヤ・アピールのインタビューで、日本側が彼女を必要としたため第一次交換のリストからはずされたと語っている。*United Jewish Appeal (UJA) Interview with Mrs. Laura Margolis Jarblum*, Interviewer: Menahem Kaufman, Tel Aviv, April 26, 1976, p. 29. Courtesy of Laura Margolis Jarblum. 以下、*UJA Interview with Margolis* と略記。
（6）Robert Pilpel to Otto Margolis, March 3, 1942, #130, AJJDC.
（7）Franklin C. Gowen, Assistant Chief, Special Division to Hyman, AJJDC, March 26, 1943, #130, AJJDC. なお、マーゴリスの交換リスト記載が正式に国務省からジョイントに伝えられたのは、帰国直前の八月二三日とされる。James H. Keeley, Jr. Chief, Special Division, to the AJJDC, August 23, 1943, #130, AJJDC. その二日前、国務省はプレス・リリースにて帰国する米市民あての郵便を受け付ける旨、公示している。Press Release, no. 351, August 21, 1943, AJJDC Collection 45/64, #130, AJJDC.

（8） 黒川創「交換船の記録——五つの大陸をわたって」鶴見ほか『日米交換船』所収、三九七〜三九八ページ。
（9） 黒川「交換船の記録」三八五〜三八六ページ。Ellman, *Japanese-American Civilian Prisoner Exchanges*, pp. 137–138.
（10） 一九八八年八月に市民的自由法（The Civil Liberties Act of 1988）が成立し、アメリカ政府は収容された日系人生存者にひとりあたり二万ドル、合計一三一億ドルの補償をおこなった。石井修「『リドレス』と『リメンムブランス』——日系米人社会の『歴史の記憶』」『法学研究』（明治学院大学）八五号、二〇〇八年八月。なお、日系アメリカ人の戦争中の様子などについては、飯野正子『もう一つの日米関係——紛争と協調のなかの日系アメリカ人』有斐閣、二〇〇〇年を参照。
（11） Ellman, *Japanese-American Civilian Prisoner Exchanges*, p. 3.
（12） 青木『第二次交換船帝亜丸の報告』一〇三ページ。第二次交換船が帝亜丸に変更されたいきさつは、日本郵船の豪華客船龍田丸、鎌倉丸があいつぎ米潜水艦に撃沈され、残る浅間丸もまた、一九四三年七月にコレラ患者発生のためシンガポール沖に停泊するという事情によるものとされる。『一九四二年日米交換船とその時代』を参照。
（13） Daniel S. Levy, *Two-Gun Cohen: A Biography*, New York: St. Martin's Press, 1997. ダニエル・レヴィ（吉村弘訳）『孫文を守ったユダヤ人——モーリス・コーエンの生涯』上下巻、芙蓉書房出版、二〇〇一年、下巻、一五六〜一六四ページ。
（14） レヴィ『孫文を守ったユダヤ人』下巻、一一九〜一六四ページ。
（15） レヴィ『孫文を守ったユダヤ人』下巻、一六〇〜一六一ページ。
（16） *UJA Interview with Margolis*, p. 31.
（17） AJJDC Collection 45/64, #33, AJJDC.
（18） *UJA Interview with Margolis*, p. 32.
（19） 丸山直起『太平洋戦争と上海のユダヤ難民』法政大学出版局、二〇〇五年、二〇四〜二〇五ページ。
（20） David Kranzler, *Japanese, Nazis and Jews: The Jewish Refugee Community of Shanghai 1938–1945*, New York: Yeshiva University Press, 1976, p. 558.

(21) Kranzler, *Japanese, Nazis and Jews*, pp. 559–560.
(22) Kranzler, *Japanese, Nazis and Jews*, p. 559.
(23) *So They May Live Again: 1945 Annual Report of the American Jewish Joint Distribution Committee*, 1946, AJJDC, p. 22.
(24) Herman Dicker, *Wanderers and Settlers in the Far East*, New York: Twayne Publishers, 1962, p. 134.
(25) Kranzler, *Japanese, Nazis and Jews*, p. 552.
(26) *So They May Live Again*, p. 22.
(27) 丸山『太平洋戦争と上海のユダヤ難民』二〇五～二〇六ページ。
(28) 帰国後のシーゲルはブルガリアへ派遣され、活動を再開した。
(29) Report of Activities of the Far Eastern Palestine Office Covering the Period from January 1948 to March 1949, March 11, 1949, #492, AJJDC.
(30) Bernard Wasserstein, *Britain and the Jews of Europe 1939–1945*, London and New York: Leicester University Press, 1999, pp. 188–189.
(31) Wasserstein, *Britain and the Jews of Europe 1939–1945*, pp. 194–196.
(32) Sara Kadosh, "The American Jewish Joint Distribution Committee 1914–2005," p. 4.
(33) Moses A. Leavitt to Ruth B. Shipley, Chief, Passport Division of Department of State, January 27, 1944, #130, AJJDC.
(34) Press Release, March 19, 1944, JDC Collection 45/64, #130, AJJDC.
(35) *UJA Interview with Margolis*, p. 33.
(36) Yehuda Bauer, *American Jewry and the Holocaust*, Detroit: Wayne State University Press, second edition, 1982, p. 209.
(37) Bauer, *American Jewry and the Holocaust*, p. 209.
(38) The AJJDC News Release: Laura Margolis to serve as J.D.C. Representative in Belgium, April 12, 1945, #3103, AJJDC.
(39) *UJA Interview with Margolis*, p. 38.
(40) 「開拓者」の意。社会主義系のパレスチナ入植運動で、一九一五年にアメリカで最初に創設。

(41) Memorandum from Margolis to AJJDC Paris, January 4, 1946, AR45/54/149, AJJDC Branch, Jerusalem.

(42) Yehuda Bauer, *Out of Ashes: The Impact of American Jews on Post-Holocaust European Jewry*, Oxford and New York: Pergamon Press, 1989, p. 24.

(43) Michael R. Marrus and Robert O. Paxton, *Vichy France and the Jews*, Stanford, CA: Stanford University Press, 1995, p. 343.

(44) *UJA Interview with Margolis*, pp. 38–39.

(45) JDC Program in France: 1952, #3103, AJJDC.

(46) Bauer, *Out of Ashes*, p. 237.

(47) Maud S. Mandel, "Philanthropy or Cultural Imperialism? The Impact of American Jewish Aid in Post-Holocaust France," *Jewish Social Studies*, vol. 9, no. 1, Fall 2002.

(48) Current activities with respect to immigration from Poland to France, Report no. 369, October 1946, AR45/54–246, AJJDC Branch, Jerusalem.

(49) Herbert Agar, *The Saving Remnant: An Account of Jewish Survival*, New York: The Viking Press, 1960, pp. 210–213.

(50) Report on France, Minutes: Meeting of the Administration Committee of the Joint Distribution Committee, May 9, 1950, #3103, AJJDC.

(51) JDC Program in France: 1952, #3103, AJJDC.

(52) JDC Program in France: 1952, #3103, AJJDC.

(53) Aristide R. Zolberg, *A Nation by Design: Immigration Policy in the Fashioning of America*, Cambridge, MA: Harvard University Press, 2006, pp. 304–305.

(54) Roger Daniels, *Guarding the Golden Door: American Immigration Policy and Immigrants since 1882*, New York: Hill and Wang, 2004, p. 102.

(55) *The American Jewish Year Book 5707*, vol. 48, 1946–1947, Philadelphia: The Jewish Publication Society of America, 1946, pp. 218–219.

(56) David S. Wyman, "The United States," in D. S. Wyman, ed., *The World Reacts to the Holocaust*, Baltimore and London: The Johns Hopkins University Press, 1996, p. 708.
(57) Robert A. Divine, *American Immigration Policy, 1924–1952*, New Haven: Yale University Press, 1957, p. 128.
(58) Wyman, "The United States," p. 710.
(59) *1947 Annual Report of the AJJDC*, p. 4.
(60) Oscar A. Handlin, *A Continuing Task: The American Jewish Joint Distribution Committee 1914–1964*, New York: Random House, 1964, p. 94.
(61) Moses, A. Leavitt, Executive Vice-Chairman and Secretary, *1949 - The Year of Deliverance: 1949 Annual Report of the AJJDC*, 1950, AJJDC（以下 *1949 - The Year of Deliverance* と略記）, p. 5.
(62) *1949 - The Year of Deliverance*, p. 7.
(63) イスラエルの独立とともにアラブ諸国とのあいだに戦端が開かれると、これらの諸国に居住するユダヤ人とアラブ人の平穏な関係が壊れ、住民による暴力行為に追われるようにしてユダヤ人たちの命からがらの逃避行が始まる。「魔法の絨毯作戦」でイスラエルに移住したイエメンのユダヤ人のほか、一九五〇〜五一年にはイラクの一三万人のユダヤ人のうち一二万三〇〇〇人が「アリババ作戦」でイスラエルに空輸されたほか、エジプト、シリア、リビアなどからユダヤ人がイスラエルなどへ逃げ、その結果これらの地域のユダヤ人社会はほぼ消滅した。
ジュネーヴの国連人権委員会の報告では、一九四八年にアラブ諸国に居住していた二九万一〇〇〇人のユダヤ人のうちわずか四万四〇〇〇から五万一〇〇〇人が残るだけになった。Joseph B. Schechtman, *On Wings of Eagles: The Plight, Exodus, and Homecoming of Oriental Jewry*, New York and London: Thomas Yoseloff, 1961, Preface, p. 7.
(64) *1949 - The Year of Deliverance*, p. 5.
(65) *So They May Live Again: 1945 Annual Report of the AJJDC*, American Jewish Joint Distribution Committee, 1946, p. 30.
(66) Edward Ginsberg, "A Historical Perspective," in *Sixty Years of Service*, American Jewish Joint Distribution Committee, n.d.
(67) Ginsberg, "A Historical Perspective," pp. 6–7.

（68） From M. W. Beckelman to Country Directors and Department Heads, Paris, November 26, 1953, #3103, AJJDC.

（69） ヴィクトール・フランクル（霜山徳爾訳）『夜と霧――ドイツ強制収容所の体験記録』みすず書房、一九五六年（新版、池田香代子訳、みすず書房、二〇〇二年）。

（70） *Doors to Life: Malben*, New York: United Jewish Appeal in Cooperation with American Jewish Joint Distribution Committee, 1965, pp. 8-9.

（71） *Doors to Life: Malben*, Appendix.

終章　なぜアウシュヴィッツは爆撃されなかったのか

（1） 一般にアウシュヴィッツというときには、ビルケナウも含む二カ所の収容所を総称して用いられることが多い。本書でもとくに区別しない限り、一般的な用法にならっている。

（2） Martin Gilbert, *The Holocaust: A History of the Jews of Europe during the Second World War*, New York: Henry Holt and Company, 1985, p. 760.

（3） "Auschwitz," *Encyclopaedia Judaica*, vol. 3, Jerusalem: Keter Publishing House Jeruslem Ltd., 1972, p. 856.

（4） Pamela Shatzkes, *Holocaust and Rescue: Impotent or Indifferent?: Anglo-Jewry 1938–1945*, New York: Palgrave, 2002, p. 110.

（5） Bernard Wasserstein, *Britain and the Jews of Europe 1939–1945*, second edition, London and New York: Leicester University Press, 1999, p. 149.

（6） Henry L. Feingold, *The Politics of Rescue*, New York: Holocaust Publications, 1970, p. 168.

（7） Yehuda Bauer, *American Jewry and the Holocaust*, Detroit: Wayne State University Press, 1982, p. 188.

（8） Bauer, *American Jewry and the Holocaust*, p. 189.

（9） ルーシー・ダビドビッチ（大谷堅志郎訳）『ユダヤ人はなぜ殺されたか』全二巻、サイマル出版会、一九七八～一九七九年、第二部、二七〇～二七一ページ。

(10) David S. Wyman, *The Abandonment of the Jews: America and the Holocaust 1941–1945*, New York: The New Press, 1984, p. 24.

(11) Yehuda Bauer, *Rethinking the Holocaust*, New Haven: Yale University Press, 2001, pp. 219–220. リーグナーの情報については、リチャード・ブライトン（川上洸一訳）『封印されたホロコースト』大月書店、二〇〇〇年、第九章参照。

(12) ブライトン『封印されたホロコースト』一五四～一五五ページ参照。

(13) Bauer, *Rethinking the Holocaust*, pp. 220–221.

(14) Richard Breitman and Alan M. Kraut, *American Refugee Policy and European Jewry 1933–1945*, Bloomington and Indianapolis: Indiana University Press, 1987, p. 171.

(15) Breitman and Kraut, *American Refugee Policy*, pp. 157–158.

(16) Breitman and Kraut, *American Refugee Policy*, pp. 159–160.

(17) Bauer, *American Jewry and the Holocaust*, p. 192.

(18) Wyman, *The Abandonment of the Jews*, p. 256.

(19) Shatzkes, *Holocaust and Rescue*, p. 237. 戦後のニュルンベルク裁判でナチ戦犯二二名が裁かれ、一二名に死刑判決（このうちゲーリングは判決後自決、ボルマンは行方不明）、残り一〇名に死刑が執行された。残る大物のアイヒマンはアルゼンチンに潜伏中、イスラエル側が拘束した。一九六一年にアイヒマン裁判がイスラエルで始まり、死刑が宣告され、一九六二年五月に執行された。

(20) Bauer, *Rethinking the Holocaust*, pp. 222–223.

(21) Bauer, *Rethinking the Holocaust*, p. 224.

(22) Bauer, *Rethinking the Holocaust*, p. 229.

(23) John S. Conway, "The First Report about Auschwitz," *Simon Wiesenthal Center Annual*, vol. 1, New York, 1984.

(24) Breitman and Kraut, *American Refugee Policy*, pp. 210–211.

(25) Randolph Braham, "Hungary," in David S. Wyman, ed., *The World Reacts to the Holocaust*, Baltimore and London: The Johns Hopkins University Press, 1996, p. 206.
(26) Shatzkes, *Holocaust and Rescue*, p. 155.
(27) Breitman and Kraut, *American Refugee Policy*, pp. 214-218およびラウル・ヒルバーグ（望田幸男ほか訳）『ヨーロッパ・ユダヤ人の絶滅』下巻、柏書房、一九九七年、三五二ページ〜三五九ページ。このほかスウェーデンなどでもナチ収容所からユダヤ人を救出するための交渉がユダヤ側とドイツ側とのあいだでおこなわれた。
(28) Bauer, *American Jewry and the Holocaust*, p. 431.
(29) Breitman and Kraut, *American Refugee Policy*, p. 218.
(30) "Hungary," *Encyclopaedia Judaica*, vol. 8, Jerusalem: Keter Publishing House Jerusalem Ltd., 1972, p. 1106.
(31) ラウル・ワレンバーグの消息に関しては政治的に微妙な冷戦時代初期のことでもあり、さまざまな憶測が流れた。アメリカとの関係が深かったことでスパイとみなされ、ソ連軍に逮捕され強制収容所で病死したなどの、断片的情報がほとんどだった。スターリン批判のあとの一九五七年には、ソ連外相のアンドレイ・グロムイコが、ワレンバーグは一九四七年七月、ソ連の刑務所で死亡したと公表した。ソ連側は一貫して病死説を主張するが、生存説も根強く、一時期はアメリカなどが彼の釈放を求めている。スウェーデン政府は二〇一六年にワレンバーグの死亡を正式に認定したが、真相は依然として霧のなかにある。
(32) Breitman and Kraut, *American Refugee Policy*, pp. 219-220. なお、ブライトマン『封印されたホロコースト』によれば、アウシュヴィッツ空爆の最初の提案は、一九四三年八月、ポーランド亡命政府から出されたとされる（二二六ページ）。
(33) Breitman and Kraut, *American Refugee Policy*, p. 220.
(34) Breitman and Kraut, *American Refugee Policy*, p. 220; Shatzkes, *Holocaust and Rescue*, p. 152.
(35) Wasserstein, *Britain and the Jews of Europe 1939-1945*, p. 284.
(36) Robert L. Beir with Brian Josepher, *Roosevelt and the Holocaust*, New Jersey: Barricade Books, 2006, p. 254.
(37) Wyman, *The Abandonment of the Jews*, pp. 288-307.

(38) ブライトマンらは、さらにアウシュヴィッツのガス室が使用不能となればナチスは銃殺というきわめて効率の悪い方法でしかユダヤ人の虐殺を実行できず、処刑にあたる兵士は心理的にためらい、精神的負担は相当なものになっただろうと述べている。Breitman and Kraut, *American Refugee Policy*, p. 221.

(39) Wasserstein, *Britain and the Jews of Europe 1939–1945*, p. 288. また、ベールは収容所のユダヤ人のなかには、このときの爆撃に空を見上げて自分たちは見捨てられていなかったと喜びあった、という話を紹介している。Beir, *Roosevelt and the Holocaust*, p. 254.

(40) ローズヴェルト政権下で活躍したユダヤ人に、モーゲンソー財務長官のほか、たとえば最高裁判事のベンジャミン・カルドーソ、ウィルソン時代に任命されたルイス・ブランダイス判事の後任フェリックス・フランクフルター、テネシー川流域開発公社（TVA）理事長デイヴィッド・リリエンソール、戦後原子力の国際管理を提言した経済・国防顧問のバーナード・バルーク、大統領のブレーントラストで「ニューディール」の言葉の生みの親でもある大統領の演説原稿ライター、サミュエル・ローゼンマンらがいる。

(41) Mark R. Levy and Michael S. Kramer, *The Ethnic Factor: How America's Minorities Decide Elections*, New York: Simon and Schuster, 1972, p. 103.

(42) Aristide R. Zolberg, *A Nation by Design: Immigration Policy in the Fashioning of America*, Cambridge, MA: Harvard University Press, 2006, p. 270.

(43) Breitman and Kraut, *American Refugee Policy*, p. 245.

(44) Breitman and Kraut, *American Refugee Policy*, p. 243.

(45) Robert A. Divine, *American Immigration Policy, 1924–1952*, New Haven: Yale University Press, 1957, pp. 102–103.

(46) Roger Daniels, *Guarding the Golden Door: American Immigration Policy and Immigrants since 1882*, New York: Hill and Wang, 2004, pp. 83–85.

(47) Otis L. Graham, Jr., *Unguarded Gates*, Lanham, Maryland: Rowman & Littlefield Publishers, Inc., 2006, p. 73.

(48) Breitman and Kraut, *American Refugee Policy*, p. 191.

（49）Wyman, *The Abandonment of the Jews*, pp. 285–287.

（50）Beir, *Roosevelt and the Holocaust*, p. 127.

（51）Breitman and Kraut, *American Refugee Policy*, p. 237.

（52）Breitman and Kraut, *American Refugee Policy*, p. 135.

（53）Robert N. Rosen, *Saving the Jews: Franklin D. Roosevelt and the Holocaust*, New York: Thunder's Mouth Press, 2006, Chapter 22. とくにセントルイス号事件をめぐってはモースの著書を酷評している。

（54）ジェームズ・バーンズ（井上勇・伊藤拓一訳）『ローズベルトと第二次大戦』上下巻、時事通信社、一九七二、上巻、一四六ページ。

（55）バーンズ『ローズベルトと第二次大戦』下巻、二九一～二九三ページ。

（56）Breitman and Kraut, *American Refugee Policy*, pp. 185–186.

（57）Breitman and Kraut, *American Refugee Policy*, pp. 241–242.

（58）Breitman and Kraut, *American Refugee Policy*, pp. 245–246; Beir, *Roosevelt and the Holocaust*, Chapter 20. また、カルスキ自身の手記、ヤン・カルスキ（吉田恒雄訳）『私はホロコーストを見た――黙殺された世紀の証言一九三九―四三』上下、白水社、二〇一二年のほか、ヤニック・エネル（飛幡祐規訳）『ユダヤ人大虐殺の証人ヤン・カルスキ』河出書房新社、二〇一一年が出版されている。だが、カルスキの目撃証言について、今日、疑問が提起されている。カルスキの証言によれば、ワルシャワ・ゲットーのあと、ベウジェツの絶滅収容所にも潜入したとされるが、実際にはベウジェツではなく、その近くのイズビツァ・ゲットーだったのではないかといわれる。たとえば、渡辺克義『物語ポーランドの歴史』中公新書、二〇一七年、一二三～一三〇ページ。したがって、ホロコーストの現場で目撃したという証言の信憑性に疑問符が付けられている。

（59）Rosen, *Saving the Jews*, pp. 428–430.

（60）マイケル・ベーレンバウム（芝健介監修／石川順子・高橋宏訳）『ホロコースト全史』創元社、一九九六年、一二六ページ。

(61) Bauer, *Rethinking the Holocaust*, Appendix.
(62) Bauer, *Rethinking the Holocaust*, Appendix.

あとがき

一九九七年一〇月初め、私は一通のエアメールを受け取った。差出人の名前を見た瞬間、私には何が起こったのか理解できた。開封すると、「この記事にご関心がおありでしょう。ローラは記憶障害を患っていましたが、就寝中安らかに息を引き取りました」という簡単なメッセージとともに、ローラ・マーゴリスの訃報を掲載した新聞の切り抜きが同封してあった。手紙は、高齢のため健康に自信がもてなくなったマーゴリスが、生前、音信が途絶えるようなことがあれば連絡してほしい、と私に語っていた、アメリカのニュージャージーに住む甥からであった。甥の話では、葬儀はボストンに住む、もうひとりの甥の家でおこなわれた。

ローラ・マーゴリス・ヤーブルームは一九九七年九月七日、九三年におよぶ波乱の生涯を終えた。

私がマーゴリスと初めてお会いしてから三五年以上がたつ。イスラエルのヘブライ大学トルーマン研究所に客員研究員として滞在していた一九八二年一月、たまたま手に取った雑誌に掲載されていたインタビュー記事を目にしたのがきっかけだった。記事の内容は、孫文の未亡人で、中華人民共和国国家副主席の宋慶齢の死去を知ったマーゴリスが、その数年前、宋と北京で再会したときの思い出を語ったものだった。再会したというのなら、宋慶齢との最初の出会いはどのようなものであったのだろうかという点に興味をそそられ、彼女と連絡をとった。

彼女は会見を快く承諾してくれ、テルアヴィヴの市庁舎に近いアパートの自宅で自らの半生を語った。話の中身はまったく知らないことばかりで、しかも驚くほどドラマティックな内容だった。それ以来四度にわたって、彼女は貴重な体験を語ってくれた。

ヨーロッパのユダヤ人を襲った最大の悲劇であるホロコーストの激動の時期に、ユダヤ人を援助するアメリカの団体からキューバ、中国の上海、ベルギー、フランスに派遣され、各地で立ち往生する同胞の救援活動に生涯の大半をささげた。彼女が語る言葉のすべては、多くのユダヤ人が歩み、刻んできた二〇世紀の歴史そのものであった。

ローラ・マーゴリスは、好奇心と人並みはずれた冒険心にあふれていた。広い世界を自分で見たいとの好奇心を抑えきれなかったから、ソーシャルワーカーの道を選び世界各地に赴いた、といつも語っていた。

世界が破局への道に突き進んでいたとき、キューバで難民の援助にたずさわっていた彼女のもとに、上海へ行かないかとの話があった。当時の中国国内は日中戦争のさなかで、女性がひとりで飛び込んでいけるようなところではない。しかし、中国をぜひとも自分の眼で見てみたいという強い欲求がすべての障害を克服した。戦闘直後のヨーロッパへ米軍機で飛行したときもそうだ。

同胞救済の使命と未知なるものへの好奇心。このふたつが一生を決定づけた。同時に彼女は、社会的な不公正には厳しい眼差しを向け続けた。上海では、これほど貧しい人びとがこの世の中に存在するのか、現地で目撃し愕然となった。国際政治のなかで見捨てられた中国の民衆と、わがもの顔にふるまう日本人のあまりの落差に憤りをおぼえた、と話す。被占領者と占領者。彼女がどの立ち位置をとるかは明白だろう。こうした激しい感情が、おそらく行動のエネルギー源となったのだろう。テルアヴィヴのアパートで、彼女が、当時のイスラエル右派政権のパレスチナ政策を激しい口調で攻撃していたのが強く印象に残っている。

ニュージャージー州に住む甥のドナルド・マーゴリスは、伯母の性格をつぎのように評している。

ローラは独立心があったが、みんなでレストランに入って料理を注文するとき、向こうの客が食べているのと同じものを、というような面もあった。また、見ず知らずの他人とも意気投合できる特異な性格が備わっていた。停留所でバスを待っているときに並んでいた人びとに話しかけ、たちまち親しくなってしまう。私なら親しくなるのに一週間かそこらかかるのに、伯母は短時間で誰とでも友人になれた。

一方で、彼女のことを快く思わない人びとも少なくない。アメリカ・ユダヤ人合同配分委員会（ジョイント）の資料館に行くと、キューバや上海の難民のなかには、マーゴリスの難民への扱いをめぐって本部あてに苦情を訴えた書簡に出会うことが少なくなかった。金銭の配分をめぐって公平ではないなどの不満がほとんどである。

多様な背景をもつ難民とどう向き合うかという難しい問題が、不満のなかに読み取れる。とくに援助を受ける人びとには援助する側のちょっとした態度や言葉づかい、他人との格差に不当に差別されたと感じることがある。ドイツやオーストリアで何ひとつ不自由したことのない生活を送ってきた人びとにとって、収容所の暮らしは苛酷で耐えがたい。不遇をかこつうちに、援助する側への不満が強くなるのも理解できないわけではない。第5章で述べたが、上海ではドイツ出身者がポーランド出身のユダヤ難民との待遇の不平等を訴えた。日米戦争が勃発すると、アメリカからの援助はストップし、上海の難民の経済状態は極端に悪くなった。経費の節減に追われ、難民に対する援助が縮減され、難民は仕事を失った。

ヨーロッパのユダヤ人のコミュニティがことごとく壊滅の危機に直面した一九三〇年代から一九四〇年代なかばまで、国際社会がユダヤ人の運命に冷淡であったときに、ジョイントは同胞の救助に世界のユダヤ人のネットワークを動員し、すべての人材、資金、エネルギーを投じた。多くのユダヤ人を救うことはできなかったが、無関心な政府に働きかけ、失われるはずの生命を救うことができた。そして何よりもすすんで現場の任務を志願し、難民に直接向きあったジョイントの多くのスタッフの使命感の強さと勇気を称えなければなるまい。

一九八三年に彼女は長年住み慣れたイスラエルを離れ、アメリカのニュージャージー州ティーネックに移る。高齢になってからのひとり暮らしの身を案じた弟や甥たちが、自分たちの住まいからそれほど遠くないところにアパートを見つけてくれたのだ。イスラエルの友人たちと別れるのはつらかったが、弟たちが心配するのもよくわかったので、好意を受け入れることにした。とはいえ、高齢になってから慣れない土地に移り住むのは、さすがにこたえたのだろう。私には、「イスラエルの友人たちに会えなくなってとても寂しい。あの抜けるような青空が懐かしい」とこぼした。

ティーネックは、ニューヨークの中心からバスに乗るとおよそ三〇～四〇分ほどの距離である。そこに行くには、マンハッタン四二番街西のポートオーソリティのバスターミナルから、ハッケンサック行きのバスに乗車するのが便利だった。だが、一九八〇年代のポートオーソリティは昼間でも治安が悪く、夕方になるとマンハッタンで仕事を終えた人びとがこの街から一刻も早く脱出したいかのように、先を争って対岸めざして家路に急ぐ姿が見られた。

マーゴリスは一九八五年六月に日本を訪問する。広島県賀茂郡黒瀬町（現・東広島市黒瀬町）に建設予定のアウシュヴィッツ・メモリアル・パビリオンのプロジェクトを立ち上げる式典に招かれ、広島を訪れたのだった。パビリオン建設のための募金活動の一環として、世界的ヴァイオリニスト、アイザック・スターンの「愛と平和のチャリティ・コンサート」が六月一〇日、広島郵便貯金会館ホール（現・広島県立文化芸術ホールで別称「上野学園ホール」）で開催された。黒瀬町はポーランドのアウシュヴィッツ国立博物館からユダヤ人犠牲者の遺品やパネルを借り受け、展示して、大々的に建設資金募集の催しをおこなった。広島市の隣町にホロコーストの記念施設を建設すれば、原爆の広島と並んで二〇世紀最大の悲劇を広く国の内外にアピールできるだろうと黒瀬町が考えたことは容易に想像できる。

こうしてアウシュヴィッツ側は、記念施設の建設を条件に遺品の永久貸与を決めたのである。

アイザック・スターンは自伝のなかで、この広島のコンサートについてつぎのように回想している。

一九八四年の暮れごろから、私が広島で平和のためのコンサートをおこない、その収益金は広島と姉妹都市のアウシュヴィッツで起こった悲劇を記念する平和センターを建設するのに役立つという新聞報道があった。翌年一月末からコンサートまで私は全米を巡ったのち、マドリード、パリ、マンチェスター、オスロ、ダブリン、ロンドン、フィラデルフィア、香港、台北へ行ったあと、六月の第二週に広島に到着した。……広島の公演は「平和のリサイタル（A Recital for Peace）」と呼ばれた。……謝礼は一切受け取らなかった。コンサートの収益金は、広島の原爆犠牲者と黒瀬町の平和センターのために寄付されることになった。（Isaac Stern, *My First 79 Years*, New York: Alfred A. Knopf, 1999, p. 271）

だが、世界的ヴァイオリニストはその後、この計画がどうなったか知らない。結局、パビリオンは建設されなかった。要するに、建設に必要な資金が集まらなかったのだ。スターンのコンサートの収益二四二万円は招待者の経費などであらかた消えてしまったといわれる。さらに、アウシュヴィッツ犠牲者の遺品のずさんな管理・取り扱いをめぐってアウシュヴィッツ側から黒瀬町に対し、遺品などの返還を求められる事態に発展し、資金の不明朗な使途とともに一大スキャンダルとなった。そのうえ、イスラエルと対立する在京アラブ大使館から広島県などに何度も抗議が寄せられたため、県ではマツダの乗用車がアラブ諸国では売れなくなるのではないかと心配する向きもあったようである。

こうした事件に煩わされることもなく、この記念すべき式典にはるばるアメリカから招待されたマーゴリスは、上海時代に何度も会ったことのある故犬塚海軍大佐のきよ子夫人と再会し、当時の思い出を語り合い、実り多いひとときを過ごした。

二〇〇二年の秋、久しぶりにニューヨークのジョイントの資料館に立ち寄った際、ファイルのなかに、私がマーゴリスとイスラエルで会ったとき彼女が約束してくれた紹介状を見つけた。それは資料館の主任にあてて、私の研究に便宜をはかってほしいと依頼した手紙であった。この心づかいに私は、難民とともに歩んできた彼女の生涯の一端を垣間見た思いがした。

マーゴリスが亡くなってから二年後の一九九九年、甥の家族たちがアメリカ東部大西洋岸のロードアイランド州ナラガンセット湾に集った。ローラ・マーゴリス・ヤーブルームの遺灰と、その年に死去した甥たちの母の遺灰を海に撒くためである。集まった人びとは、散灰して故人の希望どおり生前ゆかりある土地に遺灰が運ばれていくよう、しばしのあいだ祈った。

本書執筆のアイディアから資料のすべてにいたるまで、ひとえに故ローラ・マーゴリス・ヤーブルームに負っている。彼女の献身的協力がなければジョイントへの関心も高まることはなく、したがって私の研究が日の目を見ることはなかった。また、ニューヨークのジョイントの資料館およびワシントンDCにあるホロコースト記念館にはたいへんお世話になった。本書が世に出るまでに多くの方々にもご協力いただいた。あわせて、この場をお借りし、お礼申しあげる。

なお、「第4章　セントルイス号の悲劇」は、『法学新報（臼井久和先生古稀記念論文集）』（中央大学）第一一七巻第一一・一二号（二〇一一年）掲載の拙稿「セントルイス号事件とアメリカ」を加筆修正し、「第5章　戦時下のジョイント」は拙著『太平洋戦争と上海のユダヤ難民』（法政大学出版局、二〇〇五年）に一部もとづいている。

編集者の勝康裕氏とは一〇年以上前にも仕事をご一緒した。今回もまた原稿に丹念に目を通してくださったうえ、とくに読み手の視点から詳細にわたって温かいアドヴァイスをいただいた。あらためて深謝したい。あわせて、出版事情の厳しい折、本書の刊行をお引き受けくださった、みすず書房の守田省吾氏にも厚くお礼申しあげたい。

二〇一八年一一月九日　　クリスタルナハトから八〇年の日に

丸山　直起

人名索引

宇都宮希洋　→「犬塚惟重」の項をみよ
エジソン，トマス（Edison, Thomas Alva）　50
エマーソン，ハーバート（Emerson, Herbert）　120, 141, 144, 150, 185, 199

［カ　行］

カヴィノキー，エドワード（Kavinoky, Edward H.）　116, 118
カストロ，アブラハム（Castro, Abraham）　100
カストロ，フィデル（Castro, Fidel）　381n(59)
カーター，ジミー（Carter, Jimmy）　383n(98)
カツキー，ハーバート（Katzki, Herbert）　224
カドゥリー家（Kadoorie）　227
カドゥリー，エリー（Kadoorie, Elly）　252
カドゥリー，ホレース（Kadoorie, Horace）　229, 252–3
カナリス，ヴィルヘルム（Canaris, Walter Wilhelm）　176
カライ，ミクローシュ（Kállay, Miklós）　325
カルヴァリスキー，ハイム・マーゴリス（Margolis-Kalvaryski, Haim）　106–8, 369n(74)
カルスキ（コジェレフスキ），ヤン（Karski［Kozielewski］, Jan）　344, 403n(58)
カルドーソ，ベンジャミン（Cardozo, Benjamin Nathan）　402n(40)
カーン，オーレン（Kahn, Auren）　308
カーン，バーナード（Kahn, Bernhard）　85, 152
キャラハン，ジェームズ（Callaghan, James）　165
ギンズバーグ，エドワード（Ginsberg, Edward）　305
クック，アブラハム・イサク（Kook, Abraham Issac）　366n(35)
クック，ヒレル（Kook, Hillel）　366n(35)
グッゲンハイム家（Guggenheim）　63, 363n(10)
クーパー，ヴィクター（Cooper, Victor）　389n(59)
久保田 勤　258
グラスゴールド，アドルフ（Glassgold, Adolph C.）　277
クラスノ，レナ（Krasno, Rena）　259, 389n(70)
クランツラー，デイヴィッド（Kranzler, David）　275
クーリッジ，ジョン・カルヴィン（Coolidge, John Calvin）　39
グリュクマン（Glueckmann）　254
クリントン，ビル（Clinton, William J.）　384n(98)
グリーンレイ，アーサー（Greenleigh, Arthur）　291
グルー，ジョセフ（Grew, Joseph Clark）　267
来栖三郎　266
クレマンソー，ジョルジュ（Clemenceau, Georges）　354n(7)
グロス，アンドル（Grosz, Andor）　328
グロズキー，アアロン（Grodsky, Aaron）　277
グロムイコ，アンドレイ（Gromyko, Andrei A.）　401n(31)
ケソン，マヌエル（Quezon, Manuel Luis）　148
ケネディ，ジョセフ（Kennedy, Joseph P.）　144–5, 200, 206, 382n(79)(83)
ケラー，ヘレン（Keller, Helen）　310
ゲーリング，ヘルマン（Göring, Hermann）　18, 90, 134, 136–8, 155, 400n(19)

224
スピールマン，ミシェル（Speelman, Michel） 229, 234, 241, 243, 245, 248, 250–4, 392n(100)
ゼーラント，パウル・ファン（Zeeland, Paul van） 146
宋慶齢 237–9, 271
宋美齢 271
ソコロフ，ナフム（Sokolow, Nahum） 107
ソーベル，ルイス（Sobel, Louis H.） 224
ゾラ，エミール（Zola, Émil） 354n(7)
孫科 237
孫文 237, 271

[タ 行]

ダヴィドヴィッチ，ルーシー（Dawidowicz, Lucy S.） 155, 317, 353n(3)
高橋武次 393n(116)
武田清子 267
竹久千恵子 267
ダナウェイ，フェイ（Danaway, Faye） 203
ダネッカー，テオドール（Dannecker, Theodor） 213
ダルキエ・ド・ペルポワ，ルイ（Darquier de Pellepoix, Louis） 213
チェンバレン，アーサー・ネヴィル（Chamberlain, Arthur Neville） 147, 164, 189, 200
チェンバレン，ジョセフ（Chamberlain, Joseph） 86
チャーチル，ウィンストン（Churchill, Winston Leonard Spencer） 278, 280, 347, 366n(36)
都留重人 266
鶴見和子 267
鶴見俊輔 266–7
ディナースタイン，レオナルド（Dinnerstein, Leonard） 48
テイラー，マイロン（Taylor, Myron C.） 126, 143–5, 147, 374n(51)
トーマス，ゴードン（Thomas, Gordon） 192
トラップレイン子爵（Viscount Traprain［Balfour, Robert Arthur Lytton］） 165
トルーマン，ハリー（Truman, Harry S.） 296–9
トレス，ルイス・デ（Torres, Luis de） 168
ドレフュス，アルフレッド（Dreyfus, Alfred） 354n(7)
トローパー，モリス（Troper, Morris C.） 199–201, 222, 224

[ナ 行]

ナスィー，ヨセフ（Nasi, Joseph） 100
ナポレオン（Napoléon Bonaparte） 43, 97, 385n(10)
ノーマン，ハーバート（Norman, Edgerton Herbert） 267
野村吉三郎 266

[ハ 行]

ハイドリヒ，ラインハルト（Heydrich, Reinhard） 18, 150
ハイマン，ジョセフ（Hyman, Joseph C.） 178, 180, 188, 191, 193, 225
ハイム，エリス（Hayim, Ellis） 233
バウエル，イェフダ（Bauer, Yehuda） 3, 6, 12, 15, 134, 317, 320, 349–51, 391n(98)
パーキンス，フランシス（Perkins, Frances） 161
バーグソン，ピーター（Bergson, Peter） 78, 366n(35)
長谷川泰造 392n(103)
パットン，ジョージ（Patton, George S.） 345

バティスタ，フルヘンシオ（Batista, Fulgencio） 171, 174, 184, 192, 235, 381n(59)
ハーディング，ウォレン（Harding, Warren G.） 35
バドリオ，ピエトロ（Badoglio, Pietro） 278
ハリソン，アール（Harrison, Earl G.） 296
ハル，コーデル（Hull, Cordell） 121, 124, 137, 142, 145-7, 158, 256, 341-2, 374n(51)
バルーク，バーナード（Baruch, Bernard M.） 123, 402n(40)
バルフォア，アーサー・ジェイムズ（Balfour, Arthur James） 165
パールマン，エミリー（Perlman, Emily） 179
バーンズ，ジェームズ（Burns, James） 341
ピエルロ，ユベール（Pierlot, Hubert） 199
ビトカー，ヨセフ（Bitker, Joseph） 262-3, 274
ヒトラー，アドルフ（Hitler, Adolf） 4, 6, 9, 11, 18, 21, 67, 70, 85, 90, 134, 151, 175, 183, 214, 222, 228, 301, 325, 329, 345, 356n(19)
ヒムラー，ハインリヒ（Himmler, Heinrich） 156, 313, 328
ヒルバーグ，ラウル（Hilberg, Raul） 353n(3)
ピルペル，ロバート（Pilpel, Robert） 285
ピンスキー，ガートルート（Pinsky, Gertrude D.） 284
フィッシェル，ハリー（Fischel, Harry） 363n(6)
フーヴァー，ハーバート（Hoover, Herbert C.） 29, 37, 162, 334
フェインゴールド，ヘンリー（Feingold, Henry L.） 316-7, 341, 375n(69)
フォード，ヘンリー（Ford, Henry） 49-50
フォンダ，ヘンリー（Fonda, Henry） 162
ブスケ，ルネ（Bousquet, René） 220
ブーバー，マルティン（Buber, Martin） 108
ブライトマン，リチャード（Breitman Richard） 221, 375n(69), 402n(38)
ブラッドレー，オマール（Bradley, Omar） 345
フランク，ハンス（Frank, Hans） 149
フランク，レオ（Frank, Leo） 49
フランクフルター，フェリックス（Frankfurter, Felix） 402n(40)
フランクル，ヴィクトール（Frankl, Viktor E.） 309
フランコ，フランシスコ（Franco, Fransisco） 175, 285
ブランダイス，ルイス（Brandeis, Louis D.） 61, 363n(6), 402n(40)
ブラント，ヨエル（Brand, Joel） 328
ブル，フェデリコ・ラレード（Brú, Federico Laredo） 183-4, 189-97, 204, 235, 379n(41)
ブルム，レオン（Blum, Léon） 93, 307
ブレグマン，エイブナー（Bregman, Abner） 224
ベアステッド，ウォルター（Bearsted, Walter Horace Samuel） 140-1
ヘイズ，ヘレン（Hayes, Helen） 162
ベヴィン，アーネスト（Bevin, Ernest） 298
ペタン，フィリップ（Pétain, Philippe） 210
ベッヒャー，クルト（Becher, Kurt） 328
ヘップナー，アーネスト（Heppner,

Ernest G.) 390n(74)
ベニテス，マヌエル・ゴンザレス（Benítez González, Manuel） 174-5, 184-5, 190, 192, 379n(41), 380n(43)
ベニテス，マヌエル・バルデス（Benítez Valdes, Manuel） 174
ヘニングス，トマス（Hennings, Thomas C.） 163
ペル，ロバート（Pell, Robert T.） 141-2, 145
ベール，ロバート（Beir, Robert L.） 402n(39)
ベルウォード，ポール（Baerwald, Paul） 140-2, 178, 198-9, 225, 370n(5)
ヘルツバーグ（Herzberg, A.） 242, 245
ヘルツル，テオドール（Herzl, Theodor） 75, 355n(7)
ベレンソン，ローレンス（Berenson, Lawrence） 188-94, 196-7, 203, 381n(59)
ベン＝グリオン，ダヴィド（Ben-Gurion, David） 79-80
ボズウェル，クリスティーナ（Boswell, Christina） 24
細川隆元 269
堀内千城 244
ホルティ，ミクローシュ（Horthy, Miklós） 325-7
ボルマン，マルティン（Bormann, Martin） 400n(19)

［マ 行］

前田多門 267
マクドナルド，ジェームズ（McDonald, James G.） 86, 124, 160, 355n(17)
マクナット，ポール（McNutt, Paul） 148
マグネス，ユーダ（Magnes, Judah） 82
マクミラン，ハロルド（Macmillan, Harold） 165
マーゴリス家（Margolis） 95
マーゴリス，オットー（Margolis, Otto） 103, 272
マーゴリス，ヒルシュ［ハーマン］（Margolis, Hirsch［Herman］） 97-8, 101-7
マーゴリス，レイブ（Margolis, Judah Leib） 96, 104
マーゴリス，ローラ［ヤーブルーム］（Margolis, Laura［Jarblum］） 22, 94, 96, 98, 102-6, 108-18, 178-80, 188-9, 191, 208, 234-57, 260, 267-74, 277, 282-95, 307-8, 311-2, 369n(73), 379n(42), 380n(43)(52), 388n(57), 389n(58)(60)(62), 390n(72), 391n(89), 395n(5), 405-11
マーシャル，ジェームズ（Marshall, James） 85
マーシャル，ジョージ（Marshall, George C.） 84, 346
マーシャル，ルイス（Marshall, Louis） 59-61, 68, 85, 361n(28)
増田正雄 392n(103)
マチャド，ヘラド（Machado, Gerado） 171
マック，ジュリアン（Mack, Julian） 363n(6)
マル，ヴィルヘルム（Marr, Wilhelm） 354n(5)
マン，トマス（Mann, Thomas） 316
ムッソリーニ，ベニト（Mussolini, Benito） 158, 175, 222, 278, 325
メイヤー，サリー（Mayer, Saly） 222, 224, 275, 328
メフメト二世（Mehmet II） 99
モーゲンソー，ヘンリー（Morgenthau, Henry） 59-60, 63
モーゲンソー，ヘンリー，ジュニア（Morgenthau, Henry, Jr.） 59, 121, 123, 249, 274, 334, 342, 363n(3), 402n

(40)
モース，アーサー（Morse, Arthur D.） 341, 403n(53)
モーセ（Moses） 280, 351

[ヤ 行]
安江仙弘 232, 247, 369n(74), 388n(54), 392n(103)
矢野征記 393n(116)
ヤーブルーム，マーク（Jarblum, Marc） 289, 307-8, 312
山路章 231

[ラ 行]
ライト，バトラー（Wright, J. Butler） 190, 203-4
ラヴァル，ピエール（Laval, Pierre） 220
ラガーディア，フィオレロ（La Guardia, Fiorello Henry） 162, 319
ラゾフスキー，セシリア（Razovsky, Cecilia） 86, 178-9, 189, 379n(42)
ラビノヴィッチ，ダヴィッド（Rabinovitch, David） 243, 389n(70)
ラビノヴィッツ，ソロモン（Rabinowitz, Solomon） 44
ラモス，フアン（Ramos, Juan） 190
ラング，ロバート（Lang, Robert） 276
ランスカー，メイル（Lansker, Meir） 189
リーグナー，ゲルハルト（Riegner, Gerhart） 316, 320-1, 342
リッベントロップ，ヨアヒム・フォン（Ribbentrop, Joachim von） 136
リーマン，ハーバート（Lehman, Herbert H.） 225, 319
リリエンソール，デイヴィッド（Lilienthal, David Eli） 402n(40)
リンカーン，エイブラハム（Lincoln, Abraham） 334
リンダー，ハロルド（Linder, Harold F.） 224
リンドバーグ，チャールズ（Lindberg, Charles A.） 50
ルター，マルティン（Luther, Martin） 9-10
ルッピン，アーサー（Ruppin, Arthur） 108
ルーブレイ，ジョージ（Rublee, George） 132-4, 137-8, 141, 155, 372n(26)
レヴィット，モーゼス（Leavitt, Moses A.） 225, 236, 240, 272, 274, 282, 392n(104)(105)
レーヴェンスピエル，アブラハム（Levenspiel, Abraham） 276
レオポルド三世（Leopold III） 199
レノー，ポール（Reynaud, Paul） 210
ロジャーズ，エディス（Rogers, Edith N.） 162
ローズヴェルト，エリノア（Roosevelt, Eleanor） 160, 220, 294, 376n(77)
ローズヴェルト，セオドア（Roosevelt, Theodore） 61, 363n(6)
ローズヴェルト，フランクリン（Roosevelt, Franklin D.） 59, 72-3, 81, 83-4, 110, 121-5, 132, 139, 143, 146-8, 156-8, 161, 163, 189, 204-6, 221, 269, 278, 280-1, 296, 321, 323, 325-6, 331, 333-7, 339-48, 367n(37), 402n(40)
ローゼン，ジョセフ（Rosen, Joseph A.） 66-7, 142
ローゼン，ロバート（Rosen, Robert N.） 341
ローゼンウォルド，ジュリアス（Rosenwald, Julius） 62
ローゼンシュタイン，ネイル（Rosenstein, Neil） 96
ローゼンバーグ，ジェームズ（Rosenberg, James N.） 195
ローゼンマン，サミュエル（Rosenman,

［ワ　行］

事項索引

309, 312, 366n(36)
ユダヤ救済協会（JRS） 109
ユダヤ教
——改革派 43, 69, 71, 361n(35), 366n(33)
——正統派 43, 46, 55, 60-1, 69, 166, 225, 242-3, 366n(33)
——保守派 43, 361n(35), 366n(33)
ユダヤ慈善団体連合（FJC） 109
ユダヤ社会活動再建委員会［仏］（COJASOR） 291-2
ユダヤ社会奉仕局（Jewish Social Service Bureau） 109
ユダヤ社会奉仕連合（JFSS） 112, 178
ユダヤ人国家 76, 78-84
ユダヤ人渡来者支援キューバ委員会（Jewish Committee for Cuba to Help Jewish Arrivals） 177
ユダヤ人の軍隊（Jewish army / fighting force） 78, 288, 366n(31)(35)(36)
ユダヤ人身分法［仏］（Statut des Juifs） 214
ユダヤ青年会（YMHA） 112
ユダヤ福祉委員会（Jewish Welfare Board） 84
ユダヤ福祉協会（JWS） 111-3, 115-8, 235
ユダヤ福祉連合（JWF） 109
ユダヤ婦人協議会（CJW） 110
ユダヤ婦人博愛協会（Jewish Ladies' Benevolent Society） 109
ユダヤ婦人友愛会（JBSA） 110
ユダヤ問題全体委員会［仏］（CGQJ） 212-3
ユダヤ領土機構（Jewish Territorial Organization） 365n(30)
ユダヤ労働委員会（JLC） 71
『夜と霧』（フランクル） 309
ヨーロッパのユダヤ人問題に関する合同緊急委員会（JEC） 72

［ラ　行］
ルーブレイ案（またはルーブレイ＝ヴォルタート案）（Rublee / Rublee-Wohlthat Proposal） 137-40
連合国会議 278
連合国救済復興機関（UNRRA） 274, 276, 279, 281, 286, 300, 337
連合国戦争犯罪調査委員会（United Nations Commission for the Investigation of War Crimes） 321
連邦帰化法（Federal Naturalization Statute） 23
ロシア革命 65, 93, 214, 228
ローマ教皇 30
ロマ人（ジプシー） 6, 314

［ワ　行］
ワイマール
——共和国 10
——体制 11
ワーグナー＝ロジャーズ法案（Wagner-Rogers Bill） 163, 376n(77)
ワスプ（WASP） 28
ワルシャワ・ゲットー 280, 403n(58)

略語一覧

AC: American Jewish Conference　アメリカ・ユダヤ人代表者会議
AECZA: American Emergency Committee for Zionist Affairs　アメリカ・シオニスト問題緊急委員会
AFL: American Federation of Labor　アメリカ労働総同盟
AFSC: American Friends Service Committee　アメリカ・フレンズ奉仕団
Agro-Joint: American Jewish Joint Agricultural Corporation　農業定住化事業計画［アグロ゠ジョイント］
AIU: Alliance Israélite Universelle　世界イスラエル連盟
AJA: Anglo-Jewish Association　イギリス・ユダヤ人協会
AJC: American Jewish Committee　アメリカ・ユダヤ人委員会
AJCONG: American Jewish Congress　アメリカ・ユダヤ人会議
AJJDC: American Jewish Joint Distribution Committee　アメリカ・ユダヤ人合同配分委員会（通称「ジョイント」）
AJRC: American Jewish Relief Committee　アメリカ・ユダヤ人救済委員会
ARA: American Relief Administration　アメリカ救援機関
AZEC: American Zionist Emergency Council　アメリカ・シオニスト緊急協議会
CAR: Comité d'assistance aux réfugiés　難民救援委員会［フランス］
CCRJS: Central Committee for the Relief of Jews Suffering through the War　戦災ユダヤ人救済中央委員会
CFA: Committee for the Assistance of European Jewish Refugees in Shanghai　上海欧州ユダヤ難民援助委員会
CGD: Comité générale de défense　総合防衛委員会［フランス］
CGQJ: Commissariat général aux questions juives　ユダヤ問題全体委員会［フランス］
CJW: Council of Jewish Women　ユダヤ婦人協議会
CIO: Congress of Industrial Organizations　産業別労働組合会議
COJASOR: Comité juif d'action sociale et de reconstruction　ユダヤ社会活動再建委員会［フランス］
CRB: Central Reserve Bank of Nanking　南京中央準備銀行
DORSA: Dominican Republic Settlement Association　ドミニカ殖民協会
DP: displaced persons　避難民
ECZA: Emergency Committee for Zinoist Affairs　シオニスト問題緊急委員会
EJC: Committee for Assistance of Jewish Refugees from Eastern Europe　東欧ユダヤ難民

援助委員会
FAZ: Federation of American Zionists　アメリカ・シオニスト連合
FBI: Federal Bureau of Investigation　連邦捜査局
FJC: Federation of Jewish Charities　ユダヤ人慈善団体連合
FJCB: Federated Jewish Charities of Buffalo　バッファロー・ユダヤ慈善団体連合
FSJF: Fédération des sociétés juives de France　フランス・ユダヤ協会連合
FSJU: Fonds social juif unifié　統一ユダヤ社会基金［フランス］
HDJ: Hilfsverein der deutschen Juden　ドイツ・ユダヤ人支援協会
HIAS: Hebrew Sheltering and Immigrant Aid Society　ヘブライ避難民援助協会
HICEM: HIAS，ICA または JCA，EMIGDIREKT（Emigrations-Direktion）の頭文字，ヒセム
HRS: Hebrew Relief Society　ヘブライ救済協会
IC: International Committee for Granting Relief to European Refugees　国際欧州難民救済委員会［上海］
IGCR: Intergovernmental Committee on Refugees　政府間難民委員会
INTRIA: International Trade and Investment Agency　国際貿易投資機関
IRO: International Refugee Organization　国際難民機関
JA: Jewish Agency　ユダヤ機関
JBC: Joint Boycott Council　合同ボイコット協議会
JBSA: Jewish Big Sister Association　ユダヤ婦人友愛会
JCC: Joint Consultative Council　合同協議会
JDC: Joint Distribution Committee　合同配分委員会
JEC: Joint Emergency Committee on European Jewish Affairs　ヨーロッパのユダヤ人問題に関する合同緊急委員会
JFSS: Jewish Federation for Social Service　ユダヤ社会奉仕連合［バッファロー］
JLC: Jewish Labor Committee　ユダヤ労働委員会
JRC: Joint Relief Committee　ジョイント救済委員会
JRS: Jewish Relief Society　ユダヤ救済協会［クリーヴランド］
JSSB: Jewish Social Service Bureau　ユダヤ社会奉仕局
JWF: Jewish Welfare Federation　ユダヤ福祉連合　［クリーヴランド］
JWS: Jewish Welfare Society　ユダヤ福祉協会
KKK: Ku Klux Klan　ク・クラクス・クラン
MALBEN: Mosedot le-Tippul be-Olim Nehshalim（Institutions for the Care of Handicapped Immigrants）障害者移民養護協会
NCC: National Coordinating Committee for Aid to German Refugees　全国ドイツ難民援助調整委員会
NCFA: Committee for the Assistance of European Jewish Refugees in Shanghai　上海欧州ユダヤ難民救済委員会
NCJW: National Council of Jewish Women　全国ユダヤ婦人協議会
NRS: National Refugee Service　全国難民奉仕会

ORT: Organization for Rehabilitation through Training　社会復帰のための訓練機関［ロシア］
PACPR: President's Advisory Committee on Political Refugee　政治難民に関する大統領諮問委員会
PRC: People's Relief Committee　人民救済委員会
RRC: Russian Relief Committee　ロシア救済委員会
SACRA: Shanghai Ashkenazi Collaborating Relief Association　上海アシュケナジィ系ユダヤ人協力救済委員会
SJC: Shanghai Joint Committee for Relief and Rehabilitation of European Refugees　上海欧州難民救済復興合同委員会
SZA: Shanghai Zionist Association　上海シオニスト協会
TVA: Tennessee Valley Authority　テネシー川流域開発公社
UGIF: Union générale des Israélites de France　フランス・イスラエル人総連合
UHS: United HIAS Service　ヘブライ避難民援助協会連合
UIA: United Israel Appeal　統一イスラエル・アピール
UJA: United Jewish Appeal　統一ユダヤ・アピール
UNHCR: Office of the United Nations High Commissioner for Refugees　国連難民高等弁務官事務所
UNRRA: United Nations Relief and Rehabilitation Administration　連合国救済復興機関
UPA: United Palestine Appeal　統一パレスチナ・アピール
USNA: United Service for New Americans　新アメリカ人のための奉仕連合
WASP: White, Anglo-Saxon, Protestant　ワスプ
WIZO: Women's International Zionist Organization　国際婦人シオニスト機構
WJC: World Jewish Congress　世界ユダヤ人会議
WRB: War Refugee Board　戦時難民委員会
WZO: World Zionist Organization　世界シオニスト機構
YMHA: Young Men's Hebrew Association　ユダヤ青年会
ZOA: Zionist Organization of America　アメリカ・シオニスト機構

図版出典一覧

図版 **1**：Henry Morgenthau, *Ambassador Morgenthau's Story*, Garden City, New York: Doubleday, Page & Company, 1918, frontpiece

図版 **2**：United States Holocaust Memorial Museum. Courtesy of American Jewish Congress

図版 **3**：Courtesy of American Jewish Joint Distribution Committee

図版 **4**：National Archives and Records Administration, College Park

図版 **5**：*Daily Express*, October 17, 1938. Cartoon by Conrad Strube［http://mideastcartoonhistory.com/1938.html］

図版 **6**：*Daily Express*, July 30, 1938. Cartoon by Conrad Strube［http://mideastcartoonhistory.com/1938.html］

図版 **7**：*New York Herald Tribune*, Tuesday, June 6, 1939

図版 **8**：Courtesy of American Jewish Joint Distribution Committee

図版 **9**：United States Holocaust Memorial Museum. Courtesy of Herbert & Vera Karliner

図版 **10**：United States Holocaust Memorial Museum. Courtesy of Betty Troper Yaeger

図版 **11**：Swedish American Line HP［http://sal.cruises/gripsholm%201.html］

図版 **12**：Wikimedia Commons［https://upload.wikimedia.org/wikipedia/commons/e/e6/Teia_maru.jpg（source: 全日本海員組合）］

図版 **13**：Courtesy of American Jewish Joint Distribution Committee

図版 **14**：Courtesy of American Jewish Joint Distribution Committee

図版 **15**：Courtesy of American Jewish Joint Distribution Committee

図版 **16**：Wikimedia Commons［https://upload.wikimedia.org/wikipedia/commons/4/45/Yemenites_at_Aden_airport.jpg（source: Israel Government Press Office. Photographer: Zoltan Kluger）］

図版 **17**：United States Holocaust Memorial Museum. Courtesy of Saliba Sarsar

図版 **18**：Courtesy of American Jewish Joint Distribution Committee

図版 **19**：United States Holocaust Memorial Museum. Courtesy of National Archives and Records Administration. Photographer: William Newhouse

編集　勝　康裕（フリーエディター）

著者略歴

（まるやま・なおき）

1942年，長野県生まれ．1965年，早稲田大学政経学部卒業，1973年，一橋大学大学院単位取得退学．小樽商科大学，国際大学，明治学院大学で教える．明治学院大学名誉教授．法学博士（一橋大学）．専門は国際政治学・東アジアのユダヤ史．主な著書に『太平洋戦争と上海のユダヤ難民』（法政大学出版局，2005）『ポスト冷戦期の国際政治』（共編，有信堂，1993）『アメリカのユダヤ人社会』（ジャパンタイムズ社，1990）『国際政治ハンドブック』（共編，有信堂，1984）など．

丸山直起

ホロコーストとアメリカ

ユダヤ人組織の支援活動と政府の難民政策

2018年12月14日　第1刷発行

発行所 株式会社 みすず書房
〒113-0033 東京都文京区本郷2丁目20-7
電話 03-3814-0131(営業) 03-3815-9181(編集)
www.msz.co.jp

本文組版 キャップス
本文印刷・製本所 中央精版印刷
扉・表紙・カバー印刷所 リヒトプランニング
装丁 安藤剛史

ISBN 978-4-622-08734-2
[ホロコーストとアメリカ]
落丁・乱丁本はお取替えいたします